# 都市の空間史

伊藤 毅

Takeshi Ito

History of Urban Space

吉川弘文館

# 序

本書は私がここ十年余の間に折に触れて発表した論文や口頭報告などを、テーマ、時代別に収録して一書にしたものである。ここには、一九八七年に提出した学位請求論文「近世大坂成立過程に関する都市史的研究」（同年『近世大坂成立史論』生活史研究所）以降の私の関心の所在と変遷が示されている。

さて、それぞれの論文や報告を発表した時期――おおむね九〇年代――は、「都市史」という分野がようやくひとつの学問領域として認知され、ある種のパワーと実質をもって広範な展開をみせた時期であった。この展開を誤解を恐れず総括すると、大きく三つの潮流があったとみることができる。

その一つは、主として日本近世史と建築史の密接な連携による社会＝空間構造論（佐藤信・吉田伸之編『都市社会史』山川出版社、二〇〇一年）をベースとした都市史研究の展開である。この直接的な契機になったのが、高橋康夫氏（建築史）と吉田伸之氏（日本近世史）の両氏によって編まれた『日本都市史入門』（東京大学出版会、一九八九～九〇年）の刊行であった。この「空間」「町」「人」の三つの局面から都市に迫ろうとする方法は、都市に生きるさまざまな人々、多様に形成される社会集団、それらが展開する場としての空間を総合的に捉える視点を鮮明に打ち出すとともに、異なる学問領域を横断的につなぐ重要な布石となった。都市史研究会の発足（一九九〇年）と『年報都市史研究』（山川出版社、一九九三年～）の継続的刊行、『日本の近世9　都市の時代』（吉田伸之編、中央公論社、一九九三年）、『図集日本都市史』（高橋康夫・吉田伸之・宮本雅明・伊藤毅編、東京大学出版会、一九九三年）などの出版は、この潮流のなかに位置づけられる。

第二の流れは、主として日本中世史と考古学の共同研究である。周知のとおり、八〇年代のバブル経済下で東京を中心として大規模な都市再開発が行われ、それに先だって多くの発掘調査が実施された。皮肉なことに都市改造という大規模な破壊をともなう建設活動は、同時に地下遺構の厖大な知見をもたらすことになり、それまでほとんど未開拓であった中近世考古学という分野を成立させる契機となった。すでに発掘調査が進められていた一乗谷遺跡、草戸千軒町遺跡に加えて、鎌倉、一の谷遺跡、十三湊、平泉などの中世都市遺構の保存問題に多くの中世史研究者が参入し、重要な研究成果が次々と公表されることになった。石井進氏、網野善彦氏、大三輪龍彦氏を代表とする中世都市研究会が発足し、その会誌『中世都市研究』（新人物往来社、一九九三〜二〇〇一年）に、全国各地の発掘情報が掲載されるようになったのは、この分野の研究の進展に寄与するところ大であった。

そして第三の潮流は、イスラームやアジアなどの外国地域の都市を対象とする活発な学際研究の広がりであった。とりわけ板垣雄三氏を中心とする研究グループは、「イスラームの都市性」という魅力的なキーワードを掲げて、多彩な学際研究活動を展開し、最近出版された『岩波イスラーム辞典』（岩波書店、二〇〇二年）に至るまで、数々の出版物が世に問われたことは、九〇年代の都市史研究で見逃すことのできない貴重な成果の一つであった。

この三つの潮流以外にも、日本近代史、西洋史学、東洋史学、社会学の分野でも都市に関わる研究が地に足がついたかたちで実を結んだのが、九〇年代の特徴であったということができる。

六〇年代の都市デザイン論、八〇年代の江戸東京論など、かつて何度かの都市論ブームがあったが、九〇年代のそれは過去の都市論といささか様相を異にしている。その特徴を的確に指摘することは容易でないが、都市がわれわれ人間の居住や活動にとって、はじめて切実な存在として浮上し、その歴史や文化はかけがえのないものであるという、ごくあたりまえの認識が、研究者の間でようやくある種の切迫感をもって共有される段階に到達したことは確かだろう。建築の分野でも、それまでのスクラップ・アンド・ビルド型の建設活動に対して、地球環境問題の観点から鋭い批判が浴びせられ、サステイナブルな開発や環境共生、リサイクル、建築・都市のライフサイクルのマネジメントなどに取り組むようになったのが九〇年代であった。また、九五年阪神・淡路を襲った地震は、数多くの貴重な人命と都市の歴史的遺産を奪い、都市災害のもつ複合性と「都市の死」を黙示録のごとく予兆する大惨事となった。

以上のような九〇年代に身をおいて、私がなしえたことはほんの僅かであるが、上記の研究動向や時代背景に大きな影響を受けていることは疑いない。ここに収録した論文や報告の多くは、近世史や中世史研究者との交流のなかで執筆機会が与えられ、構想したものである。文献史との共同研究は、史料への緻密かつ厳正なアプローチを学ぶ貴重な機会であったとともに、建築出身のわたしにとって、「空間」の問題をあらためて自覚的に考え直す貴重なチャンスとなった。

そうしたなかで、従来の都市史の通史において、中世部分の位置づけの弱さがぜひとも克服すべきテーマとして横たわっていた。すなわち前近代の都市史において、古代の都城（宮都）と近世の城下町は、二大都市類型であることは疑いないにしても、中世の都市を古代から近世への移行期として捉えるだけで本当にいいのだろうか。この疑問はここ十年来、私の脳裏から去ることのないアポリアであった。都市史における中世への私なりの空間的アプローチを示したものが、第一章と二章に収められた各論考である。

ここでは中世都市における「境内」と「寺内」の形成と解体が都市の近世化にとって不可欠な事柄であったこと、さらに中世都市固有の空間類型として「境内」と「町」があり、この多様な結びつきの様態、分節と複合のあり方に中世都市の本質があること、複数の境内が織りなす重層的宗教都市領域が持つ意味と都市と都市との媒介項的側面などを指摘した。現時点での見通しとしては、古代から近世に至る都市史を都城から城下町へというストーリーで描くだけでなく、宗教都市の胎動（古代）→発展・成立（中世）→衰退（近世）という逆の発展・衰退曲線を重ね合わせることによって、都市史を立体化・豊富化することが可能ではないかと考えている。第一章はこうした宗教都市論を基軸とした私なりの中世都市論の軌跡が示されている。

第二章では、「町」に関わるものとして宿と惣村の空間的問題を検討した。宿は宿場町的な側面だけでなく、右の「境内」系の空間として宿衛の場としての宿の側面があること、そしてそれは近世の武家地にまで接続していく可能性があることなどを指摘した。町と村の中間形態である惣村を検討するなかで、面的な集合としての「惣」「垣内」「切」と、線形集合の「町」の存在形態は、住居形式に立ち帰ると、農家と町屋の民家の二大類型に起因していると考えた。この章の第三節では、都市の「写し」という観点から小京都を取り上げた。この都市の写しという問題は、都市のイデア的な側面に関係する、きわめて魅力的なテーマであるが従来十分に議論されているわけではない。

一方、建築の分野において、都市史研究を行うことにどのような意義があるのか。それに対するきちんとした解答はいまだ持ち合わせていない。しかしその一つの可能性は、都市と建築を密接不可分なものとして、あるいは相互規定的なものとして捉える視点にあると考え、「都市建築史」なる言葉を苦し紛れに造語した（「特集・都市史」『建築雑誌』一四〇六、一九九七年）。第三章に収めた二つの論文はその試みの一つである。古代後期に登場する町屋と都市の表層との関係、中世固有の会所という建築（あるいは場）と都市の奥との関係は、「都市建築史」という観点がなければ決して構想されることはなかったものである。それと同時に、ここでは従来の日本住宅史における、古代の寝殿造から近世の書院造へという定説化したストーリーに対して、新しい見方を提示しようとするねらいもあった。単体の建築を取り扱う建築史では見えてこない視点を都市的な文脈から発掘する方法は、先の「境内」概念とも通じている。

中世都市研究のなかで生み出された境内論や寺院の都市内の分布論を近世都市に適用したのが、第四章の三つの論考である。ここでは大坂、京都、江戸における寺院の存在形態を通して、近世都市のあり方を見直すことがねらいであった。とりわけ、大坂には「境内」型、「寺町」型、「町寺」型の三類型が抽出でき、「町寺」型が大坂に特徴的であって、それは中世寺内町と門前町を母体として成立した大坂の都市としての遺伝子が根強く継承されていることを確認した。京都の場合も同様で、中世の本国寺寺内町が解体した後も、寺院と町との特殊な関係は残存していたのである。江戸は大坂や京都のように明確な寺町を形成する場も存在するが、むしろ集積的に寺院集合地区が形成されるところに江戸の固有性がよくあらわれている。このように一見画一的に見える近世都市も、三都のような複合的かつ巨大な都市では、それぞれ異なる様相を示していたのであって、それを探るひとつの切り口として、都市における寺院の存在形態を分析することが有効であることを指摘した。

近世都市の代表的な都市である城下町は、それぞれ独自の個性を有する一方で、空間構成上の普遍性と強い類型性を示していることは論をまたない。しかし、この問題は従来必ずしも正面から論じられることはなかった。第四章の四節では、「国際性」というキーワードからこの問題をあらためて考えてみた。ちなみにこの小論は、在外研究でニューヨークに一年間滞在した時に、建築史家の鈴木博之氏から雑誌の特集で執筆の機会を与えられたものである。ニューヨークをはじめとして新大陸の都市史に興味を抱きつつあった時期に、あらためて国際的視点から日本の都市を見つめ直す必要性を痛感させらることになった。このテーマは現在私が取り組もうとしている研究テーマの一つであり、今後の課題としたい。

第五章には、都市の現代的な問題を歴史のなかに探ることを試みた小論を収めた。都市景観のもつ意味と復元の方法、都市と災害、都市のライフサイクルなどのテーマは、九〇年代の私の都市の現在に対する問題意識を反映している。本書には収録していないが、この十年間、私は東京都荒川区南千住八丁目（汐入）のケーススタディに深く関わってきた。都市再開発で消えてゆく町の記録を淡々と取り続けるという地味な研究であるが、このフィールドから学ぶ点は少なくなかった。この章で取り上げた問題は、汐入が提起するさまざまな問題群と基本的なところで通底している。

以上のような構成からなる本書は、都市に生きる人々や社会を念頭におきながらも、それ自体を取り扱っているわけではない。むしろ空間そのものに都市のさまざまな相が刻印されている、あるいは構造化されているという立場をとっている。そのような意味で、本書のタイトルをおこがましいことを承知で『都市の空間史』とさせていただいた。本書で取り上げたように、町屋や会所などの個別具体的な建築空間から、寺院を中核とした複合的な「境内」空間、町屋等が連続して形成される「町」空間、輻輳する「境内」が形成する複合的な宗教都市領域、そして都市全体に至るまで、空間は重層的かつ連続的に存在している。本書はそのほんの一部を検討したにすぎないが、人間における身体が仮に都市における空間であるとすれば、空間的立場からの都市史は今後さらに多様な視点から推し進めるべき研究分野のひとつとして位置づけられるはずである。

二十一世紀の都市のゆくえはもはや予断を許されない状況にある。かけがえのない空間を歴史という時間軸のなかで蓄積してきた都市をどう評価し子孫に継承していくかが、研究者はもとより都市に住まうごく普通の人間にとって、喫緊の課題であることを強調しておきたい。

# 目次

# 挿図・表目次

## 挿図

## 挿表

# 第一章　宗都都市と空間

## 一　中世都市と寺院

### はじめに

古代以来の有力寺院であった四天王寺は、中世に入ると浄土信仰の盛行もあってさらに隆盛を誇るようになり、回廊に囲まれた伽藍のみならず、西門前には町場、周囲には複数の村落を付属させつつ、「天王寺は七千間在所」（『大乗院寺社雑事記』明応八年〈一四九九〉九月十三日条）と呼ばれるような一大在所を形成するに至った(1)。中世法隆寺もまた西院・東院両伽藍の東西には東西両郷、南には門前町、その他子院などを併せて複合的な領域を形づくっていたことが知られている(2)。このように寺院を中核とした「寺院在所」とも呼ぶべきまとまり（史料上の用語としては「境内」）は、中世の寺院に固有の景観として、また中世的領主支配のフィジカルな反映として注目すべきものであったと考えられる。

一方、戦国時代の混乱期に登場した新仏教系の浄土真宗・日蓮宗などのいわゆる「寺内町」（史料上は「寺内」）は、堀や土居によって周囲を防御しつつ、内部に町を発展させるという、わが国の都市史上特筆すべき都市を生み出した。しかしこれも、周囲の囲繞装置を抜きに考えれば、空間的には寺院を中核とした同心円的なまとまりであって、右の四天王寺や法隆寺などの事例と本質的に共通するものであったと言うことができよう。

従来、都市史的な寺院研究は、主に門前町・寺内町研究というかたちで蓄積されてきたが、本論ではこうした限定の仕方を避け、寺院が都市の中で形成する重層的な空間のありようと、寺院の都市における立地がもつ意味を重視したい。具体的には、京都を題材に、こうしたコンプレックスとしての中世寺院の空間的な組成と立地を中世都市京都との関わりにおいて考察し、次いでそれが近世寺町へと再編成されていく過程とその背景を明らかにする。

## *1*　寺院の空間領域

### 寺内と境内

いわゆる寺内町以外の寺院で、「寺内」の領域を史料上明確に知ることができるものは必ずしも多くないが、次の永正十四年（一五一七）五月十三日、南禅寺の事例では門がその境界になっていることが判明する（傍点著者、以下同様）。

当寺諸塔頭・同寮者《（舎）》の事、要用有ると号して、これを壊ち出す、或は沽却せしめ、或は他所へ遣わすの儀、禁制の段、聞こし食され訖んぬ。但し、寺内に於ては、相互の儀苦しからざるものか。門外に至りては、向後寺法として、一切停止せらるるの由、仰せ下さるる所なり。（下略）（『南禅寺文書』[3]）

ここにいう南禅寺「寺内」とは、南禅寺伽藍・諸塔頭・寮舎などが包含された領域であることは明らかで、それは塀や門によって外部とは明瞭に区分されたものであった。(4) 寺内において諸塔頭や諸寮舎が相互に移動することはある程度黙認するが、それを「門外」へ「壊ち出す」ことや、沽却して「他所へ遣わす」ことは「寺法」として厳禁する、というものである。南禅寺寺内に存在していた塔頭が寺外へ出ていくという現象は、当時かなり深刻な問題となっていたらしく、延徳四年（一四九二）六月十四日付の幕府奉行人連署奉書に、「当寺諸塔頭の事、都鄙に居住すと云々。早く先々の如く各帰住せしめ、専ら勤行すべくの旨、堅く相触らるべし」（『南禅寺文書』）とあるように、かつて南禅寺寺内というまとまりの中でしか存在しえなかった諸塔頭は、おそらく次第に外部の檀那の経済的援助を得て個別化し、「都鄙に居住」することが決してめずらしくなかったことを物語っている。また、永正八年（一五一一）十二月十八日には、「当寺中断絶せしむる諸塔頭旧跡の事、或は俗縁と号し、或は買得と称し、諸家の輩恣に進退せしむと云々。太だ然るべからず。早く一宇を建立し帰住せしむべきの旨、本主に対して相触る」（『南禅寺文書』）と見え、退転した塔頭跡地に対する外部からの競望も絶えなかった。こうした場合、「寺内」という領域は寺院の組織的なまとまりを示す空間領域として明瞭に認識されていたのであって、領域内の本来的な秩序は「寺法」などによって維持されなければならなかった。

一方、南禅寺の場合「境内」という語は、右の「寺内」とほぼ同義で用いられているようであるが、なお異なる点も認められる。

禁制　　南禅寺同諸塔頭境内幷に門前

一、山林等竹木を伐り草を苅る事、
一、鷹狩・鳥指以下狼藉を致す事、
一、寺家役者外非分の輩、親類・俗縁・家従と号し、舎屋を闕符し検断致す事、（以下略）

（『南禅寺文書』）

この文亀二年（一五〇二）の禁制に見られる「境内」は諸塔頭を包含する「寺内」とほぼ同じ意味で使われており、これは南禅寺に限らず他にも多数の用例がある。しかし、第一項の「山林等竹木を伐り草を苅る事」は、さらに「境内」に「山林」が含まれることを意味するように見える。一方、この六年後に出された永正五年（一五〇八）の禁制は次のようである。

禁制　　南禅寺

一、軍勢甲乙人等濫妨狼藉の事、
一、山林幷びに境内に於いて竹木を剪採り、馬草を苅ること、
一、非分の輩罪科人有ると号し、門前屋舎を検断せしむる事、付けたり鷹狩・指鳥の事（以下略）

（『南禅寺文書』）

この第二項は、境内と山林が別記してあることを除けば、先の禁制第一項とほぼ同内容である。以上のことからとりあえず考えられるのは、「境内」は通常「寺内」とほぼ同義の語であるが、場合によってはその周縁部をも含んだ広義の領域を示すこともある、ということである。天文四年（一五三五）十二月十四日に室町幕府が南禅寺に対して諸役免除・検断権を安堵した下知状にみえる「当寺門前惣境内」という表現は、「境内」という語の包括性をよく示していると言える。[5]

山を背にした南禅寺とは異なり、平地に伽藍が営まれた東寺では、どのようであったか。まず次の例を見よう（『東寺百合文書』さ）。

とうし《(東寺)》の御寺内、あき人《(商)》とをり候ましきよしの御さふらい《(侍)》所の御せいさつ《(制札)》候を、存知つかまつらす候て、まかりとをりて候、きようこう《(向後)》さらに〳〵まかりとをり候ましくて候。こんと《(今度)》の事をは、御めん《(免)》かうふり《(蒙)》候へく候。仍うけふみ《(請文)》の状件の如し。

応永三年十月十二日　　山さきみそくちの二郎（花押）

これは東寺寺内を無断で商人が通行することに対する規制を示したものである。ここでいう「寺内」とは、その範囲は明記されていないが、東寺伽藍を包含する針小路以南の領域を示したものと考えられる。すなわち、『教王護国寺文書』所収寛正五年（一四六四）十一月二十六日「寺辺水田幷屋敷指図」によると、八条以南・針小路以北・壬生以西には、田中在家・執行方田地・新屋敷などが記され、壬生以東には内山吹在家・木屋町在家があり、針小路以南は「寺内」あるいは「寺内在家」と明記されている。(6) 東寺の伽藍は、例えば「東寺伽藍総差図」(7)によると、東西一二五間・南北一四〇間の敷地（九条坊門小路〈唐橋小路〉以南・九条大路以北・大宮大路以西・壬生小路以東）であったから、ここにいう「寺内」とは、この伽藍を内包し、周辺に在家を付属させた領域を形成していたことが判明する。この在家については、至徳四年（一三八七）五月二十日「地口料足支配帳」（『教王護国寺文書』）に、「寺家境内」のうち「寺内二丁、一貫六百文」とあるのが、それに相当するのであろう。また、中世段階において、東寺伽藍の北方の寺内に包含される部分には、執行をはじめ、観智院、宝輪院などの院家も成立していた。(8) このように、塀によって閉鎖された東寺伽藍の周囲には寺家・院家および在家が発達しており、東寺はこれを「寺内」と称し、不特定多数の人々の往来を禁ずる聖域と見ていたことになる。

一方、東寺の「境内」は、より広い範囲を示していたようである。例えば、応永十年（一四〇三）十二月の「東寺領山城国散在田地幷敷地文書紛失目録事」には、「一所　当寺境内 東は大宮を限る、西は朱雀を限る、南は九条を限る、北は八条を限る 此内一町は乾町 朱雀以東、八条以南 と号し、一町は西薗 坊城以東、八条以南 と号す」とあり、東寺の平安京創建時の方四町の寺地が中世に入っても「境内」として継承されていた。この「寺内」をさらに外側から包摂する「境内」には、先に見た田中・内山吹（款冬町）・木屋町などの在家や耕地の存在が確認され、(9) 東寺領巷所と併せて一定のまとまった領域を形成していたのである。

「廿一口方重書案」文明十五年（一四八三）七月二十八日に、「東寺境内に於て、短冊并に諸本所公事銭と号し、往来の旅人に課役を相懸くる輩これ在りと云々。毎度喧嘩に及ぶの条、太だ然るべからず。所詮、堅く下知を加え、向後は寺辺を追放せらるべし」とあり、また『東寺百合文書』い、永正六年（一五〇九）八月三日に「東寺境内関の事、毎々物忩に及ぶに依て、度々御下知成らせらる。禁制の上は、彼の見入関の事、先規に任せ、寺辺境これ在り停止せられ畢んぬ」とあることから東寺「境内」縁辺部が「寺辺」と呼ばれていたことは明らかであり、さらに後者の史料から「寺辺」には「境」があったことを知ることができる。[10]「寺辺」が「境内」の領域内にあったことは確実で、[11]東寺に限って言えば、中世段階において「寺内」＋「寺辺」＝「境内」という図式、および「伽藍」∩「寺内」∩「境内」という包含関係が成立していたと考えられる。そしてこの中には東寺長者を頂点とし、供僧・学衆・院家・執行その他数多くの僧からなる寺家、寺家に仕える諸職人・商人・百姓などが居住し、一つの社会を構成していた。[12]こうした重層的な社会構成は、空間的には「寺内」、「寺辺」そしてそれらを包摂する「境内」のあり方に密接に関わっていたということができる。なお、この「境内」のさらに外側には門前町、[13]散所が東寺に依存しつつ存在しており、まさに一個の在所の体をなしていたのである。こうした寺院のあり方は、先述の中世法隆寺や四天王寺に共通するものであった。

**境内の用例**

さて、「境内」という語が示す包括的な領域性を南禅寺と東寺の事例を通して見たが、これは寺院に限るものではないことに注意しておく必要がある。

賀茂社中に享禄二年（一五二九）十月二十一日に出された奉行人奉書には、「賀茂社境内六郷河上郷・大宮郷・小山郷・中村郷・岡本郷散在櫟原野・二瀬・幡枝これ在り・小野郷南北散在等の事、往古より社家当知行の処、今度小山郷違乱の族有りと云々。以ての外の次第なり。所詮、此の所々競望の輩これ在らば、速に其妨げを退け、社納を全うせらるべくの由、仰せ出され候なり。仍て執達件の如し」（『賀茂別雷神社文書』）とあり、賀茂社の「境内」は回廊に囲まれた聖域や社家居住区のみならず、周辺のいわゆる賀茂六郷と称する村落をも包含した広大な敷地であって、賀茂社はこれを「厳重相伝の社領」として外部からの競望を阻止することに腐心していた。一方、祇園社においても「建仁寺と祇園社境内境相論の事、紏明せらるべくの上は、御成敗を相待たるべく候の由なり」（『祇園社記』明応三年〈一四九四〉十月二十三日条）のごとく、天文年間には建仁寺との境相論に悩まされていた。こうした場合の「境内」は、一定の空間領域を示すと同時に、対外的な所領の論理として用いられている側面を見逃すわけにはいかない。ことに寺院や神社は「境内」を仏や神の支配する神聖不可侵の空間、守護不入の地、あるいは無縁所などと主張することが所領保持の最大の根拠になっていたから、(14) 境相論や領内の押妨には必ず「境内」という言葉をもち出したのである。このように、中世において「境内」という語は、狭義の境内から領内全体までを表現しうる伸縮自在の概念であったと考えられる。

さらに「境内」は、公家や武家の所領表現としても用いられていた。九条家の所領は、「御家門御境内東九条庄・同河原散在并に高松殿敷地・東山浄土寺散在山林田畠・嵯峨往生院教法院山林田畠等の事、往古より進止の地たるの処」（『九条家文書』文明九年〈一四七七〉二十六日）とあり、おおむね中世領主に共通する領域表現であったと言うことができよう。

### 寺中

次に、「寺内」と類似した表現として史料に散見する「寺中」という語について簡単に触れておきたい。

『満済准后日記』応永二十三年（一四一六）六月一日条に、「相国寺々中兵具を検知す。畠山内者共なり。御所様御出と云々。大塔普請と号して数百人これを召し具す。俄に寺中に乱れ入て捜し求むる間、長櫃二合分取り出し了んぬ」、また『看聞御記』応永二十九年（一四二二）十二月十五日条には「今日、南禅寺に寮討あり僧殺害せらると云々。

公方より侍所に仰せられ、南禅寺僧四十八人召し捕えらる。寺中兵具悉くさかして侍所取ると云々」とあるように、幕府はしばしば武装する僧を捕え、蓄えた兵具を没収したが、その場合、「寺中」に乱入するという表現が見られる。この「寺中」は空間的には寺院の閉ざされた領域を示す「寺内」に対応すると考えられるが、「寺内」がある境界の内側という領域的な実体を指すのに対し、「寺中」は寺院中枢部あるいは「町中」「連中」などと同様に、一定の組織全体をそう呼んだのではなかろうか。「内」と「中」の語の微妙な差がここにはあったと想像されるが、通常用いられる場合には両者はほぼ同義であったとして大きな問題は生じないだろう。寺内町の石山本願寺では、「寺内」と「寺中」がほとんど同じ意味で用いられているし、(15) 永正六年（一五〇九）十月二日に東福寺に宛てた禁制には「東福寺々中幷に境内」とあり（『東福寺文書』）、ここでの「寺中」は「寺内」と捉えることができる。

## 門前

寺院の門前は、聖域としての「寺内」と外部とが接触する境界領域であり、参詣者の往来が輻輳する固有の場であったから、ここに町的な要素が生成される素地は常にあった。また寺院もこうした門前の存在を排除するのではなく、逆に経済基盤として重要視した。したがって、従来の寺院に関する都市史研究の多くは、この門前町のもつ社会経済的機能や寺院の門前検断の実態の解明に集中してきたのである。(16) ここでは、そうした議論から一歩距離をおいて、むしろ寺院の「門前」が本来的に有する空間的特質に着目し、「寺内」「境内」との関連のなかで捉えなおしてみたい。

南禅寺「寺内」の境界を示す象徴的な装置が門であったように、「門前」は「寺内」の周縁部である「寺辺」や「境内」という概念では包括されない特異な意味をもつ場であった。多くの史料には「境内幷に門前」のように、「門前」が特記されるのが一般的であった。

まず、寺院にとって「門前」とは「寺内」を補完する空間として重要な機能を果たしていたことに注目する必要がある。

『円覚寺文書』所収の貞和四年(一三四八)二月晦日「円覚寺門前の八二間の屋地」によると円覚寺門前の八二間の屋地はそれぞれ見心・浄円・了本・善了・了一・理得の寺家の所領であり、各屋地には寺に仕える行者・力者・職人などと想像される人びとが一定の地子を納入して居住していることがわかる。これとほぼ同時期の元亨~建武年間に制作されたと推定されている「円覚寺絵図」[17]には、山に囲まれた伽藍の周縁に塔頭を描くほか、門前には数多くの在家が描き込まれており、門前東には「新寄進」と記された土地および「蔵六庵当庵敷地」、「中殿地」の存在が確認できる。この絵図には寺域の境界に朱線が引かれ、上杉重能が寺域を安堵したと思われる花押が四至牓示として捺されている。右の門前地はこの範囲に含まれている。円覚寺にはすでに弘安六年(一二八三)、僧一〇〇人のほか一〇〇人もの行者・力者が存在していたことが知られるが[18]、こうした寺家に奉仕する人びとの居住区は寺内の行堂・人力堂などの施設のみでまかなうことはおそらく不可能であって、門前地は寺内を補完するための土地として不可欠な部分ではなかったかと推測されるのである。

実際、門前に力者が居住していたことが確認できる史料は少なくない。例えば、嵯峨宝篋院門前に下された永正十五年(一五一八)十二月十九日奉行人奉書には、「嵯峨宝篋院敷地・門前力者以下民屋の事」とあり、門前には民屋に混じって力者の存在が知られるし、相国寺門前にも「常久」という力者が居住していた(『鹿苑日録』長享元年〈一四八七〉九月十二日条)。また、『南禅寺文書』に収められた南禅寺塔頭徳雲院周辺の状況を描いたと思われる絵図(年未詳)には、在家とともに「浄思行者」「善正力者」「常安力者」「御大工免地之屋敷」などの土地が記され、寺家に労働力を提供し諸役を担う人びとの居住区が門前を中心に形成されていたことはほぼ確実であろう。こうした従属層を寺家は直接に把握し統轄したのであって、通常言われるところの下地進止権や検断権などの門前支配は、寺側にとってみれば、かなり初発の段階から存在した本源的権利として認識されていたはずである。

さて、門前の土地は多くの場合寺領であったが、東寺南大門前のように境外のケースもあった。しかし、その場合においても寺家は門前を寺家の支配が及ぶ範囲として考えていたことは明らかで、例えば東寺は一定の条項に反した場合、九条以南に居住する茶売人を追放する権利を有していたのである。[19]京都の上京にあって上下貴賤の幅広い信仰を集めた誓願寺においても、門前小河上の下地進止権は勧修院家にあり、また門前には遅くとも天文年間には小河七町が形成されていたが、[20]門前の景観整備について誓願寺は「境内河上」と称し、一定の発言権をもっていた。[21]京都における中世後期の門前支配については、下地進止権・検断権・課役権などをめぐって、外部からの押妨や幕府支配との相克など複雑な様相を呈しており、[22]また寺院によってその状況は異なるので、これを一義的に捉えることはできないが、寺家側の論理としては、「門前」は本来的に寺家の権利の及ぶ特別な領域と認識されていたと言うことができよう。それは中世武士館門前の領主の直営田である「門田」「門畠」などの存在や門前の被官層の居住区[23]などとも一脈通ずるものがあり、門前への権利は、そこに結果として町が発生しているか否かにかかわらず、「寺内」という領域の「地先」的な権利の表現であったと見ることができる。[24]石井進氏が図式化した中世武士館の家領の同心円的構造や門前の耕地・被官層居住区の存在形態は、[25]中世寺院においては、「寺内（中）」→「寺辺」→「境内」という同心円的空間構成と「門前」のあり方に表われていたのであって、寺院の門前を門前町としてのみ特化して捉えることは適切でない。

## 2　京都における中世寺院の存在形態

以上の準備的考察を前提にしつつ、次に中世後期の京都における寺院の存在形態を具体的事例を通して見ていきたい。まず最初に、寺院の空間構成からみた二つの類型――「境内」系寺院と「寺内」系寺院――の存在形態を明らかにし、次いで京都という都市内における諸宗寺院の立地および移動の問題を都市史的観点から考察する。

中世後期の京都における諸寺院の空間構成を概観すると、およそ二つのタイプが存在していたことがわかる。一つは、塀や門によって閉ざされた聖域（「寺内」）の周縁に耕地・在家さらには門前町・境内村落を付属させ、全体として同心円状の有機的なまとまり（「境内」）を形成するタイプで、これを仮に「境内」系寺院と呼ぶことにする。

いま一つのタイプは、「寺内」と「境内」がほぼ一致し、多くの場合「寺内」に在家や町を包摂しつつ完結し、外部に対して閉鎖的な構えをとるものである。これを仮に「寺内」系寺院と呼ぶ。前者は京都以外では、先述の四天王寺や法隆寺のごときタイプで、町や村落を付属させつつ、「寺院在所」とも呼ぶべきまとまりを形成する。一方、後者はいわゆる「寺内町」のタイプを念頭においたもので、浄土真宗の山科本願寺や石山本願寺がその典型例であるが、真宗以外の寺院にも類似例が存在する。

### 「境内」系寺院

さて、「境内」系寺院は中世後期の京都においては、五山系寺院に顕著に見ることができる。五山系寺院は、室町幕府の手厚い保護を受け、また官寺制度としての五山十刹制の導入により、新仏教諸派の中ではいち早く京都に定着し、有力寺院として君臨した。したがって広域な「境内」を形成する寺院が多いのも当然であった。

九条道家によって東山南部に嘉禎二年（一二三六）創建された東福寺は、延応元年（一二三九）に大仏殿が上棟され、住持に円爾が迎えられてからは伽藍の造営が順調に進み、建長二年（一二五〇）の「九条家処分状」には三門・仏殿・法堂・方丈・僧堂などの主要堂宇の他、数多くの諸堂が書き上げられ、大伽藍がこの頃には完成していたことが知られる（『東福寺文書』）。

この東福寺門前には十三世紀以降、「法性寺八町」が形成されていったことが知られており、[26]東福寺は門前に対し検断権・課役権を有していた。[27]ここには、寺家被官をはじめとして多くの職人・商人・百姓が居住していたと想像され、遅くとも十五世紀には、当時伏見・宇治への主要街道であった法性寺大路沿いには東福寺が酒麹役・諸商売役などを賦課できるほどの商業集積が形成されていた。[28]

こうした門前の集積は寺院の大きな経済基盤となっていたはずで、他からの押妨に対して「境内」の論理を貫徹しつつ死守せねばならなかった。東寺との検断権をめぐる争いで、東福寺が法性寺大路に釘貫を設置したことがすでに指摘されているが、[29]これは単に防御のためだけでなく、本来必ずしも境界の明らかでない「境内」を明示し、これを改めて可視化する必要があったからにほかならない。

東寺との相論において東福寺が釘貫を設置したことを示す史料に「右在所は、当寺領法性寺境内として往古より検断に於ては、更に他の妨げなし。或は山門領或は公家武家領所々地子等知行分これあり。東寺領また同前。（中略）彼一橋の堀は当寺本願檀那光明峯寺殿の御時、法性寺構として重ねてこれを鑿たれ、今にその隠れなし」（『東寺百合文書』え、文明十四年〈一四八二〉十月）とあり、東福寺は法性寺八町に他領が混在していることを認めつつも、創建時の状況にまで言及し、その「境内」の正当性と検断権を強調している。[30]先述した建仁寺と祇園社との明応三年（一四九四）の境相論の際に、「建仁寺雑掌申す当寺惣構北面堀の事、違乱すと云々。太だ然るべからず」（『八坂神社文書』明応三年十月三十日条）と、建仁寺が境内に惣構を築造しているのもこれと同様の事情であった。こうした東福寺の中世における存在形態は空間的に見れば、東福寺伽藍を中心とした「寺内」に一定の厚みをもった領域が取り囲む「境内」系寺院の一タイプを示していると言うことができる。天正十三年（一五八五）十一月十一日、秀吉が検地の結果、東福寺領として認めた一五八四石のうち、二二六石は「東福寺廻」と表現されており、これは「寺内」周縁部の耕地や山林を含んだものであったと考えられる。(31)

さて、京都における五山系の有力寺院は、政治的理由から花御所近辺におかれたと想像される相国寺を除けば、京都の北辺（天竜寺・大徳寺）および東辺（南禅寺・建仁寺・東福寺）の山を背にした立地が特徴的で、ほとんどの寺院は寺内周辺の山林や耕地を付属させており、また門前には在家や町が発達していた。

先に見た南禅寺は寺内周囲に山林をもつ他、嘉吉二年（一四四二）十二月三日の「南禅寺領目録」（『南禅寺文書』）によると「西門前敷地」を有していた。『南禅寺文書』天文四年（一五三五）十月二十六日付の史料には次のようにある。

南禅寺門前に於て弥五郎咎人の由これを申し、又五郎刃傷を致す事。

開闔検断仕るの処、寺家として去年十二月の御下知を捧げ、闕所以下の儀これを存知すべしと云々。去年に成さるる奉書に致りては、更に改動あるべからず。然るに当寺御座の処、緩怠致す族、前代未聞の儀なり。所詮其の科を以て本人の家、寺として放火すべきの段、開闔より検使を立て、其の沙汰あるべし。聊かも以後の引懸となすべからず。次で屋敷幷に同類の家の事、寺家に進退せしむべし。是即ち旧冬の御下知を立てらるる故歟。宜しく上意となすべき哉。（以下略）

これによると南禅寺は門前の刑事事件に対する検断権、とりわけ闕所検断権を幕府から認められていたことがわかる。(32)南禅寺門前は大津から京都への入口にあたり、交通の枢要の地であったためこの地を競望するものは多く、「南禅寺門前敷地の事、塔頭所として方々競望すと云々。所詮貞治五年の事書の旨に任せ、向後堅く停止する所なり」（『南禅寺文書』応永二十二年〈一四一五〉七月五日条）のごとく、寺家内部においてさえこれを規制せねばならぬほどであった。天文五年（一五三六）四月二十六日に南禅寺門前において足利義晴の御殿が造営されたのも、右のような理由によるところが大きかったに違いない（『厳助往年記』）。

大徳寺は、元応元年（一三一九）京都の北辺紫野の地に宗峰妙超による小庵が営まれたことにはじまると伝える。正中二年（一三二五）には花園院の祈願所となり、次いで元弘三年（一三三三）には後醍醐天皇によって五山の一位たる綸旨を受けたが、その後は五山の列を離れ、林下の寺院として独自の道を歩んだ。大徳寺の発展は応仁の乱後著しく、その一端は塔頭数の急激な増加に表われている。[33]

さて、大徳寺門前屋地の存在は、応仁の乱後の次の史料に見える。

紫野　大徳寺同徳禅寺幷に門前の屋地等目録（ママ）の事、
　合四拾二丈余両所にこれ在り、内拾三丈は野畠と云う
　　已上、此の在所地口の事、免除候なり、
　　　文明十八
　　　七月一日　　　　　　　　　　　　　（飯尾）永承（花押）
　　　　　　　　　　　　　　　　　　　清式部大夫元定（花押）
　　　　　　　　　　　　　　　　　　　　　　　　（『大徳寺文書』）

大徳寺および塔頭・徳禅寺[34]の門前屋地の地口の合計が四二丈であることが判明する。門前屋地の範囲は必ずしも明らかでないが、寛永十八年（一六四一）の「洛中絵図」には大徳寺東門前に「大徳寺門前」と記し、近世の門前村の

一部がこれに相当するものと思われ、[35]また年未詳「紫野大徳寺門前地子帳」の冒頭に列挙された「垣ヨリ北外分」一一筆がこの四二丈の門前屋地に対応する可能性が高い。[36]

その後大徳寺門前の開発はさらに進行し、大永二年（一五二二）八月二十八日の幕府奉行人奉書によると、東西一九丈・南北七七丈七尺（白毫寺分を除く）の門前屋地の存在が確認でき、幕府は大徳寺に対して門前の検断権および臨時課役・人夫役などの諸公事免除を与えている（『大徳寺文書』）。さらに同年九月十日には門前および今小路大宮の妙覚寺跡地の隠地・地子不沙汰を禁じている（『大徳寺文書』）。この門前屋地と妙覚寺跡地の地子は大徳寺にとって重要な財源であったらしく、当地百姓中にしばしば地子の納入を督促する旨の幕府奉行人奉書が見られる（『大徳寺文書』）。

大徳寺は本来、賀茂社境内六郷の一つであった大宮郷に属していたが、中世後期には次第に周縁部の土地集積を進め、中世末期から近世初頭にかけて大宮郷内の諸村落の支配権を確立した。[37]寛永六年（一六二九）十一月二十五日の蓮台寺との草山相論の際に、大宮郷五カ村（門前村・雲林院村・紫竹村・上野村・大門村）の年寄が連署して奉行所に差し出した返答書には、「大宮郷五ケ村として、昔より進退仕り候」「大宮郷は大徳寺境内の百姓にて御座候」などの文言が見られ、大徳寺と大宮郷との密接な関係が明らかである。このように、大徳寺は中世後期から近世初頭にかけて、門前や周縁の村落を次第に併呑しつつ「大徳寺境内」を形成したのであって、寺院の弱体化によって境内を蚕食されることが一般的であった他の多くの寺院に比べると、やや特異な存在ということができる。しかし、「境内」はアプリオリに存在するものでなく、寺院の当該期における相対的実力や政治情勢などに常に左右されていたことに留意しておく必要があろう。

やはり京都の縁辺部嵯峨の地に開かれた天竜寺には正平二年（一三四七）「臨川寺領大井郷絵図」や応永三十三年（一四二六）「応永鈞命図」が残されており、当時の境内の構成を知ることができる。これによると天竜寺は伽藍周縁に雲居庵・多宝院・金剛院の正規の塔頭を付属させており、これが狭義の「寺内」であったと推定される。[38]また惣門東には天竜寺の別院とも言うべき臨川寺があった。「寺内」北および南にはさらにいくつかの塔頭・寺庵が見られるが、図で注目されるのは天竜寺惣門前の応大な敷地に臨川寺とともにじつに多くの塔頭・寺庵が整然と配されており、あたかも「塔頭都市」のような情景を現出している点である。これは正平から応永にかけて、東および北にさらに拡大し、天竜寺の当該期における隆盛をよく示している。こうした塔頭に混じって「在家」と記入された部分も散見され、天竜寺寺内は北・東・南を後発の塔頭・寺庵および門前在家によってコの字型に囲繞されていた。特に東門前は天竜寺のみならず臨川寺の存在が重要で、天竜寺と臨川寺という二つの核を中心に広大な範囲に塔頭群の形成をみた。両図にはその他天竜寺の西背面の山林や諸堂、南側の桂川を描き、これらが全体として「境内」をなしていたのである。

以上、「境内」系寺院の例として五山系の寺院を見てきたが、いずれも室町時代における有力寺院として類似の構成をとり、それぞれが相応の「境内」を形成していたことが知られる。禅宗寺院の選地は山・川・池などの自然の景勝や地形、すなわち「境致」が密接に関係しており、[39]京都においても相国寺は別として京都の縁辺部の山麓に多くの寺院が営まれた。こうした「境致」が「境内」へと転化するのはきわめて自然のことであった。しかしそれは、五山系寺院に固有の現象ではなく、京都において依然として隠然たる勢力を保持していた霊山東山に点在する清水寺をはじめとする顕密系寺院も同様であったし、また平地に伽藍が営まれた東寺も先に見たように「寺内」の外側に「境内」が存在していたが、これらの例については割愛したい。

## 「寺内」系寺院

「境内」系寺院はその中枢部に閉鎖的な「寺内」をもつものの、その周囲の「寺辺」や「門前」などは外に向かって開放的な構成をとっていたと見られるが、ここで取り上げる「寺内」系寺院はそうした付属的な要素を基本的にもたず、自閉する「寺内」の中に町その他の要素を内部化したものをいい、外部に対しては閉鎖的な構えをとる。この場合「寺内」と「境内」はほぼ一致することになる。

「寺内」系寺院の典型例は、言うまでもなく浄土真宗のいわゆる寺内町であって、中世末期の戦乱の中、畿内を中心に簇生したことはすでによく知られるところである。この山科本願寺・石山本願寺を代表例とする真宗寺内については、すでに多くの研究が蓄積されており、また私も石山本願寺については若干の考察を試みたことがあるので[40]詳細は省略し、本論の文脈上重要と思われる要点のみを列記する。

① 山科寺内・石山寺内ともに借地都市として出発し、山科は醍醐三宝院に、石山は摂津守護の細川氏に本願寺が地子を納入する立場にあった。しかし本願寺は次第に寺内の検断権・下地進止権を通して支配権を確立し、石山寺内においては天文七年（一五三九）頃守護不入の諸特権を獲得するに至る。この頃寺内を取り囲む要害工事が一段落しているが、これは寺内を防衛すると同時に、対外的にも対内的にも本願寺の支配が及ぶ一定領域としての「寺内」を画定する意味があったと考えられる。

② 山科寺内は「御本寺」「内寺内」「外寺内」の三郭構成をとり、それぞれ堀と土居によって囲繞され、御本寺には本願寺御坊、内寺内には坊官屋敷・多屋の諸施設があり、外寺内は「八町」の町が展開していた。石山寺内は、この内寺内を除いた二郭構成をとっていたと推定され、御坊の周囲には新屋敷・北町・北町屋・西町・清水町・南町（屋）の六町およびその枝町である檜物屋町・青屋町・横町・中町などが成立し、寺内町人は本願寺の領主支配を受けながらも本願寺の庇護の下で多様な都市生活を享受した。

③ 寺内は堀・土居・塀などの要害施設によって閉鎖しており、石山寺内には外部に通ずる門として「六口」が開か

れるのみであった。寺外には耕地が広がっていたと考えられ、石山寺内の住民の中で寺外の耕地を出作しているもののの存在が確認できる。

さて、本願寺は一時京都の近辺山科に営まれたことがあったが、本拠は天文元年（一五三二）以降石山に移り、その後天正十九年（一五九一）六条本願寺が成立するまで京都には建設されることがなかったが、真宗寺内と類似の構成をとる日蓮宗寺院は市中に進出し、分裂・統合をくり返しながら中世後期の京都の一大勢力にのしあがった。

京都における日蓮宗寺院の存在形態については、すでに森田恭二氏の研究がある。[41]森田氏によると、天文期の洛中の日蓮宗寺院の多くは寺構や堀をめぐらし要害化しており、とりわけ六条堀川にあった本国寺は大規模な要害を築造し、内部に町を包摂していた。『フロイス日本史』に次のような記述がある。[42]

既述のように、日本の諸宗派の中で、もっとも僭越、傲慢、かつ放埒なのは、釈迦を拝む法華宗である。彼らの間では僧侶たちが第一位を占めており、彼らはデウスの教えの最悪の敵であり排斥者である。そのうちでもとりわけ六条という僧院は収入に富み、悪行にはなはだ放恣であった。（中略）そして彼らはただちにかの僧院の傍に一面粘土（塀）で囲まれた、彼ら法華宗（徒だけが住む）一つのかなりの町《ヴィラ》を建設した。それは、同所で彼らが、より自由に不行跡に耽し、紊乱な生活を営むためであった。そのような種類の場を日本では寺内《ジナイ》と称している。

この記述は、本国寺が要塞化し、町《ヴィラ》を包摂していた事実を示すのみならず、こうした種類の場を「寺内《ジナイ》」と呼ぶことを指摘している点で、重要である。すでに見たように「寺内」という語は、浄土真宗や日蓮宗に固有の語でなく、一般的には寺院の塀や門によって閉ざされた聖域（多くは子院を含む）を指すものと考えられるが、この閉鎖性・排他性がさらに強化され、真宗寺内や法華寺内のように周囲を要塞化し、町までも内部化してしまったものは、やはり「寺内」という語で特殊化せねばならなかったのであろう。森田氏も指摘するように、こうした「寺内」は外部の

「公界」と対置される領域で、戦国期の京都においては上京・下京の構、公家・武家の構などが「寺内」とともに、「公界」という海に浮かぶ島のごとく個別分散的に割拠していたのである。(43)戦国期には閉鎖的な「寺内」がしばしば武家の陣所や宿所に転用されており、その要害性の高さを窺うことができる。

ところで、日蓮宗寺院に代表される「寺内」系寺院は、その大部分が旧平安京の条坊が敷かれた平地部に立地していたことに注目しておく必要がある。旧条坊の上に寺地が設定されることは、とりもなおさず四至牓示が道路によって明確に指定されることを意味する。例えば、日蓮宗妙顕寺が文明十五年（一四八三）に移転を命ぜられた寺地は、二条以南・三条坊門以北・西洞院以西・油小路以東がその四至で、巷所を含めた敷地が妙顕寺地であった。(44)

こうした寺地の構成は、他の浄土宗寺院・時宗寺院にも見られ、(45)市中に存在する寺院に共通する形態であったと言うことができよう。これらは四至牓示の範囲が寺地であり、したがって「境内」と「寺内」はほぼ一致していたと見ることができるが、寺内周縁に在家ないし町が存在していた例も散見される。例えば先に見た上京の浄土宗誓願寺の門前には「小河七町」があったし、悲田院では、「今暁上悲田院炎上す。仏殿上に火出来し、灰燼と成る。乱仏殿に来り東南簷下外辺に皆小屋有り。十余宇炎上」（『晴富宿禰記』文明十一年八月十二日条）のごとく寺院東南の軒下（築地塀の軒下か）に少なくとも十余宇の在家があった。また四条河原にあった時宗四条派本山金蓮寺（四条道場）は、四条以北・錦小路以南・京極以東・鴨川以西にあったが、門前には茶屋があり、(46)金蓮寺地東頬に屋地の存在が確認できる。(47)さらに金蓮寺の寺辺には、西の京極大路に東西一丈、北の錦小路北頬までの巷所がそれぞれ存在し、小川坊城家から寄進を受けているが、(48)こうした巷所に在家が立つことはごく一般的にあったものと思われる。『一遍聖絵』の四条京極の釈迦堂付近を描いた画像の中に、釈迦堂の南西の頬に寺を取り囲む町屋が書き込まれており、また旧町田本・上杉本「洛中洛外図屏風」には寺院や屋敷の周囲に築地塀の代わりに町屋の列を描く例が散見されるのは、敷地周縁の巷所の存在と何らかの関係があったものと想像される。日蓮宗の寺内はこうしたもの全体を堀や塀などによって要害化させたものと見ることができる。森田氏による六条本国寺の復元図では、町は西の縁辺部に比定されており、また真宗寺内町の山科石山寺内における町も「寺内」の最外部に存在していた。[49] したがって、要害の存在を抜きにすれば、浄土宗・時宗寺院もまた「境内」と「寺内」がほぼ一致するという意味において、ここでいう「寺内」系寺院であったと言うことができる。

市中の寺院の中で境内に在家があった例は、他にも「□□（大報）恩寺々内敷地の事、□聞の処、一旦居住の輩、永領の思を成して、寺家に敵対し押妨すと云々」（『大報恩寺文書』建武四年〈一三三七〉六月）、「安楽光院境内在家火を出す、程なく安楽光院焼失す」（『長興宿禰記』文明七年〈一四七五〉二月一日条）など、史料にしばしば見られるところであり、いわゆる「寺内町」に固有のものではない。[50]

以上、中世後期京都における「境内」系寺院と「寺内」系寺院について主にその空間構成に着目しながらその具体例を見てきたが、寺院空間の重層化の発展段階や空間の開放性・閉鎖性に違いが見られるものの、基本的にはいずれも領主としての寺家を同心円の核としながら、その周縁に従属的な空間を付属させて、全体として有機的なまとまりを形成するという点において、むしろ共通する側面が多いことが看取される。またこうした空間構成は中世的領主支配のフィジカルな反映であったことにも注意しておきたい。

### 寺院の立地と移転

中世の京都というとただちに町衆の町をイメージしがちであるが、実際には過密化した一部の地域を除けば、町屋は街区四周のほんの一皮に存在するにすぎず、街区内部には空地・寺院・公武の屋敷などが広大な敷地を占め、これらが全体として京都という都市空間を構成していたのである。

中世京都を寺院の側面から観察すると、既存の旧仏教・五山系寺院の多くが洛外の周辺部に割拠していたのに対し、新仏教諸派、特に日蓮宗・浄土宗・時宗は新興町人層と結びつきつつ市中に教線を伸ばし、洛中所々に数多くの寺院が営まれたことを見逃すわけにはいかない。こうした寺院群は市中もしくはその周縁部に立地し、町と密接な関係を保ちつつ存在したのであって、京都の中世都市化に果たした役割は少なくないと考えられる。

**日蓮宗寺院**

日蓮宗寺院はたび重なる山門の迫害を受けながらも、分裂・統合・移転をくり返しつつ数多くの寺院の成立をみた。表1および図1は、中世後期における主要な洛中の日蓮宗寺院の立地と移動の状況をまとめたものであるが、[51]多くの寺院はおおむね下京の町組の周縁を取り巻くように立地し、頻繁に移転が行われた様子がわかる。例えば日蓮宗の京都進出の嚆矢となった日像の妙顕寺を例にとると、次のようであった。[52]

京都における弘通を志した日像は、永仁元年（一二九三）四月十四日京都に入り、路上において法華の題目をとなえつつ辻説法を試みた。やがて、志という名の大工、柳酒屋仲興、富商小野妙覚などが入信し、その教えは次第に京都町衆を中心に浸透していった。しかしこれは山門を中心とした顕密諸宗の逆鱗に触れるところとなり、朝廷によって徳治二年（一三〇七）・延慶三年（一三一〇）・元亨元年（一三二一）の三度にわたる京都追放を蒙っている。この間、応長元年（一三一一）には綾小路大宮に住坊を構えていたことが知られ、これが日像の最初期の拠点であったようであるが、元亨元年の三度目の追放から帰洛を許された日像は、弘通の勅許を得、今小路御溝の側（現大宮通上長者町安居院付近）に寺地を賜わり妙顕寺を開くに至る。ついで暦応四年（一三四一）には院宣によって四条櫛笥西頬地一町に寺地を移転させたが、文和元年（一三五二）には再び山門の執拗な迫害を受け、嘉慶元年（一三八七）にはついに山門によって堂舎が破却され、洛外追放を余儀なくされている。その後、明徳四年（一三九三）には四度目の還住を果た

表1　中世京都における法華15カ寺の動向

| 記号 | 寺院名 | 門　系 | 開祖 | 開基年 | 京都における寺地の移転（寺町移転前） |
|---|---|---|---|---|---|
| A | 妙顕寺 | 比企谷門流 | 日像 | 元享元(1321) | (綾小路大宮)──→今小路御溝の側──→<br>住坊応長元(1311)　元享元(1321)<br>四条櫛笥西頬地一町──→押小路以南・姉小<br>暦応4(1341)　明徳4(1393)<br>路以北・堀川以西・猪熊以東──→五条大宮<br>応永21(1414)<br>──→西洞院以西・油小路以東・二条以南・三<br>文明15(1483)<br>条坊門以北 |
| B | 本国寺 | 比企谷門流 | 日静 | 延文2(1357)頃 | 六条堀川 |
| C | 妙覚寺 | 妙顕寺系 | 日実<br>日成 | 永和4(1378) | 四条大宮──→室町西二条南小路衣棚<br>永和4(1378)　文明15(1483) |
| D | 妙満寺 | 妙顕寺系 | 日什 | 元中6(1389) | 室町六条坊門──→錦小路東洞院──→<br>元中6(1389)<br>綾小路堀川西<br>天文16(1547) |
| E | 本禅寺 | 本国寺系 | 日陣 | 応永13(1406) | 四条堀川油小路──→西陣桜井<br>応永13(1406) |
| F | 本満寺 | 本国寺系 | 日秀 | 応永16(1409) | 新町通今出川新在家──→寺町<br>応永16(1409)　天文8(1539) |
| G | 本能寺 | 妙顕寺系 | 日隆 | 応永22(1415) | 油小路高辻五条坊門──→六角以南四条坊門<br>応永22(1415)本応寺　永享5(1433)本能寺<br>以北・櫛笥以東・大宮以西──→六角以南・四<br>天文11(1542)<br>条坊門以北・油小路以東・西洞院以西 |
| H | 立本寺 | 妙顕寺系 | 具円 | 応永23(1416) | 四条櫛笥妙顕寺跡地──→山科言継邸近辺<br>応永23(1416)　天文12(1543)<br>──→西京　──→洛東今出川<br>天文13(1544) |
| I | 妙蓮寺 | 妙顕寺系 | 日慶 | 応永30(1423)頃 | 綾小路四条西洞院──→大宮西小路<br>応永30(1423)頃　天文11(1542) |
| J | 本法寺 | 中山門流 | 日親 | 寛正4(1463) | 四条高倉──→一条堀川──→三条万里小路<br>永享8(1436)　康正年中　寛正4(1463) |
| K | 頂妙寺 | 中山門流 | 日祝 | 文明5(1473)頃 | 近衛西洞院──→錦小路以南・四条以北・万里<br>文明5(1473)頃　明応4(1495)<br>小路以東・富小路以西 |
| L | 妙伝寺 | 身延門流 | 日意 | 文明7(1475) | 一条　──→西洞院四条南<br>文明7(1475)　天文10(1541) |
| M | 本隆寺 | 妙顕寺系 | 日真 | 延徳元(1489) | 四条大宮──→大宮・千本間──→堀川西・一条北<br>延徳元(1489)　天文年間 |
| N | 妙泉寺 | | 日像 | | 松ケ崎村歓喜寺を改名──→綾小路 |
| O | 要法寺 | 富士門流 | 日尊<br><br>日大 | 上行院＝Oa<br>暦応2(1339)<br><br>住本寺＝Ob<br>貞和2(1346)頃 | 六角油小路<br>暦応2(1339)上行院<br>──→綾小路五条坊門堀川<br>天文11(1542)住本寺と合併して要法寺<br>二条・堀川東・油小路西<br>貞和2(1346)頃　住本寺 |

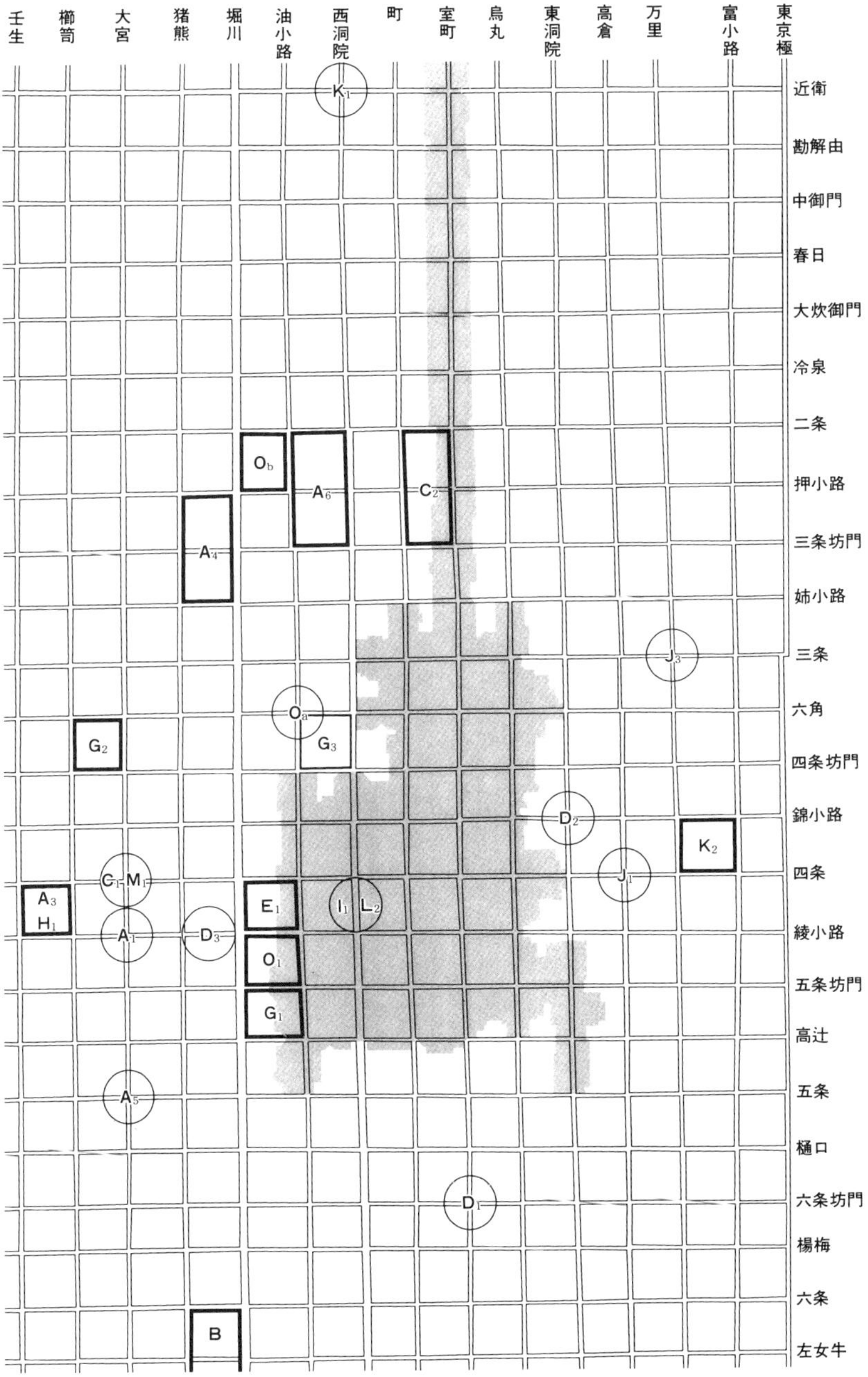


**図1**　法華15カ寺の寺地の移動（下京）

図中の記号は表1に対応（記号サフィックスの数字は寺地移転順次を示す）。

寺地の四至が確定できないものは丸枠で示す。網かけ部分は下京町組の範囲〔注(55)参照〕。

し、義満によって押小路以南・姉小路以北・堀川以西・猪熊以東の八町が与えられ、妙本寺と改称して伽藍が建設された。なお四条櫛笥の旧地には立本寺が創立されている。しかし、これまた応永二十一年（一四一四）には破却され、五条大宮に再興された。文明十五年（一四八三）には、高倉中納言永継より西洞院以西・油小路以東・二条以南・三条坊門以北の八町々を買得し、寺地を移している。その後永正十六年（一五一九）頃には寺名を妙顕寺に復し、天文法華の乱でじつに六度目の洛外追放を蒙ったが、天文十六年（一五四七）二条西洞院の旧地に還住し、天正十一年（一五八三）秀吉による寺ノ内移転まではこの地にあった。

新仏教諸派の中では、不受不施に見られるように排他性の強いこの宗派は、山門を中心とする旧仏教勢力からの絶好の攻撃の標的とされ、執拗なまでの弾圧を受けたが、そのつど逞しく洛中に還住し、根づいていった。また宗派内部の対立も顕著で、妙顕寺から分立した妙覚寺などに見られる細胞分裂が、宗派をある意味で活性化させ、洛中所々に法華寺院の成立を見たのである。『後慈眼院殿記』明応三年（一四九四）十月に、洛中の日蓮宗に触れて、「いつぞや彼の寺造作の事、大宮の小路以東に出づべからざるの由、定められ了んぬ。然るに今度、文明の乱以後、京中に充満す」とあり、当初法華寺院は大宮以東に寺地を構えることが禁じられていたが、応仁文明の乱後、京中に「充満」したことが記されている。右に見たように妙顕寺は明徳四年（一三九三）にすでに大宮以東の地に寺地があるので、この禁令がいつの時点まで、またどの程度の効力があったのかについては疑問な点が少なくないが、当時、大宮通が洛中の西の境界線として認識されていたことはおそらく事実であろう。先の図1によると、各日蓮宗寺院は大宮以東に数多く営まれているが、大宮通近辺の町組周縁部に集中していることは、この境界が一定の機能を果たしていたことを物語っている。

日蓮宗寺院はついに市中内部にまで進出することはなかったが、その周縁部において移転をくり返しており、これが既成市街地周縁部の都市化を促進したことは明らかである。あとでみるように秀吉の寺町計画で移転させられた寺院の跡地には旧寺名が町名として残り、近世の面的な町への発展の下地をつくったのである。

**浄土宗寺院**

日蓮宗と同様、東国においては教線の拡大に成功した浄土宗も、当初京都においてははなはだ振るわなかった。しかし、室町時代の後花園天皇の代になると、ようやく庶民はもとより公武の支持をも得るようになり、京都市中への進出の足がかりを徐々に固めていく。すなわち、寛正三年（一四六二）七月五日、後花園天皇は百万遍知恩寺に勅願所の綸旨を下賜し、次いで八月十二日には清浄華院等熙に初めて国師号を与え、浄土宗を正式に認知するに至った。[53]浄土宗は日蓮宗と異なり、旧仏教との対立をことさら強調せず、法談を通じて多くの帰依者を獲得しつつ、京都市中に根を下ろしていったのである。

さて、近世以降の総本山知恩院は室町期においても法然ゆかりの寺院として有力であったが、ここで注目したいのは洛中の町に混じって営まれた数多くの浄土宗寺院である。まず上京の寺院から見よう。

一条小川付近の油小路沿いに誓願寺、十念寺（誓願寺内）、成心院（同）、極楽寺（同）、仏陀寺、知恩寺（百万遍）などの浄土宗寺院群が見られる。これらはもと天台系寺院であったのを中世に浄土宗に改宗したものが多く、町堂として賑わった革堂（行願寺）とともに多くの町衆の信仰を集めたことはすでに指摘されるとおりである。[54]また現在「元浄花院町」の町名を残す浄華院は土御門烏丸の地にあった。これらは上京の構の縁辺部にあり、[55]西の防衛線の役割を果たすとともに上京の町衆の拠点的な場を形成していた。

一方、下京でも数多くの浄土宗寺院の簇生を見た。中世段階における寺地が判明するものをまとめたものが表2である。[56]

**表 2**　京都市中における浄土宗寺院

| 寺　名 | 開基または中興年代 | 旧　　寺　　地 |
|---|---|---|
| 西方寺 | 文治元年(1185) | はじめ一条正親町，のち大炊室町東(西方寺町) |
| 仏光寺 | 不明 | 春日東洞院 |
| 福勝寺 | 正嘉年中 | 油小路五条坊門 |
| 円福寺 | 徳治 2 年(1307) | はじめ五条坊門猪熊，のち室町姉小路(円福寺町[1]) |
| 西念寺 | 天文 9 年(1540) | 六角堂内 |
| 安養寺 | 天永年間 | はじめ樋口，のち四条西洞院 |
| 善長寺 | 永正年間 | 綾小路室町(善長寺町) |
| 了蓮寺 | 天文 3 年(1534) | 三条東洞院 |
| 常楽寺 | 永享元年(1429) | 室町三条，または油小路大炊御門 |
| 光徳寺 | 不明 | 東洞院六角堂下諏訪町 |
| 称名寺 | 永禄 3 年(1560) | 油小路風早町 |
| 西導寺 | 永禄 5 年(1562) | 油小路山田町 |
| 浄心寺 | 天文11年(1542) | 室町三条 |
| 浄教寺 | 平重盛創建<br>文安 3 年(1446)中興 | 五条東洞院(燈籠町[2]) |
| 法然寺 | 元久 2 年(1205) | 錦小路東洞院(本法然寺町) |
| 空也寺 | 天禄 3 年(972)<br>または天慶年中 | 錦小路西洞院(空也町) |
| 勝円寺 | 永正元年(1504) | 東洞院五条(燈籠町) |
| 永養寺 | 応仁の乱後文明年中再興 | はじめ富小路，のち五条西洞院(永養寺町[3]) |
| 浄国寺 | 永禄 3 年(1560) | 五条東洞院(蓮池町) |
| 本覚寺 | 文亀 2 年(1502) | 高辻烏丸 |
| 新善光寺<br>来迎堂 | 永禄12年(1569)中興 | 五条堀川(来迎堂町) |
| 極楽寺 | 天文12年(1543) | 四条坊門東洞院(一蓮社町) |
| 竹林寺 | 不明 | 五条町尻 |
| 蓮光寺 | 明応 9 年(1500) | 高辻町尻 |
| 金仏延寿寺 | 不明 | 六条西洞院(中金仏町・卜味金仏町) |
| 万年寺 | 弘治元年(1555) | 六条烏丸ヵ |
| 矢田寺 | 承和12年(845) | 綾小路町尻(矢田町) |
| 安養院 | 天平年中 | 五条醒井泉水町 |

＊⑴ 『長興宿禰記』文明12年 9 月16日条に「土一揆五条堀川を下り道場を放火す。其の南隣安養寺〈当時円福寺と号す〉両寺焼失す。各名所なり」とあり，文明頃までは五条堀川にあった。

⑵ 『晴富宿禰記』明応 2 年 8 月 8 日条に「浄教寺〈五条東洞院と高辻の間東頬浄土宗〉」とあり。

⑶ 『永養寺文書』所収文明13年 7 月12日足利義政御判御教書に「永養寺敷地五条西洞院北西頬〈南北四拾丈，東西廿丈〉・樋口室町西北頬〈口五丈四尺，奥拾参丈七尺〉・五町北東頬〈口弐丈，奥廿丈〉屋地御寄進状以下証文の事，一乱中紛失と云々，早く寺家領掌相違有るべからずの状件の如し」とあり。

一覧して明らかなように、大多数の浄土宗寺院は応仁文明の乱後に陸続と洛中に建設されていったものと見られ、しかもその多くは下京に集中している。これはまた、日蓮宗寺院の進出状況ときわめて類似したものであった。これらの分布を見ると、下京の町組の周縁に立地する寺院も多いが、日蓮宗寺院が町なかに進出するには至らなかったのに対し、町組内部に寺地を構える浄土宗寺院が少なからず存在することに気づく。応仁の乱後成立した新興浄土宗寺院は日蓮宗寺院と交錯しながらも、下京の町なかおよび周縁に万遍なく分布していたのであって、こうした都市内における寺院の存在形態は、専修念仏や法談を基軸に広く一般庶民の支持を受けつつ教線を拡大しようとする新仏教特有の布教政策の反映と見ることができる。幕府の絶大なる加護の下にあった五山系寺院や旧仏教寺院とは異なり、荘園その他の所領がほとんどないこうした新興勢力にとって、寺院運営の経済基盤はまさに都市に住む町衆が頼りであって、みずから町衆たちの居住区の中に入り込むことによって、はじめて寺院の存立が可能であったと想像される。そのような意味で浄土宗寺院はまさしく都市型寺院であった。

これらの多くは秀吉の寺町計画で移転を命ぜられるが、それ以前には町々と密接な関係をもちながら存在していたと推測される。すなわち、右の寺院のうち誓願寺・善長寺・矢田寺の遺称町名である誓願寺町・善長寺町・矢田町は天正年間に寺院が移転した後成立した町名ではなく、『立入文書』所収の元亀二年（一五七一）「御借米之記」に上京・下京の町組を構成する町として確認できるもので、中世後期から近世初頭にかけて寺院と町が一体となって都市形成が行われたことを暗示しているのである。

### 時宗寺院

時宗寺院については、道場としての性格上、先の日蓮宗・浄土宗寺院の分布とは異なり、洛中のさらに周辺部に一定の間隔を保ちつつ存在していたようである。四条河原の金蓮寺（四条道場）六条東洞院の歓喜光寺（六条道場）、七条

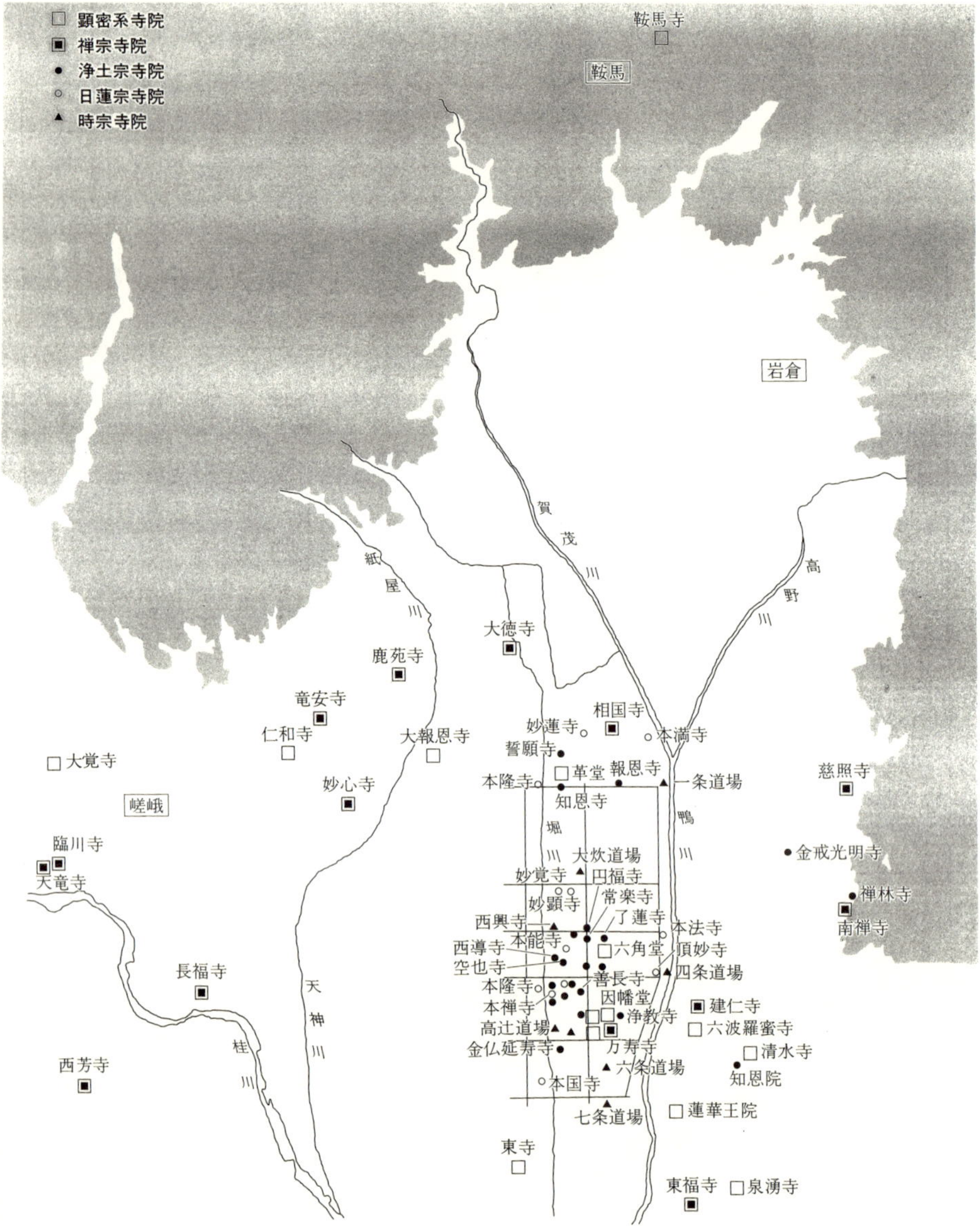

□ 顕密系寺院
■ 禅宗寺院
● 浄土宗寺院
○ 日蓮宗寺院
▲ 時宗寺院
鞍馬寺
鞍馬
岩倉
賀茂川
高野川
紙屋川
大徳寺
鹿苑寺
竜安寺
仁和寺
大報恩寺
大覚寺
妙心寺
嵯峨
臨川寺
天竜寺
相国寺
妙蓮寺
本満寺
誓願寺
革堂
報恩寺
本隆寺
一条道場
知恩寺
堀川
鴨川
慈照寺
金戒光明寺
禅林寺
南禅寺
大炊道場
妙覚寺
円福寺
妙顕寺
常楽寺
西興寺
了蓮寺
本法寺
本能寺
西導寺
六角堂
頂妙寺
空也寺
四条道場
本隆寺
善長寺
本禅寺
因幡堂
建仁寺
浄教寺
高辻道場
六波羅蜜寺
金仏延寿寺
万寿寺
清水寺
六条道場
知恩院
本国寺
七条道場
蓮華王院
長福寺
天神川
桂川
西芳寺
東寺
東福寺
泉涌寺

**図 2**　京都における各宗派寺院の分布（天文期以降）

東洞院の金光寺、左女牛六条の新善光寺、高辻堀川の荘厳寺（高辻道場）、三条堀川の西興寺、大炊御門町尻の聞名寺（大炊道場）など、日蓮・浄土のさらに外縁部に分散している。

以上の検討から作成した図2は、各宗派の京都における分布状況を示したものである。上京・下京の市中には顕密系の古刹に混じって浄土宗寺院が点在し、その周縁部には日蓮宗寺院の分布が目立つ。上京の寺ノ内はもと延暦寺里坊であった関係から、中世段階においてすでに一定の寺院集中地区となっていたようである。[57]下京の浄土宗・日蓮宗寺院集中地区を外側から時宗寺院が取り囲み、さらにその外側である山麓には顕密系寺院・五山系寺院が広大な寺地を占めつつ君臨していた。そして平地には主として「寺内」系寺院、山麓には「境内」系寺院がそれぞれ固有の空間を形成しながら割拠していたのである。

こうした寺院の三重の輪は、当該期における諸宗派の勢力分布を示すと同時に、盆地に展開する京都という都市空間のありようをシンボリックに表現していたと言うことができよう。

## *3* 近世寺町の成立

近世統一政権の口火を切った織田信長は、浄土真宗に対しては石山合戦、山門に対しては比叡山焼討、日蓮宗に対しては安土宗論による洛外追放、など徹底して武力を背景とした弾圧政策をとったが、信長を継いだ豊臣秀吉は寺院の復興を積極的に行いつつ、内側からの解体を進め、これを都市計画のなかで巧妙に利用することに成功した。既往の研究によると、秀吉の京都改造計画は以下のようであった。[58]

①「聚楽第」の建設――秀吉は関白の居城として聚楽第を天正十四年（一五八六）、内野大内裏跡に建設する。これ

は秀吉の京都支配の象徴的かつモニュメンタルな拠点であった。

②　洛中検地と地子免除の実施――秀吉は京都全体の土地を掌握するために、天正十年各知行主に検地帳の指出を命じ、天正十五年と十七年の二度にわたって徹底した洛中検地を行っている。これは中世以来錯綜・重層化していた土地所有関係を清算し、新たに土地と所有者を一対一に対応づけることを意図したもので、さらに洛中の土地は秀吉の支配下にあることをあらためて明示するものであった。この検地の結果、天正十九年秀吉は洛中の地子を免除する。これはそれまで個々の領主が独自に収取していた地子を否定するもので、ここに中世以来の領主を核とした個別分散的なまとまりは解体されることになった。

③　市中町割の施行――天正十八年、秀吉は京都の市街に短冊状の町割を施した。京都の街区は条坊制の地割を踏襲しておよそ方一町（六〇間）の正方形街区となっていたが、街区の裏は未利用地が多く「せと畠」や空地が残されていた。秀吉の町割はこうした街区の中央に南北の小路（突抜）を通し、二つの短冊形街区に分割するものであった。既成市街地は部分的にこの計画から除外されたが、その他の街区は一様に効率的な短冊形街区に変更された。

④　公家町・武家町・寺町の創出――中世の京都は、公家・武家・寺社・都市民が複雑に混在する状況であったが、秀吉はこれらの移転を命じ明確な区分を行った。この結果、禁裏を中心とする地区には公家町、聚楽第周辺には武家屋敷地区、上京の「寺ノ内」・下京南の本願寺「寺内町」・京都東端の「寺町」の寺院街が形成された。町人は町割によって再編成された市街地への屋敷替えが命じられた。

⑤　御土居の築造――天正十九年、秀吉は一連の京都改造計画の総仕上げとして、洛中の周囲の惣構である御土居の築造を行い、洛中と洛外を截然と区分するとともに京都の城下町化を完成させた。

⑥　寺社の復興と方広寺大仏殿の造営――秀吉は以上のような京都改造を強力に推し進めながらも、宗教勢力に対す

る配慮を忘れてはいなかった。応仁の乱以降、伽藍の再興もままならなかった多くの寺社のうち、秀吉の外護を得てようやく再興を果したものが多く、検地などで旧勢力である寺社の内部に介入をする一方で、寺社の再興を援護するという飴と鞭を巧みに使い分けた政策を実施した。それと同時に秀吉は天正十六年、豊臣氏の氏寺であり、国家鎮護を担った方広寺大仏殿の造営を行っている。この大仏殿は洛中の諸寺院のさらに上に君臨する豊臣氏ゆかりの寺院として位置づけられた。

さてここでは、すでに検討してきた中世後期の京都における諸寺院の存在形態を念頭におきつつ、主として寺町計画について焦点を絞り、その成立過程と都市計画的意味についてあらためて考察を加えたい。そして、右にあげた秀吉の諸計画が従来必ずしも連関をもって位置づけられてこなかったことに鑑み、全体計画のなかで寺町計画が占めていた位置を再定位しようと考える。

まず、秀吉の諸政策の中で最も重要な施策と考えられる検地と地子免許について見よう。『鹿苑日録』には検地の実態が生々しく記されている（表3）。

秀吉の検地は容赦なく進められたのであって、五山の有力寺院相国寺においてさえ右のように検地に脅え、「法門凋零」と嘆きつつも、衆議を重ねてその対策に奔走せねばならなかった。中世以来、守護不入の聖域として保持されてきた「境内」ないし「寺内」は、検地という手段を通じて白日に晒されたことになる。先に秀吉は、大坂天満本願寺において、天正十七年（一五八九）牢人隠匿事件を契機に置目・法度の制定を行うなど積極的に寺内への介入を試み、同年寺中検地を断行し、町屋敷地子五〇〇石を本願寺に宛行っている。これは、寺院と町があらゆる側面において密接不可分に結びついていた中世的寺内を内側から解体し、本願寺は単に地子得分権のみを有する存在に成り下がってしまったことを意味していた(59)。これと全く同様の政策が京都においても並行して推し進められたのである。境内

**表 3**　天正17年(1589)検地の実態

| | |
|---|---|
| 10月21日 | 早朝，検地奉行御牧勘兵衛尉来る。伏見より上三栖の領堺これを打つ。晩に及び法安寺に到る。検地の様体を聞く。勘兵衛尉一切礼儀を取らず。一瓶の酒，一籠の肴，亦これを受けず。尺地寸土と雖も，遺余なくこれを打つ。 |
| 同23日 | 当寺の山畑・谷田・広畠等を打つ。晩に及び山村門前を打つ。 |
| 同25日 | 当寺屋敷分は検地の分免許と云々。宝厳院・般舟院免ぜらるるなり。 |
| 11月17日 | 午後，毛利民部大輔・石川備後守，当寺屋敷菜園等悉く検地す。法門凋零嗟嘆に勝らず。 |
| 同18日 | 日々各当寺検地の儀に奔走すと雖も，終に実なき事。 |
| 同22日 | 洛中今日より検地。上京の奉行五員，下京の奉行五員，縄を以てこれを打つ。一寸五分尤も分明なり。寸土尺地亦余地なく，入貢はこれを取る。錙銖を尽くす乎。其の用に至る所は，雪隠悉く金銀を費やし，丹青を施すと雖も，用の泥沙如きもの乎。嗚呼々々。 |
| 同26日 | 五山過半御検地。門前境内遺余なきの間，免除の儀，浅野霜台・玄以法印両所司代へ申すべくの旨議定せり。寺内検地の儀に日々評議有り。 |
| 同27日 | 今日より公家・門跡・大名衆の屋敷悉く御検地なり。 |
| 同28日 | 五岳当住各民部法印に赴き，寺屋敷境内門前の儀申すの処，異儀有るべからず。随分御取合申すべくの由なり。当寺亦検地せしむべくの旨，早川主馬守(頭)申すの間，先に帰寺。函丈に於て衆議有り。(中略)洛中五岳其の外古刹高名有る者以上卅六ケ寺境内門前，今度の御検地悉く御免除有るべくの由なり。五岳より指樽二荷・饅頭百ケ・昆布百本少弼殿に贈る。今朝法印所に贈るの聘礼亦同前。諸寺社歓悦これに過ぎず。 |
| 12月5日 | 当寺門前境内地子銭永く御免許の御朱印拝領す。 |
| 同10日 | 当寺領十一ケ郷八幡・白川等，天正十三年御検地の時，此の検地の分，今度指出有りと雖も，替地下されべからざるの由なり。寺社本所分千石余これ在りと云々。当寺領亦百石余御勘落なり。弥以て凋零の基なり。 |

＊『鹿苑日録』より作成

および門前地子の免除は、寺院の中世以来の特権をそのまま安堵したのではなく、検断権や下地進止権などに代表される住民や土地に対する寺院の領主権は否定され、単なる地子取得権のみがかろうじて残されたにすぎなかった。また右の相国寺の例のように散在寺領については、検地の結果これを減ぜられる傾向が強かったと推測される。

東福寺の場合も、天正十三年（一五八五）十一月二十一日、秀吉は寺領を一五八四石に限定したうえで、勤行・堂舎修理を緩怠なく行わせ、これを怠った場合には寺領没収も辞さないことを宣告している（『東福寺文書』）。

一方、「寺内」系の寺院はどうであろう。秀吉は日蓮宗妙顕寺を天正十一年寺ノ内に移すと、その跡地に天正十三年城郭を建設し、一時的な拠点としている。『宇野主水日記』天正十三年七月条に、「京都には玄以宿所民部卿法印と号す、三条なり元妙願(顕)寺と云う寺なり。それに要害をかまへ、堀をほり、天主をあげてあり。秀吉御在京の時は、それに御座候なり。常は玄以の宿所なり」とあり、日蓮宗寺院の要害を再利用していることが知られる。これは、秀吉が大坂において石山本願寺の遺構を再用して大坂城の築造を進めたのと全く同じ手法であった。

　もはや明らかなように、秀吉の検地および地子免除は、先学の指摘のように中世以来の重層的な土地支配権を清算することが目的であったことは言うまでもないが、それは寺院に即していえば、中世的「境内」および「寺内」の解体政策にほかならなかったのである。さらにそのことは、領主としての寺院を核とした重層的空間の中から、狭義の「境内」と「門前」、そして諸々の付属的な空間を慎重に選り分け、各々を分離することでもあった。寺町計画とはある意味で、寺院からあらゆる付属物を取り去って、機能分離された純粋な寺院のみを集合させる計画と見ることができるが、こうしたドラスティックな計画を遅滞なく断行するためには右のような都市政策上の布石が必要であったと考えられる。

　そこで、次に寺院の移転の問題を考えよう。すでに知られているように、秀吉の京都改造計画に際して、すべての寺院が移転を命ぜられたわけではなかった(60)。大規模な移転が行われたのは、ここでいう「寺内」系寺院の日蓮宗・浄土宗・時宗寺院であった。表4は、寺町を構成する寺院の宗派・移転前の寺地・移転時期をまとめたものであるが(61)、これによると圧倒的に浄土宗寺院が多く、次いで日蓮宗寺院、時宗寺院という順序になっている(62)。これらは、すでに見たように上京・下京の市街地およびその周縁に立地していた寺院であった。寺町については、北辺の寺ノ内・東辺の京極の寺町・南辺の本願寺寺内町があるが、ここでは京極の寺町を中心に考察を加えたい。『フロイス日本史』には、この寺町計画について次のように述べている(63)。

| 寺　名 | 宗派 | 移　転　前　寺　地 | 移転年 |
|---|---|---|---|
| 50 専称寺 | 浄 | (元亀元開基) | |
| 51 西行(光)寺 | 浄 | 二条新町西(正行寺町) | 天正18 |
| 52 正念寺 | 浄 | (天正15開基) | |
| 53 福勝寺 | 真 | 室町一条辺 | 天正年中 |
| 54 見性寺 | 浄 | (天正15開基) | |
| 55 大炊道場聞名寺 | 時 | 大炊御門大路北室町西(道場町) | |
| 56 寂光寺 | 日 | 室町近衛 | 天正18 |
| 57 妙伝寺 | 日 | 西洞院四条南(妙伝寺町) | 天正19 |
| 58 要法寺 | 日 | 醒井通綾小路(要法寺町) | 天正年中 |
| 59 妙満寺 | 日 | 綾小路堀川西(妙満寺町) | 天正18 |
| 60 本能寺 | 日 | 六角四条坊門西洞院 | 天正15 |
| 61 天性寺 | 浄 | 西陣当麻町 | 天正15 |
| 62 戒光寺 | 律 | 一条小川(戒光寺町) | 天正18 |
| 63 誓願寺 | 浄 | 誓願寺通小川西(誓願寺町) | 天正19 |
| 64 和泉式部寺(誠心院) | 浄 | 一条小川誓願寺内 | 天正19 |
| 65 光明寺 | 浄 | 三条新町 | 慶長7 |
| 66 西光寺 | | | |
| 67 極楽寺 | | | |
| 68 円福寺 | 浄 | 室町姉小路北(円福寺町) | 天正13(19) |
| 69 西蓮寺 | 時 | (空也開基) | |
| 70 西念寺 | 浄 | 六角堂内 | 天正19 |
| 71 宝(法)蔵寺 | 浄 | 壬生 | 天正年中 |
| 72 法界寺 | 浄 | (道阿開基，天正19入寂) | |
| 73 妙心寺 | 浄 | (蔵阿開基，天正 7 入寂) | |
| 74 安養寺 | 浄 | 四条西洞院 | 天正年中 |
| 75 禅(善)長寺 | 浄 | 綾小路室町西(善長寺町) | 天正19 |
| 76 了蓮寺 | 浄 | 三条東洞院北(車屋町) | 天正年中 |
| 77 六条道場(歓喜光寺) | 時 | 六条河原院 | 天正年中 |
| 78 常楽寺 | 浄 | 室町三条南 | 天正19 |
| 79 光徳寺 | 浄 | 東洞院六角堂下諏訪町 | 天正19 |
| 80 正学(覚)寺 | 浄 | (永禄 2 開基) | 天正19 |
| 81 称名寺 | 浄 | 油小路風早町 | 天正19 |
| 82 西道(導)寺 | 浄 | 六角油小路(山田町) | 天正年中 |
| 83 浄心寺 | 浄 | 室町三条南 | 天正年中 |
| 84 大竜寺 | 浄 | 天正14当地にて開基 | |
| 85 四条道場金蓮寺 | 時 | 応長元開基以来当地 | |
| 86 春長寺 | 浄 | 三条京極村井貞勝邸内 | 天正11(19) |
| 87 大雲院 | 浄 | 室町御池 | 天正18 |
| 88 浄教寺 | 浄 | 東洞院五条下ル(燈籠町) | 天正19 |
| 89 透玄(等見)寺 | 浄 | (永正頃僧賢公によって創建) | |
| 90 聖光寺 | 浄 | (天正11再建) | |
| 91 法然寺 | 浄 | 錦小路東洞院西(本法然寺町) | 天正19 |
| 92 空也寺 | 浄 | 錦小路西洞院北 | 天正19 |
| 93 勝円寺 | 浄 | 東洞院五条北(燈籠町) | 天正15 |
| 94 乗願寺 | 浄 | 五条坊門柴山町 | 天正19 |
| 95 永養寺 | 浄 | 高辻西洞院西(永養寺町) | 天正13 |
| 96 浄国寺 | 浄 | 五条東洞院(松原東洞院) | 天正13 |

＊寺名は寛永14年「洛中絵図」に記載されたもの
宗派：浄＝浄土宗，日＝日蓮宗，時＝時宗，臨＝臨済宗，天＝天台宗，真＝真言宗，
律＝律宗，兼＝四宗兼学

**表4**　京都京極寺町寺院一覧

| 寺　名 | 宗派 | 移　転　前　寺　地 | 移転年 |
|---|---|---|---|
| 1 浄(上)善寺 | 浄 | 千本今出川(上善寺町) | 天正年中 |
| 2 天寧寺 | 曹 | (直江兼続再興) | |
| 3 西園寺 | 浄 | 室町頭(竹園町) | 天正18 |
| 4 岩栖院 | 臨 | 東山，高台寺建立に際し移転 | 慶長10 |
| 5 崇禅院 | 臨 | 岩栖院町 | 元和年中 |
| 6 花開院 | 浄 | 大宮五辻上ル(花開院町) | 天正17 |
| 7 長福寺 | 兼 | 大宮寺ノ内上ル(東千本町) | 天正年中 |
| 8 普国寺 | | | |
| 9 歓喜寺 | 臨 | 寺ノ内上ル浄福寺北(歓喜町) | 大止年中 |
| 10 安楽光院 | 律 | 上立売(光照院跡) | 天正年中 |
| 11 慈福寺 | 浄 | (延徳元足利義政により開基) | 天正年中 |
| 12 光明寺 | 浄 | (天文5性誉により開基) | 天正年中 |
| 13 阿弥陀寺 | 浄 | 上立売大宮東入ル南 | 天正15 |
| 14 十念寺 | 浄 | 誓願寺内 | 天正19 |
| 15 仏陀寺 | 浄 | 万里小路春日北 | 天正19 |
| 16 本満寺 | 日 | 今出川新町(元本満寺町) | 天文8 |
| 17 立本寺 | 日 | 洛東今出川 | 文禄年中 |
| 18 真如堂(真正極楽寺) | 天 | 一条新町西(元真如堂町) | 天正15 |
| 19 極楽寺 | | | |
| 20 西定院 | | | |
| 21 迎勝(称)院 | 時 | 一条堀川 | |
| 22 芝薬師大興寺 | 臨 | 上立売堀川西(芝薬師町) | 天正9 |
| 23 法性寺 | 日 | 壬生 | |
| 24 本禅寺 | 日 | 西陣桜井町 | 天正19 |
| 25 浄花(華)院 | 浄 | 土御門烏丸西(元浄花院町) | 天正13(18) |
| 26 盧山寺 | 兼 | 猪熊一条北 | 天正13 |
| 27 遣迎院 | 天 | 伏見大路東三ノ橋南 | 天正13 |
| 28 清和院(寺) | | | |
| 29 知恩寺(百万遍) | 浄 | 小川一条北(元百万遍町) | 天正18 |
| 30 一条之革堂(行願寺) | 天 | 小川一条北(革堂町) | 天正18 |
| 31 常林寺 | 浄 | (天正元開基) | |
| 32 専念寺 | 浄 | (天正16開基) | |
| 33 長徳寺 | 浄 | | |
| 34 常念寺 | 浄 | (永禄9開基，後寺町移転) | |
| 35 長徳院 | 浄 | (慶長7開基) | |
| 36 三福寺 | 浄 | 五条宮が辻 | 天正年中 |
| 37 国性(正)寺 | 浄 | 内野 | |
| 38 西性(昌)寺 | 浄 | (慶長14開基) | |
| 39 慈願寺(侍見寺) | 曹 | (天正16西陣石屋の辻子，後寺町移転) | |
| 40 西方寺 | 浄 | 大炊室町東(西方寺町) | 天正15 |
| 41 花光寺 | | | |
| 42 清光寺 | 浄 | (天正15開基) | |
| 43 実相寺 | 日 | (大覚上人開基) | |
| 44 仏光寺 | 浄 | 春日東洞院西 | 天正年中 |
| 45 善香院 | 浄 | | |
| 46 信行寺 | 浄 | 三条東洞院 | 天正17 |
| 47 教安寺 | 浄 | (文禄3開基) | |
| 48 生蓮寺 | 浄 | (天正10開基) | |
| 49 大恩寺 | 浄 | 三条室町西(大恩寺町) | 天正年中 |

町には古くから、各地区に諸宗派の僧侶たちの約三百あまりの寺院と僧院があり、すでに関白は以前から彼らの収入の大半を没収していたのであるが、僧侶たちが、(自分らは)重圧と労苦から免除されたと吹聴することがないようにと、関白は、町の中心部にあった彼らの寺院、屋敷、僧院をことごとく取り壊し、それを町の周囲の(城)壁に近いところで、すべて順序よく新たに再建するように命令した。

通事たちの談話によれば、(関白)がそうしたのには次のような二つの目的があった。第一には、都で戦争が勃発した時に、敵は最初に僧侶やその寺院と僧院に遭遇する(ように仕向けたこと)。第二には、僧侶たちはその門徒らと、(居住している)市内の街(の関係から)あまりにも緊密であり密接しているので、(関白)はその親密さを不快に思い、(僧侶らの)放埒(な日常生活)は人々に悪影響があろうと見なした(からである)。

フロイスは、寺町計画の目的を①防衛線の形成、②町と寺院の分離、の二点から説明している。前者は寺町計画の一般的な説明としてすでに定説化しているので割愛し、ここでは後者の問題を考えてみよう。先に「寺内」系寺院の存在形態を見たなかで、「寺内」に町を包摂しているか否かは別として、これらの寺院が町と密接な関係を保ちつつ洛中に点在していたことを指摘した。とりわけ浄土宗寺院は市街地中枢部にまで進出し、寺院名を冠した町が町組を構成するほどであった。こうしたまとまりは、「境内」系寺院の空間的なまとまりとも共通する寺院の中世的な存在形態であったと考えられる。秀吉はこうした寺院と町との有機的な結びつきを分断したのであって、それはここでいう「境内」や「寺内」の解体と全く同義のことであった。

それでは、寺院の移転はフロイスの言う二つの目的のみで行われたのであろうか。私はこれを秀吉の市中町割と洛中を取り囲む御土居建設にも連動した総合的な計画ではなかったかと見ている。以下、その理由を述べたい。

『京都旧記録』には次のようにある。

下京は町数も少く、寺社も町之中に入込これ有るによって、町家繁昌のため、町中にある寺社を町外へ引分け申すべく旨、秀吉公より所司代徳善院へ仰せ付けらる。

これには、下京の再開発のために市中の寺社が移転させられたことが述べられている。すでに見たように、浄土宗・日蓮宗・時宗の寺院は中世後期には下京に数多く分布し、これが占める割合は相当なものであったと推測される。正方形街区の中央に突抜を通す秀吉の町割はいわゆる「鉾町」を除く下京一帯に施行されたと考えられるが、これを行うためには、各所に点在し大規模な敷地を占拠する寺院の存在は邪魔であったに相違ない。町割の目的は、すでに指摘されるように街区内部の農村的要素を分離するといった側面も無視できないが(64)、それと同時に寺町計画と連動したものであったことを見逃すことはできない。寺院移転後の跡地は、もとあった寺院名を町名に残しつつも、新たな地割が施された近世的な町として出発するのである。

次に御土居との関係に日を転じよう。一連の京都改造計画の最終段階となった天正十九年（一五九一）、秀吉は洛中を囲繞する土塁および堀の建設を断行している。この計画推進のために特に重要視されたのが、東辺の鴨川周辺ではなかったかと推測される。というのは、しばしば氾濫を繰り返す鴨川周辺は、この段階では四条河原に以前から存在していた金蓮寺のごとき例があったにせよ、大部分は河原のまま放置されていたのであって、鴨川の流路を安定させながら、この西側に御土居を築くことは必ずしも容易なことではなかった。右に挙げた『京都旧記録』には「下京高倉より東は一面の川原にて人家もなく、南は五条通（今の松原通なり）より下は田野川原なり」と伝え、『両山歴譜』天正十七年（一五八九）の記事には、本能寺の移転に触れて、「当寺は京極通二条以南、姉小路以北の敷地を賜わる。当時河原なり」と記している。

寛永十四年（一六三七）の「洛中絵図」によると、東辺の鴨川沿いの土居のすぐ内側には寺町が土居を背にして一列に並んでいる様子が明らかであって、東辺の土居と寺町とが全く別個に計画されたとは考えにくいのである。寺院の建設は、まず地業などの敷地造成からはじまって、一定の土木工事が終了した後建築工事に入るが、こうした土木工事の集積は結果としてそれまで河原であった部分を地固めし、土居建設のための下準備の一翼を担ったと想像される。むろん秀吉の御土居は、東辺のみならず四周に巡る大事業であったから、寺町のみに依存するものではなかったが、特に鴨川との関連から他の部分より難航を予想される東辺部分に限っては寺町計画と連動させる構想があった可能性は高い。ここで見た市中町割・寺町の造成・御土居の建設の物的な計画は、いずれも秀吉の一連の計画の中で最終段階に集中しており、それぞれが相互に連動した総合計画であったと見られる。

御土居の完成によって、秀吉による京都の近世都市化はひとまず完成を見た。中世後期の京都は旧平安京という「海」に、個別の寺社の「寺内」や「境内」、上京・下京の「町の構」、公家・武家とその被官層を中心としたまとまり、などが「島」のごとく分散的に浮かんでいたということができよう。秀吉の京都改造は、こうした「島」を解体し、京都全体を平地に均したうえで、個別の構を御土居という大規模な構に吸収させたのであった。そうした流れの中で、中世的な寺院は、近世の教団組織として新たなスタートを切ることになる。

## おわりに

本論は、中世寺院を中核とした領域的なまとまり＝「境内」「寺内」の存在形態とその近世における解体過程を跡づけたものである。それと同時に、寺院の側面から都市京都の中世後期から近世初頭への展開を見ることに主要なねらいがあった。こうしたまとまりとその変容過程は、ここで見た寺院に限らず、武家屋敷や公家屋敷などにも共通するものであって、それはさらに言えば、中世都市と近世都市の空間的組成の違いにまで反映していると見ることができる。もとより本論は、そのごく一部の粗っぽい見通しについて述べたにすぎないのであって、今後さらに多くの個別事例の収集と詳細な検討が必要となることは言うまでもない。

また建築史学の立場に即して言えば、中世寺院と近世寺院のこうした相違は、境内や寺内などの領域の囲繞のされ方、全体を形づくる諸建築の構成と配置、さらには建築の表現そのものにまで何らかのかたちで反映されているはずである。このような大きなスケールから小さなスケールに至る具体的な空間の層序や相互の関連についても、以後の重要な課題の一つとして設定しておきたい。

ところで、本論は寺院を分析の対象としながら、寺院が形成する空間の聖域性や宗教と人びととの精神的な関わりあいなどの質的な問題には一切言及していない。もとより私にはこうしたテーマを解明する能力はないが、これら寺院ないし宗教が本来的に有する人やものを吸引する力は、時の政治や法制などによって一定の拘束は受けるものの、全面的に規定されるものではないことに注意しておく必要があろう。すなわち、本論で提示した中世寺院の有機的なまとまりが、近世に入って果たして本質的な意味で解体したかという問題は、なお未解決な点を数多く残しているのであって、今後さまざまな角度から再検討せねばならないと考えている。(65)

注

(1) 拙著『近世大坂成立史論』(生活史研究所、一九八七年)。

(2) 林屋辰三郎「南北朝時代の法隆寺と東西両郷」(『中世文化の基調』東京大学出版会、一九五三年)、細川涼一「戦国時代の法隆寺と門前検断――『衆分成敗引付』を中心に――」(中世寺院史研究会編『中世寺院史の研究』上、法蔵館、一九八八年)。

(3) 今谷明・高橋康夫編『室町幕府文書集成』奉行人奉書編(思文閣出版、一九八六年)。以下、引用の史料の多くは本書に収録されているが、繁雑になるので省略した。なお、本論を執筆するに際し、高橋康夫制作『室町幕府奉行人奉書データベース』(思文閣出版、一九八九年）の試験版を大いに活用させていただいた。このデータベースは、今後の史料検索システムの一つのありうる姿としてきわめて注目すべきものである。記して謝意を表する。

(4) 南禅寺の最初の火災記事（『良賢真人記』明徳四年八月二十二日条）によると、「今夜寅の刻、南禅寺回禄、仏殿・法堂・金剛殿以下、寺内悉く焼失す。其の外塔（頭脱ヵ）以下七ケ所焼失す」とあり、南禅寺伽藍およびその周囲の塔頭を含む「寺内」が灰燼に帰したことがわかる。

(5)『南禅寺文書』に「当寺門前惣境内諸役免除幷に闕所検断咎人跡田畠等の事、先例に任せ、弥寺家の進退たるべし（下略）」とある。

(6) 赤松俊秀編『教王護国寺文書絵図』（平楽寺書店、一九七一年）所収。この指図は同一地区を描いた二枚の指図を一巻にしたもので、それぞれ針小路以南を「寺内」「寺内在家」と記す。

(7)『阿刀文書』所収。この指図は江戸時代初頭に書写されたものであるが、貼紙などから、応仁の乱以前の伽藍の状況を描いたものと見られる。

(8)『阿刀文書』所収「東寺諸院図」には、一六の院家が記されている。

(9) 現在の南区東寺町付近に比定される「山吹（款冬）町」については、仲村研「東寺境内款冬町の支配」（同志社大学人文科学研究所編『京都社会史研究』一九七一年、のち秋山国三・仲村研『京都「町」の研究』法政大学出版局、一九七五年に再録）があり、東寺による境内支配の実態とその弱体化過程が明らかにされている。

(10) 中世東寺には、惣構えの堀以下いくつかの堀が存在していたことが「二十一口方評定引付」（『東寺百合文書』ち、『大日本古文書』家わけ第十東寺文書所収）から判明する。すなわち、文明十二年（一四八〇）五月十六日条には、「宝輪院僧正申され云く、当坊の東大宮の堀染《（深）》く堀《（掘）》りたく候の処に、無人夫候の間、迷惑候。境内人夫一日雇い給い候わば、悦喜すべく申し候。且つ又寺家の東惣搆《（構）》に構間、申し入れ候由承る間、披露の処に、無人の間、重ねて披露致すべしと云々」とあり、宝輪院東の大宮通沿いの堀が東寺の惣構えの一部をなしていた。また文明二年二月五日条には「八条大宮堀」、文明八年五月八日条には「新屋敷堀」、同年十月二十四日条には「西門の通」の堀、明応二年（一四九三）閏四月二十五日条には「寺内の乾角」に「新屋敷幷に寺内在家等の用心」のために掘られた「用水の樋」の存在が確認できる。これらは、応仁・文明の混乱期に主として自衛のために設けられたもので、文明十九年四月八日条には、「近日夜盗以ての外也。仍て所々搆《（構）》沙汰有るべくの由、披露せしむるの処、先宝蔵の北に堀鑿たるべし。次慶賀の外、搆(構)作らるべし。次西院四足門閇(塞)次がるべし。次実相寺木戸の前堀をさらえ、木戸の内、櫓を挙げらるべくの由、治定し了んぬ」とあり、真宗寺内町に見られるような、構・堀・木戸・櫓などの本格的な警固施設が東寺にも設けられたことが判明する。なお、中世東寺の堀の存在および境内・寺内の構成については、高橋康夫氏のご教示によるところが大きい。

(11) すでによく知られているように、東寺の「寺辺水田」は東寺境内の田地を総称したものである。

(12) 寺家の他に、「寺内御坊中召仕り候小者、小力者」(「二十一口方評定引付」文明二年五月四日条)、「境内并に寺内以下百姓」(同文明二年六月十七日条)、「木屋町焼失の事、(中略)町人等相尋ね」(同寛正三年三月三十日条)、「麩商人針少(小)路大宮小屋に借住」(『東寺百合文書』く)など、さまざまな階層の人びとが境内に居住しており、彼らは東寺の支配下にあった。

(13) 東寺の南大門前の一服一銭茶賈人の存在はすでに有名であるが、これを含む境内周縁には一定の門前町が成立していたものと見られ、「東寺境内并に門前地下中」(『東寺百合文書』ゑ四、天文十九年九月二日)などの表現が散見される。

(14) 真宗寺院における「仏法領」、日蓮宗寺院における「釈尊御領」、禅宗寺院における「叢林」「林下」などの領域概念や、「仏陀施入の地、悔返すべからず」「無縁所たるに依て」などの文言に見られる中世的法理は、寺社の所領を世俗の世界から区別し、神聖不可侵の領域を示す語として機能した。この問題に関する既往の研究は、黒田俊雄・藤井学・笠松宏至・網野善彦の諸氏など、多岐にわたっており、その蓄積も多いが、詳細は割愛したい。

(15) 『天文日記』に「寺中の構」(天文九年三月十五日条)、「六町のかまへ」(同五年五月二十五日条)、「寺内六町」(同二十三年二月二十二日条)などと見える。

(16) 原田伴彦『中世における都市の研究』(大日本雄弁会講談社、一九四二年、のち三一書房、一九七二年に再刊)、原田伴彦論集第二巻『都市形態史研究』(思文閣出版、一九八五年)、平沼淑郎著・入交好脩編『近世寺院門前町の研究』(早稲田大学出版部、一九五七年)、藤本利治『門前町』(古今書院、一九七〇年)、今谷明『戦国期の室町幕府』(角川書店、一九七五年)、前掲注(2)細川論文などがある。

(17) 円覚寺蔵。太田博太郎『中世の建築』(彰国社、一九五七年)において、本図の制作年代は元亨三年(一三二三)以後、建武二年(一三三五)以前と推定されている。

(18) 弘安六年九月二十七日「円覚寺年中寺用米注進状」(『円覚寺文書』)。

(19) 応永十年四月、「謹んで請け申す、南大門前一服一銭茶賈人条々」(『東寺百合文書』ケ)他。東寺の門前検断については、前掲

注(16)今谷書に詳しい。

(20) 誓願寺門前の芸能者を禁じた天文十年四月十二日付茨木長隆奉書の宛所に「小河七町々人中」と見える（『誓願寺文書』）。

(21) 誓願寺門前の小河上をめぐる天文期の相論については、高橋康夫『洛中洛外――環境文化の中世史――』（平凡社、一九八八年）に詳細な検討がある。

(22) 前掲注(16)今谷書。

(23) 三浦圭一「中世における農業技術の階級的性格――『門田苗代』を素材として―」（『日本史研究』八二、一九六六年）、石井進『中世武士団』（日本の歴史12　小学館、一九七四年）。

(24) 豊田武『武士団と村落』（吉川弘文館、一九六三年）。

(25) 前掲注(23)石井書。

(26) 弘安三年（一二六三）二月四日源則経教書に「法性寺近辺御領の事、政所御使を以て打ち渡され候。丈数指図に見え候歟。恐々謹言」、とあり、また貞和三年（一三四七）の寺領文書目録には、「法性寺地の事」として正元二年（一二六〇）三月二十一日の寄進状、正嘉二年（一二五八）七月および延応元年（一二三九）三月の譲状、年未詳三月二十一日の一条殿御教書が列挙されており、これが後の法性寺八町の母体になったと見られる（『東福寺文書』）。

(27) 康暦元年（一三七九）十一月晦日の「東福寺訴訟条々」には、「法性寺八町、寺家管ぜらるる所々、検断并に課役等停止せらるべき事」と主張され、東福寺の法性寺八町の検断を認める後円融天皇の綸旨が永徳元年（一三八一）七月十七日に出されている（『東福寺文書』）。

(28) 応永三十三年（一四二六）には「法性寺下井」に二件の酒屋の存在が確認され（『北野天満宮文書』）、延徳二年（一四九〇）九月三日足利義稙御教書に「東福寺領諸国所々目録別紙に在り并に法性寺八町検断酒麹諸商売役段銭人夫以下臨時の課役等の事、度々の証文の旨に任せ、早く守護使不入の地として、寺家弥領知を全うすべきの状件の如し」（『東福寺文書』）とあるように、十五世紀には東福寺が酒麹役・諸商売役などを賦課できるほどの商業集積があった。また時代は下るが、天正十年（一五八二）七月秀吉が東福寺に指出を命じた検地帳によると、東福寺門前にはかなりの筆数の耕地が分布し、それを下作する百姓の存在が確認できるし、延宝二年（一六七三）二月の「東福寺門前中家屋敷間尺公儀之書上帳之写」（『東福寺文書』）には、百姓の他、茶屋・豆腐屋・鍛冶屋・大工・指物屋・木挽などの多様な職種の商工業者、そして数多くの寺奉公人・行者が見える。これらの門前の町屋敷所持者は

「東福寺役」という固有の役を負担しており、中世以来の寺と門前との密接な関係が江戸時代に入っても継承されていることを知る。

(29) 前掲注(16)今谷書。

(30) このように「境内」は仮に他領が混在していても成立しうる領域概念であって、純粋な法制上の用語である「寺領」とは区別して考えなければならない。

(31) この二二六石は、別の史料に「東福寺廻田畠指出　弐百弐拾六石先年御検地の時、一柳勘左衛門竿先御朱印の内」とあり(『東福寺文書』)、東福寺周辺の耕地の石高を示していることが明らかである。

(32) 門前の知行に関しては、すでに正平七年(一三五二)二月十七日に「当寺門前敷地以下、右所々当知行相違有るべからず。(下略)」なる安堵を朝廷から受けている(『南禅寺文書』)。

(33) 大徳寺における塔頭の形成については、川上貢「中世の大徳寺塔頭について」(『日本建築学会論文報告集』六九、一九六一年)、同『禅院の建築』(河原書店、一九六八年)に詳しい。

(34) 徳禅寺は大徳寺における最初の塔頭で、大徳寺伽藍の南に位置していた(前掲注(33)川上論文)。したがって、この門前屋地は大宮通沿いの大徳寺東門前を指している。

(35) 「洛中絵図」の「大徳寺門前」と記された部分の西頬に着目すると、北の東西道から南の街区が雁行するところまでを六七間(丈に換算すると四三丈余)としており、これは大徳寺および徳禅寺が存在した部分の門前に相当する。

(36) この「垣ヨリ北外分」をどこに比定するかは今後の検討が必要であるが、地子帳の冒頭に列記されていること、荒地一筆を除く一一筆の間口合計が四二丈六尺であること、などから当該門前屋地に対応する可能性が高いと考えられる。

(37) 永井規男「大徳寺領大宮郷及びその代官屋敷と摠堂――大徳寺門前家屋の史的研究――その一」(『日本建築学会論文報告集』七七、一九六二年)。

(38) 『扶桑五山記』山城州霊亀山天竜資聖禅寺の部、諸塔の条には、雲居庵・多宝塔・金剛院のみがあげられ、天竜寺伽藍およびその周縁に位置するこれらの塔頭が正規の寺内を形成していたと見ることができる。

(39) 関口欣也「鎌倉南北朝期の禅宗伽藍」(『日本の仏教』鎌倉仏教、新潮社、一九八八年)。

(40) 拙稿「摂津石山本願寺　寺内町の構成」(『建築史学』三、一九八四年、のち前掲注(1)拙著に再録)。真宗寺内町の既往の研究については、この論文中で簡単に触れておいた。なお、『日本都市史入門』Ⅰ空間、都市史図集21（東京大学出版会、一九八九年）も参照。

(41)「中世京都法華『寺内』の存在――六条本国寺を中心として――」（『ヒストリア』九六、一九八二年）。

(42)『フロイス日本史』四、第三二章（松田毅一・川崎桃太訳、中央公論社、一九七八年）。

(43)例えば、『晴富宿禰記』明応二年（一四九三）四月十四日条に、「妙蓮寺・立本寺・本能寺、此三寺赤松今度陣取るの間、破却すべくの由其聞え有り」とあるように、武家が要害化した法華寺内を陣所・宿所として転用した例は枚挙に暇がない。

(44)文明十五年十二月二十七日付の高倉権中納言永継より沽却された敷地に対する義政の安堵の御教書に、「洛中敷地八町の事、東は西洞院を限る、西は油小路を限る、南は三条坊門を限る、北は二条大路を限る」とあり、また永正十八年（一五二一）七月二日には小川坊城家より、巷所分が安堵されている（『妙顕寺文書』）。

(45)浄土宗永養寺に対する文明十三年（一五八一）七月十二日付義政御判御教書に、「永養寺敷地五条西洞院北西頬南北四十丈、東西二十丈・樋口室町西北頬口五丈四尺、奥十三丈七尺・五条町北東頬口二丈、奥二十丈屋地御寄進状以下証文の事、一乱中紛失と云々。早く寺家領掌相違有るべからずの状件の如し」とあり（水野恭一郎・中井真孝編『京都浄土宗寺院文書』同朋舎、一九八〇年所収）、また時宗金蓮寺に対する嘉慶元年（一三八七）十月二十五日付斯波義将下知状には、「金蓮寺四条道場敷地四条以北、錦小路以南、京極以東、鴨河に至るの事」のように四至が明記されている（『金蓮寺文書』）。

(46)「四条道場前の茶屋の事、夜陰に及び悪党等集会せしむるの間」（年未詳八月二十四日、『八坂神社記録』祇園社記続録第三）。

(47)延徳三年（一四九一）十一月九日付「浄阿弥陀仏消息」に、「四条道場金蓮寺東頬屋地目録別紙に在りの事、往代より厳重寺領候処」とある（阿部征寛編「京都四条道場金蓮寺文書　中世編」橘俊道・圭室文雄編『庶民信仰の源流――時宗と遊行聖――』名著出版、一九八二年所収）。

(48)永正十四年（一五一七）十月十日付小川坊城家雑掌定綱寄進状（『金蓮寺文書』）。

(49)山科寺内は「御本寺」「内寺内」「外寺内」の偏心同心円状の三郭から構成されており、その最外部である「外寺内」に八町の町が発達していたと推定されている（西川幸治『日本都市史研究』日本放送出版協会、一九七二年、他）。また石山寺内は、このうちの「内寺内」を除いた二郭からなっており、御坊のまわりの最外郭に六町が展開していたと考えられる（前掲注(40)伊藤論文）。

(50) 先に見たように、東寺でも寺内には在家が形成されており、しかも文明年間には堀・櫓・木戸などの要害施設が設けられていた。また禅宗寺院である梅津長福寺の享保年間の古図によると、長福寺寺内は桂川・有栖川の水系を利用しながら堀で二重に囲繞され、寺内には窪町・前町・僧下野町・中街道町・半名町・南町の六町が形成されており、寺内と寺外を結ぶ口には木戸が設けられていた（本書第一章三）。このように、従来言われるところの「寺内町」の形態は、真宗・法華に限るものではなく、戦国期の他の宗派の寺院においてもごく一般的なものであったと想像される。

(51) 各寺院文書、辻善之助『日本仏教史』（岩波書店、一九五三年）、立正大学日蓮教学研究所編『日蓮教団全史』上（平楽寺書店、一九六四年）などを参考に作成した。

(52) 『妙顕寺文書』、『日蓮教団全史』上（前掲注(51)）、今谷明『天文法華の乱』（平凡社、一九八九年）。

(53) 前掲注(51)辻書。

(54) 今谷明『京都・一五四七年――描かれた中世都市――』（平凡社、一九八八年）。

(55) 高橋康夫『京都中世都市史研究』（思文閣出版、一九八三年）。

(56) 「蓮門精舎旧詞」乾・坤（浄土宗開宗八百年記念慶讃準備局『浄土宗全書』続第十八・十九巻、山喜房仏書林、一九六九年）他、近世地誌類より作成。

(57) 例えば『雍州府志』八に、「大宮通ノ東、寺内人家ノ後園ニ井有リ。古ヘ安居院法印聖覚之里坊斯処ニ在リト相伝ス。（中略）凡ソ安居院ニ限ラズ、古山門ノ僧徒京北斯辺ニ於テ処々別院ヲ搆《構》ヘ京ニ入リ、日之ニ寄宿ス。倭俗、里坊ト称ス」とある。

(58) 小野晃嗣「京都の近世都市化」（『社会経済史学』一〇―七、一九四〇年）、京都市編『京都の歴史』4 桃山の開花（学芸書林、一九六九年）、吉田伸之「公儀と町人身分」（『歴史学研究』別冊、一九八〇年）、朝尾直弘『天下一統』（大系日本の歴史8、小学館、一九八八年）、などによる。なお、前掲注(40)都市史図集25・30も参照。

(59) 拙稿「摂津天満本願寺　寺内町の構成（中）――豊臣秀吉による寺内町支配とその意味――」（『日本建築学会計画系論文報告集』三七六、一九八七年、のち前掲注(1)拙著に再録）。

(60) 顕密系の旧仏教寺院の多くは移動していないし、また五山寺院は一時大坂へ移される構想があったが、最終的には実現しなかった。

(61) すでに前掲注(58)小野論文において表が作成されている。本表はこれをもとに一部修正を施したものである。ただし、寺町を構成する各寺院は寛永十四年の「洛中絵図」を基準にしている。

(62)　寺町移転前の寺地とあらたな寺地との関係については、今後の詳しい研究が必要であるが、大きく見れば上京・下京でそれぞれ基本的には完結するように、おおむね西から東への平行移動を原則として移転が実施されている。しかし、日蓮宗寺院に関しては、もとの寺地とは無関係に上京の寺ノ内と寺町に集中させられているのが特異である。こうした寺町の具体的な形成過程については、機会を改めて発表したい。

(63)　『フロイス日本史』四（前掲注(42)）第三二章。

(64)　朝尾直弘「惣村から町へ」（『日本の社会史』6　社会的諸集団、岩波書店、一九八八年）。

(65)　『日本都市史入門』II 町、キーワード「京都本国寺門前」において、もと本国寺寺内町の一つであった「西門前町」と本国寺との近世における相論を示しておいた。これは、近世に入って寺院の支配下から離脱しようとしている町とそれをなお支配下に置こうとする寺家との確執であり、その際、町が境内にあるか否かが争点になっていることが注目される。

## 二　境内と町

### はじめに

日本の都市史、ないし都市空間史を古代から近世まで通してみた時に、どうもすっきりしない部分があります。つまり古代都市と近世都市はそれぞれ都城と城下町でおおむね説明がつくのに対し、その中間にある中世都市にはそれに相当するような明快な都市類型が見当たらないのです。

古代都市は都城や国府に代表されるものでして、中国の都城を範として日本に導入されたわけですが、条坊制を下敷きとして礼的な秩序が貫徹する明快な都市空間構成をとっていました。絶対方位にもとづく条坊制による整然とした方格状の都市形態は、ある意味で平面幾何学の世界とみることができます。

翻訳が出ましたリクワートの『〈まち〉のイデア』(1)は、古代ローマ都市を取り扱った大変興味深い本でして、リクワートはこの論文のなかで、従来、都市計画技術あるいは測量技術的な側面から説明されてきた、明快なグリッドパターンをもつローマ都市の幾何学的な形態は、実は古代人の「イデア」が表象されたものであったことを説得的に述べています。日本の都城がもつ整然とした幾何学的プランにもやはりそうした側面があったと考えられるのです。

一方、近世都市を代表とする都市類型といえば、それは城下町ということになります。城下町は城郭を中心にした一定の都市領域を、町人地・武家地・寺社地というように近世の身分制にもとづく地域割（ゾーニング）で分節するもので、先の平面幾何学のたとえでいうなら、位相幾何学の世界とみることができます(2)。城下町プランは、地形や中世的基盤などの先行条件、惣構の有無、町割の違いなどによって実にさまざまなかたちを呈しており、歴史地理の分野で城下町の都市プランをいくつかのタイプに類型化するなどの仕事もあるわけですが、むしろ城郭と町人地・武家地・寺社地からなる基本構成は共通しており、トポロジカル（位相的）にはほぼ同型ということができます。

このように、都城と城下町は空間的にきわめて明快な構成をもち、しかもそれぞれ古代律令制と近世幕藩制と密接な関係をもつという点で、時代を象徴する都市類型といってよいと思います。そうすると、間に挟まった中世はいったいどのように考えたらよいのか。われわれ建築史の分野の興味に即していうと、中世都市を空間的にどう捉えたらよいのかというのが問題となります。

従来の理解はおよそ次のようなものだったと思います。中世を大きく前半と後半に分け、中世前半は古代の律令的な秩序が崩壊するなかで、都城の原理も徐々に瓦解して、中世化する時期。平安京の行門制が崩れて街路を中心とした中世都市へと変容してゆくプロセスや、国府から府中への変化などがこの時期の現象として明らかにされています。また各地に非農業的な場としての市や宿などが簇生しはじめるのもこの時期です。

中世後半は前代に萌芽した都市化の動きが本格化し、さまざまな中世都市が形成される時期です。瀬戸内を中心とした港町、各地の寺社門前における門前町、守護の拠点としての守護所、畿内を中心に次々と生まれた寺内町、などがよく知られているところです。とくに戦国時代には、近世城下町の母体となる戦国城下町が形成されたことは、小島さんがすでに明らかにされています。京都においても辻子や巷所による中世都市化がさらに進行し、町を基礎単位とした上京と下京の二大都市集落が成立しました。そしてこれらの多様な中世都市の形成が近世都市の重要な前提となりました。

このように従来の中世都市像は、古代から近世に至る長い移行期という理解のなかで形づくられてきたことになります。つまり古代的な秩序の崩壊から近世的な秩序の形成に向かうきわめて長い移行期のなかで、平安京は中世都市化し、各地にはさまざまな中世都市が形成されたというわけです。しかし、こうした捉え方では、中世固有の都市類型は何かということは問題になりませんし、中世都市の本質をポジティヴに掬い上げる視点も芽生えません。都城や城下町のように、中世都市を一言で言い当てるキーワードが従来発見されなかったのもこのような事情によるところが大きいと思うのです。

私は主に空間的側面からみた場合、中世都市は「境内」と「町」の二つの類型でほぼその主要な部分を押さえることができるのではないかと考えています。まだまだ実証はこれからの課題ですが、本日はこの粗い仮説をいくつかの事例に即してお話ししたいと思います。率直なご批判をいただければ幸いです。

## *1* 中世住宅の表層

まず話のとっかかりとして、「町屋の表層と中世京都」という小文の紹介から始めたいと思います。(3) これは中世の京都における町屋の形成を都市京都と関連づけて考えようとしたものですが、次のような思いつきに端を発しています。

「洛中洛外図屏風」の町屋をみていると、町屋の門口の二本の柱の上に架けられた横材が目に付きます。これはふつう楣（まぐさ）といわれているもので、構造的には上部の壁を支えるものとされています。一方、上京の公家屋敷地区に目を転ずると、そこには二本の門柱に横材を冠した「冠木門」形式の門の存在が認められます。町屋の門口形式、つまり二本の柱と楣からなる構成は、この冠木門ときわめてよく類似しています。こうした冠木門形式の門口は、さらに遡って平安末期の『年中行事絵巻』に描かれた町屋にも確認できます。

『年中行事絵巻』の町屋の正面に注目すると、門口の両脇の腰壁には網代が用いられています。網代は通常、屋敷の裏側の塀の材料になるものです。ここで長押から上を全部取り払うと、冠木門＋網代壁という屋敷の境界装置とそっくりの状態になるわけです。つまり町屋の表層には門や塀などの境界装置的な要素が直接的に刻み込まれているのです。

「洛中洛外図屏風」や『一遍聖絵』には、町屋がまるで塀や門と置換されるように街区の表層に割り込むかたちで描かれている部分があります。このように町屋は境界装置と近い関係にあるもの、場合によっては互換性をもつ建築ということができると思います。

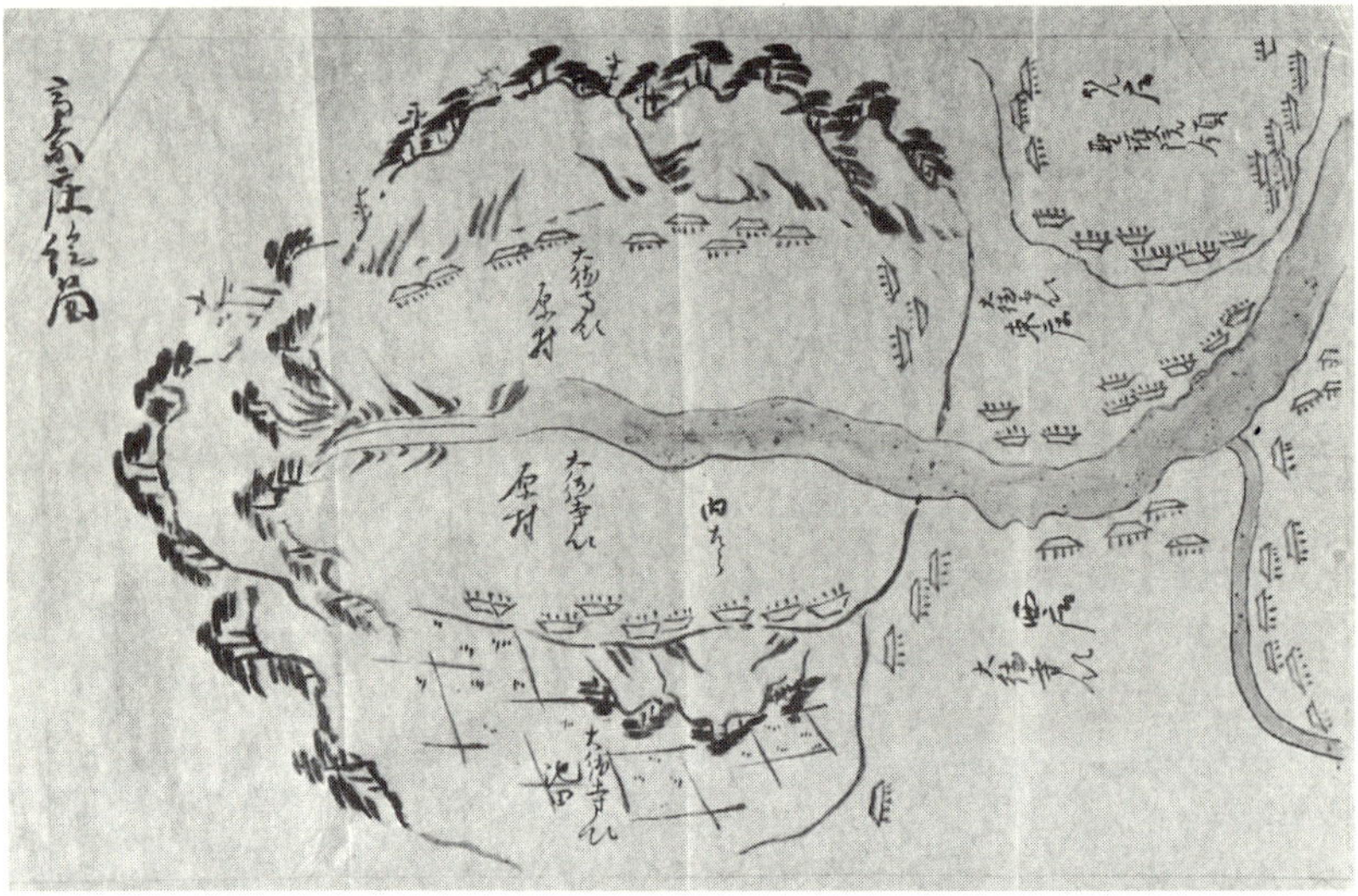

**図 3**　「大徳寺領紀伊国高家荘絵図」（大徳寺蔵）

こうした観点から、保立道久さんが概念図を作られた越後国小泉荘九日市の空間構成が注目されます。[4] 保立さんは中世町場の淵源を鎌倉期の疎塊状の街村に求めておられるわけですが、この九日市も在家が道に沿って疎塊状に並ぶ構成をとっています。ところで在家を組織する中軸となる道は、「町中通」と記載される一方で、「東西中界」となっています。つまり道からみれば街村ということになるわけですが、この道は同時に二つの領域の境界線でもあるわけです。

図3は貞和五年（一三四九）に作製されたと推定されている「大徳寺領紀伊国高家荘絵図」です。ここには大徳寺領、聖護院領などの所領が明示されているわけですが、川や道が所領の境界となっており、その境界付近に在家が建ち並ぶ姿を読み取ることができます。このように領域の側からみれば、境界の外縁部にはじき出された在家も、逆に道などの境界線を中軸とみれば線形の町集合とみなすことができるわけで、町と境界、町の両義性といったものがひとまず浮上してきます。

ふたたび京都に戻りますと、京都には古代以来の寝殿造系の住宅があり、一方で中世から形成されてくる町屋があります。建築史では従来両者を、支配者層の住宅、庶民層の民家というように分野を分けて研究を蓄積してまいりました。けれども寝殿造も町屋も都市住宅であることにはかわりなく、本来両者は都市の文脈のなかでセットとして捉えるべきものであったはずです。そこで、寝殿造系の住宅を「境内」的なものと捉え、町屋を「町」的なものと考えれば、それぞれが密接な関係をもつものとして措定することができるのではないかと思うようになりました。つまり寝殿造の表層の変容と町屋の形成とは、一連の動きとして捉えた方がよいのではないか、ということです。

そのような意味で高橋康夫さんの土御門四丁町の研究は重要です(5)。高橋さんのご研究によると、一町四方の土御門四丁町は「土御門家境内」であって、街区の周辺には被官百姓が零細な間口の在家に居住していました。境内の側からみれば、彼らは境内百姓ということになります。一方、これらの在家は道に向かって開いた町屋であったはずで、道の側からみれば、道を軸とした町的な集合にほかならないわけです。そして、こうした境内が個別分散的に割拠し、町が多様な関係を結びつつ織り上げられている空間こそが中世京都の実態ではなかったでしょうか。

以上のような問題関心から、本日は中世都市の主要な空間類型として境内と町を考えたいと思います。

## *2* 境内と町の空間的特質

**空間構成**

まず具体的な事例をみる前に、境内と町の空間の一般的な特質を整理しておきます。この整理はかなり概念的で、しかも大雑把なものですが、両者がさまざまな点で対比的な空間であることを指摘したいと思います（表5）。

**表5**　境内と町の空間構成

| 境　　内 | 町 |
|---|---|
| 中核の存在(領主／象徴核) | 原則的に核を持たない |
| 核を中心とした同心円状の面集合 | 道を軸とした線形集合 |
| 重層的構成 | 均等な単位の連続 |
| 閉鎖系の集合(結界と囲繞) | 開放系の集合 |
| 一円性とその論理 | 境界性と両義性 |
| 定着性 | 流動性 |

まず第一に、境内系の空間には必ず中心核が存在します。中心核は公武寺社権門などの都市領主が占める場合が多いのですが、寺社の中心伽藍のようにシンボリックな中心であってもいいわけです。

一方、町系の空間は原則的に中心核をもちません。のちに再編され核が形成される場合がありますが、それは町の展開として捉えるべきものであって、境内のように核が空間構成上決定的な役割を果たしているのに比べると、町において中心核の存在は必ずしも不可欠な要素とはならないのです。

第二に境内は、こうした核を中心とした同心円状の「面」集合を形成するのに対し、町は道などの中軸に沿って組織される「線形」集合の形態を呈します。そしてこの線形集合は、軸の両側にある必要はなく、片側部分のみでもかまいません。いずれにしても「核」ではなく、「軸」に組織されているという点が重要です。

核と軸、面と線、という境内と町の構成上の違いは、それぞれの空間が形成するヒエラルキーのあり方にも反映します。すなわち第三に、境内は核を中心とするヒエラルキーが外に向かって段階的に形成される、重層的な空間を形づくるのに対して、町は軸に沿って比較的均等な単位が連続するフラットな集合となります。

第四に閉鎖―開放という側面からみると、境内は文字どおり境界の内側の領域ですから、閉鎖系の集合ということになります。領域を取り囲むように結界が巡り、内と外とが分けられます。境内を囲繞する結界にはさまざまな装置が考えられます。例えば土居や堀などの要害施設は結界としては大変強いものですし、一方で鳥居のように象徴的な結界も存在します。このように境界装置の違いや物的な強弱は当然あるわけですが、境内は境界を意味するなんらかの線によって領域が指定されており、それは原則として閉鎖系の集合ということになります。それに対して、町は道に沿って開放された単位が連続するという点で、開放系の集合ということができます。

第五に、閉じた領域である境内には、その「一円性」を主張するような論理、あるいはそれを保証するような根拠が必要となります。それは土地所有ということであれば明瞭なわけですが、必ずしも一円的な土地所有が必要十分条件とはなりません。例えば、土地所有は錯綜していても、一定の領域の下地進止権、検断権、税や役の収取権などのいずれかが機能していれば、境内の一円性を主張する有力な論拠になります。また寺院境内では、一向宗における仏法領、法華宗の釈尊御領、禅宗の叢林、無縁、など固有の法理が貫徹する領域を境内と主張する例が数多く存在します。このように、排他的な境内のありようは、それを背後で支える論理と不可分な関係にあったわけです。

一方の町の性格は、境内の一円性に対して、「境界性」「両義性」という言葉で説明することができます。町を組織する軸となる道が領域の境界になる例を先にみましたが、町はこうした境界的な場に成立するケースはごく一般的に存在したと考えられます。境界は領域があってはじめて生じるものですから、そのような意味で境内と町は分かち難い関係にあったはずです。例えば、境内の側からみればそれに従属する形をとる町も、境界を中心にみればそれ自体は自律的な集合とみることが可能です。ここで両義性という言葉を持ち出したのは、こうした境内と町の多様な関係を念頭に置いたものです。

最後に第六として、境内は空間的にも社会的にも自己完結的な世界ですから、重層的に構成された要素の「定着性」といったものが想定できるのに対して、町は原則的には均等な要素が連続しておればよく、個別の要素が入れ替わることを許す構造、つまり「流動性」をもつ集合とみなすことができます。

## 展開モデル

次に境内と町というそれぞれの空間がどのように展開するのかについて考えます。

まず中心核をもつ空間である境内は、遠心力と求心力による運動が展開を促す力になるとみることができます。まず第一に境内は常に対外的には拡張する傾向にあります。具体的には、境内の周囲の土地を買得して境内領域を拡張していったり、門前や寺辺に対して地先的な権利を及ぼす、また境外にある散在所領に対しても境内の延長と考え、境内と同様の法理を適用する、などの事例は数多くあります。これらは境内が遠心化する展開モデルとして捉えることができます。

第二に対内的には、境内という一定の領域を一円支配するために、先に述べましたさまざまな根拠を盾に、境内の囲い込み、ないし求心化を図ります。とりわけ、堺相論や守護介入などの事態が生じた場合には、境内の論理が主要な争点になるわけで、排他的で閉鎖的な境内を死守するために周囲を要害化するケースもでてきます。その一方で、境内の一円支配を徹底する努力を行うのです。境内はこのように遠心力と求心力を内蔵する運動体とみることができます。

一方、町の展開は軸と構成要素の展開ということになります。町の背骨にあたる軸は理論的には無限延長可能なものであって、まず軸の延伸ということが考えられます。次に多くの街村で確認できることですが、軸が分岐し、複軸化するなど、軸そのものがヒエラルキーを形成する展開パターンがあります。町から横町、そして裏町が形成されてゆくのがその典型的な例です。

構成要素の展開という面からみると、中軸に沿って組織される要素の並びが最初片側であったのが、のちに両側化する事例がみられます。京都における四面町から両側町への変化はよく知られているところですが、それ以外の地方の町にもこうした変化があったことが報告されています。(6) もうひとつ、町の構成要素の並びが疎から密へという展開も見逃すことができません。保立さんの言われるような中世前期の疎塊状の在家が街村状に並ぶ町。これがやがて高密化し、町屋が櫛比する景観へと成熟してゆくのは町の展開モデルのひとつとして想定可能なものです。

## 境内と町の相関

以上のような展開モデルを念頭に置きながら、次に境内と町の関係の結び方のパターンをみたいと思います。両者の相関のあり方には大きく分けて四つの形があります。

一つは、境内の周縁に町が付属するタイプです。これには町が境内の内側にあるのか、外側にあるのかで、さらに二通りあると思いますが、全体としては境内に近接し町が従属するものです。ある種の保証を獲得するために都市領主の支配下(境内)に入る町、境内には属さないが、それに寄生する町などがこれに相当します。

これの特殊なものとして、二つ目に門前に町が付属するタイプがあります。寺院境内の周縁は一般的に寺辺と呼ばれますが、これと門前とは区別して考える必要があります。あとでいくつかの事例をみますが、境内にとって門前は特別の意味をもつ場であって、それが境内に属するか否かは別として、常に境内の論理が直接的に働く場が門前です。そしてそこに町があるというのがこのタイプです。

第三に、境内と町が地理的には隔離されているが、一定の関係を有しているものが考えられます。この場合、町は前の二つのものに比べると幾分自律的な側面をもつことになりますが、境内となんらかの関係をもつという点で両者は相補的な関係にあるといえるかもしれません。

最後に、町が境内に従属するのではなく蚕食して、逆に境内的なまとまりを崩壊させてゆくもの。京都における街区内に発生した辻子は、一面において街区内の高密度利用ということができますが、境内と町という観点からみれば本来境内的な空間である街区に町が貫入したとみることも可能です。

以上、境内と町を主として空間的側面から捉えた場合の構成上の特質、それぞれの展開、そして両者の相関について概観しましたが、現時点でとりあえず整理した理念的なモデルとしてご理解いただきたいと思います。これを念頭に置きながら、次に具体的な事例をみていきます。

## *3*　寺院境内と町

### 境内の重層性と町

まず最初に洛西嵯峨の天竜寺「境内」を取り上げます。図4は応永三十三年（一四二六）「応永鈞命図」で、足利義持が天竜寺他、嵯峨諸寺の寺領を明示させるために作製を命じた絵図です。貞和三年（一三四七）作製の「臨川寺領大井郷絵図」は、臨川寺領その他の寺院や塔頭の領有関係がわかる絵図です。いずれも中世の都市領域嵯峨を具体的に描いた絵図として重要です。

全体として天竜寺および臨川寺を双核として「境内」的な領域が形成されており、そこには一五〇に及ぶ塔頭が建ちならぶ都市的な景観がみられます。各塔頭は、図では街区内に引き込んだ位置に門が描かれ、その奥に塔頭名が記載されています。門が道から引き込んだ位置にあるのは次のような理由が考えられます。

すなわち「応永鈞命図」の各街区の表層には「在家」と書き込まれた箇所が数多く確認され、道路沿いには在家が建ち並び、その奥に塔頭の中心施設があったということです。これは「臨川寺領大井郷絵図」の臨川寺部分を拡大した図5を見るとさらに明らかになります。臨川寺が存在する街区は、道に沿った部分に在家、その奥に菜園、そして

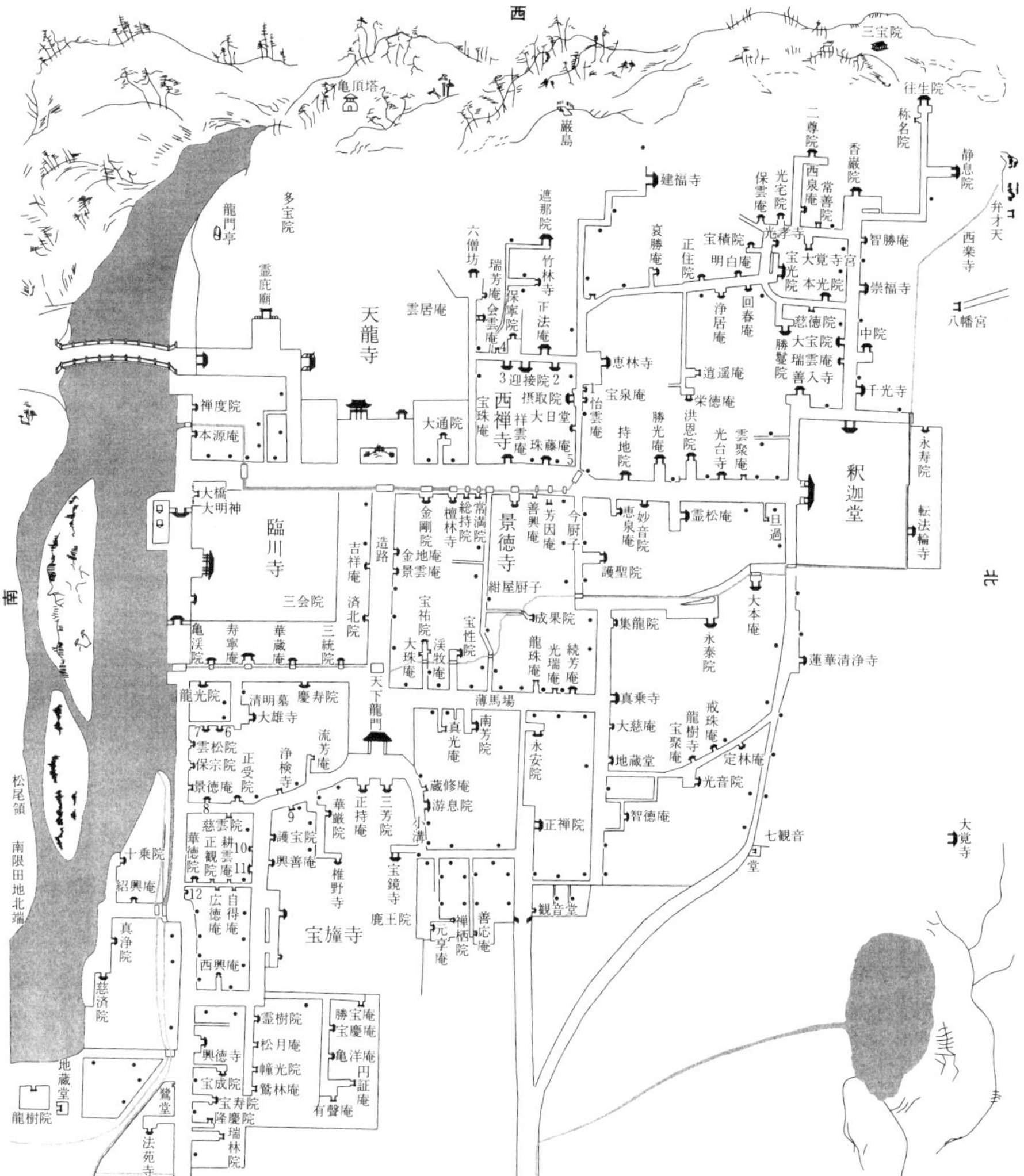


・在家

1 留雲庵　7 宝雲庵
2 蔵六庵　8 怡雲庵
3 正幢庵　9 南宗庵
4 野　宮　10 静栖庵
5 毗沙門堂　11 妙厳院
6 給園庵　12 地蔵堂

**図 4**　山城国嵯峨諸寺（「応永鈞命図」より作成）

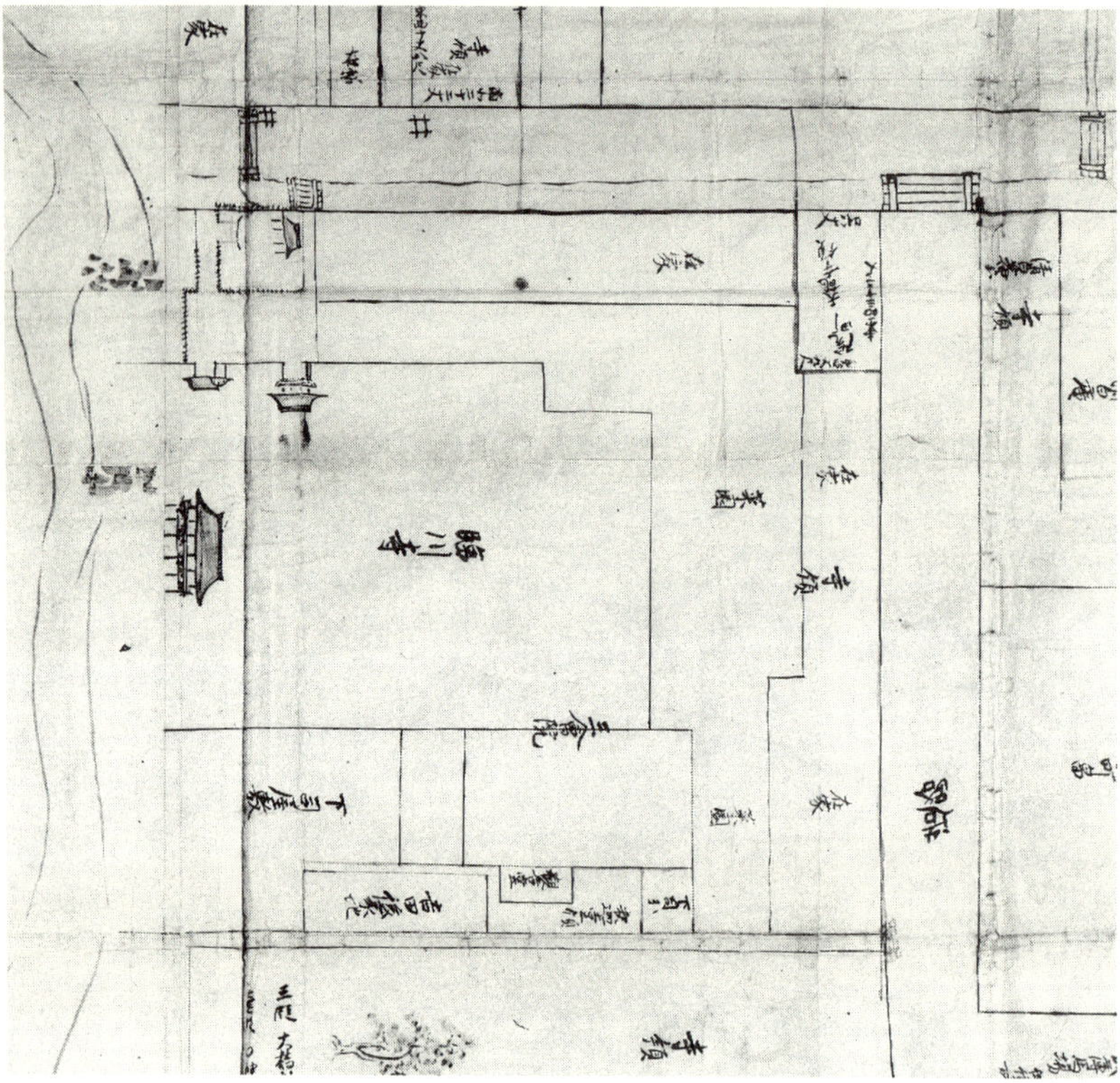


**図 5**　「山城国臨川寺領大井郷界畔絵図」部分（天竜寺蔵）

一番奥に臨川寺、という三層の構成がみられるのです。「洛中洛外図屏風」上杉本には天竜寺付近を描いたところがありますが、山門の右脇の道路沿いには町屋が割り込むかたちで描かれており、街区の表層には在家、すなわち町屋が存在していたことはほぼ確実です。

『信貴山縁起絵巻』に描かれる町屋が奥に菜園を伴っていたことを想起する時、ここでみる在家（町屋）―菜園というセットは、ごく一般的に存在していたものとみてよく、それが街区の四周を取り囲んでいたことになります。各街区を小さな境内とみると、塔頭を中核とした重層的構成がみられ、しかもその外側には町屋が付属する形態が確認されます。一方道を中心に考えると、道の両側には町屋が並ぶ景観を想像することができるのです。

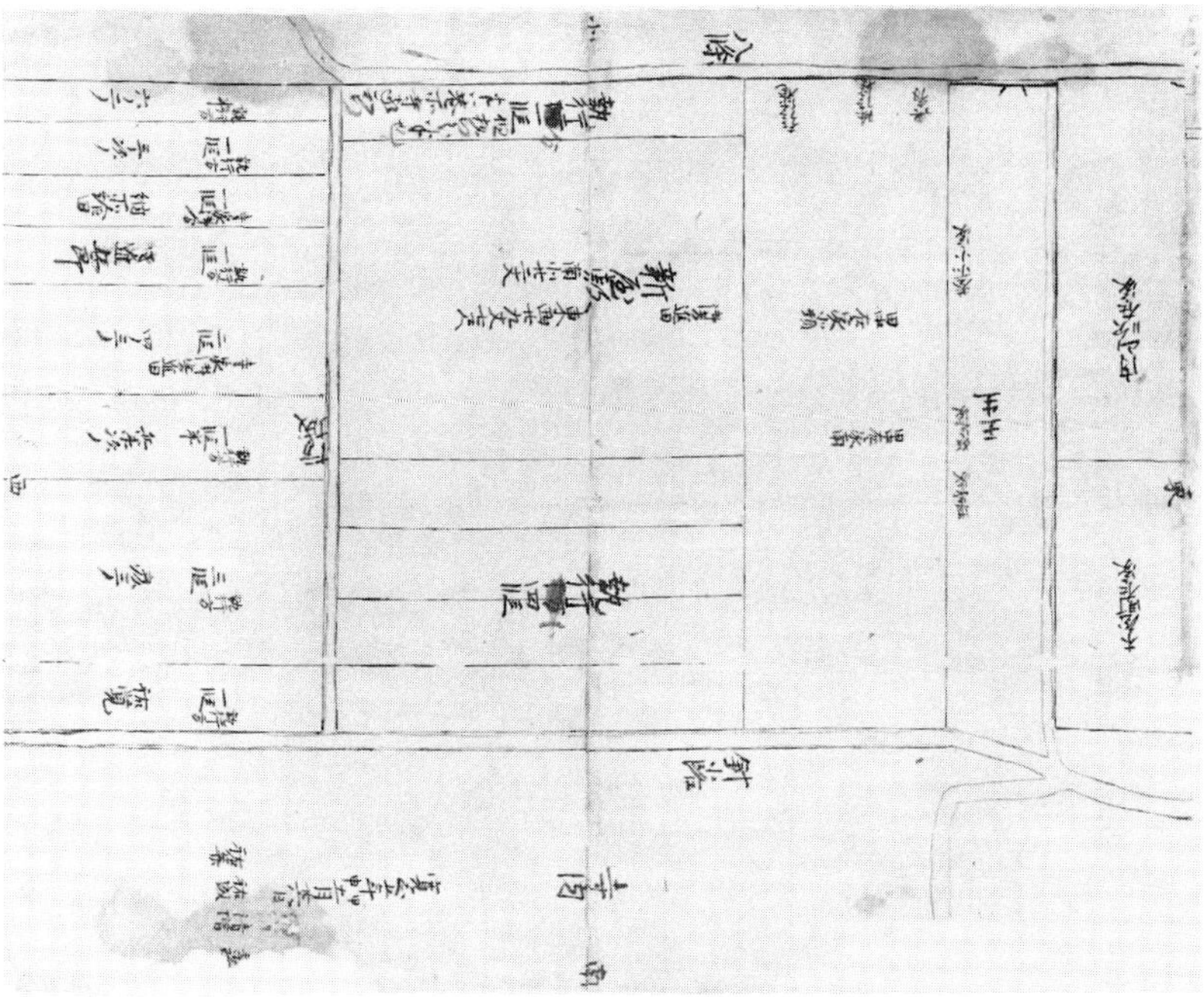

**図 6**　「寺辺水田并屋敷指図」部分（『教王護国寺文書』，京都大学総合博物館蔵）

「応永鈞命図」には、「今厨子」「紺屋厨子」と記された箇所があります。この辻子の両側には、やはり在家という記載があり、先にみた街区内への町的な要素の貫入という事例が認められます。天竜寺「境内」は絵図に描かれた全体であって、その中核として天竜寺伽藍があるわけですが、その他の寺院や個々の塔頭もまたそれぞれ小さな境内を形成しており、入れ子の構造になっていたと考えられます。そして、小さな境内群の境界領域に町が展開していたのです。

　南北朝から室町にかけて洛外の天竜寺でみられた三層構成は、洛中の東寺でも確認できます。図6は寛正五年（一四六四）の「寺辺水田并屋敷指図」（『教王護国寺文書』）で、東寺の寺辺を描いたものです。中世の東寺は、方二町の広大な境内の内部に寺内があり、さらにその内側に伽藍が包含されるという同心円状の構成をとっていましたが、この寺辺は寺内を外から取り囲む境内の最外部に

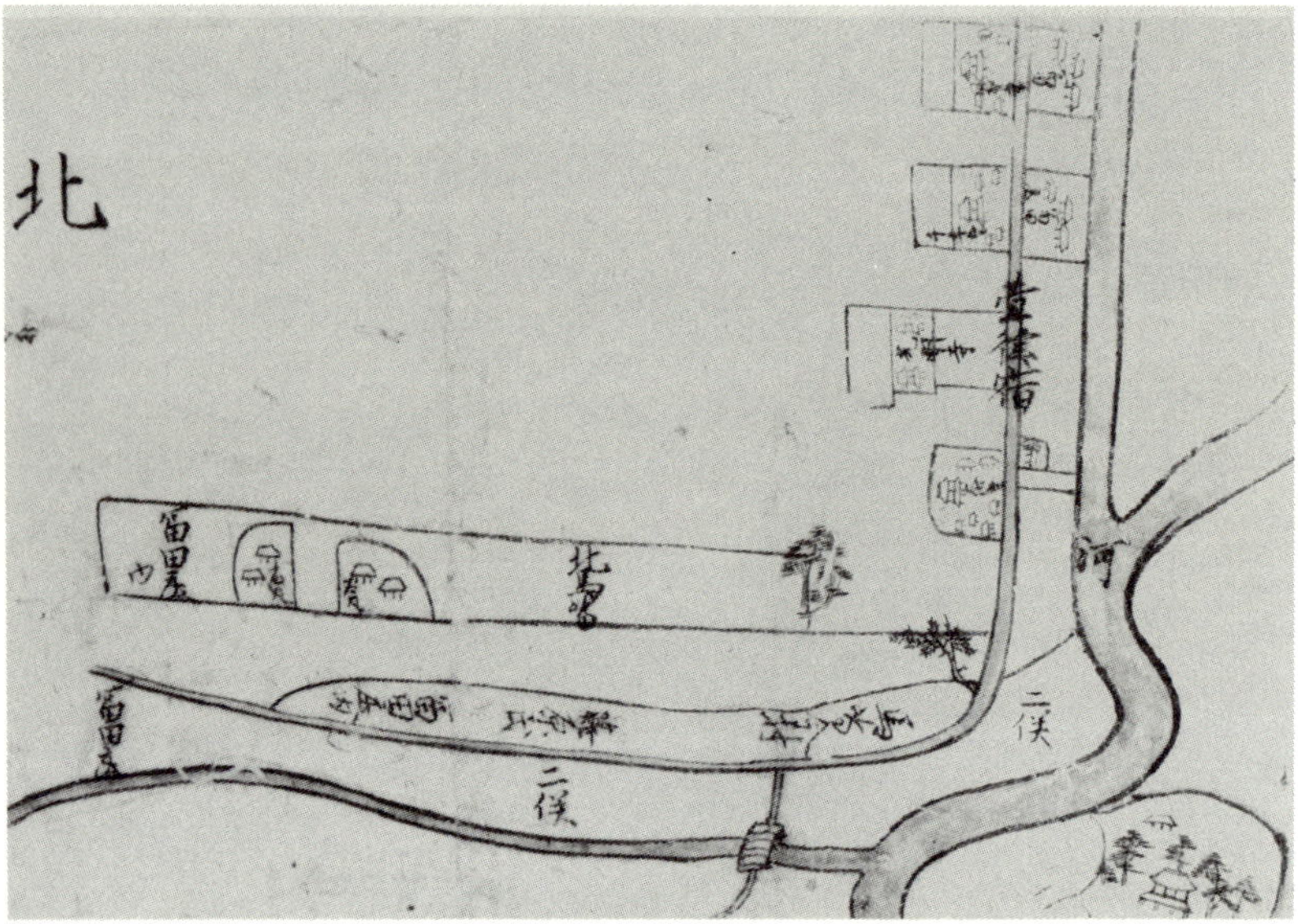


**図 7**　萱津宿（「尾張国富田荘絵図」，円覚寺蔵）

あたります。[7] 図で針小路以南には「寺内」と書かれ、針小路以北の寺辺を描いています。壬生大路には「巷所小屋」がみえ、その両側に「木屋町在家」「内山吹在家」「田中在家南」「田中在家北頬」が書き込まれています。田中在家の裏には、坊城小路にかけて執行方・寺家の水田が広範に分布しています。道に沿った在家、その奥の耕地、寺内という領域が層を重ねるように構成されているわけです。

　このようにみていきますと、「尾張国富田荘絵図」（円覚寺蔵）の萱津宿を描いた部分が気になってきます（図7）。北から円聖寺、千手堂、光明寺、大師（御）堂の四つの区画があり、その門前には在家らしきものがみえます。ここで注目されるのは、道の位置を無視すれば、円聖寺から光明寺までの三区画は、いずれも前後三つの層から構成されており、それが街道に沿って疎塊状に連続することによって、「宿」という別の空間が形成されているという点です。それぞれの区画を境内的なまとまりとみれば、小境内群の表層もしくは門前の在家がつながって町が成立していることになり、先にみた天竜寺における塔頭のある街区と在家との関係とよく類似します。中世の宿の実態はまだまだ不明な点が多いわけですが、こうした境内と町という観点からみるのも、一つの糸口になるかと思われます。

## 境内の論理と町

次に境内の論理と町との関係をさぐるために、まず東福寺境内を取り上げます。東福寺の門前には室町期に法性寺八町と呼ばれる町場が存在していたことが知られています。この法性寺八町を巡る東福寺と東寺の相論については、今谷明さんの研究があります。(8)詳細は省略しますが、十五世紀後半に東福寺門前の法性寺八町の帰属を巡って東寺との相論が生じ、最終的には東福寺の門前検断権が認められ東福寺の勝訴に終わるという事件です。

この相論を私は先に述べました「境内の論理」という観点から捉えたいと思います。すなわち、東福寺は東寺との争いで法性寺大路に釘貫を設置し、境内を可視化するとともに、「右在所は、当寺領法性寺境内として往古より検断に於ては、更に他の妨げなし。或いは山門領或いは公家武家領所々地子等知行分これあり。東寺領もまた同前。(中略)彼の一橋の堀は当寺本願檀那光明峯寺殿の御時、法性寺構として重ねてこれを鑿たれ、今にその隠れなし」(『東寺百合文書』え、文明十四年〈一四八二〉十月)と述べ、東福寺は法性寺八町に他領が混在していることを認めつつも、創建時の状況にまで言及して境内の正当性と検断権を主張しているのです。このように東福寺は門前への他からの押妨に対して、境内の一円性を検断権を主要な論拠として主張し、釘貫による囲い込みを図っているわけです。

山科本願寺や石山本願寺は、それぞれ醍醐寺三宝院領、摂津守護細川氏領にできた都市で、もともと借地都市として出発しました。本願寺は領主に一定の地子を納入する立場にあったわけです。けれども、石山の場合は、今井修平さんが明らかにされていますように、天文年間に寺内を要害によって固めるとともに、闕所検断権を行使して寺内の下地進止を徐々に強化し、寺内の一円化に成功しています。(9)こうして対外的には諸公事免許、守護不入などの特権を獲得するに至るわけです。この場合は「寺内」ということになりますが、ここでいう境内の論理が濃厚に機能しています。そして石山寺内には本願寺御坊を中核として六町が展開していたのです。

寺内ということでは、法華寺内である本国寺寺内について森田恭二さんの研究があります。(10)森田さんが作製された本国寺寺内の復元図によると、寺内にはまず本国寺の中心伽藍があり、その回りに子院群が分布する。そして寺内の縁辺部には町が展開するという、重層的な空間構成がみられ、寺内の四周には要害装置として堀や塀が巡っていました。フロイスはこうした閉鎖・排他的な領域について、「そのような種類の場を、日本では寺内《ジナイ》と称している」と表現しています。(11)

## 境内の拡張と町

拡張する境内としては、大徳寺の例があります。大徳寺は最初、元応元年（一三一九）京都紫野の地に営まれた小庵からスタートしますが、天皇家の保護の下、林下の有力禅院として成長し、次々と境内を拡張していきます。(12)この境内の拡張は主として買得によるもので、中世後期から近世初頭にかけて続々と開基される塔頭の土地獲得に主要な目的がありました。大徳寺が位置する場所は、本来賀茂社境内六郷の一つであった大宮郷に含まれるところでしたが、次第に土地集積を進めるなかで、ついに大宮郷内の村落の支配権を確立するに至ります。大徳寺はこのように小さな境内から出発して、周囲の土地を併合しつつ境内そのものの物的な領域をおし広げていったのです。

境内そのものは拡張しませんが、境内の論理が外延的に働く例として、京都の誓願寺を次にみましょう。今谷明さんや高橋康夫さんがすでに述べられているように、誓願寺門前の小河上には天文年間小河七町が形成されており、この下地進止権は勧修院家にありました。(13)つまり誓願寺門前は誓願寺の所領ではなかったわけですが、誓願寺は門前の在家や寺庵、釘貫などについて、「境内河上」と称して一定の発言権を有していたのです。高橋さんはこれを景観整備という観点から説明されていますが、私は境内の論理の拡張解釈というふうに捉えたいと思います。境内の門前には、境内に帰属するか否かを超えた論理が働いたものと思われ、たとえ河上が勧修院家領であっても誓願寺境内と主張できるような観念があったと考えられるのです。

### 禅宗境内と町

さきほど一向宗寺内と法華寺内について言及しましたが、禅宗境内で寺内町と類似した形態をもつ例が報告されています。ひとつは中世博多の中核を占めた聖福寺境内（関内）で、天文期の境内の空間構成について宮本雅明さんの詳細な復元的研究があります。宮本さんの復元によると、聖福寺境内の中央に禅宗伽藍、その周囲に塔頭群があり[14]、境内の縁辺部には中小路・魚之町といった町が展開していました。そして境内全体を堀や塀が囲んでおり、閉鎖的な境内に町が内包されるという点で、寺内町とよく似た空間構成をとっていたことになります。

もう一つの例は、京都の梅津の地にあった禅宗寺院の長福寺です。長福寺には「大梅山長福禅寺全盛古大図」と題した境内絵図が残されており、その空間構成を知ることができます。この絵図自体は享保年間に写しとして作製されたものですが、記載内容、特に絵図に描かれた塔頭の開基時期を検討すると、内容的には十六世紀後半の戦国期における長福寺全盛期の境内を復元的に描いたものとみなすことができます[15]。絵図によると、長福寺境内は二重の堀によって囲繞され、境内西半に伽藍と塔頭、東半には窪町以下六町の町場が展開し、外部には三つの木戸門が開かれるだけの閉鎖的な構えをとっていました。つまり聖福寺と同様、閉鎖的な境内と境内に内包される町という構成が確認できるわけです。

従来、中世都市の重要な都市類型として取り上げられてきた寺内町、特に一向宗寺内の形態は、こうした例をみる限りそれほど特殊な例ではなく、むしろ宗派を超えてもっと一般的に存在していたのではないでしょうか。今後さらに事例を蓄積して、境内空間という観点から総合的に検討していく必要があると思われます。

**町に内包される境内**

寺院境内の最後に、京都市中に分布していた浄土宗寺院と町との関係について簡単に触れておきたいと思います。中世京都の市中には数多くの浄土宗寺院が点在しており、町と有機的な関係を結んでいました。専修念仏や法談を通じて一般庶民の信者を獲得する浄土宗は、市中に根を下ろすことによって教線を伸したわけで、まさに都市型寺院ということができます。

ところで京都には浄土宗寺院名を冠した町名、たとえば善長寺町、矢田町、誓願寺町などがあります。これは天正末年の秀吉の寺町移転後付けられた遺称町名ではなく、元亀二年（一五七二）の『立入文書』所収の「御借米之記」にすでに確認されることから、寺院と町が有機的な関係をもっていたことが推定されるのです。その具体的関係については残念ながら明らかではありませんが、おそらく革堂や六角堂のように、浄土宗寺院は町に取り囲まれ、境内は町人に開放されるといった、いわゆる町堂的なものであったと想像されます。この場合、境内と町の関係はすでにみた事例とちょうど逆の関係になるわけです。秀吉の寺町計画の目的の一つは、こうした町と寺院との密接な関係を分断することにありましたから、寺町を構成する寺院に浄土宗寺院が圧倒的に多いことも理解できます。

## 4　武士の館と町

武士の館については十分な準備がありませんので、ここでは二、三の点について簡単に述べておきます。武士の館が構成する同心円構造について、すでに石井進さんが武家の主従関係にもとづいたイエ社会のモデルとして提示され

ています。(16)

武士の館を中心核とする集合を境内と呼んだ事例はないと思いますが、ここでみてきた空間構成的な観点からみると境内的な空間に近いものとみることも可能かと考えます。つまり、核として堀に囲まれた領主館があり、その周縁や門前に被官・家中屋敷、さらには直営田である門田や佃があり、全体として主従関係を基軸としたヒエラルキッシュな構成をとるという点で、寺院境内に一脈通ずるものがあります。

むしろここで問題になるのは、武士の館が拡大した戦国城下町における城郭と町との関係です。小島道裕さんの言う直属商工業者の町と市町、つまり郭内の町と郭外の町を、私が言う境内と町という切り口からみたらどう捉えられるかという点です。

この場合、一つには東国に広範にみられる宿が鍵となります。これについては多少考えていることがありますので、別の機会に発表したいと思います。(17)

## おわりに

以上、境内と町ということで具体例を十分に収集しないまま、いきなり抽象化に流れたきらいがありますが、中世の都市空間はこの二つの類型である程度説明可能であるということを仮説的に述べさせていただきました。

こうした視点からみれば、小島さんが言われる戦国城下町における町の二元性は、境内に属しイエ社会の機構に組み込まれた境内系の町と、それとは関係を有しつつ一定の自律性をもつ境外の町系の町、とみることもできると思います。

また京都の中世都市化の現象として指摘されている行門制地割の崩壊に端を発する四面町↓四丁町↓両側町の構造変化、慣用街路名の発生、街路の巷所化、街区内の辻子による再開発等は、決して個々ばらばらな現象ではなく、中世京都における境内の形成と崩壊、および町の広範な形成という枠組みからみれば、それぞれが有機的に関係する一連の構造変化であったということができるはずです。

ここで提示しました境内と町は、あくまで一般的な空間モデルでして、それぞれの実態や歴史的な意味については今後具体的事例に即して検討していく必要がありますが、こうしたものが次代の近世城下町にとって克服すべき重要な前提になったことは確実です。

とはいうものの、境内と町は果たして中世に固有な空間なのか。古代には存在せず、近世には解体・再編され消滅したものか、という疑問が一方にあることも事実です。

例えば古代の奈良の寺院をみると、中心伽藍の周囲には菜園や賤民の居住区が付属しており、すでに全体としてひとつのまとまった寺院社会を形成したわけですし、一方でここでいう町に対応する市の存在は古代において確認されます。下って近世はどうでしょうか。京都の山麓に広大な境内を構える有力寺院は、統一権力によって一定の再編は受けたものの境内は近世に入っても継承され、例えば東福寺は門前に対して「東福寺役」という固有の役を徴収する権利を温存していました。中世本国寺寺内にあった町は、近世に入って本国寺と相論を起こしていますが、その争点は町が境内に帰属するか否かにあって、依然として中世的な境内が近世に入っても根強く継承されていることがわかります。(18)一方、本来フラットな要素の集合であったはずの町は、近世に入るとやがて商人大資本としての大店を生み出し、大店と奉公人あるいは町というヒエラルキーを伴った構成へと移行するケースが三都を中心とした巨大都市でみられます。

現時点で明確なことはいえませんが、私はある意味で境内と町という二つの空間は、もちろん歴史的な意味は違うにせよ、空間的なまとまりという点からみれば各時代に普遍的に存在したのではないかと思います。しかもこれらは大変根強いわけです。そしてこうしたものを統御し、一定の網を上からかぶせるものが都市計画ではなかったか。古代の条坊制にもとづく都城の都市計画、近世の身分制ゾーニングにもとづく城下町プランは、自生的な境内や町を都市計画の下に置き、全体的な整合性を図るものであったとみることができます。それに対して、中世はこうしたものに網をかけるような都市計画が存在せず、したがって境内と町が透けてみえる、ということかもしれません。はなはだ粗雑な報告に終始しましたが、以上で私の報告を終わらせていただきます。

注

（1） J・リクワート『〈まち〉のイデア』（前川道郎・小野育夫訳、みすず書房、一九九一年）。
（2） 伊藤鄭爾「日本都市史」（『日本建築学大系』4 都市論、彰国社、一九六〇年）。
（3） 五味文彦編『中世を考える 都市の中世』（吉川弘文館、一九九二年、本書第三章一）。
（4） 保立道久「宿と市町の景観」（『自然と文化』一三、一九八六年）。
（5） 高橋康夫『中世京都都市史研究』（思文閣出版、一九八三年）。
（6） 伊藤裕久「上吉田御師町における元亀・慶長期の町割について」（『日本建築学会大会学術講演梗概集』、一九九二年）。
（7） 拙稿「中世都市と寺院」（『日本都市史入門』Ⅰ 空間、東京大学出版会、一九八九年、本書第一章一）。
（8） 今谷明『戦国期の室町幕府』（角川書店、一九七五年）。
（9） 今井修平「石山本願寺寺内町に関する一考察」（『待兼山論叢』六、一九七三年）、伊藤毅『近世大坂成立史論』（生活史研究所、一九八七年）。
（10） 森田恭二「中世京都法華『寺内』の存在――六条本国寺を中心として――」（『ヒストリア』九六、一九八二年）。
（11） 『フロイス日本史』四、第三二章（松田毅一・川崎桃太訳、中央公論社、一九七八年）。

(12) 川上貢『禅院の建築』(河原書店、一九六八年)、竹貫元勝「大徳寺〈寺城〉形成過程の研究」(『禅文化研究所紀要』八、一九七六年)。
(13) 前掲注(8)今谷書、高橋康夫『洛中洛外――環境文化の中世史――』(平凡社、一九八八年)。
(14) 宮本雅明「空間志向の都市史」(前掲注(7)『日本都市史入門』I)、同「中世後期博多聖福寺境内の都市空間構成」(『建築史学』一七、一九九一年)。
(15) 拙稿「長福寺境内の構成――〈大梅山長福禅寺全盛古大図〉を中心に――」(『長福寺文書の研究』、山川出版社、一九九二年、本書第一章三)。
(16) 石井進『中世武士団』(日本の歴史12、小学館、一九七四年)。
(17) 拙稿「〈宿〉の類型と展開」(史学会シンポジウム、一九九二年十一月十五日)。
(18) 拙稿「京都本国寺門前町」(『日本都市史入門』II 町、東京大学出版会、一九九〇年)。

# 三　長福寺境内の構成
## ――「大梅山長福禅寺全盛古大図」を中心に――

### はじめに

長福寺には「大梅山長福禅寺全盛古大図」と題した境内絵図が残されている。この絵図は竪三尺九寸・横三尺七寸、肉筆着彩の大絵図であって、長福寺境内を詳細に描いた興味深いものである。この絵図はもと一枚物の絵図であったが、明治の段階で軸装に改め、新たに『京都府寺志稿』の著者 湯本文彦による題字と識文が加えられた。

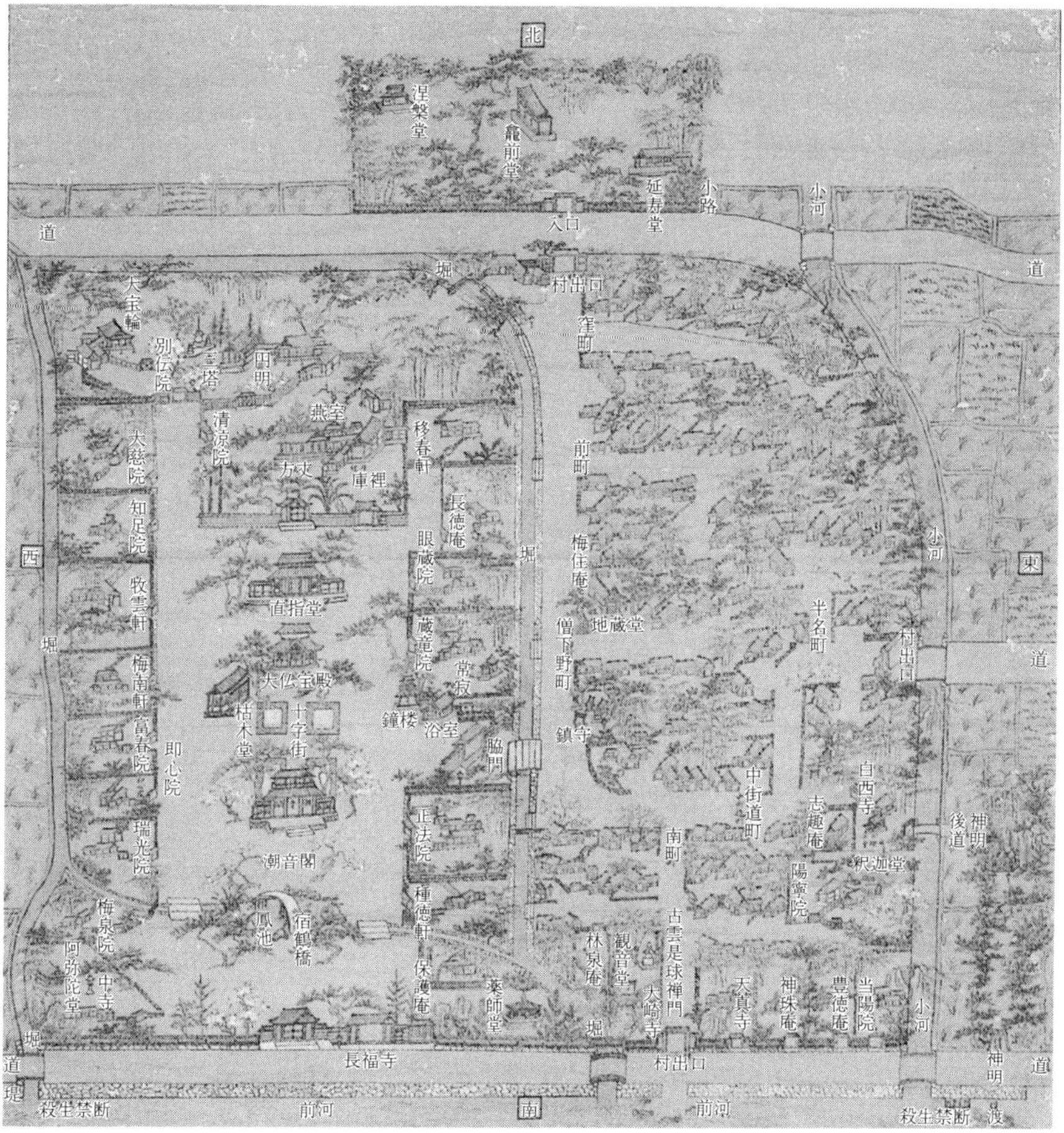


**図 8**　「大梅山長福禅寺全盛古大図」（長福寺蔵）

（絵図中の書き込み文字を付加）

すなわち識文には長福寺の由緒を記したのち、次のようにある。

此図蓋異時所写匣記曰享保十七年庄屋某持至江戸寺社奉行井上河内守往古全図。（中略）余編述寺志閲此図嘱院主梅津西峰老師裱装以為寺宝老師永。余記其事因為題梗概云。明治庚子梅西　平安　湯本文彦

これによると、この絵図は享保十七年（一七三二）江戸寺社奉行井上河内守に提出した長福寺境内絵図であって、古図を写し往古の境内を描いているという。井上河内守に関しては『徳川実紀』享保十三年七月六日条に、「奏者番井上河内守正之、土岐丹後守頼稔寺社奉行をかねしめらる」とあって、この時期確かに寺社奉行を兼務している。絵図の作製目的は必ずしも明らかではないが、享保十四年頃から準備され、享保十九年に完成した幕府の『五畿内志』編纂事業に関連したものであろう。(1)この点は他の寺社の例とも併せて今後の課題としておきたい。むしろここで問題にしたいのは、この絵図がいつの時点の境内景観を描いているかにある。しかし、この点を解明できる他の材料を現在のところ見いだすことができない。

そこで本稿の課題を次のように設定した。(1)あくまで絵図に即しつつそこに描かれた内容を順次検討するなかで、絵図の景観年代を探ること。(2)併せて長福寺の境内空間の特質を絵図から読み取ること。この二点である。

絵図は北を天とし、東半に長福寺伽藍を含む寺内、(2)西半にその門前、南端には桂川を描く。また寺外には神明社、延寿堂・龕前堂・涅槃堂の一角がある。とりわけ、多くの塔頭が分布する境内の盛観と、寺内と門前が堀・藪・木戸で囲繞されている形態が注目される。以下、境内を構成する各部分を個別に取り上げながら、絵図の内容を具体的に検討していきたい。

## *1* 寺内

寺内は北・東・西を桂川水系を利用した堀によって囲繞され、南は桂川沿いの道によって限られる。寺内中央には典型的な禅宗伽藍が展開し、伽藍を三方から取り囲むように塔頭群が列をなす。

禅宗寺院の典型的な伽藍配置は、「建長寺指図」にみられるように、南から総門、三（山）門、仏殿、法堂、方丈が南北軸に沿って北へ展開する。(3) 長福寺もまたこの原則に従っているものと思われる。絵図に書き込まれた伽藍を構成する各建築を概観しておこう。塔頭についてはのちに項*4*で改めて検討したい。

**総門**　絵図には名称が記されていないが、伽藍の南端、桂川沿いの道に面して袖塀付の三間一戸門が描かれ、その西隣に脇門が開かれる。これは、禅宗伽藍の外門としての総門を描いたものとみられる。

**潮音閣**　三間二重の楼門形式で描かれる潮音閣は、左右に一重の翼廊を付属させる。天竜寺の三門が供養された時、「仮葺二階三門一宇、同左右両廊」（『師守記』康永四年〈一三四五〉八月二十九日条）という形式であったことや、現存する応永三十二年（一四二五）の東福寺三門の形式をみれば、この潮音閣は規模こそやや小さいものの、典型的な三門形式を備えていたということができよう。ただし、天竜寺・東福寺三門は創建当初翼廊が二階廊であったらしく、その後再建されたさいに一階廊に改められていることから、(4) 長福寺三門は室町期以降の三門形式を示していることになる。

**大仏宝殿**　正面三間二重の大仏宝殿はその名称・位置からみて、仏殿であることは疑いない。ただ、正面中央に東大寺大仏殿のごとく唐破風をみせる点が、仏殿形式としてはやや異例である。また二重目の軒下が多宝塔を思わせるような曲面をなす漆喰壁となっているところも不可解である。通常の仏殿は『禅林象器箋』に「祖師堂、設于仏殿西辺、土地神、護法神之堂、設仏殿東辺」とあるように、その両脇に祖師堂・土地堂を付属させるのが正式であるが、この仏殿にはそれを欠いているように見える。ただ、元禄八年（一六九五）に再建された仏殿（現存）が「大仏宝殿」の額を掲げ、祖師堂・土地堂を付属させていることからみて、内部に存在していたものと思われる。[5]

**直指堂**　正面五間二重の堂で、中央三間を扉とし、両脇間に花頭窓を開く。また左右に翼廊を備える。『扶桑五山記』「相陽瑞鹿山円覚興聖禅寺」の境致に「直指堂〈法堂〉」とあることから、この直指堂は円覚寺法堂を念頭においたものであろう。また左右に翼廊を備えるが、これを祖師堂・土地堂と考えれば法堂としては異例である。あるいは「三聖寺古図」に描かれた三聖寺の宋風伽藍、[6]すなわち三門から諸堂に歩廊がめぐる形式が省略されたものかもしれない。

**方丈・庫裏**　直指堂背後の方丈・庫裏の一角は、向唐門を備えること、諸堂が廊でつながれ庭園に沿って雁行しながら展開し、裏には書院＝「燕室」があること、[7]などからみて、近世的方丈の色彩が濃厚である。全般的にみて絵図に描かれた諸建築はその位置や名称については一応の信頼性があるものの、建築そのものの形式は典拠が不明で疑わしい部分が少なくない。この絵図が伝えのとおり、仮に古図を写したとしても各建築の形式については、絵図を作製するにあたって近世の建築形式をあてはめた可能性がある。

**枯木堂**　潮音閣と大仏宝殿の中間、西脇に棟を南北にした枯木堂が描かれている。これは位置からみて僧堂であろう。『大梅山開山月林皎禅師行状』（『続群書類従』巻二三四所収）に「山曰大梅、雲堂曰枯木、方丈寝室曰清居」とあり、雲堂すなわち僧堂が「枯木」と称されていたことを知る。

**十字街**　潮音閣と大仏宝殿のあいだには「十字街」が書き込まれている。「建長寺指図」は、この位置に基壇を築きその上に十字状の道を通し、道に沿って柏槇を描く。こうした形式は南宋五山に由来し、京・鎌倉五山にも導入された。[8]妙心寺のいわゆる「四派之松」もこれと同形式である。[9]

**鳳池・宿鶴橋**　総門と三門のあいだは、通常放生池などを境致とする例が多い。長福寺では、桂川水系を堀を介して伽藍に引き込み、鳳池と宿鶴橋を設けた。

**鐘楼・浴室**　伽藍中央東側に鐘楼・浴室がある。これは東福寺や妙心寺と同様の配置である。

**薬師堂・阿弥陀堂**　寺内南東隅に八角円堂形式の薬師堂、南西隅の中寺に阿弥陀堂が描かれる。これらは顕密系の寺院に一般的な堂舎であって、本来禅宗伽藍にはなじまないものである。長福寺は南北朝期に天台宗寺院を禅宗寺院に改めた歴史をもつが、これら諸堂の存在からみて天台寺院時代のいくつかの要素は意外に根強く継承されたのではないか。門前にみられる釈迦堂（白西寺）、観音堂（大崎寺）、地蔵堂、そして寺内の中寺などはそうした例であったと推測される。

## *2*　延寿堂・龕前堂・涅槃堂

境内の北端に寺内と道を挟んで別の一角が認められる。ここには延寿堂・龕前堂・涅槃堂の三宇が描かれ、他とは異質なゾーンを形成しているのである。

『禅林象器箋』によると、延寿堂は「撫安老病之所也。古者叢林ノ老僧ヲハ送安楽堂ニ。病者ヲハ送延寿堂ニ也。又今ノ涅槃堂是レナリ」とあって、延寿堂・涅槃堂ともに病僧の療養施設ということになる。しかし延寿堂と同じ性格をもつ無常堂（院）が「病者を移住させる別所であり、そこで病者が『臨終の行儀』を整えて往生の想をなす場であった」という指摘に導かれるならば[10]、これらは実態としては葬送の場であったとみた方がよい。このことは龕前念誦をとり行う場としての龕前堂の存在からも明らかであろう。

## 3　門　前

長福寺寺内東の「脇門」の東門前には多くの在家が展開する。門前の領域は東に「小河」、北には藪があり、南は南東隅の当陽院以下複数の塔頭群が端部を固めている。門前には北・東・南の三カ所に出入口が設けられ、木戸門形式の門が描かれている。このように、長福寺門前は堀に囲まれた寺内と同様、きわめて閉鎖的な構えをもつ。在家はすべて茅葺の農家風に描写されているが、やや類型的表現が目立つ。

さて、ここで注目されるのは、門前に六つの町名が見いだされることである。北から、窪町・前町・僧下野町・半名町・中街道町・南町と記された六町は、描かれた農村的景観とは別に門前町的な存在形態を示しているようにみえる。この地域は近世では東梅津村内長福寺領に属し、村方の扱いを受けていた。さて、ここにみえる町名が果たして実在の町名であったかどうかがまず検討されねばならない。

『広田家文書』には元和元年（一六一五）十一月二十五日の「長福寺領并地子水帳写」と題した検地帳が残されている[11]。この検地帳そのものの分析は別の機会に譲り、ここでは「門前地子」として書き上げられた部分に着目しよう。各筆の門前地子とその名請人が記載されているのに加えて、各請人の肩書に「中」「半」「南」「窪」「ソケノ」「前」という略称が認められる。この肩書は明らかに中街道町・半名町・南町・窪町・僧下野（ソケノ）町・前町を略したもので、当時町名としてあったかどうかは不明であるものの、これらは少なくとも小字名として元和元年まで遡るものであることが判明する。

このうち半名・僧下野等の小字は中世の売券・譲状に散見され[12]、これらはさらに中世後期に遡る可能性がある。治承元年（一一七七）『山城国長福寺縁起幷資財帳』の安吉名のなかに「僧下野七反百九十卜」とあることからみても、小字のいくつかはかなり早くから成立していたものとみられる。ただこれらは史料上、主として耕地の小字名として登場するのであって、屋敷地名となるのはやや遅れるだろう。元和の段階ですでに門前屋敷地名としてみられることから推して、遅くとも中世末期には門前にこうした六つの地名（町名？）が成立していたとみて大過ないものと思われる。

次に長福寺と門前との関係が問題になる。すでに『長福寺縁起』の段階で、寺役を勤める田堵の存在が確認され[13]、寺家と密接なかかわりをもつ門前在家的なあり方の萌芽をみることができるが、両者の具体的な関係を示す史料を見いだすことができない。しかし元亀三年（一五七二）の「織田信長制札」のなかに、「臨時之課役免許畢、付門前被官人等守護不入之上者為寺家可相測不可有他之妨之事」という条文があり[14]、門前被官層の存在が確認されること、門前が一貫して長福寺領に属していたこと、などからみて、中世を通じて門前が寺家の一定の支配下にあったことは確実であろう。

さて、長福寺門前六町の存在と境内全体が堀・藪・木戸で閉鎖された形態は、おのずから中世後期に畿内を中心に簇生したいわゆる「寺内町」の存在を想起せざるをえない。寺内町は要害化した一向宗や日蓮宗寺院の寺内に本寺を中核として町が展開する形態を指すが、こうした形態はこれらの宗派のみに固有のものではなかったことに注意しておく必要がある[15]。たとえば建仁寺と祇園社との境相論において、「建仁寺雑掌申当惣構北面堀事、違乱云々、太不可然」（『八坂神社文書』明応三年〈一四九四〉十月三十日条）とあるように、建仁寺境内には当時惣構えが巡らされていたし、東寺にも文明から明応にかけて惣構え・堀・木戸・櫓などの本格的な警固施設が設けられた[16]。このように戦国の混乱期には、京都のいくつかの寺院は宗派を問わず、みずからの所領を明確化しそれを防御するために境内ないし寺内を要害化していたのである。

長福寺は応仁・文明の乱の戦場となったことが知られる。すなわち『実隆公記』文明六年（一四七四）八月一日条に、「今朝梅津敵軍発向悉焼払云々、堪驚嘆者也、陽寧院当陽□（院）等同炎上、（中略）方丈当陽院等令移住平岡高雄道云々」とあり、門前の塔頭、陽寧院・当陽院等が戦火にあい炎上し、方丈・当陽院等は一時平岡へ避難している。こうした戦乱の経験と境内絵図に描かれる長福寺の要害化した形態は無関係ではないだろう。長福寺再興の実態は明らかでないが、絵図にみられる堀や木戸で自閉した境内の景観は、戦乱を経て再興されたのちの長福寺を描いたものとみるのがひとまず妥当であろう。

## 4　塔　頭

この絵図のみどころのひとつに、寺内・門前に数多く分布する塔頭の存在がある。塔頭の分布域は次のようである。

- 寺内
  - 寺内北……別伝院・清涼院
  - 寺内東……移春軒・長徳庵・眼蔵院・蔵竜院・正法院・種徳軒・保護庵
  - 寺内西……大慈院・知足院・牧雲軒・梅南軒・富春院・即心院・瑞光院・梅泉院・中寺
- 門前
  - 門前南……当陽院・豊徳庵・神珠庵・天真寺・大崎寺・林泉庵
  - 門前東……白西寺・志趣庵・陽寧院
  - 門前西……梅住（林カ）庵

絵図には総計二八の塔頭が認められ、とりわけ伽藍を挟み込むように寺内東と西に整然と並ぶ塔頭群、門前南端を固めるように集中する塔頭群が印象的である。伽藍と塔頭の全体的な配置形式は完成期の妙心寺によく類似する。

さて、塔頭の壮観はすなわち寺運の隆盛を示すのであって、果たしてこのような威容がかつて現実に存在したのかがまず問題となろう。絵図の景観年代および史料性の一端を探る手掛りとして、各塔頭の成立時期を検討しておきたい。

『京都府寺志稿』には長福寺歴代住持の諡号・法嗣・没年・塔所を載せる。二次史料ではあるが、これにもとづいていくつかの塔頭のおよその開基時期をみることにしよう。絵図に登場する塔頭を塔所とするものを列挙すると以下のごとくである。

| | | | | | |
|---|---|---|---|---|---|
| 第一世 | 普光大幢国師 | 嗣古林 | 観応二年（一三五一） | 二月二十五日 | 塔清涼院 |
| 第二世 | 月庵紹清国師 | 嗣国師 | 応安四年（一三七一） | 六月四日 | 塔蔵竜院 |
| 第三世 | 簡翁思敬禅師 | 嗣国師 | 永和二年（一三七六） | 八月十日 | 塔瑞光院 |
| 第五世 | 歇堂思休禅師 | 嗣国師 | 至徳三年（一三八六） | 二月五日 | 塔富春院 |
| 第六世 | 桃林紹仙禅師 | 嗣月庵 | | 三月七日 | 塔保護庵 |
| 第八世 | 智翁沼綱禅師 | 嗣月庵 | | 八月二十三日 | 塔天真寺 |
| 第九世 | 竜江是従禅師 | 嗣簡翁 | | 五月九日 | 神珠二世 |
| 第十一世 | 無弁肯説禅師 | 嗣桃林 | 応永九年（一四〇二） | 五月六日 | 塔当陽院 |
| 第十七世 | 古雲清遇禅師 | 嗣簡翁 | 応永十九年（一四一二） | 三月四日 | 塔梅林庵 |
| 第二十世 | 用章如憲禅師 | 嗣雲竜 | 寛正四年（一四六三） | 十一月二十九日 | 塔即心院 |
| 第二十二世 | 柏庵清樹禅師 | 嗣古雲 | 宝徳二年（一四五〇） | 十二月十四日 | 塔陽寧院 |

第二十三世　心関清通禅師　嗣古雲　文安六年（一四四九）八月二十九日　塔梅南院
第二十七世　桂岩紹昌禅師　嗣天倫　文明三年（一四七一）七月七日　塔豊徳軒
第二十八世　観荘元　嗣用章　明応三年（一四九四）九月二十二日　塔正法院
第三十世　明窓慈晃禅師　嗣用章　明応九年（一五〇〇）四月十二日　塔知足軒
第三十一世　学苑慈勗禅師　嗣用章　明応五年（一四九六）一月六日　塔大慈院
第三十五世　源明元昭禅師　嗣観叟　永正二年（一五〇五）八月十五日　塔種徳庵
第三十六世　玉峰紹琢禅師　嗣礼容　永正七年（一五一〇）二月十七日　塔長徳庵
第四十二世　寿林元彭禅師　嗣観叟　天文十一年（一五四二）十月十九日　塔眼蔵院
第四十七世　東岩紹昉禅師　嗣日磵　弘治二年（一五五六）四月六日　塔牧雲院

絵図に記載された二八塔頭のうち二〇が確認できる。塔所は当時生前に営まれる場合が多く、塔主の没年をもって直ちに塔頭の開基年にあてることはできないが、およその成立時期はこれから判断しうる。

また『京都府寺志稿』には、古写『大梅山長福寺略法』によるとして塔頭の由緒を記す（右記の塔頭と情報が重複するものは除く）。

清涼院　開山国師開基　別伝院の東にあり
保護庵　開基真理大姉　中興桃林沼仙和尚
天真寺　開基無伝大姉　中興智翁沼綱和尚
神珠庵　開基肯信山主禅師　二世竜江是随和尚
移春軒　開基霖仲紹竹和尚

梅泉庵　開基祖庭座元和尚
志趣庵　応安年中（一三六八～七五）開基古雲清逸和尚
林泉庵　応安年中　開基雲竜清岳和尚
大崎寺　貞和年中（一三四五～五〇）に建つる所にして梅津景清の墓ありし所なり
白西寺　貞和年中

なお別伝院については『山州名跡志』に、「別伝院又号大宝輪、花園天皇塔所也、宸影画図在当寺」とあり、花園天皇宸影を奉納する塔頭として禅寺に改められた直後に営まれたものと思われ、貞和二年（一三四六）『風雅集』第一八釈教部の花園天皇御製歌のなかに「大梅山別伝院に御幸侍ける時、（下略）」がみえる。

以上、いくつか成立時期の不明な塔頭はあるが、おおむね次のようにグルーピングすることができよう。

A（十一世紀前半までに成立した塔頭）……別伝院・清涼院（開山塔）・大崎寺（開発領主梅津氏菩提寺とみられる。絵図に「古雲是球禅門」と記された梅津景清の五輪塔が描かれる）・天真寺・白西寺・保護庵・神珠庵
B（十四世紀後半から十五世紀初頭まで）……蔵竜院・瑞光院・富春院・志趣庵・林泉庵・当陽院・梅林庵・中興天真寺・中興保護庵
C（十五世紀前半）……陽寧院・梅南院
D（十五世紀後半から十六世紀初頭まで）……即心院・豊徳軒・正法院・知足軒・大慈院・種徳軒・長徳庵(17)
E（十六世紀前半ないし中葉）……眼蔵院・牧雲軒(18)

これらのなかに登場しなかった中寺は、『長福寺縁起』の新重国名のうちの「中寺反」を淵源とするものと解すると、絵図に書き込まれた二八の塔頭でまったく架空と疑われるものはない。そして仮にこの絵図が過去の現実の境内

景観を忠実に描写したものであったとすれば、もっとも遅く成立した眼蔵院・牧雲軒を描いていることから、十六世紀中葉を遡るものではないことが明らかである。このことは絵図に描かれた要害化した境内が応仁・文明の乱後の再興された寺観と判断されることとも矛盾しない。Dグループに七つの塔頭が集中しているのも、再興長福寺の寺運の復活を物語るものであろう。

さて、右の塔頭の成立時期の違いはいくつかの興味深い問題をわれわれに提供してくれる。すなわちまず第一に、初期に成立したAグループないしBグループに属する塔頭は、別伝院・清涼院は当然として、それ以外の多くが門前の塔頭であることに注目しなければならない。この理由は必ずしも明らかでないが、ひとつには梅津氏と深いかかわりをもつと推定される大崎寺が門前に存在することから、長福寺のパトロンとしての梅津氏が長福寺を補完する立場として門前に割拠し、初期の塔頭開基にも一定の便宜を計った可能性があること。第二には、先に触れたように門前に天台寺院時代の痕跡がいくつか認められ、天台寺院から禅宗寺院への改編のさいに、寺地の変更を含め少なからぬ謎が残されており、この間の事情がなんらかのかたちで反映されていると想像されること、などがある。今後解明すべき課題であろう。

第二の注目点は、右述のことと関連して伽藍両側の塔頭群の成立時期が意外に遅く、しかも段階的に開基されていることである。この伽藍を挟む塔頭群の段階的形成過程は、妙心寺のそれとよく類似することを勘案すると、[19]五山寺院でない林下の寺院塔頭の性格の一端を暗示しているように思われる。

最後に、果たしてこれらの塔頭がすべて出揃う時期があったのかという問題が残されている。このことは絵図の史料性を見きわめるうえでも重要である。

『長福寺文書』に登場する塔頭については、すでに新田一郎氏の作業がある。[20]これにいくつか目についた史料を付

**表6　塔頭一覧**

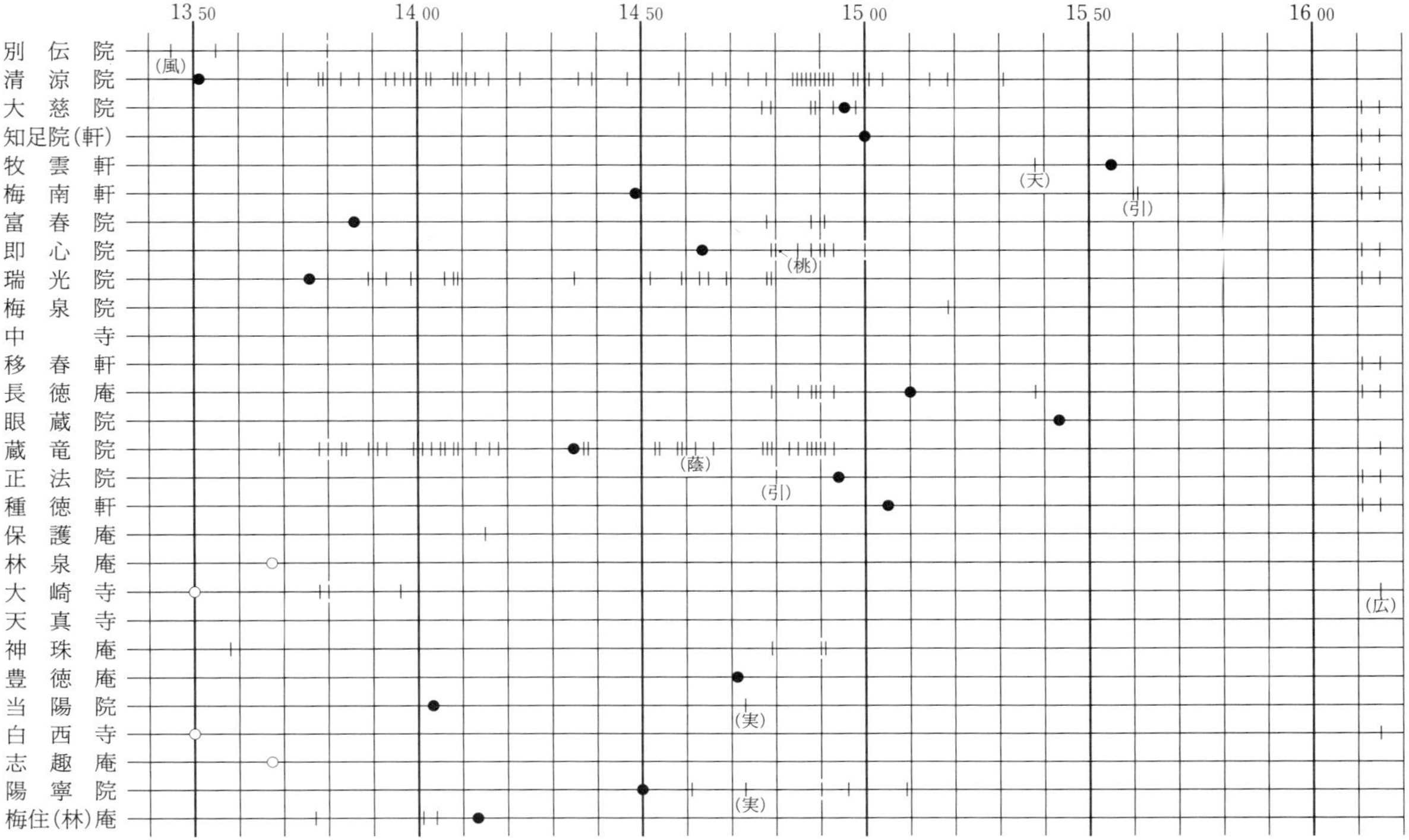


●は開山没年，○は開基時期（いずれも『京都府寺志稿』による）。｜は史料に塔頭が登場する年〔(実)＝『実隆公記』，(天)＝『天文日記』，(引)＝『室町幕府引付史料集成』，(広)＝『広田家文書』，(桃)＝『桃花蕊葉』，(蔭)＝『蔭凉軒日録』，(風)＝『風雅集』。それ以外はすべて『長福寺文書』〕。

加して作成したのが表6である。これによると、史料上もっとも頻出する蔵竜院・清涼院・瑞光院でさえ、十六世紀を境にまったく姿を見せなくなるし、中世を通じて別伝院以下多くの塔頭の存続を確認できる史料を欠いている。とりわけ絵図の景観年代の上限となる眼蔵院・牧雲軒の成立した十六世紀中葉から、十七世紀初頭にかけてほとんどの塔頭が史料に現れないとなると、この絵図が果たして過去の現実の姿を描いたものか直ちに信じるわけにはいかない。このことは十六世紀後半期の長福寺の経済状態とも併せて今後総合的に検討していく必要がある。

一方、近世に入っての長福寺の塔頭は、元和元年（一六一五）八月の朱印状に正法院・牧雲軒・梅南軒・瑞光院・大慈院・知足軒・移春軒・長徳庵・梅泉庵・種徳軒・梅林庵・即心院・福源庵・蔵竜院の一四塔頭が登場し[21]、同年の「長福寺領幷地子水帳写」に名請人として摂衆庵（半名町）・白西寺（半名町）・宝積庵・衆善庵（中街道町）・持衆庵（南町）・大崎寺（南町）が記載されている。さらに、延享三年（一七四六）の「南禅寺派本末寺院帳」および「南禅寺派敗壊・改派本末寺院帳」（いずれも『南禅寺文書』所収）によると、当時存在していた塔頭は伽藍両脇の一一塔頭のみで、別伝院・清涼院をはじめとして多くの塔頭がすでに退転している。天明七年（一七八七）刊の『拾遺都名所図会』の長福寺の項には、延享段階で存在が確認できる一一塔頭が描かれ、伽藍部分については元禄再建の本堂（仏殿）と方丈・浴室がかろうじて維持されているに過ぎない。したがって絵図は近世以降の状況を描いたものでもない。

以上のことから、享保十七年（一七三二）の写しと伝える長福寺境内絵図は古図の忠実な写しではなく、享保段階でしかるべき根拠にもとづきながら全盛期の境内、おそらく十六世紀前半から中頃のそれを復元的に描いたものではなかったかと推測される。そのさい、すでに退転した塔頭も絵図のなかに復活させた可能性は高い。長福寺は暦応以降、一貫して林下の寺院としての立場を墨守してきたが、近世に入ると諸山の列に加わることになり[22]、最終的には南禅寺末の一寺院に収まってしまう。こうした寺運が近世も中期になって、かくも壮麗な全盛期の境内絵図を再現させるに至った原動力であったかもしれない。

## おわりに

「大梅山長福禅寺全盛古大図」は、いくつかの問題を孕みつつも長福寺境内を具体的に描いた唯一の史料としてきわめて貴重である。とりわけ本稿のなかで指摘したように、寺内・門前を二重の境界装置で囲繞する形態、門前に展開する六町などは、中世後期の寺院境内の空間的特質を探るうえで大きな手掛りを与えてくれるものと思われる。

また禅宗寺院における塔頭の形成過程と境内の構成という観点からみれば、中世後期に衰退する五山十刹の官寺とは別に独自の路線を切り開いた大徳寺・妙心寺などの林下の大寺院との関連で、長福寺の事例は見逃せない題材となろう。

さらに、京都では南北朝以降、万寿寺（もと浄土宗）など他宗派寺院が禅寺に改編される例が少なくないが、こうした改宗の具体相が境内空間に痕跡として残される可能性は高い。この場合にも、長福寺は好個の分析例となるはずである。

中世の寺院境内への空間的アプローチはまだ緒についたばかりなのである。

注

（1）『鴨脚正彦家文書』（京都市歴史資料館写真版）によると、享保十四年五月に幕府が並河五市郎に『五畿内志』を編纂させるために、京都諸寺社に便宜をはかる旨を触れており、各寺社が参考資料を幕府に提供したものと思われる。この『五畿内志』は享保十九年に刊行されているから、長福寺が享保十七年に絵図を作製したのはこの事業と関連したものとみられる。一方、『五畿内志』

における長福寺の項には「（前略）有仏殿方丈鐘楼浴室子院十一（下略）」とあり、この絵図を参照した形跡はみられない。

（2）本稿では便宜上、絵図西半の伽藍を中心とした部分を「寺内」、東半の在家が展開する部分を「門前」、これらを包摂する全体を「境内」と呼ぶことにした。

（3）建長寺蔵。祖本は元弘元年（一三三一）に成立した。

（4）太田博太郎『中世の建築』（彰国社、一九四七年、のち同著『社寺建築の研究』〈日本建築史論集Ⅲ〉岩波書店、一九八六年に再録）。

（5）『長福寺文書』の「寺基濫觴略誌」（昭和八年九月）に「仏殿額曰大仏宝殿　本尊釈迦左右文殊普賢　桁行六間梁行五間　雨打壱間半四方　元録（ママ）八年亥十一月再建土地堂額曰清涼　祖師堂額芳苑普光院殿筆」とある。

（6）長福寺蔵。一三〇五～二四年頃。

（7）前掲注(5)に「書院額曰燕室」とある。

（8）関口欣也「中世五山伽藍の源流と展開」（『名宝日本の美術』第一三巻　五山と禅院、小学館、一九八三年）。

（9）安政六年（一八五九）「正法山妙心禅寺塔頭総図」に「四派之松」の書き込みがみられる。

（10）藤原良章「中世前期の病者と救済――非人に関する一試論――」（『列島の文化史』三、一九八六年）。

（11）京都市右京区『広田家文書』。ここでは京都市歴史資料館蔵の写真版によった。

（12）たとえば『長福寺文書』（長福寺現蔵文書）康永四年（一三四五）六月二十四日「清景寄進畠坪付」に、「一所小　ソウケ野」「一所二反半　森本・半名両所」とみえる。

（13）赤松俊秀「梅津長福寺――花園天皇旧跡――」（『京都府史蹟名勝紀念調査報告』一九、一九四〇年、のち同著『京都寺史考』法蔵館、一九七二年に再録）。

（14）『京都府寺志稿』所収。

（15）拙稿「中世都市と寺院」（高橋康夫・吉田伸之編『日本都市史入門』Ⅰ　空間、東京大学出版会、一九八九年、本書第一章一）。

（16）『東寺百合文書』ち「二十一口方評定引付」（『大日本古文書』家わけ第十、所収）。なお前掲注(15)拙稿のなかの注(10)参照。

（17）『長福寺文書』（長福寺現蔵文書）文明十一年（一四七九）十一月二十八日「長福寺仏殿奉加銭法式」に長徳庵紹越の署判があり、その開基は当庵を最初に塔所とした第三十六世玉峰紹琢の没年永正七年（一五一〇）を遡る。

(18) 牧雲軒を塔所とした東岩紹昉は弘治二年（一五五六）に没しているが、『天文日記』天文七年（一五三八）九月十九日条に「梅津長福寺事、（中略）文章にハ為慶寿寺住牧雲軒被差下候由候間」とあり、牧雲軒は十六世紀前半に開基したものであろう。

(19) 福山敏男・川上貢「妙心寺の調査について」（『日本建築学会論文報告集』一一八、一九六五年）。

(20) 長福寺文書研究会において長福寺現蔵文書、東京大学文学部蔵『長福寺文書』、尊経閣文庫所蔵文書、冑山文庫所蔵文書に登場する塔頭を列挙した新田氏の報告がある。

(21) 『京都府寺志稿』所収。

(22) 天正二十年（一五九二）諸山に列せられている（長福寺現蔵文書）。

〔追記〕 本論で取り上げた「大梅山長福禅寺全盛古大図」の閲覧・写真撮影にさいしては、長福寺住職梅津一雄氏、宇佐美松鶴堂宇佐美直八氏、内藤勇氏に格別のご配慮・ご協力を賜わった。記して謝意を表したい。

# 四　宗教都市領域の形成

## ――中世京都東山を中心に――

### はじめに

「宗教と都市」というテーマを立てた場合に、まず最初に思い浮かぶのはルイス・マンフォードの『明日の都市　歴史の都市』にみられる次の一節です。(1)

都市の理想が選びだされ、生きながらえ、最後に更新された場所は修道院であった。そしてここでこそ自制、秩序、規則正しさ、正直、精神修養などが確立されたのだ。これらの性質が、時計や簿記や日課などという発明とか商業実務のかたちで、中世都市や中世後期資本主義に受け継がれていることに注意されたい。(中略)修道院は「天の都市」というイメージをもちつづけた。十世紀以後新しい都市共同体があらわれるにつれて、修道院はそれらの都市共同体の生活のうえに、はじめのうちに、市場よりずっと深い痕跡を残した。

マンフォードは、西欧において古代都市から中世都市へと移行するさいに、都市の経済活動よりもむしろ修道院が果たした役割の大きさを指摘し、都市における共同生活の慣習や規範が修道院という宗教施設を母型として成立し、中世都市へと引き継がれていったと述べています。塀で囲まれた修道院は、イェルサレムに代表されるような「天の都市」というイメージをもちながら、城壁で囲まれた中世都市の原型をつくったというわけです。

一方、日本の中世都市で宗教という問題を考えてみるとどうでしょう。日本の場合には、門前町や寺内町などが宗教都市の代表例として取り上げられてきました。わたしは、これらを「境内」と「町」という二つの空間概念で捉えたらどうかということを提案してきました。(2)けれども宗教施設を中核とした同心円状の空間的なまとまり、すなわち「境内」と、線形の「町」ということだけでは、どうも日本の中世都市の空間はもとより、ある種の複合性をもつ宗教都市性というものがうまく摑まえられないことに方法的な限界も感じておりました。

そこで今回は、京都の東山という場所を取り上げようと思いますが、それには次のようなねらいがあります。東山山麓には古代から中世にかけて次々と寺社建築を中心とする宗教施設が建設され、きわめて複合的な宗教都市領域を形成してきました。これは、単一の宗教施設を核とする寺内町や門前町などと違うし、寺町のように計画的につくられる均質な場とも異なって、複数の要素が時間軸のなかでダイナミックに、しかも重畳的に集積されてゆく宗教都市領域とみることができます。天竜寺や臨川寺が立地した嵯峨なども同じような場であったと思います。このような集積複合型の宗教都市領域をどのような方法で捉えていくかということは、従来の宗教都市論を乗り越えてゆくために重要な課題のひとつと考えています。それを東山という具体的な場を通して、不十分ながらも検討してみようというのが第一のねらいです。

第二のねらいは、東山という存在が京都を中世都市へと変貌させるために大きな役割を担ったということを強調することにあります。結論からいえば、東山という場をひとつの「媒介項」として、京都は中世都市化を遂げたという仮説を提示してみたいと思います。

## *1* イメージとしての東山

京都のなかの東山という場を考えていく場合、参考になるのが室町期に地方に京都をまねてつくられた「小京都」の存在です(3)。周防山口は大内弘世によって十四世紀中頃に町割りが施された小京都の代表例ですが、「大内氏系図」によると「始めて吉敷郡山口に遷す。此の地の繁華は此の世に起こる。山口に祇園、清水、愛宕寺を建立し、統べて帝都の模様を遷す」とあって、在京経験のあった弘世は京都の写しを山口につくろうとしました。ここに見られる祇園や清水は、いうまでもなく京都の祇園社、清水寺であって、いずれも中世京都における東山山麓の代表的なモニュメントです。

土佐中村もやはり室町期の小京都として有名です。応仁の乱を逃れて荘園回復のために土佐に下向したもと関白だった一条教房は、三方が山に囲まれていて、四万十川と後川が流れる中村を京都に見立てて都市建設を行いました。公卿一条教房にとって、京都は理想都市でした。後川を京都の鴨川に、そしてその背後の山並みを東山、石見寺山を比叡山に見立てたのです。山口・中村いずれも市中には京都を模して碁盤目状の町割りを施したといわれています。このように、山並み—川—碁盤目状の町という組み合わせは京都イメージの代表的なものであって、とりわけ祇園社や八坂塔、清水の舞台など、有名な寺社が建ち並ぶ東山の存在は京都という都市のイメージにとって不可欠なものであったと思われます。

こうした東山イメージは近世に入ると、さらに増幅されて一大名所ゾーンとして位置付くようになります。矢守一彦氏によると、近世に描かれた一連の京都図は当初洛中のみを描いていたのが、やがて洛外をかなり縮小して描くようになったけれども、名所が多数存在する東山だけは例外的に大きく扱われていたと述べています。また、東山の名所を画面の正面に据えた「華洛一覧図」などのいわゆる「京一覧図」の構図の取り方からみて、近世における東山景観の重要性を指摘しています(4)。

一方、文化史的側面から東山をみてみますと、中世京都における「東山文化」という問題になります。横井清氏の研究史整理によると、いわゆる「東山時代」は最短で九年（足利義政が東山殿を造営してから死ぬまで）、最長で四分の三世紀の幅があって、研究者によってさまざまな考え方があるが、いずれにしても東山時代を京都の中世文化の到達点とみる点では一致していて、林屋辰三郎氏のいう「生活の芸術化」が頂点を極め、文化的に成熟した時期と考えられています(5)。このように文化史的側面からみても東山という場所は中世京都にとって重要な位置を占めていたことがわかるわけです。

都市と山というテーマは、とりわけ京都にとって重要なわけですが、この問題を建築の分野から本格的にアプローチされた高橋康夫氏の「京都と山並み」と題された論文は大いに参考になります(6)。高橋氏によると、当初古代平安京においては風水説にもとづく都城鎮護のために、身近で具体的な三山（船岡山・

吉田山・双ケ丘）が選ばれたのが、やがてそれが近景から遠景へ、すなわち北山・東山・西山へと拡大されていったとされています。そのなかでもとりわけ東山は京都の町に近く、北は比叡山から南は伏見あたりまで延々と連なる山並みをかたちづくっていました。枕草子の冒頭の有名な「春はあけぼの、やうやうしろくなり行く山ぎはすこしあかりて、むらさきだちたる雲のほそくたなびきたる」は、明らかに東山を描写したものですし、のちに「東山三十六峰」と呼ばれるようになる東山の連峰は、まさに京都という都市にとって、もっとも身近で美しい山並み景観であったに違いありません。

## *2* ダイナミズムとしての東山

そこで次に東山の歴史過程をごく大ざっぱですが、みておきたいと思います。東山の歴史は、平安京以前に遡ります。現在の高台寺境内や将軍塚には五世紀の豪族首長クラスの古墳が点在していて、とくに八坂付近は渡来系帰化人の八坂造が居住していたと推定されています。八坂法観寺は発掘調査によると飛鳥時代に遡る古い寺院であって、八坂造となんらかの関係を有していたはずですし、祇園社の成立も平安京以前と推定されています。

平安京の建設にともなって、東山は都城の東の境界としての性格を帯びるようになります。京に入る口のうちのいくつかは、この東山の街道に開かれていたわけです。こうした都市の境界領域的な性格は、やがて鳥辺野を中心とした葬地の成立を促します。当初、あちこちに分散していた葬地をまとめたものが鳥辺野でして、穢れを京外に排除する境界的な場となっていきました。九世紀に入り浄土教思想が盛んになると、こうした鳥辺野へ向かう京側からの入り口には念仏系の諸寺院が建立されます。六道の辻などに代表されるような冥府の境界に葬送に関わる愛宕念仏寺、六波羅蜜寺、珍皇寺などの寺院が次々と成立していきます。

東山はまた山門延暦寺や南都興福寺の勢力争いの場でもありました。延暦寺からみれば東山は山麓の里坊を構えるのに格好の場所だったわけですし、京都への影響力を温存するための前線基地としての性格を強くもっていました。たとえばのちに東山殿が建てられた場所は、かつては延暦寺の里坊である浄土寺の広大な境内が展開していたところでした。このように東山のいくつかの場所には延暦寺の里坊が構えられ、延暦寺側の論理としては山麓は東の坂本に対して、京都側の東山は西坂本として捉えられており、延暦寺境内の「延長」部分として認識されていたわけです。

一方、南都興福寺も都が平安京に移って以降、着実に勢力を扶植していきました。たとえば南禅寺の前身は興福寺系の園城寺別院の最勝光院でして、これが十三世紀の末に禅寺に改められたものです。こうした二大宗教勢力がせめぎ合う舞台がまさに東山でありまして、そのなかでも有名なものが祇園社および清水寺をめぐる両者の攻防です。祇園社ははじめ八坂郷の農耕神として成立しましたが、九世紀に入って疫病除けの神、牛頭天王を祭神とすることで、一挙に庶民の信仰を集めるようになります。この祇園社はしたがってきわめて重要な神社としての性格をしだいに強めていきますが、当初は興福寺の系列下にありました。ちょうど同時期、やはり力を蓄えつつあった清水寺もやはり興福寺末だったわけですが、祇園社と清水寺の対立がやがて熾烈になっていきます。その争いのなかで、祇園社は興福寺末から脱して延暦

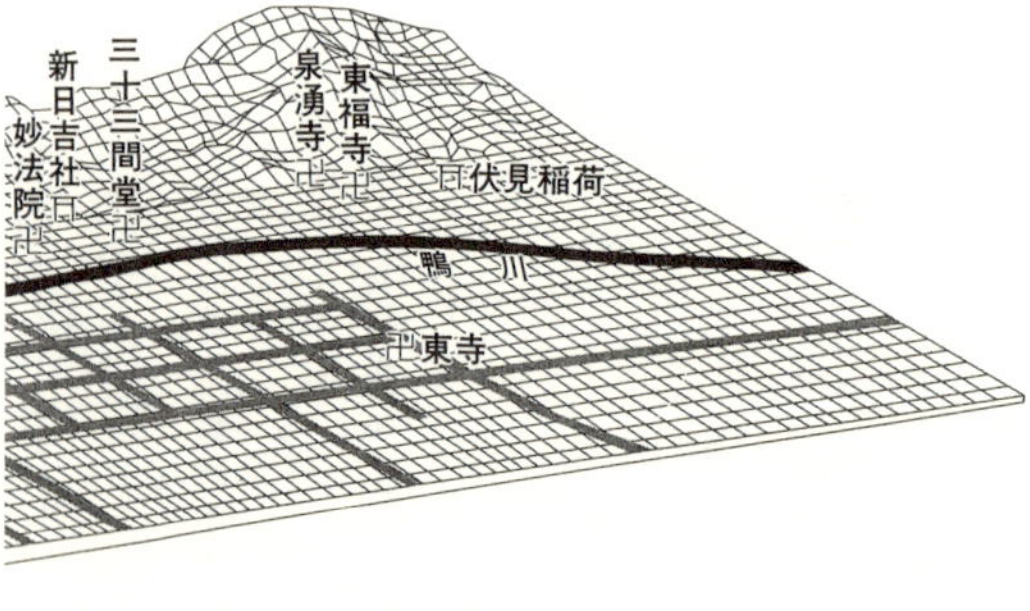

寺支配下に入ることになる。こうした寺社間の激しい争いの背景には、古代的な宗教勢力としての山門と南都の対立構図が鮮明に浮かび上がってきます。東山はそうした旧勢力のニューフロンティアでした。

院政期から鎌倉初期にかけて、東山および鴨川の東の「鴨東」に新しい変化が訪れます。それは、白河における院御所および六勝寺の建設と、六波羅における探題府の設置です。院御所は遷都ではなく、平安京に近接し、なおかつ京外である白河という場所に成立したことが重要だと考えます。これはすでに古代的な律令制と都城というセットが崩壊し、中世的な要素の萌芽——平安京内では成立しえない要素——が平安京の二条大路末の東の境界である鴨川を超えた位置に、はみ出るように誕生したということを意味していました。

白河の南に位置する六波羅はかつて平氏六波羅邸が存在していましたが、平氏没落後、鎌倉幕府の没官領となっていたところです。ここに北条時政の宿所が置かれ、承久の乱（一二二一年）以降、鎌倉の出先機関としての探題府に改められました。高橋慎一朗氏の研究によると、探題府を中心として周囲には在京人の宿所が建ち、あたかも「武家地」の様相を呈していたということです。[7] これもまた、鎌倉から生まれた中世的な萌芽が鴨東・東山一帯に扶植されたと理解できます。

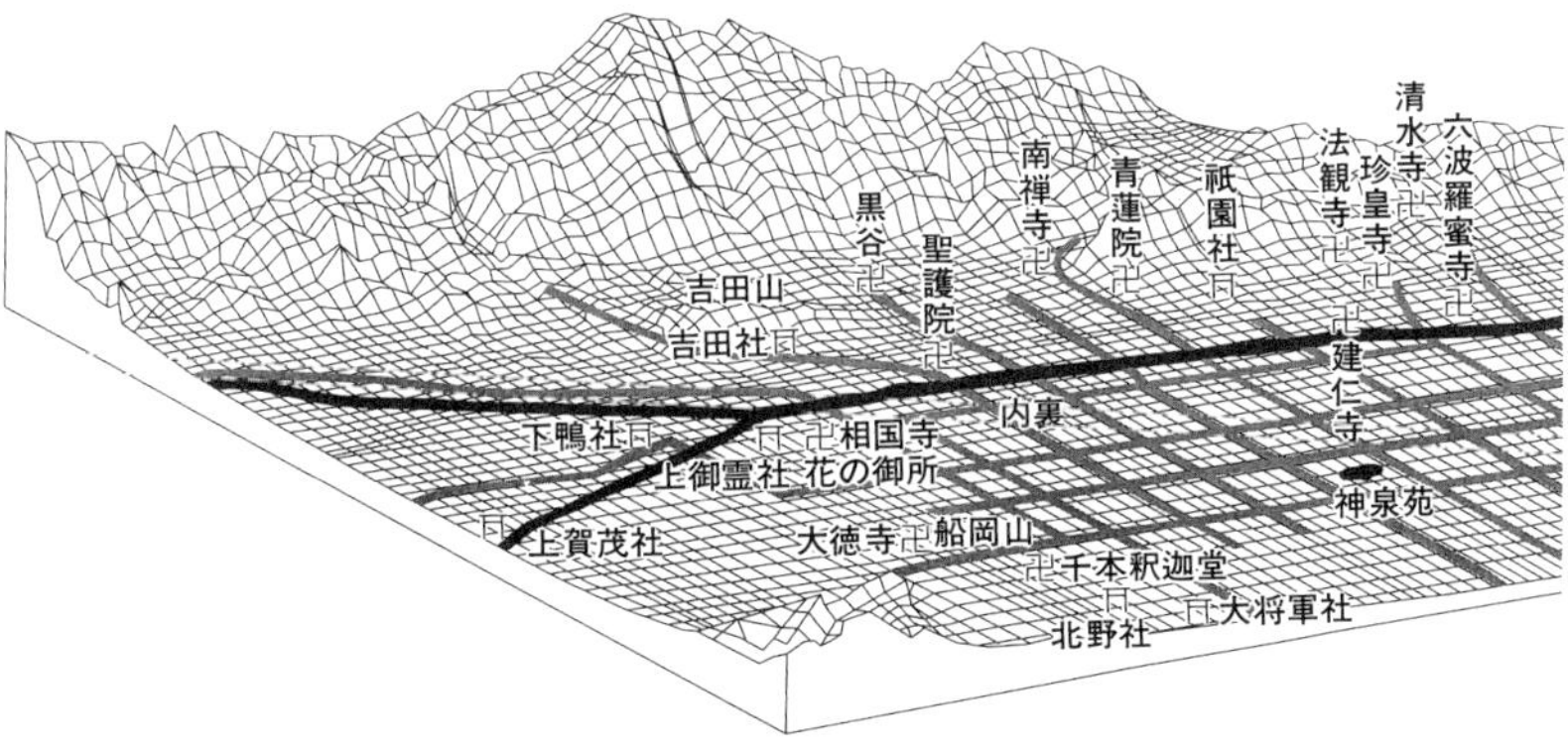


**図 9**　京都東山地域

鎌倉後期から室町前期にかけては、東山は新仏教系諸勢力のあらたな教線争いの場となっていきます。なかでも鎌倉で北条氏の庇護のもと勢力を蓄えた禅宗寺院は、やがて京都へと進出し、南禅寺・建仁寺・東福寺などの成立をみます。これらのちに京五山となる巨大寺院は、いずれも東山の豊かな自然条件を生かして壮大な伽藍と境致を生み出します。新仏教系の寺院の京都進出は市中にもみられましたが、東山はふたたび教線フロンティアの様相を帯びるようになり、東福寺と東寺、祇園社と建仁寺など、寺社境内の境界相論が激化し、数々の寺院の消長をみました。京都中世後期の釘貫や堀を巡る寺社境相論の多くは東山でみられ、そこでは「境内」の論理が大きな根拠になっていました。(8)

室町後期の応仁の乱は京都市中はもとより、東山にも甚大な戦禍の爪痕を残しますが、この一大変革期を画期として、京都市中には上京・下京からなる中世都市が成立し、東山は一大宗教ゾーンを形成します。五山は文芸サロンとなり、東山の豊富な自然はさまざまな名所を生みだしていきます。足利義政の東山殿はこうした歴史的背景のなかで成立したものでした。東山にははやくから貴族の別業が営まれていましたが、中世京都の到達点である東山文化が花開くのはこの時期をまたねばなりません。足利将軍家は代々、本邸とは別に別荘を構えることを理想としており、義満の北山殿などはその代表的な例ですが、東山殿で展開した文化は会所の御飾をする同朋衆や庭園をつくる山水河原者などの存在からもわかるように、さまざまな層が文化の形成に関与しており、身近な生活文化を芸術化するという高度に洗練された文化であったわけです。そのもっとも象徴的な建築である東山殿が東山に誕生します。義政は最初、南禅寺付近に別荘を構えるつもりでしたが、応仁の乱で一時断念していました。しかし夢を簡単に捨て去ることはできず乱がようやく一段落するころを見計らって、今度はかつて延暦寺里坊であった浄土寺境内にターゲットを絞り土地を入手し、そこにようやく念願の東山殿を建てることができたわけです。このように東山という場所の性格は、つねに京都との関係のなかでダイナミックに形成され、それぞれの時代の歴史が幾重にも積層されてきたのでした。

## 3　「媒介項」としての東山

東山という具体的な場の歴史的な変遷を、京都の都市史のなかで捉えなおしてみるとどのようなことが言えるでしょうか。まず第一に、平安京の崩壊と東山の形成は一連のパラレルな都市史上の出来事であったということができます。都城としての平安京は、きわめて厳格な左右対称の計画都市で、朱雀大路を中心軸として左京―右京からなっていたわけです。しかし早い段階から右京が衰退しはじめると、都市の重心は左京さらには鴨東へと偏心してゆき、白河・六波羅などの成立によって洛中―洛外構造へと変容していきます。かつての中心軸であった朱雀大路は廃れ、鴨川が洛中と洛外を対峙させるあらたな軸、あるいは境界になっていきます。こうした京都の中世都市への変容はいままでみてきた東山のダイナミックな歴史過程と密接な関係をもっていたはずです。都城の論理からはみ出たもの、鎌倉から生まれてくる武家社会や禅宗寺院などは、まさに東山・鴨東を舞台としたものでした。東山はそのなかでも宗教勢力間のもっとも熾烈な争いが展開した前線基地であって、そこに京都市中にはみられない集積複合型の一大宗教都市ゾーンが形成されることになります。

このことをさらに展開してみますと、第二の点として、東山はとくに鎌倉期において京都と鎌倉という二つの都を「媒介」する場ということができるのではないか。六波羅に誕生する探題府を中核とする「武家地」のもつ意味は、単に鎌倉の出先というだけではなく、本邸―宿所―山荘の武家屋敷の三点セットという観点からみると(9)、移動を前提とした武士の居住形態のなかで、京都においてはじめて「宿」的な場、「武家地」としての「宿」が持ち込まれたと評価できます。臨済禅の京都への導入もまた、鎌倉で育成されたものが京都へ移入されたもので、京都では旧仏教との妥協的な側面も指摘できますが、得宗家のパトロネージのもとで急速な発展を遂げた禅宗寺院は、東山を中心に扶植され、やがて五山十刹制度における官寺としての地位を獲得していくことになります。鎌倉の都市部における「武家地」、谷戸に展開していた禅宗寺院が、京都ではそれぞれ鴨東の平地、東山の山麓へと移植される。もちろん『問はず語り』を引くまでもなく、京都と鎌倉では地形環境条件が異なっていましたが、東山を中心とした場所は京都と鎌倉のいわば「媒介項」としての性格をもっていたとみることができます。

第三に、中世京都の成立ということを考えてみた時、従来は町衆が地縁共同体としての町や町組を母体として上京・下京という二大都市領域を形成したことに多くの注意が払われてきたわけですが、もう少し視野を広げると、東山という場を媒介項として京都と鎌倉という二元構造が接合され、一元化される過程を、中世京都の成立とみることができないだろうか。つまり洛中では上京・下京が成立し、当初洛外の六波羅に移植された「武家地」は室町幕府と周辺の奉公人屋敷というかたちで洛中に定着する。その一方で、東山は洛中には見られないような分厚い宗教都市領域を形成する。そして右京（長安城）―左京（洛陽城）構造から洛中（幕府・商業都市）―東山（宗教都市）という新たな構図が完成するところに中世京都の成立のメルクマールを置いてはどうか、という見方を提示してみたいのです。そして、洛中と東山を二つに分ける鴨川周辺には、芸能・処刑の場という境界領域が形成されることになります。

## おわりに

今回の報告は大変乱暴な議論になったと思いますが、ひとつは「宗教と都市」というテーマからみた場合に、私自身の問題としては「境内」概念による寺内町や門前町論だけに終始するのでなく、東山のようにいくつもの宗教施設がダイナミックに変化し、重畳していく様相を記述する方法を考えることがひとつの目標としてありました。これを宗教都市と呼ぶことにはやや抵抗があるわけですが、こうした時間の変化を内包した様相や場の問題も都市性のなかに取り込んで「宗教都市」という概念を豊富化していく必要があるはずです。その作業のなかで、「境内」や「寺内」の問題を再び位置づけていこうと、いまのところは考えています。

もうひとつは、最後に述べました都市と都市の媒介という問題です。都市間の流通や移動、影響関係などは従来からさまざまに取り上げられてきたと思いますが、それをもう少し大きな視野で具体的な都市空間のなかで位置づけることができないかということです。今回の報告は、その方法的な大変粗雑な試論として受け止めていただければ幸いです。

注

(1) ルイス・マンフォード『歴史の都市　明日の都市』(生田勉訳、新潮社、一九六九年)
(2) 拙稿「境内と町」(都市史研究会編『年報都市史研究』1 城下町の原景、山川出版社、一九九三年、本書第一章二)。
(3) 拙稿「『小京都』の意外な素顔」(『歴史群像』三七、一九九四年三月、本書第二章三)。
(4) 矢守一彦『古地図と風景』(筑摩書房、一九八四年)。
(5) 横井清『東山文化――その背景と基層――』(教育社、一九七九年)。
(6) 高橋康夫「京都と山並み」(高橋康夫・吉田伸之・宮本雅明・伊藤毅編『図集日本都市史』東京大学出版会、一九九三年)。
(7) 高橋慎一朗『中世の都市と武士』(吉川弘文館、一九九六年)。
(8) 拙稿「中世都市と寺院」(高橋康夫・吉田伸之編『日本都市史入門』Ⅰ 空間、東京大学出版会、一九八九年、本書第一章一)。
(9) 石井進『鎌倉武士の実像』(平凡社、一九八七年)。
(10) 拙稿「『宿』の二類型」(五味文彦・吉田伸之編『都市と商人・芸能民――中世から近世へ――』山川出版社、一九九三年、本書第二章一）。

# 五　宗教都市の展開と空間

## はじめに

前近代の日本都市の固有な類型として、都城（宮都）と城下町が抽出され、これらを現代都市と対峙させ「伝統都市」と位置づけることによって、あらたな都市史の組み直し作業がはじまりつつある。(1)この小報告はこうした方法に学びながらも、都城にも城下町にも包摂されない日本固有の都市類型として「宗教都市」を位置づける必要性を主張するものである。

宗教都市はそれがたとえ都城や城下町のように巨大なものでなくとも、宗教的要素が核ないし触媒となって形成された特異な都市領域である。とりわけ、中世にはその都市領域を仏法領や釈尊御領などと称し、世俗権力の介入を拒否しうるような自律的な寺院社会＝空間が形成された。これは都城から城下町へという大きな都市の流れのなかで生成した、無視しうる程度の移行形態ではなく、古代から現代にまで通底する、もうひとつの重要な都市類型であると考える。とりわけ、中世において宗教都市は寺社勢力の権門化を背景として成熟したのであって、量的側面はともかくとして質的にみて、一つの時代を代表する都市類型として十分に成立しうるものと考える。中世に数多くうまれた地方都市もなんらかのかたちで宗教的要素と密接な関係にあった。以下、私が過去考えてきた宗教都市の空間的特質に関わるいくつかの点を再検討するなかで、上記の問題の一端に触れたい。

## *1* 宗教都市の生成

宗教都市をたとえば門前町や寺内町のように限定的にとらえる立場もあるだろうが、私は宗教的要素が都市を成り立たせている重要な要素となっているものを仮に「宗教都市」という範疇に含めたいと考える。そのように考えると、院政期に京外白河の地に営まれた院御所と六勝寺が立地する領域は、宗教都市の初期形態とみなすことができる。

白河は院政の拠点として平安京の縮小モデルとして構想された。それは中心軸に「今朱雀」という道路名が与えられていることから明らかである。しかし大きく異なるところは平安京では東寺・西寺以外の寺院の立地が許されなかったのに対し、白河では法勝寺が承保二年（一〇七五）に建立されて以降、十二世紀の中

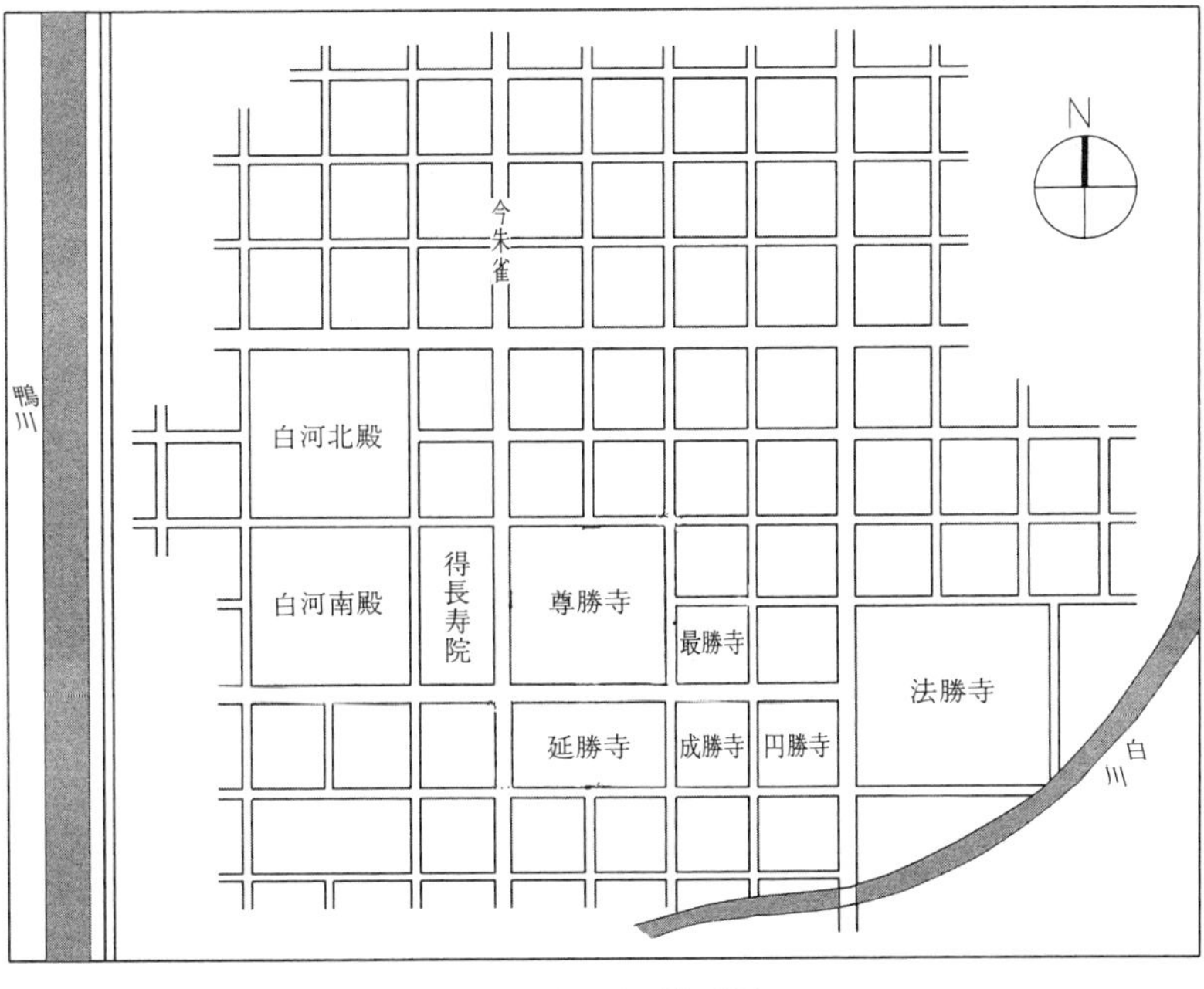


**図10** 白河地区復元図

頃までに尊勝寺、最勝寺、成勝寺、延勝寺、円勝寺がつぎつぎと営まれ（六勝寺）、歓喜光院や得長寿院などを含めると、地区の大半が宗教施設で埋め尽くされる一大宗教領域が成立したことになる。王法と仏法が支配の両輪として働く、古代律令都市から分離独立する宗教都市領域の誕生とみることができよう。六勝寺が林立する偉容はその可視的表現にほかならなかった。

応徳三年（一〇八六）の鳥羽離宮も同様で、北辺を「北大路」とし、証金剛院、成菩提院、勝光明院、安楽寿院、金剛心院などの御堂が相次いで建立された。侍臣はもとより地下の雑人に至るまで家地が与えられ、作道として新たに建設された南北道路の東側には、御倉町や直廬、雑舎が建ち並んだ。こうした京外の都市建設を当時の人は「都遷り」と認識していたようだ(2)。

のちの天竜寺を中心として形成される嵯峨の地も、もとは亀山天皇の別業亀山殿および寺院や近習の宿所からなる都市領域で、朱雀大路という名を冠した道路があるなどその構成は平安京をモデルとしつつも、宗教的要素が濃厚に認められる(3)。

こうした天皇や上皇による院政期の都市建設は、平安京という枠組みを形式として参照しつつも、まったく新たな種類の都市領域の誕生を意味している。これは無論、平安末期に盛行する浄土信仰を背景としているが、それ以上に仏法というイデオロギーが新たな都市を造形するのに大きな力として働いたことを意味している。

## *2*　寺院社会と都市

中世に入って顕密仏教が支配的になると、古代の七堂伽藍とは異なる寺院空間が形成される。その代表的な例が山岳寺院である。天台宗の本拠である比叡山延暦寺をみると、十世紀末以降東塔・西塔・横川の三つの「塔」からなり、各々の塔が五〜六の「谷」(東谷・南谷など)に分けられ合計一六谷となり、そこに三千といわれる堂塔・僧坊・雑舎が建ち並んだ。古代の伽藍がある種、機能別に塀や回廊によって分節された「院」と呼ぶ区画が平面的に並ぶ構成に過ぎなかったことを想起するとき、上記の比叡山の例は「塔」—「谷」という重層的な地域空間を形成しているところに大きな飛躍があり、全体をひとつの宗教都市と認め得るような複合的な空間が現出していることが注目される。

ここには東塔の根本中堂・戒壇院・経蔵・講堂・食堂・法華三昧院・常行三昧院・西塔の釈迦堂、横川の首楞厳院(横川中堂)などの古代以来の系譜を引く中心堂塔が存在するほか、高僧の住房や貴族が寄進した堂宇があり、さらに夥しい数の房舎や雑舎が谷々に展開していた。

**表7**　比叡山延暦寺の構成

| 三塔 | 十　六　谷 | 五別所 |
|---|---|---|
| 東塔 | 東谷(八部尾と虚空蔵尾に分れる),西谷,南谷,北谷,無動寺谷 | 神蔵寺谷 |
| 西塔 | 東谷,南谷,北谷,南尾谷,北尾谷 | 黒　谷 |
| 横川 | 兜率谷,香芳谷,戒心谷,解脱谷,般若谷,飯室谷 | 帝釈寺<br>釈迦院<br>安楽谷 |

こうした複合的な寺院空間のあり方は、当時の寺院社会のあり方と密接に関係している。黒田俊雄氏によると、中世の寺院組織は大きくみて二つの異なる基本原理からなるという(4)。一つは公的な機構としての寺院組織(寺家)であり、寺院大衆の和合の精神を前提とするもの。いま一つは私的な師弟・門流としての集団原理によるもので、一般に門徒と称された。

このうち後者の組織原理は中世になって支配的になっていくもので、師弟関係は法門(教義・行法)の伝授と私財の相伝を直接的な契機としていた。境内の敷地や堂舎・坊は世俗の子孫相続と同じように師弟間で相続され、私財化されていったのである。師匠(房主)は自分の房舎内に、弟子をはじめとして「同宿」と称する人々、さらに若党・仲間・所従などの俗人身分も抱え、共同生活を営みつつ法門の伝授を行った。谷々の各所に点在する房舎は私房である場合が多く、こうした擬制的なイエ組織が寺院社会の基本的な空間単位となっていた。

## 3　境内と門前

寺院と都市との関わりを考えるうえで、見逃すことができないのが中世奈良である。かつての平城京の外京一帯は、中世に入ると東大寺と興福寺の二大宗教勢力によって分割所領化され、数多くの門前郷が形成された[5]。興福寺領はいわゆる興福寺七郷と呼ばれる寺門領以外に、大乗院門跡領と一乗院門跡領に分かれていた。「大乗院門跡領目録」によると、職人・商人の諸座、在家は、郷さらに各寺領に所属するものとして把握されており、寺院から分割支配を受ける門前都市のあり方が明らかである。各所領はきわめて複雑に錯綜しており、このことは所領支配がいかに寺院の経済基盤にとって重要であったか、そのために東大寺と興福寺らの諸勢力が門前郷をはじめとする奈良周辺の所領獲得をめぐっていかに激しく鎬を削ったかを知ることができる。

院政期以降、全国各地で寺社領荘園が爆発的に増加していき、寺社の経済基盤として重要な位置を占めていたが、南北朝以降これらは武士によってつぎつぎと蚕食され、寺社は遠隔地の荘園支配の引き締めとともに、境内周辺の所領や門前の町から上がる得分が経営上無視できない存在として浮上してくる。奈良の門前郷が在家役として把握されていることはこうした都市的課税の性格をよく示している[6]。

一方、ようやく成長しつつあった商人・諸職人は座的な結合をしたり、寄人・神人身分となり、有力寺社を本所に仰ぐことによって自らの財産と営業・交易権を保全しようとした。身分的に不安定な彼らが現実的な理由で寺社を頼ったという側面は当然あったと思われるが、寺院自体古代からさまざまな雑業に従事する隷属民を抱えており、彼ら

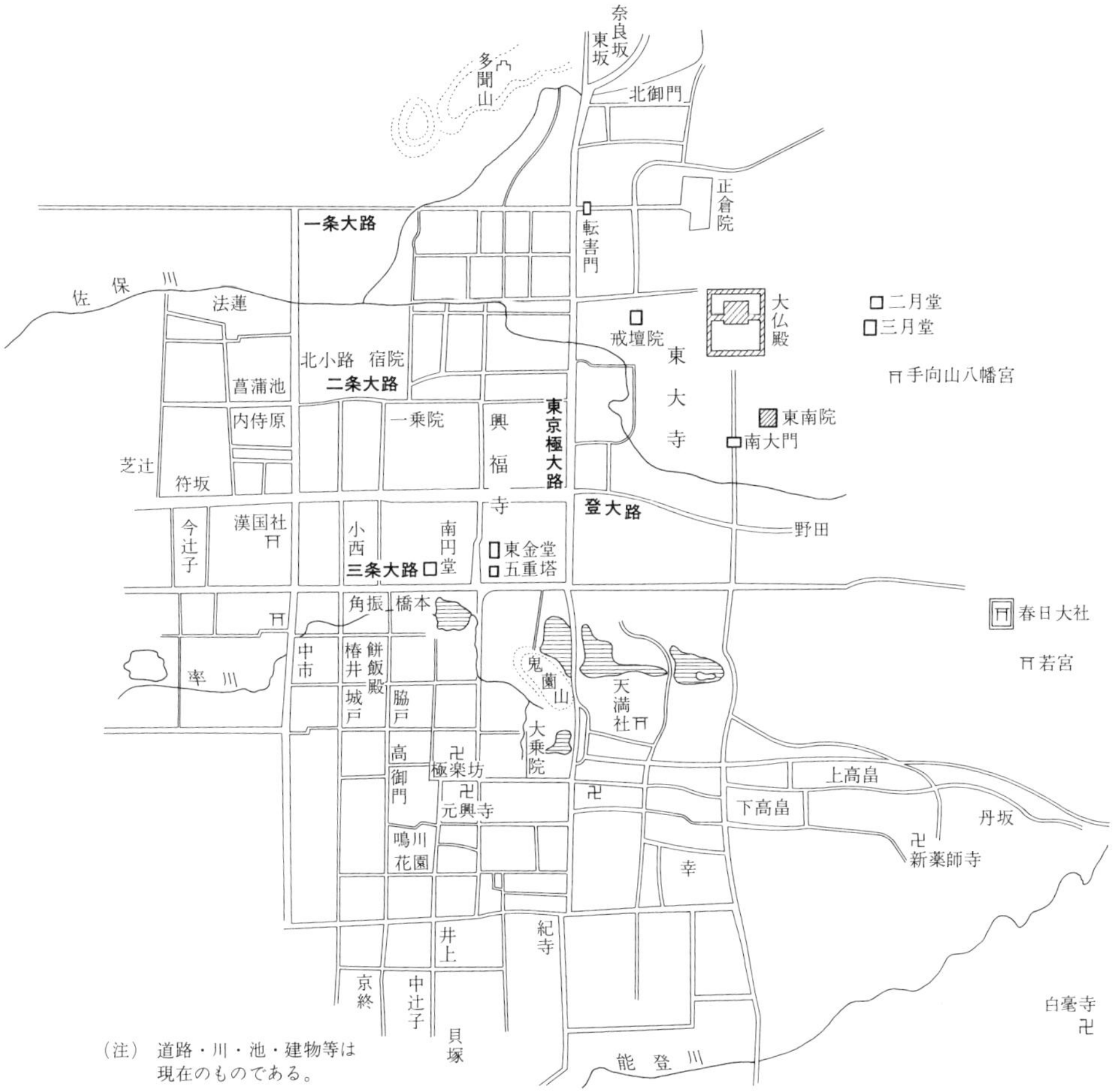

（注）道路・川・池・建物等は現在のものである。

**図11**　宗教都市奈良（安田次郎『中世の奈良』より）

のなかから手工業者や芸能民が育っていったという事実や、堂塔の建築や装飾のためにふだんから大工・瓦工・仏師・絵師などの職人が境内や門前に居住していたことなどから、寺院社会そのものにこうした非農業民を産み出す内的契機があったことも忘れてはならない。網野善彦氏がいうように商業・金融・商品・資本・貨幣はすべて原初的な宗教と密接不可分な関係にあったとする考え(7)にただちに賛同することには躊躇するが、彼らの経済活動や日常生活は、おそらくその深いところで宗教的な帰依や信仰によって支えられていたことは確かであろう。

寺社の門前支配は単に得分権にとどまらなかった。門前で生じたさまざまな事件や問題を沙汰し、住宅検封や闕所などの検断権を有した寺社の例は枚挙に暇がなく、門前地を寺社が実際所有しているかどうかは別として、そこを境内の「地先」として空間支配する観念は本源的に存在していたと思われる(8)。

伽藍を中核として、その周囲に寺家の建物や子院・塔頭・寺庵などが林立し、さらにその外側に在家集落や町々が展開し、全体として有機的な都市領域を形成する例は、先にみた興福寺・東大寺以外にも、四天王寺、法隆寺、東寺、祇園社、伊勢山田など中世後期の有力寺社に共通する形態である。こうした同心円的な集合は中世特有の都市空間といってよく、同じような構成は武士の館にもみられたが、重層的かつ複合的な領域を形成したのは明らかに寺社境内であった。四天王寺は明応八年（一四九九）、「七千間在所」(9)を有していたし、延暦寺門前の坂本は文亀元年（一五〇一）四月二十八日、火災で数千軒が炎上するほど繁栄していた(10)。これらは中世固有の都市類型として認めうる一般性と規模を有していた。

## 4　境内と寺内

私はかつて中世の寺院について、「境内系」と「寺内系」の二つの類型があったのではないかとの見解を示したことがある[11]。この考えはいまも変わっていないが、本報告との関係で若干補足すべき点がある。

東寺の事例から明らかなように「境内」は「寺内」と「門前」「寺辺」からなり、境内∪寺内∪伽藍という段階的な包含関係があった。一方、戦国期に登場する一向宗・日蓮宗の寺内町は、寺内に町を包摂しつつ堀や土居によって自閉し、境内から門前・寺辺を取り除いたものとみることができる。したがって、門前町は境内系寺院に固有のものであって、寺内町には門前町は形成されない。

中世の宗教都市として従来から取り上げられてきた門前町と寺内町は、いずれも寺社を中核にした都市という意味では近似的であるが、空間的側面からみると寺辺（在家集落、町、耕地など）・門前町の有無がもたらす差は小さくない。寺辺にある町や集落は寺家から支配を受けるとともに一定の自律性を有していたし、善光寺や金比羅宮という全国的に有名な寺社門前町は各地から多数の参詣者を受け入れる開放的な場であった。こうした都市的な場は、境内空間が有する外延的に広がる志向性があってはじめて成立したと考えられる。

中世京都の革堂・六角堂・因幡薬師・千本釈迦堂・六波羅蜜寺・珍皇寺などは、「町堂」といわれ、都市内にあって町の集会が行われたり、多数の参詣者が訪れ、にぎわいをみせていた。門前には芸能民や乞食なども群集していたという。これらは周囲に寺辺をもたなかったから境内系寺院とは言い難いが、都市に向かって開放されているという点からみて類似の性格を有していた。

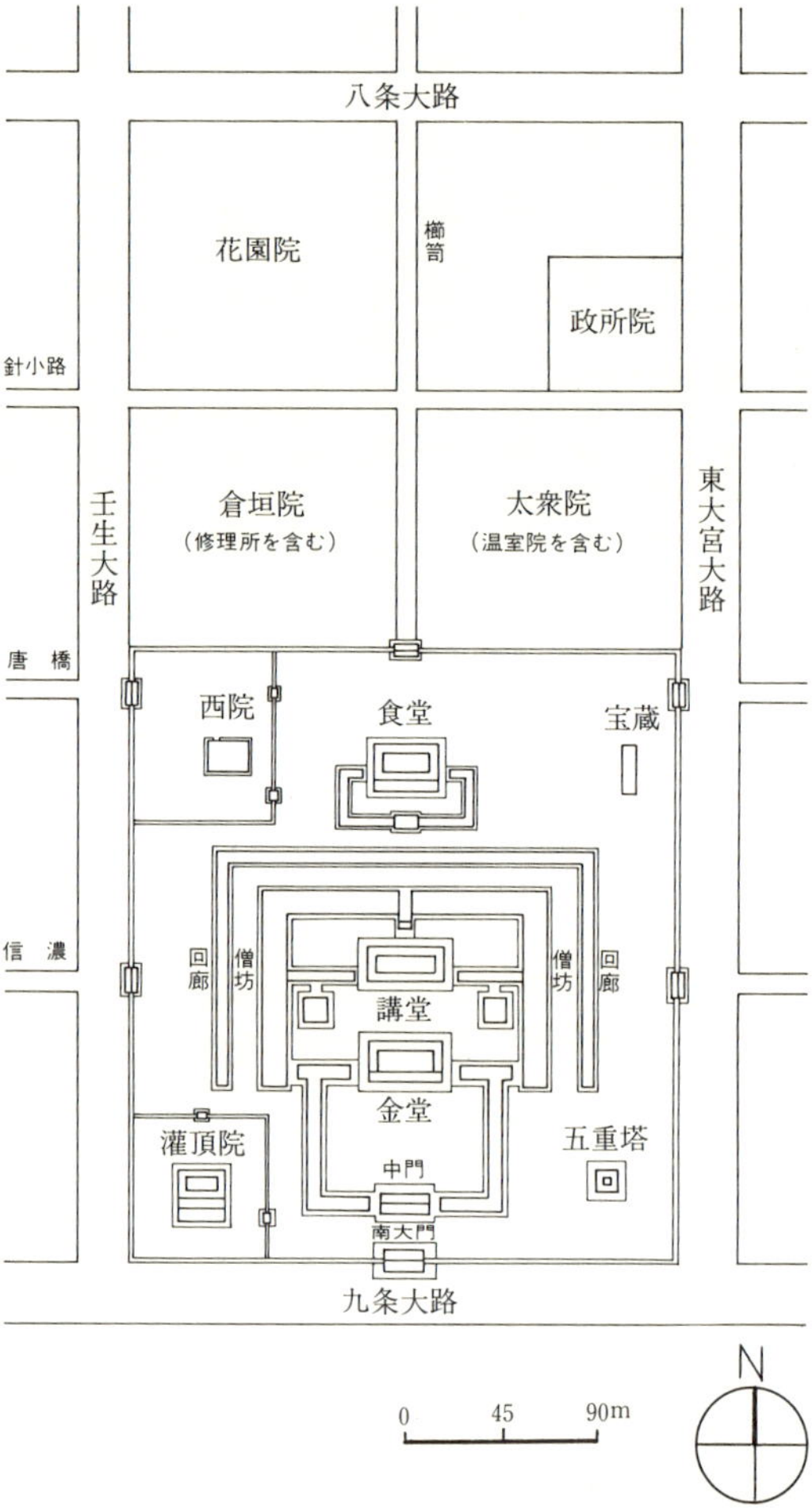


図12　古代の東寺

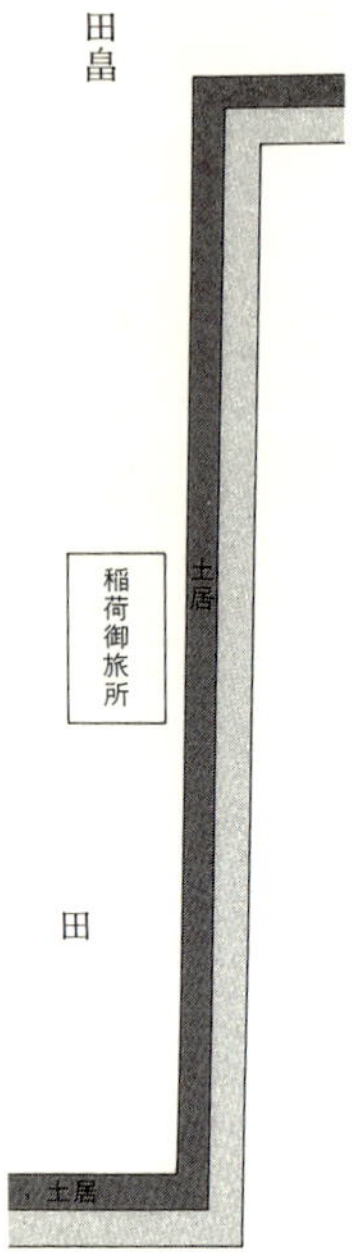


一方の寺内町は、中世後期の代表的都市であることは間違いないが、寺内は寺院を核として求心的に自閉し、寺辺や門前という外部との関係を媒介するようなゾーンを形成しなかった。畿内各地に簇生した寺内町はそれぞれ防御拠点としてコンパクトに自立しており、寺内町相互

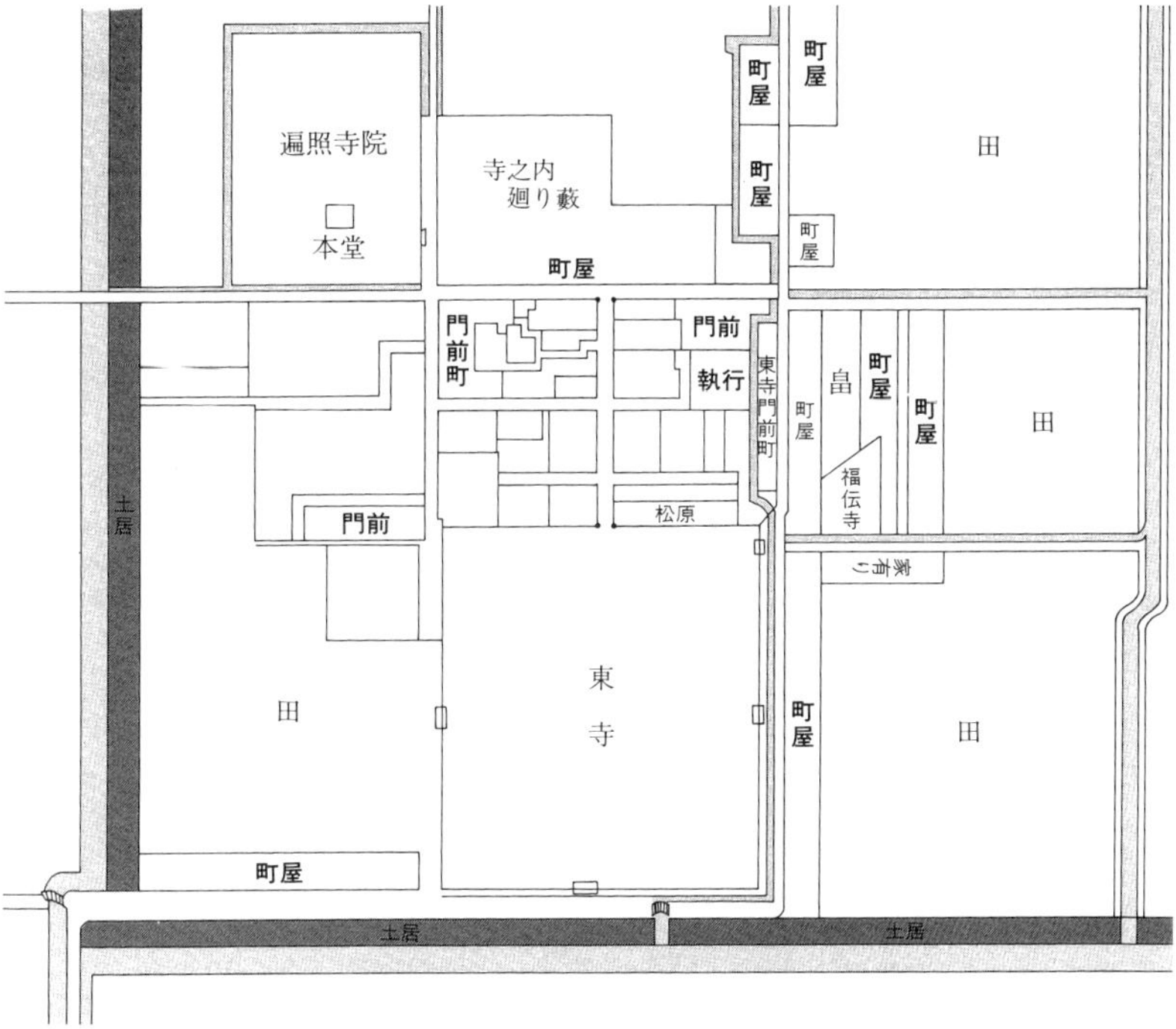


図13　東寺境内（寛永14年「洛中絵図」より作成）

のネットワークはあったものの、外に向かって都市領域を広げていくような志向性をもたなかったといえる。

このような観点からみれば、寺内町は境内系都市の特殊な一類型とみることも可能で、中世都市においては「境内」こそが普遍性をもつ空間であった。寺内町に関しては、むしろ従来から指摘されているように、城下町へと通ずる軍事都市的側面や都市建設技術（石山寺内の「城作り」と称する土木技術者集団や六町の番匠などの存在）などが都市史的に再評価すべき問題として浮上してくるのではないかと思われる。

## 5　輻輳する境内

境内がもつ空間的特性がもっとも高度に複合領域化した事例として、京都の嵯峨と東山をあげることができる。(12)

嵯峨では十五世紀中頃、天竜寺と臨川寺を二つの核として、一五〇にも及ぶ中小の寺院・塔頭・子院・寺庵が高密に建ち並び、街区の表層には町屋が櫛比して、全体として一大都市領域ともいうべき宗教ゾーンが形成されていたことが知られる。

東山は平安後期以降、比叡山延暦寺と南都興福寺のいわゆる山門—寺門抗争の前線基地であって、清水寺や祇園社はもとより数多くの寺社がひしめき合っていた。ここにはさらに南禅寺や東福寺などの禅宗伽藍も営まれ、門前には多数の商工業者が居住し、芸能民などの雑民も群集していた。

これらの事例は、境内という空間のプロトタイプが複数の都市領域を形成し、相互に拮抗・輻輳しながらも全体として密度の高い複合的な地域形成を果たしたという意味で、中世都市のひとつの到達点を示しているように思える。権門勢家が割拠する権門都市京都の象徴的な姿をこうした地域に見いだすことも可能だろう。そして単一の核からなる素朴な境内に比べて、輻輳する境内は多様な要素からなる「都市景観」と呼ぶべき姿を現出させていたのである。

## *6*　町と寺院

中世の各地に登場する都市は、いままでみてきたような宗教関係都市ばかりでなかった。港町・宿町・市町などは中世都市の諸類型として重要な位置を占める。しかし、これらが交易や商業などの経済的基盤だけで成立していたとみることはできない。たとえば、日本海側および瀬戸内の港町には時宗の寺々をはじめとして、各宗派の地方寺院が林立していた。尾道の寺院の多くは中世開基と伝え、十一世紀後半に開かれた西国寺（真言宗）、一遍が創立した尾道最古の道場 海徳寺、同じく時宗寺院の常称寺・西郷寺、その他臨済宗、浄土宗、日蓮宗の諸寺院が鎌倉から室町にかけて陸続と海を臨む山麓の地に登場する。これらは瀬戸内の重要港に吸着するかたちで各宗派が教線拡大をねらったものであることは間違いないにせよ、たとえば西大寺流律衆は、瀬戸内中心に旺盛な活動を展開し、布教活動とともに勧進によるさまざまな社会的事業を行ったことが知られている。(13) 彼らが実践した社会事業には諸堂の建立、仏像の造立はもとより、港の泊修築や架橋、非人施行と広汎な範囲に及んだ。海上交通と時宗との深いかかわりはよく知られるところだが、その他の宗派を含め港町と寺院との関係は深かったことが想像される。

宿町にも多くの寺社や堂が立地した。たとえば中世宿町の景観を唯一ビジュアルに伝える「尾張国富田荘絵図」には萱津宿が描かれている。ここには街道沿いに四つの大きなブロックが疎塊状に連続する。これらは北から円聖寺、千手堂、光明寺、大師堂という寺院ないし町堂であって、その門前在家が線状につながることによって宿という都市空間が形成されている。堂舎自体が宿の機能をもっていた可能性は高く、中世の紀行文では寺に止宿した事例が散見される。

市町もまた寺社と深い関係にあった。寺社門前で開催される市は宇佐八幡や四天王寺など各地に存在したし、市には市姫神社があるように殺生禁断の聖域で自由な交易が保証された。このように中世都市をすべて宗教都市で一括することは無理であるにしても、宗教的要素は中世の都市とさまざまなかたちで有機的な関係を結んでいたのである。

## おわりに

ルイス・マンフォードは西欧の中世都市成立にとって、修道院の果たした役割の重要性を的確に指摘している。(14) 修道院の共同生活のなかで自制や秩序が育まれ、これらが都市における簿記や時計などの商業実務や日課に継承されているという。修道院は難民や旅人の宿坊を提供し、橋を建設し、市を設けた。また、「ひとを当惑させるほど多種多様な方言、法律、料理法、度量衡、貨幣制度などをもつことが特徴である一文明のなかで、教会は共通の家庭、まさに普遍的な安息所を与えたのであった[15]」。

西欧都市の多くは古代ローマ都市を起源としているが、その中世化の重要な画期のひとつとして、ローマ都市の中枢であったキヴィタスが司教座にとってかわられ、「司教都市」としての性格を帯びることが挙げられる[16]。日本の都市と西欧のそれとを直接比較することは無謀な試みであるが、中世都市と宗教都市という媒介項を挟めば多くの共通点と相違点が見いだされるに違いない。マンフォードの指摘した修道院の特質は、そのまま中世寺院社会にも当てはまるものも少なくない。しかし西欧都市の、中央に広場をもち、モニュメントとしての教会や寺院が屹立する都市景観は、日本ではついにありえなかった。その一方で、何重もの囲繞装置によって聖域化された宗教施設と、それをさまざまな要素が層状に取り巻く「境内」的な都市形態は西欧では一般的にみられない。境内の中世における高度な発達は東アジアのなかでも、日本に固有な現象かもしれない。こうした違いは問題のほんの一部に過ぎないが、比較の視点から改めて意味を帯びてくる諸問題である。

日本の都市史を通観すると、確かに前近化において明確な類型を結び得たものとして、都城と城下町を挙げることはおそらく妥当であろう。律令制と都城、幕藩体制と城下町というように両者は政治史的にも見事に符合する。一方、この小報告で述べたように、天皇や上皇が京外に建設した白河や鳥羽、寺社勢力の拠点都市の重層的な地域形成、そして境内の発展と輻輳という宗教都市の道筋は、やがて世俗権力によって制圧され、大名へゲモニーのもとに再編される。このような意味で宗教都市は都市史の「負け組」かもしれない。しかし宗教都市の中世における形成・展開は、決して都城から城下町への移行過程のなかに完全に包摂し切れない部分を残している。それはおそらく深いところで

「宗教」という普遍的な存在に関わるものであろうが、私にはそれを論ずる資格も能力もない。しかし、日本の都市史を、都城から城下町へという展開とは別の道筋として、宗教都市の形成・成立・衰退というストーリーで描くことは十分に可能であると考える。おそらくその両者のストーリーの密接な関わりを叙述することによってはじめて、日本都市史を立体的かつ奥行きのあるものにすることができるだろう。日本の中世は宗教都市がもっとも成熟を遂げた時代であった。日本の都市史に宗教都市という類型を設定することは、以上のような観点から一定の意味があると考える。

注

(1) 佐藤信・吉田伸之編『都市社会史』(山川出版社、二〇〇一年)。
(2)『扶桑略記』。
(3)「山城国嵯峨亀山殿近辺屋敷指図」(南北朝期)。
(4) 黒田俊雄『寺社勢力——もう一つの中世社会——』(岩波書店、一九八〇年)。
(5) 永島福太郎『奈良』(吉川弘文館、一九六三年)。
(6) 原田伴彦「中世社寺領支配の性格とその変遷」(『国民生活史研究』小学館、一九五九年、のち原田伴彦論集第二巻『都市形態史研究』思文閣出版、一九八五年に再録)。
(7) 網野善彦「中世都市民と宗教」(『中世都市研究』4 都市と宗教、一九九七年)。
(8) 拙稿「中世都市と寺院」(高橋康夫・吉田伸之編『日本都市史入門』I 空間、東京大学出版会、一九八九年、本書第一章)。
(9)『大乗院寺社雑事記』明応八年九月十三日条。
(10)『後法興院記』文亀元年四月二十九日条。
(11) 前掲(8)拙稿。
(12) 拙稿「境内と町」(『年報都市史研究』1 城下町の原景、山川出版社、一九九三年、本書第一章二)、同「宗教都市の空間」(同、6 宗教と都市、山川出版社、一九九八年、本書第一章四)。

（13）大石雅章「中世律宗教団の特質とその行動」（『朝日百科日本の国宝』別冊 中世瀬戸内の寺と社会、朝日新聞社、二〇〇一年）。
（14）ルイス・マンフォード『歴史の都市　明日の都市』（生田勉訳、新潮社、一九六九年）。
（15）同右。
（16）ホルフガング・グラウンフェルス『西洋の都市――その歴史と類型――』（日高健一郎訳、丸善、一九八六年）。

# 第二章　中世の町空間

## 一　「宿」の二類型

### はじめに――二つの宿――

かつて、茨城県の筑波および八郷の村落を調査した際、堀之内などの中世城館跡に近接して、「宿」地名が頻出することに注目し、次のような粗い見通しを述べたことがあった。(1)「宿」は発生的には領主館に付属したものとして成立し、その機能は、一つは有事の際の詰所として、もう一つは領主館に依存する形での商業ないし工業的場を担うものであったと思われる。大胆な整理をすれば、前者の詰所としての機能は戦国期および近世の城下町における給人屋敷ないし武家屋敷へと継承され、一方後者の非農業的性格は宿場町などの在地における町場として展開したとみることもできよう。

宿といえば、近世の宿場町的な街道に沿った町場しかイメージになかった私にとって、茨城県に分布する宿地名を冠した場は空間的に異質なものであった。八郷盆地の柿岡や小幡の宿は確かに街道に沿った町場を形成していたが、

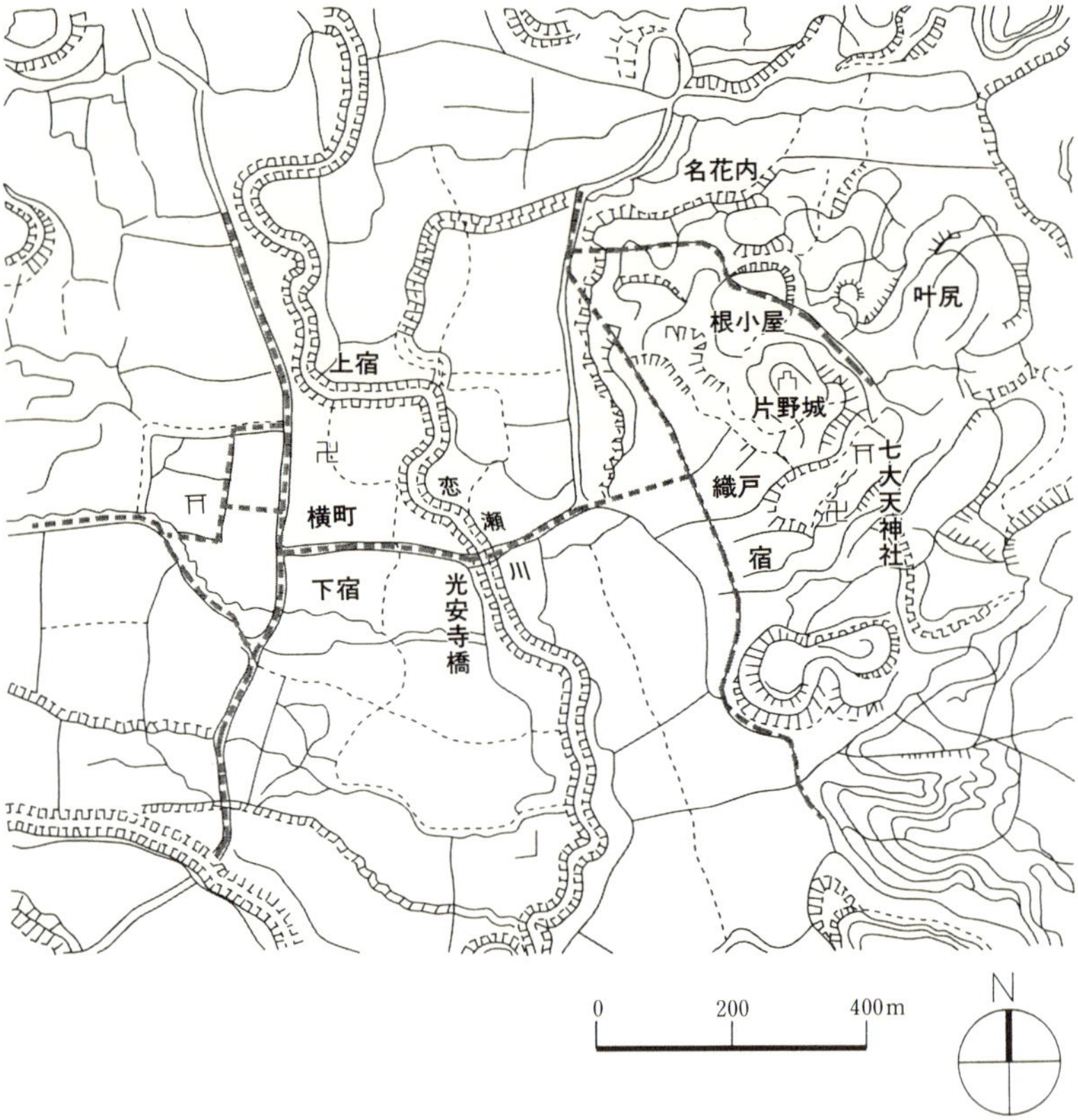


**図14**　根小屋と片野（『図集日本都市史』より）



他の宿のなかにはかつてそこに街村があったとは考えにくいものが少なからず認められた。

たとえば、図14は八郷盆地南東の恋瀬川沿いの根小屋と片野（向町）の集落である。根小屋と片野はかつて一村をなしており、全体として片野と称した。『新編常陸国誌』は「此地旧クハ根小屋村ト合シテ一村トナリシニ、後世恋瀬川ノ流ヲ限リ、中分シテ二村トナス、此地ハ根小屋ノ対岸ナルヲ以テ向町ト名ヅケタリト云フ、（中略）後古名ニ従ヒ、片野村ト改ム」と伝える。片野の地名は弘安三年（一二八〇）「常陸国作田惣勘文案」（弘安大田文）に三二町九反の耕地をもつ「片野」として登場し、遅くとも鎌倉期には成立していたことが知られる。[2] 根小屋の山上には片野城の遺構がいまなお残る。これはもと小田氏の家臣八田将監の居城であったが、永禄年中佐竹氏によって太田三楽が城主としておかれた（『新編常陸国誌』）。

ところで、山麓の根小屋の南にみえる「宿」と、恋瀬川対岸の片野（向町）の「上宿」「下宿」の二つの宿が併存していることに注目したい。後者の宿は「常陸国新治郡片野村屋敷帳」において、[3] 現在みるような短冊型地割が確認され、この検地帳が作成された寛永十年（一六三三）にはすでに大道の両側に町屋が並ぶ町場が展開していたことが知られる。この宿は近世の宿場町的な宿として理解しうるものであった。一方、前者の根小屋の宿は、現状では敷地のロットが大きく、道から後退した位置に農家型の住居が並ぶ景観となっており、しかも各屋敷は山上の城に寄り添うように道の西方の片側部分に配列されている。現状の空間構成から、ここに町的な場を想定することは困難であった。街道に沿う宿町と麓集落の宿の二つの宿の存在は、宿の性格の時代的変化、あるいは宿がもつ二つの側面を暗示していた。

その後、戦国期結城城下を題材とした市村高男氏の研究[4]や小島道裕氏の戦国期城下町から織豊期城下町への展開に関する研究[5]に触れ、右の宿の問題は小島氏のいう戦国期城下町における町の二元性、市村氏のいう戦国大名の「宿」の取り込み・掌握、宿を城郭化した「宿城」などに関わるものであることを教えられ、この問題はそのまま放置しておいたのである。

ところが最近、日本の中世都市を空間的にみた場合、「境内」系の空間と「町」系の空間の組み合わせによって説明できると考えるようになり、[6] 宿の問題も中世の二つの空間類型との関係でとらえなおすことができるのではないかと思うにいたった。本稿は、宿が本来もつ宿衛・宿直的な場と、町的な場の二つの側面を空間的観点から再考し、従来ややもすれば町場的な性格に議論が偏りがちであった宿のもう一つの側面を強調したいと考える。そして、宿を

「境内」と「町」という空間類型のなかに位置づけることを不十分ながらも試みたい。

## *1*　宿衛・宿直の場としての「宿」

宿には宿廬・宿所などの語に典型的にみられるように、一定期間本貫の地を離れ、武士が主従関係を結ぶ在地領主の本拠へ宿衛・宿直する場という側面があったことにまず注目したい。

古くは十一世紀の『将門記』に登場する石井宿、服織宿、鎌輪宿などがそうした事例であると考えられる。『将門記』には、「子春丸彼使者各荷炭而到於将門石井之営所。一両日宿衛之間。麾攣使者。其兵具置所。将門夜遁所及東西之馬打。南北之出入」とあり、将門の本拠の一つ石井営所（石井宿）は兵具を置き、「東西之馬打」や「南北之出入」を備える軍事施設であり、将門の駈使丈部子春丸は宿に炭を納めたのち、宿衛を勤めている。このように将門配下の従類・伴類は有事の際に軍事力として結集される一方で、日常的に宿に結番したのである。領主館としての宿の周縁には従類の「小宅」があり、さらにその外側の農村部には伴類の「舎宅」があって、全体として領主館を中心とする同心円的な三重構造をもっていた[(7)]。また石井宿は「石井営所」と呼ばれるように、領主の本拠であって人・物資が集散し、武器その他の生産も行われる、一つの流通センターを形成していた可能性が高い、『将門記』に登場する宿が領主館を中心とする複合的な軍事施設全体を指すのか、館をとりまく宿衛的な場をそう呼んだのか明らかではないが、次の『陸奥話記』はその一つのヒントになろう。

安倍頼時親子が陸奥国守に対して起こした反乱を源頼義が平定した、前九年の役を記した『陸奥話記』には、「歩兵放火焼柵外宿廬、於是城内奮呼」とあり[(8)]、安倍氏の拠点の柵の外には「宿廬」がとりまいていた。宿廬とは、宿所として用いられる仮屋の意であって、安倍氏配下の兵が城柵の周囲を警固すべく、ここに詰めていたとみられる。柵と館との違いはあるにせよ、おそらく、先の将門の石井宿も、郭外か郭内かは不明であるが、中心居館の周囲を同心円状にとりまくかたちで宿衛の場が存在していたのであろう。東国武士の居館の多くは村落の境界にあり、大道や河川に近い交通上の結節点にあって、館の周辺には市や宿が立ち、職人・技術者が集住する町場であったと指摘されるが(9)、宿の町場としての性格とともに、宿衛の場という側面を見逃すことはできない。以下、先学に導かれつつこの問題を考えたい。

鎌倉期の相模国依智郷領主本間氏の館は金田にあった。金田の中心部には本間重連屋敷跡と伝える妙純寺や本間氏菩提寺建徳寺、鎮守金田神社があり、「本間屋敷」「堀ノ内」の東に「宿屋敷」「中屋敷」「東屋敷」の中世屋敷地名や「北海道」「伊藤海道」の垣内地名が残る。そしてそれらを囲繞するように用水を兼ねた堀が巡った(10)。ここに在地の武士館の一つの典型的な姿をみることができるが、本間屋敷・堀ノ内という中心域にもっとも隣接した位置に宿屋敷があることが注目される。「宿」を冠した屋敷地名から明らかなように、本間氏一族の居住地と想定される中屋敷や東屋敷とは異なる性格をもっていたことは確実で、本間屋敷・堀ノ内の東側の防御線となる宿所的な場であった可能性が考えられる。

源頼朝が鎌倉入りした治承四年（一一八〇）、新造された大倉御所の周囲には「御家人等同構宿館。（中略）家屋並甍、門扉輾軒云々」（『吾妻鏡』同年十二月十二日条）のごとく「宿館」が次々と建設され、「海人野叟」の他は「卜居之類」がほとんどなかった鎌倉がにわかに都市化の様相を呈したという。こうした宿館は、大倉御所周辺の詰所の場であって、御家人は本拠に館を構え在地領主として君臨する一方、鎌倉に結番の宿所を設けた。

関東に強大な勢力をもった有力御家人小山氏は、下野国小山荘寒河御厨の名字の地に「重代居城」を構え、下野・

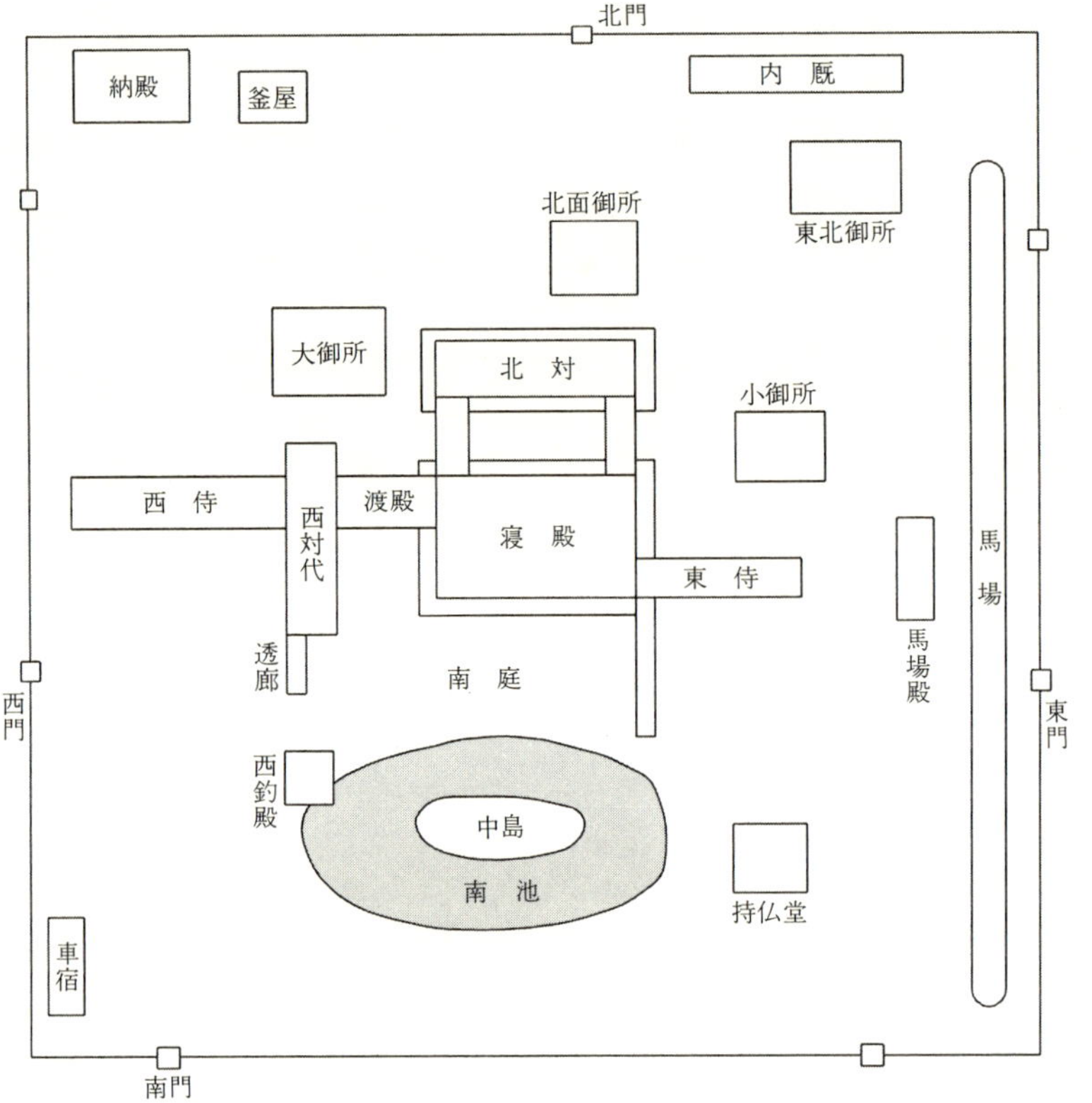


**図15**　源頼朝の第２期大倉御所概状図（太田静六『寝殿造の研究』より）

武蔵・陸奥・常陸、相模他各地の数多くの荘園の地頭職を兼務する一方、鎌倉には法花堂前と車小路の二カ所の宿所を設けていた。[11] 法花堂前は最初の大倉幕府に近く、車小路は移転後の宇都宮幕府の地に近接していることから、小山氏は幕府所在地の近くに宿館を構えることが許されたのであろう。政庁であり将軍の居所としての御所、それを外側からとりまく宿という同心円状の構成がここでも認められる。

さて、この日の頼朝の御所移徙に際して、各地から鎌倉入りし出仕した者は三一一人を数え、彼らは桁行柱間一八間という長大な侍所に二行に対座した（『吾妻鏡』同前）。『平家物語』には、「次の日、兵衛佐の館へ向ふ。内外に侍あり。共に十六間までありけり。外侍には家の子郎等、肩を並べ膝を組んで並み居たり。内侍には一門の源氏上座して、末座には八箇国の大名小名居流れたり」（巻八）とあるように、御所内には内侍・外侍があり、各地から鎌倉入りした御家人たちは、御所のまわりの宿館から内侍に出仕したのである。頼朝の大倉御所は太田静六氏の推定復元図（図15）によると、寝殿・対屋・南庭からなる御所中心域の一つ外側のゾーンに侍所が設けられており、[12] 御所の宿直・結番という観点からみると、寝殿―侍所―宿館という三重の同心円が想定できる。しかも源氏自身、在地の御家人と同様、家の子・郎等を抱える一つのイエを構成しており、直属家臣団は外侍に祗候していた。このように、武士のイエを空間化した館は、主従関係を縦糸とし、宿直的な場を横糸として重層的かつ多元的なネットワークをとり結んでいたのである。武士の住宅は基本的に貴族住宅である寝殿造形式を採り入れたが、侍所や厩の存在と規模の大きさは明らかに武士固有のものであった。

## *2* 京の宿所と「武家地」

京都における武士の宿所の所在については、木内正宏氏の研究がある。[13] これによると、武士の京屋敷は「宿所」「宿蘆」「旅宿」「亭」などと呼ばれ、①六条大路付近、②東洞院～東京極と三条～五条の大路に囲まれた地区、③六波羅の三カ所に集中した。①は平家没官領京地および源氏旧領京地を母胎として成立したが、注目されるのは新しく形成された②の成立過程である。

宿所事、先日言上候畢、東路之辺宣候歟、広らかに給候て、家人共の屋形なとも構て候はんするに、可令宿之由、思給候也、以此旨可令洩達給候、頼朝恐惶謹言

七月廿七日　　　　頼朝

進上　権中納言[14]

この建久元年（一一九〇）頼朝上洛に際しての、宿所決定を促す頼朝書状を検討した木内氏は、東国との往還に便宜な洛中東辺の地を宿所として要求したこと、頼朝の宿所を中核とし、供奉する数多くの御家人の屋形をも建設できる「広らか」な地を求めたこと、そして、結果的に一時的な寄宿地でなく、定期的に利用可能な洛中東部の京地が幕府領に入ったことを推定した。ちなみに、さきの小山氏の上方屋敷は②の地区に含まれる四条東洞院にあった。[15]

木内氏の指摘に加えて、さらに次の三点を着目しておきたい。第一に、最終的には②の地区に頼朝宿所は成立せず、③の六波羅地の平頼盛旧邸が宿所になったが、頼朝書状には鎌倉における将軍御所と御家人宿館との空間的位相関係が、京都においても頼朝宿所をとりまく御家人宿所というかたちで再現されることが意図されており、さらに都市京都というスケールからこの地区をみれば、六波羅とともに洛中東辺の周縁部にあって、洛中警固の詰所、すなわちさきに述べた館と宿の関係における「宿」的な場としての性格を有していた点である。換言すれば、京都の一部に移植・挿入されようとした一定の地域的なまとまりをもつ武士の求心的空間と、それをより上位のスケールでとりこんだ都市京都の空間構造、という二重の輪が図式として浮び上がる。

第二に、こうした幕府の京屋敷は、土地所有とは無関係に「宿所」「宿廬」と称されており、本拠から離れた一時的な宿直・滞留の場としての「宿」という通念が一般的に存在していた点である。第三は、「屋形」と「宿所」との関係である。

第三の点については『土岐氏聞書』[16]に次のようにある。

当方を屋形と云事。惣じて大名の宿所を屋形と申事、元弘建武の比、天下うちつづき乱たる時、濃州へ行幸有けるに、当国小島と云所に行宮を立られけり。(中略) 土岐ハことに子細有に依て、其後かの行宮を土岐郡にひかれ、屋形と号せらるゝ也。大名の宿所を屋形と云事是より始て、諸家に申由申伝へたり。

屋形は「館(やかた)」であり、建築的には寝殿造系の寝殿を中心殿舎とし、周囲に付属屋がとりかこみ、外周には築地塀がまわる配置形式をもつものと考えてよい。在地の武士の館が寝殿造系の住宅であったことは、『法然上人絵伝』の美作国漆間時国の住宅や『蒙古襲来絵詞』の秋田城介泰盛の住宅をみれば明らかである。一方、京都における御家人宿所=「家人共の屋形」は大路・小路に沿って塀を巡らし門を開く形式をとっていたことはほぼ間違いない。[17]御家人宿所内部にはさらに、各家の家の子・郎等が侍所や厩などの付属屋に滞留したはずである。屋形は空間的には宿所と互換性があり、それは基本的に寝殿造と同型の構成をもっていた。

すなわち京都における武士の空間をみる場合、a武士のイエを内包する最小の空間細胞としての宿所または屋形(「屋敷」のスケール)、b宿所の集合する場(「場」のスケール)、源氏三代の時代には必ずしも明確な像を結ばなかった、c幕府出先機関を中核として周囲に宿所群がとり囲むことによって成立する、一つのまとまった求心的な在京武士地区(「地」のスケール)、d洛中周縁において都市京都を警固しつつ鎌倉と京を媒介する地域(「都市」スケール)、少なくとも以上の四つの異なるスケールから検討する必要がある。

その点で、得宗政権下、六波羅探題府を中核として形成された武士の空間=六波羅地の空間的実態を明らかにした高橋慎一朗氏の研究が注目される。[18]

承久三年(一二二一)の承久の乱を契機に、北条氏によって六波羅に設置された六波羅探題府は、高橋氏によると政庁というよりは北条氏の宿所的な性格が濃厚で、中門廊や侍所を備える探題邸が政務の場として利用された。六波羅探題府の四周には口一丈五尺(約四・五メートル)、深さ一丈(約三メートル)の堀と築地が巡り、有事の際には櫓や逆木を設けて城郭化しうる要害であった。そして探題府の内外には探題被官や有力在京人の宿所が囲繞し、六波羅探題府を核とした武士の空間が形成された。また探題は六波羅地の領域的な支配を行使しうる権限を有しており、景観的にも所領的にも一円性をもつ「武家地」を確立したという（右述のｃ）。鎌倉期の六波羅地を直接、近世の武家地につなげることは無理にしても、高橋氏の「『武家地』六波羅は、（中略）北条時政の宿所に端を発する『北条氏の六波羅』が発展したもの」（傍点著者）という指摘は重要と考える。というのは、近世の武家地における「拝領」「転封」「鉢植え」といった性格は、武士の本来的な属性としての移動性と分かち難く結びついており、それは中世武士の宿衛・宿直、一時的な滞留の場としての「宿」や「宿所」と深い関係があるとみられるからである。

五味文彦氏は武士の歴史的な展開過程を、狩猟民から農耕民へ、農耕民から都市民へ、という明快な図式に整理したが[19]、農耕民としての武士もまたしばしば本拠を変えており[20]、都市民としての武士は在地の本貫地と都市との二重生活を余儀なくされた。武士の移動する狩猟民としての側面は、「宿」の場を媒介として意外に根強く継承されたのではないか[21]。

## 3　町場としての宿

古代律令制下の駅家にかわって、鎌倉期に各地の交通の要衝に簇生した宿については、新城常三氏の先駆的な研究があって、「旅人の宿泊を目的とした営業的旅館を中心とする一の交通聚落」である宿を各種の史料から検索する一方で、宿にまつわる諸問題を多角的に論じた[22]。中世の宿に対する一般的な理解は、この新城氏の研究に代表されるものといってよい。新城氏は荘園公領制の進展や社寺参詣などの庶民の交通の発達にともなって、主要な街道や渡河地点などの中継点に数多くの宿が形成されたことを明らかにしたうえで、有徳人、手工業者、芸能民、遊女、鎌倉新仏教寺院など多彩な宿の住民像を抽出し、さらに守護所や市と密接な関係を有する地方の政治経済圏の中心町場であったことを指摘している。こうした宿は、河原・中洲などの境界領域に立地するものが多く[23]、また萱津宿や蒲原宿のごとく疎塊状の街村形態をとるものが一般的であったと考えられる[24]。

町場としての宿を空間的にみれば、街道に沿って接道型の建築（町屋）が線状（リニア）に並ぶ形態をとっていた。たとえば、「法雲寺宗主寮年貢納目録」所収の常陸国新治郡田宮郷「宿在家内付田数」には、宿在家として五五筆の屋敷が書き上げられ、その大部分は二反ないし四反の均等な屋敷であって、それぞれ耕地を付属させている[25]。これはしばしば引用される元徳三年（一三三一）「武蔵国男衾郡小泉郷内田在家注文事[26]」にみられるような、大道沿いの両側に「町屋」在家が並び、在家の背後に耕地が広がる景観と同様のものであったろう。

ところで町場としての宿と、さきにみた宿衛・宿直の場としての宿とは空間的にどのように区別してとらえることができるだろうか。ここで小括を試みたい。

第一に、建築レベルからみれば、町場としての宿はその住民がどうであれ、住宅が道路に直接面する「町屋」型の建築がその基本的な構成要素であるのに対し、後者の宿は武士の宿所などに典型的にみられるように、寝殿造系の周囲に塀や門をもつ「屋敷」型の建築が想定できる。

第二に、建築の集合としてみれば、前者の宿は道路を軸とした「線」状の集合を形成するのに対し、後者の宿は一定の区域のなかで「面」的な集合をなす。頼朝が京都における宿の場として要求したのは、洛中東辺の「広らか」な土地であって、ここに頼朝宿所を中核として「家人共の屋形」＝「屋敷」型の宿所が分布するはずであった。この集合形態の違いは、それぞれの単位となる建築の形式に由来していたのである。

第三に、線状の町場としての宿は、基本的に均等な単位の羅列であって、中心核の存在が集合を形成する絶対的な条件とはならない。むしろ集合を組織する軸となる道の存在が不可欠である。後者の宿は、逆に領主館や鎌倉における御所など、求心的な核の存在が前提となる。仮にここでは前者の宿を「町」系の宿、後者の宿を「武家地」系の宿と呼んでおきたい。

ところで、この二つの宿は現実には必ずしも右のように図式的に整理できるわけではない。たとえば、暦仁元年(一二三八)の頼経の上洛の際に宿泊した東海道沿いの宿の記事を『吾妻鏡』でみると、「手越宿。為左京兆後沙汰。被儲御所」「懸河御宿。為匠作御沙汰。仰遠江国御家人等。兼被造御所」「矢作宿。入御于足利左馬頭亭」とあるように、既存の宿に後の本陣に相当するような御所が造営されたり、矢作宿には守護足利館が存在した。これらの例はここでいう「町」系の宿の上に「武家地」系の宿が重ねられているとみることができる。

また新田荘の世良田宿は弘安四年(一二八一)の「世良田宿在家日記」(『長楽寺文書』)にみえる鎌倉期の宿であるが、承久三年(一二二一)に新田義重の末子徳川(世良田)義季によって開かれた禅宗寺院長楽寺の門前宿および門前市的な性格を有し、その位置は長楽寺とナメラ堀の間の鍵の手に曲る道沿いにあったと推定されている(27)。世良田宿は形態的には線状の「町」系の宿ということになるが、宿や市は自律的に形成されたわけでなく、背後にある領家長楽寺という核が成立の前提となっている。

有名な萱津宿も、単なる疎塊状の街村とはいい切れない。すなわち「尾張国富田荘絵図」に描かれた萱津宿は、大きくみて四つのブロックが間隔をおいて並ぶ景観を伝えているが、これらのブロックには北から円聖寺・千手堂・光明寺・大御(師)堂がそれぞれ位置し、その門前在家が連続することによって宿が形成されていく。とくに北から三つのブロックはいずれも三層に分れた部分からなり、一種の寺院「境内」的なまとまりを示している。寺院門前が境

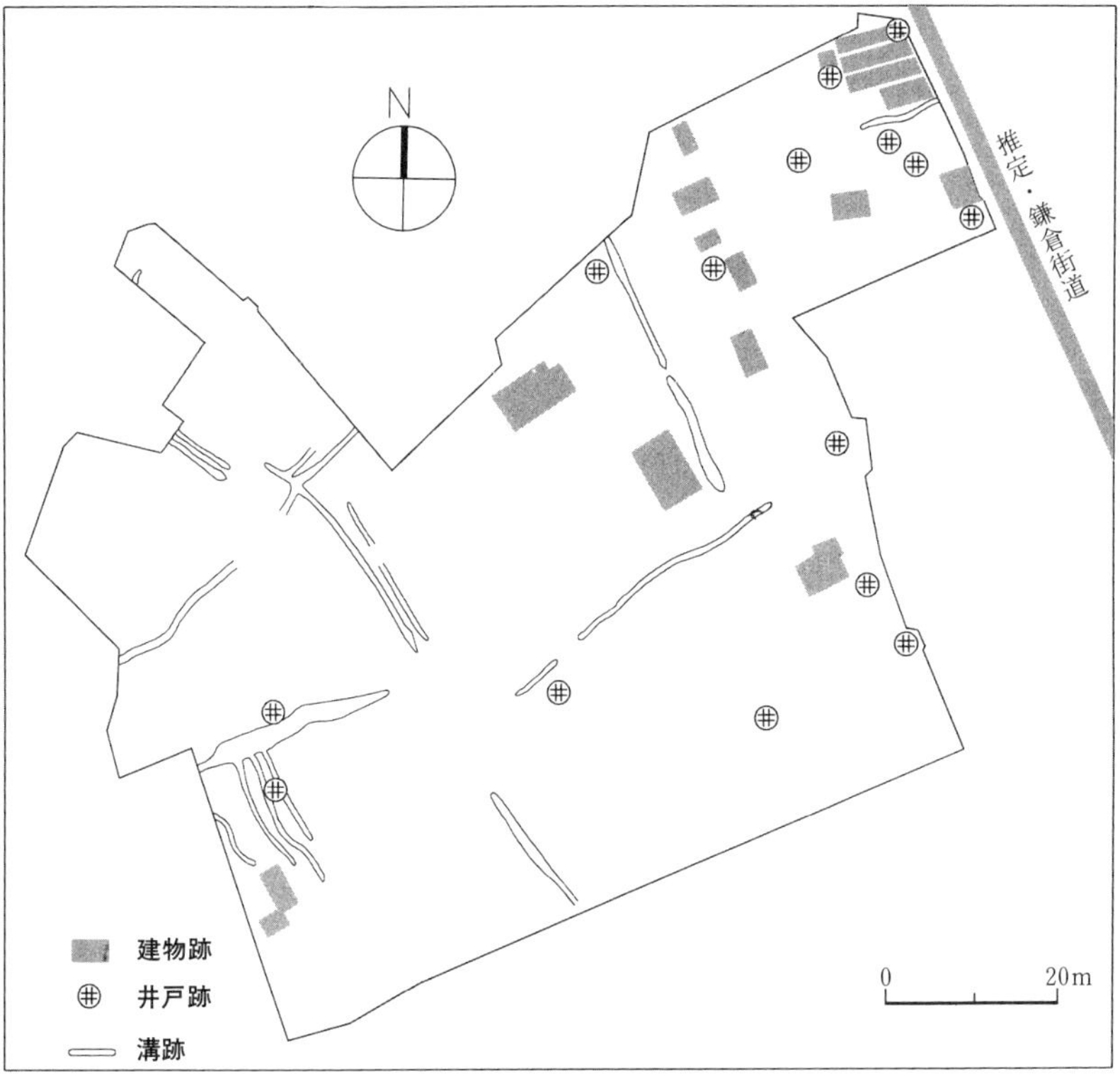


**図16**　堂山下遺跡（遺跡分布図，現地説明資料より）

内に含まれるか否かは別にして、萱津宿の空間は基本的には小境内群の集合であって、これが街道によって連続することによって、「宿」という別の空間がかたちづくられているのである。

一九九〇年埼玉県入間郡毛呂山町川角で発掘された、推定・鎌倉街道沿いの集落跡も興味深い事実を示している。[28] この集落遺跡は、越辺川右岸の低い段丘面上に位置し、鎌倉街道と伝える南北道路に沿って軒を接するように二間×三間程度の小規模な建築が横一線にたちならび、室町期の宿と推定されている（図16）。[29] 注目されるのは、宿と推定される部分の背後にやや規模の大きい建築が間隔をおいて建っており、農村的様相を呈していることである。[30] この部分には「宿浦（＝宿裏）」という小字が残っており、宿が単独で成立していたのではないことを示唆している。

このように、「町」系の宿を単純にそれ自体独立した集合ととらえることはできないが、たとえ背後に寺院や村落があったとはいえ、景観的には他と区別して「宿」と認知しうるような、道を中軸とするまとまった集合を形成していたことは事実であり、空間の構成原理上、一つの類型として位置づけることができる。

## *4*　城館と宿

戦国期における城郭と宿の関係を明快に説明したのは、冒頭でも触れた市村高男氏の東国城下町に関する研究である。[31] 中丸和伯氏の小田原をフィールドとした先駆的な問題提起——戦国城下町否定論[32]——を批判的に継承した市村氏は、結城を代表とする戦国期の城下を、①城郭・根小屋などの軍事政庁地区、②宿場などの町場、③寺社群、が多元的かつ分散的に存在し、全体として広域的な都市領域を形成するものととらえ、領主権力はこうした分散的な状況を克服すべく、城下の宿場支配と身分の純化・空間的分離をはかったとする。そして戦国期城下町の一つの到達点を宿町の城郭への取り込み、すなわち宿城化に見出している。城郭と宿町との相関関係と止揚のプロセスが鮮やかに描き出されているが、本稿との関連でいえば右の①の領域に含まれる城郭内在的な宿が問題となる。そこで次の事例をみたい。

古河公方館跡と伝える鴻巣館は、古河公方第五代足利義氏が永禄十二年（一五六九）に入城したことが知られ、実測調査によって二つの曲輪からなる戦国期の城郭であることが判明している（図17）[33]。注目されるのは、鴻巣館の曲輪の東に隣接した曲輪内において、東西の大手に相当する道路沿いに上宿・中宿・下宿が連続して並ぶ点である。宿の

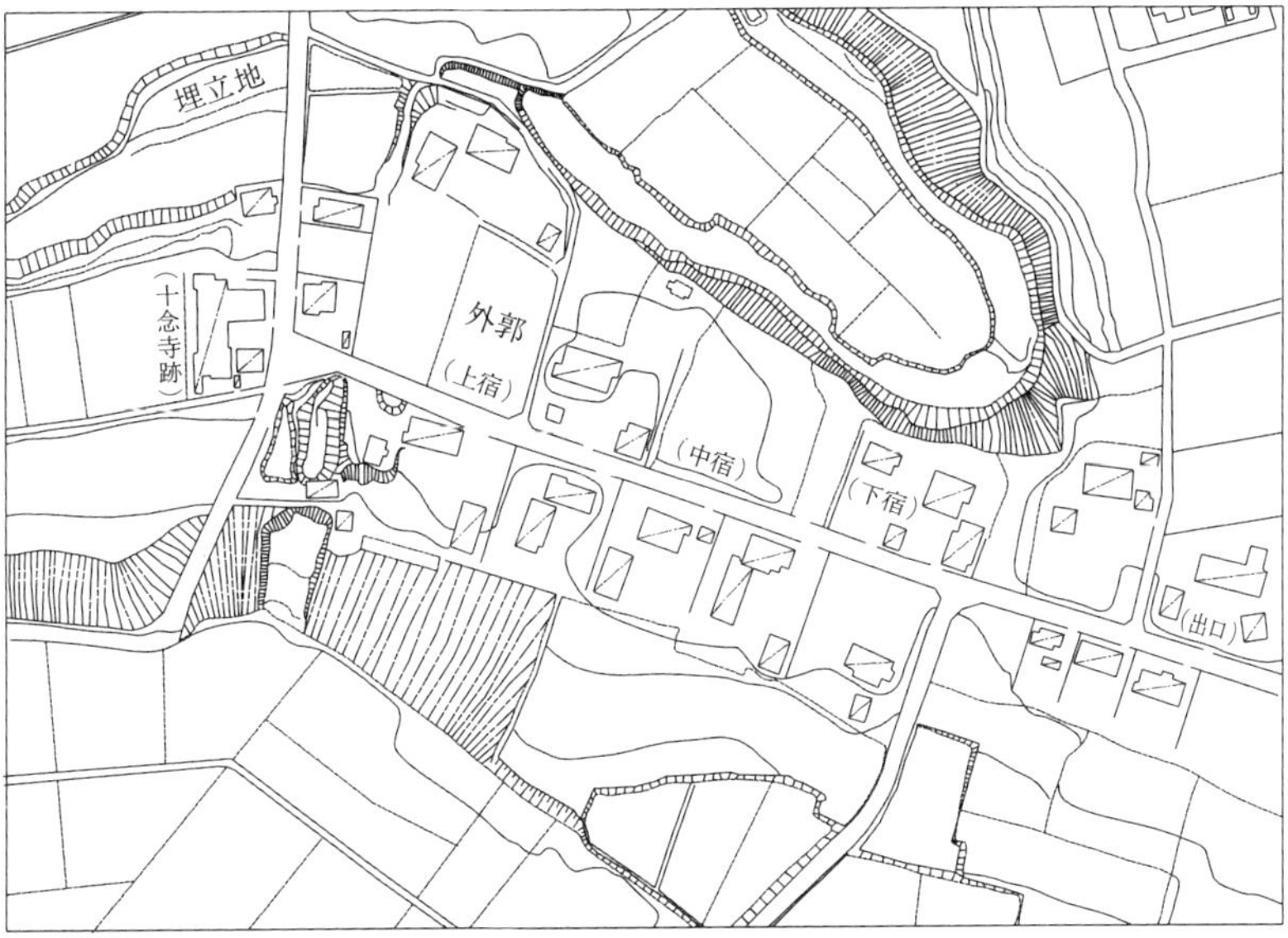


**図17**　鴻巣館址と宿（『古河市史　資料』10より）

西端の堀切には「出口」という小字が残り、宿全体が曲輪で囲まれることからいわゆる「宿城」の形態をとっている。宿を構成する屋敷地は道に沿って線状に組織されるものの、間口規模が大きく、また敷地形状は短冊型ではなく正方形状を呈している。この地割がどこまで遡るかについては不詳であるが、直線的な東西道路と均等な敷地規模からみて永禄期の義氏入城に際して計画的に割り出された宿である可能性が考えられる。ところで屋敷地間口に注目すると、およそ一五間から二〇間の大規模間口であり、宿には町屋がたちならぶのでなく、家臣団の屋敷が大手に沿って門を開く景観が想定される。戦国期の城下町には城郭に隣接した位置にある宿とやや地理的に離れた位置にある宿が認められるが、これらは区別してとらえる必要があろう。

その点で、米沢の尾長島館の構成は興味深い。冒頭で述べた茨城県八郷盆地と同様、宮城県米沢盆地にも戦国期城館地名と隣接して宿地名が存在する事実が小島道裕氏によって報告されている。(34) 小島氏が作成した尾長島の城館付近の地籍図（図18）によると、「館」のすぐ東および南に「宿」

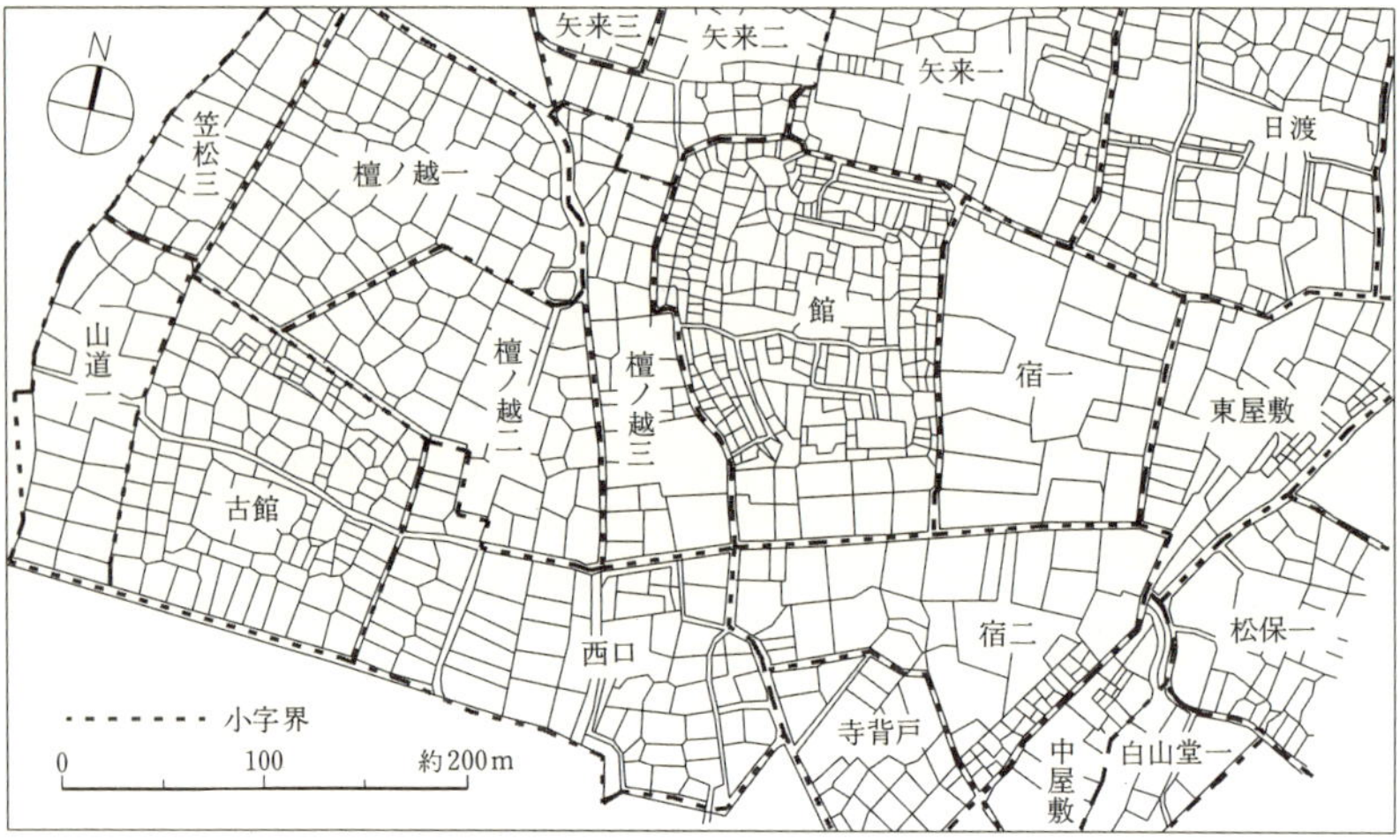


**図18**　尾長島館（小島道裕氏原図を簡略化）

という地字をもつ地区が面的に広がっており、西方のやや離れた位置にある「古館」が旧城館であるとすると、中世後期に、「館」と「宿」が隣接・一体化する構成に変化した可能性がある。この場合の「宿」の性格は不明であるが、ブロック形態・地割形態をみるかぎり、ここに町屋が並ぶ町場を想定することはやや困難で、むしろ城主に従属し、館を側面から宿衛する家臣団ないし被官層の屋敷や在家が分布する景観を髣髴とさせる。こうした形態は、必ずしも戦国期に固有のものではなく、中世前期以来、繰り返し登場する館と宿の関係の延長線上にあるとみることができる。

　戦国期城下町における城郭と宿の関係は、市村氏が指摘したように、戦国大名による既存の町場の取り込み・掌握という図式でとらえることは首肯できる。しかし一方で、城下に近接した位置に宿が存在する事例も少なくなく、これはやや別の系譜をもつ宿の可能性がある。古くは『将門記』に登場する宿から鎌倉期の武士の宿所、そして戦国期の城郭に付属した宿にいたる系譜は、いわば家臣団、足軽の宿衛ないし駐留居住地としての側面が認められ、これは近世城下町における「武家地」の一つの原型とみることができるのではないか。こうした宿の両義性は、戦国城下の宿における武士・指南の者・悴者・下人、商職人、僧侶・神官、などの多様な住人の混在や、上層商職人が武士としての性格をあわせもっていたことと無関係ではなかった。(35) 宿の場は、城郭と城下をとり結ぶ媒介的な場であって、本来的に多様な要素を内包するものであったはずである。

## おわりに――宿の二類型と「境内」と「町」――

本稿は、中世の宿を領主館に付属する宿衛・宿直的な場(「武家地」系宿)と中世町場としての宿(「町」系宿)にひとまず分離して整理することに目的があった。それは中世の都市空間類型として考えている「境内」と「町」とを念頭においたものである。この定義は現段階では未熟なものといわざるをえないが、およそ次のようなものと考えている。(36)

まず「境内」系の空間は、寺院境内に代表されるように、①中核が存在する(一般的には領主を想定しているが、寺院伽藍のように象徴的な核であってもよい)。②全体的な空間構成は核を中心とした同心円状の面集合を形成する。③中心から周縁に向かってヒエラルキーが存在する。④「境内」領域は求心的な力学が働く場であって、領域を可視化するために結界が巡らされる場合がある。したがって閉鎖系の集合ということができる。⑤「境内」領域は領主による支配領域であって、一円性を貫徹する論理が存在する。⑥これを建築のモデルに置き換えると、周囲に塀を巡らし、主要な殿舎を中央に置く寝殿造系の屋敷型建築ということになる。武士の住宅や寺社の伽藍もこの系列に属する。

一方の「町」系の空間は、街村的な集合を念頭においたものであって、①「境内」とは異なり、原則的に核をもたない。②道などを中軸とした線形集合となる。③構成要素は原則的に均等な単位であって、これらが軸に沿って連続することによって集合が形成される。④開放系の集合である。⑤境界的な場に形成されることが多く、領域的にみれば両義的性格を呈するケースも認められる。⑥建築的には道路に接して建築が並ぶ「町屋」型建築である。

こうした観点から二つの宿をみたらどのようになるだろう。「武家地」系の宿は、館が中核となって同心円状の集合に属するということができる。石井進氏がモデル化した中世武士のイエの同心円構造[37]に対応する。ここで問題になるのは、武士の館を果たして寺院境内などと同列に「境内」的な空間ととらえることができるかという点である。

武家の館は主従制にもとづく求心的なイエ社会を空間化したものであって、必ずしも家中のヨコの連帯は顕著ではない。それに対し、寺院社会は寺家を中核としながらも寺中における寺院大衆の結合は水平的かつ平等である[38]。また武士の館を「境内」と呼ぶ事例は検出されない。このように、武家の館と寺院境内の結合原理の違いは必ずしも小さくないということができよう。にもかかわらず、空間的側面からみた場合、両者の類似性は無視できない。上記の①〜⑥の「境内」系の空間的性格は寺院境内にも武士の館にも共通し、なおかつ両者に互換性があることが注目される。たとえば、足利氏の菩提寺下野国鑁阿寺はもと足利氏の館を寺院化したものであったし[39]、上野国新田荘の新田氏の居館は安養寺に転化している[40]。こうした事例は枚挙にいとまなく、下って織田信長が京都妙顕寺や本国寺の日蓮宗寺内の要害を本拠にしたり、豊臣秀吉が石山本願寺を再利用して大坂城を築いたことなどを想起する時、器としての「境内」は空間構成上一つのタイプとして設定しうると考える。

一方の「町」系の宿は、まさに道路を軸とした線状の集合であって、その基本単位は町屋である。しばしば指摘される宿と市の密接な関係は、両者がいずれもここでいう線形の「町」系空間に適合的な集合形態であったことと無縁ではない。しかし、さきにも触れたように、こうした「町」系の宿がそれ自体独立しうる自律的な組織であったかについては、個別具体的な事例に即して検証する必要がある。「境内」と「町」との関係は、支配—被支配という単純な構図では理解できない多義的な様相を呈していたはずであって、両者の関係をどのように記述できるかは今後の課題となろう。

注

(1) 東京大学稲垣研究室『中世都市・集落における居住形態に関する研究』(住宅建築研究所、一九八七年)。
(2) 『税所文書』(『茨城県史料』中世編Ⅰ、一九七〇年)。
(3) 茨城県新治郡八郷町『皆川家文書』。
(4) 市村高男「関東の城下町」(豊田武他編『講座日本の封建都市』3、文一総合出版、一九八一年)、同「中世後期における都市と権力――城下町の形成と民衆――」(『歴史学研究』五四七、一九八五年)。
(5) 小島道裕「戦国期城下町の構造」(『日本史研究』二五七、一九八四年)。
(6) 拙稿「町屋の表層と中世京都」(五味文彦編『中世を考える 都市の中世』吉川弘文館、一九九二年、本書第三章一)、同「境内と町」(都市史研究会編『年報都市史研究』1 城下町の原景、山川出版社、一九九三年、本書第一章二)、高橋康夫・宮本雅明・伊藤毅「総説」(『図集日本都市史』東京大学出版会、一九九三年)。
(7) 福田豊彦『平将門の乱』(岩波書店、一九八一年)。
(8) 『群書類従』巻三六九。
(9) 井原今朝男「中世城館と民衆生活」(『月刊文化財』三〇一、一九八八年)。
(10) 石井進『鎌倉武士の実像』(平凡社、一九八七年)。
(11) 「小山氏所領注文案」(『小山文書』)。
(12) 太田静六『寝殿造の研究』(吉川弘文館、一九八七年)。
(13) 木内正宏「鎌倉幕府と都市京都」(『日本史研究』一七五、一九七七年)。
(14) 『吾妻鏡』(新訂増補国史大系本)建久元年七月二十七日。
(15) 前掲注(11)。
(16) 『群書類従』巻四一八。
(17) たとえば、木内も引用した伊賀光季の宿所は「高辻子京極、高辻子よりは北、京極よりは西、京極面は棟門・平門にて大門也。

高辻子面は土門にて小門也」（『承久記』）であって、周囲に塀を巡らし京極大路に正門を開く寝殿造系の屋敷であった。ただし、正門が棟門という格式の低い門であることからわかるように、貴族住宅と武家住宅は門の形式によって区別があった。

(18)　高橋慎一朗「『武家地』六波羅の成立」（『日本史研究』三五二、一九九一年）。

(19)　五味文彦『武士と文士の中世史』（東京大学出版会、一九九二年）。

(20)　たとえばさきにみた下野国小山氏は、寒河御厨を重代の本拠としたが、政光の次男宗政は元暦元年（一一八四）長沼荘を重代相伝の本領とし、宗政から四代目の宗秀は陸奥国南山を庶子宗実に譲り、宗実はその後南山を本拠とする（豊田武『苗字の歴史』中央公論社、一九七一年）。

(21)　ここではとりあげなかったが、宿とともに武士の「陣」も重要であって、たとえば佐藤信淵「兵法一家言」に掲載される「上杉謙信野陣小屋割」は近世の武家屋敷に通ずる空間構成をもっていた（西川幸治『日本都市史研究』日本放送出版協会、一九七二年）。また近世初頭の大名家臣団の京都における滞在状況を検討した藤川昌樹氏は、大名家臣団のヒエラルキーが京都における宿のありように反映していることを明らかにし、宿場町との類似性を指摘している（「近世初期長州藩上洛供奉における滞在先とその構成」『日本建築学会計画系論文報告集』四三二、一九九二年）。

(22)　新城常三「鎌倉時代に於ける宿の研究」（『日本史研究』一〇、一九四九年）。

(23)　網野善彦『無縁・公界・楽』（平凡社、一九七八年）。

(24)　保立道久「宿と市町の景観」（『自然と文化』一三、一九八六年）。

(25)　前掲注(2)『茨城県史料』所収『法雲寺文書』。

(26)　『長楽寺文書』（『鎌倉遺文』三二四六七）。

(27)　山本隆志「鎌倉後期における地方門前宿の発展――上野国世良田を中心に――」（『歴史人類』一七、一九八九年）、能登健・峰岸純夫編『よみがえる中世』5　浅間火山灰と中世の東国（平凡社、一九八九年）。

(28)　保立道久氏のご教示による。

(29)　「毛呂山町堂山下遺跡の発掘調査について」（現地説明会資料）。

(30)　宮瀧交二「掘り出された中世の「宿」――毛呂山町堂山下遺跡の発掘調査――」（『埼玉自治』四九〇、一九九一年）。

(31)　前掲注(4)。

(32) 中丸和伯「後北条氏時代の町――小田原を中心として――」(地方史研究協議会編『日本の町』II 封建都市の諸問題、雄山閣出版、一九五九年)。
(33) 古河市史編纂委員会編『古河市史資料』10(古河市、一九八五年)。
(34) 小島道裕「織豊期の都市法と都市遺構」(『国立歴史民俗博物館研究報告』八、一九八五年)。
(35) 前掲注(4)。
(36) 前掲注(6)「境内と町」、「総説」(『図集日本都市史』)。
(37) 石井進『中世武士団』(日本の歴史12、小学館、一九七四年)。
(38) 吉田伸之「都市の近世」(同編『日本の近世』9 都市の時代、中央公論社、一九九二年)。
(39) 関口欣也「鑁阿寺本堂」(太田博太郎編『日本建築史基礎資料集成』7 仏堂IV、中央公論美術出版、一九七五年)。
(40) 前掲注(27)『よみがえる中世』5。

# 二 惣村の空間

## はじめに

中世後期の畿内には、数多くの自治的な集落や町の存在が確認されている。そのなかには、集落・町の区別なく、周囲に堀や土居を巡らせ、外部からの侵入を防御する結構を備えるものも多く、こうしたタイプの集住形式が中世後期の村や町の心象風景をかたちづくっている。その代表的な例として、惣村としての今堀郷・堅田、一向宗・法華宗の拠点都市であった寺内町、自治都市堺、大和盆地に点在する環濠を巡らした集落群などがしばしば紹介されてきた。

中世後期社会の居住を空間的側面からみれば、畿内に顕著にみられる高密度集住・領域の囲繞という景観上の特質はどのような意味をもつのであろうか。本稿では、中世後期の集落や町の居住の空間的仕組みについて、建築史学の立場から考察し、個々の差異よりはむしろ、集落や町に通有する性格に注目する。とくに、集落や町を構成する建築や道、宗教施設などの諸要素のありようを念頭におきながら、中世の風景を形態的に読むための、ひとつの見方を提示したい。

## 1　大和の環濠集落

かつて渡辺澄夫氏は大和平野に点在する環濠集落のうち、荘園史料を数多く残す若槻荘を取り上げ、平安・鎌倉期の均等名からなる散村が十五世紀ころに集村化を果たしたことを土地関係史料から実証し、その背景に当該地方における郷村制の発達があったことを指摘した。渡辺氏はさらに、集村化した集落の周囲には環濠があったことを発見し、現在見るような環濠集落の原型はおよそ十五世紀ころすでに成立していたと考えた(1)。

現在大和平野に点在する環濠集落は、集落にかなり高密に屋敷が集合し、その周囲に濠を巡らすという点で、もっとも中世的な集落風景を伝えているものとされている。谷岡武雄氏はこれを「中世の示準的景観」と呼んでいる(2)。しかし、集住と囲いという形態的な特徴は、縄文の環濠集落の例を引くまでもなく、それだけでは必ずしも中世固有のものということにはならない。これを中世という時代に位置づけるためには、こうしたコンパクトな集落形態がどのような空間的・社会的仕組みで成立したかを具体的に検討してゆく必要がある。とくに、本稿のように空間的立場からこの問題を考える場合には、環濠のなかの集落部分、すなわち複数の屋敷地と道、寺社などの構成要素の空間的組み立てがどのようであるかを考察することが重要な課題となる。

**集落の軸―村中道**

大和平野は、古代条里制が広範に施行された地域として知られる。条里のグリッドは広大な平野の座標軸として機能した。大和平野に散在する集落の分布をみると、その多くは条里の坪境線の影響を受けた道に規定された集落形態をかたちづくっている。集落プランがどのように決定されるのかという問題は、歴史地理の分野で研究の蓄積があるが、条里や地形などの先行条件を下敷きとして、どのような原理で屋敷地が配列されるのかが検討されなければならない。ここでは私も参加した東京大学工学部建築学科稲垣研究室による調査報告書『奈良盆地における住宅地形成の解析』(3)、および野口徹氏の成果(4)に依りながら右の問題の一端に触れてみたい。

大和平野を覆う条里、とくに坪を分割する線は、集落の全体的な形態のみならず、屋敷地の集合のシステムまで規定したと考えられる。図19をみよう。これは、野口徹氏による若槻の文禄段階の復元図である。この図に周囲の条里線を対応させたものをみると、各屋敷地の地割りは条里の長地型坪割線とよく一致し、集落を東西に貫く中心の道(村中道)が屋敷地群を串刺しにするかのように組織していることがわかる(図20)。この地割りがどの時点まで遡るのかは不明であるが、近世初頭に集落全体を再開発した形跡はなく、渡辺氏による文正期の若槻復元案が妥当だとすると、その骨格の形成は中世の集村化段階に求めるほかないだろう。とすると、若槻は集村化段階で、それまで荘内に散在していた各名がまったく偶然性の下で集合したのではなく、一定の計画性にもとづいて新たに集落が形成されたとみることができる。そのさい、各名ないし垣内をどのように配置し、屋敷地をどのように配列するかが問題となったはずで、文禄期の集落形態からそれを遡及的に推察すると、条里の坪が集落の範囲をまず規定し、次に集落内部の各要素を束ねる軸として東西道路が通され、東端の庄屋屋敷と西端の寺社の間に東西軸に沿って屋敷地が配列された。

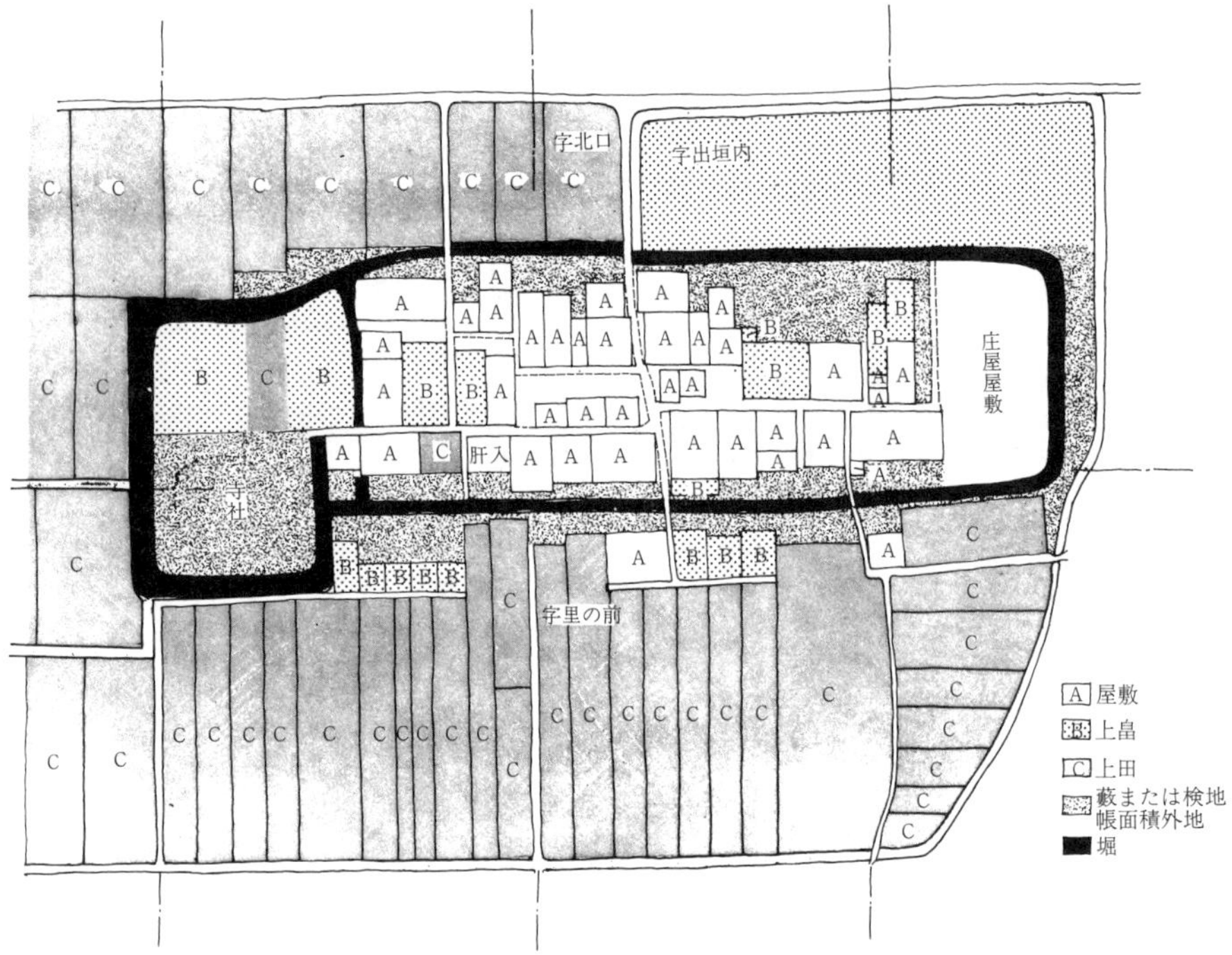


**図19**　若槻の文禄推定復元図（『奈良盆地における住宅地形成の解析』より）

**図20**　若槻の条里制の地割推定（同上）

屋敷地の地割りもまた坪内の条里地割りに影響を受けた、ということになろう。環濠は周辺の微地形に対応しながら、集落全体を取り囲むように建設された。集落成立期の状況は史料を欠いていて実証できないが、出来上がった集落形態は、道を中心とした何らかの人為的な集落計画を前提にしないと理解できない。

若槻が東西道路を中心とした集落形態をとっていたのに対し、南北道路が中心軸となる環濠集落も存在する。その一例として文禄期の中城を示した（図21）。中城は、およそ条里二坪分にまたがる環濠集落で、坪のほぼ中央に南北に通る道を主軸として形成されたものとみられる。しかし屋敷地の配列は道の東西で異なっており、西側の大部分は畠地で中央に庄屋屋敷があるのに対し、東側には主軸から枝分れした路地にそって比較的均等な屋敷が分布し、その南端には宮堂と寺がある。このように、道による屋敷集合とはいえ、中世後期に登場し近世に入って普遍化する両側町的な構成原理とは大きく異なっている。

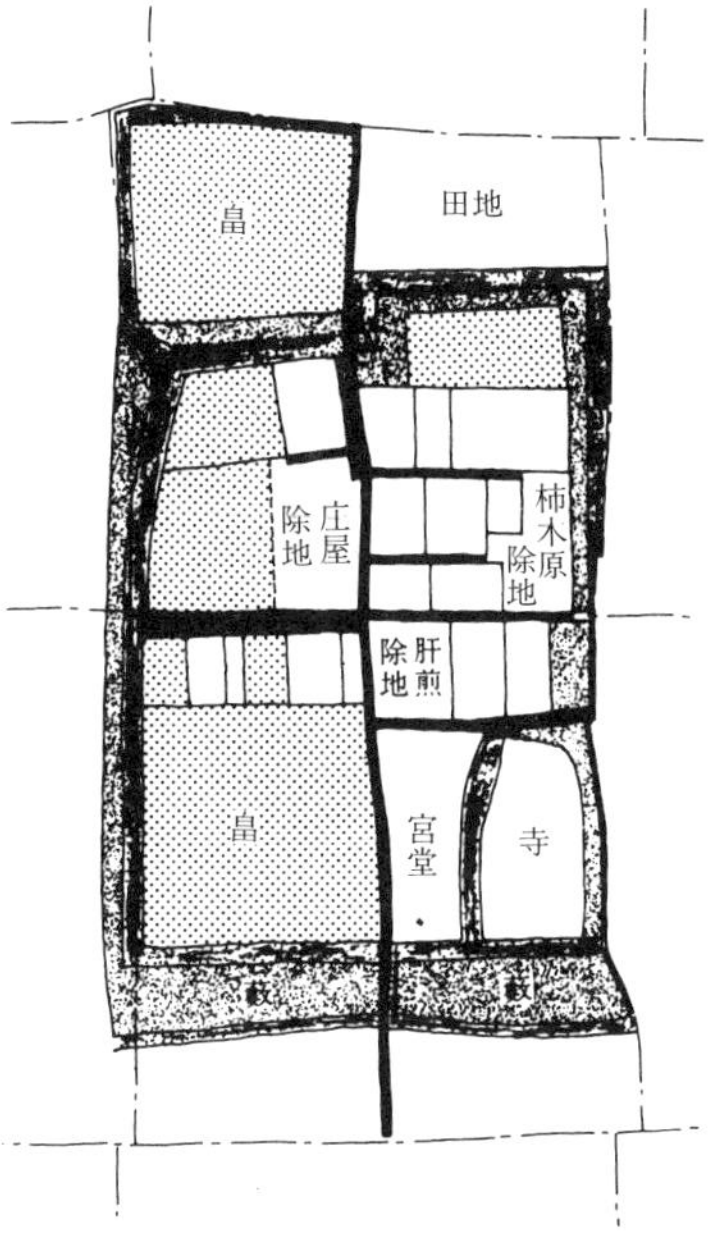


**図21**　中城の文禄推定復元図
（『奈良盆地における住宅地形成の解析』より）

大和平野に分布する数多くの集落の形態を類型化すると、大きくみて東西軸の道で組織された住居集合を骨格とした集落と南北軸のそれとがあり、その違いは周辺の条里の坪の地割りに関係していることが指摘されている(5)。そして集落に環濠があるかないかは、こうした集落形態と直接関係がない。つまり、集落を外敵から防御し、濠や藪で囲うという行為は、集落の形成に対して二次的な条件であって、コンパクトな集住を空間的にまとめている主たる要素は、地縁社会の往還として共用される集落中央の道（村中道）であった。そしてこうした集住を可能にした要因のひとつに、渡辺氏が指摘するような中世後期の郷村制の発達と惣的な結合が想定できる。

**垣内の配置**

大和郡山の中世集落を特徴づけているもうひとつの空間細胞として「垣内」がある。垣内は本来、開拓地の周囲に竹木・垣・堀などを巡らし、自己の支配領域を明示したものであるが、中世においては地縁的社会組織の単位名として機能するようになる。とくに大和平野では複数の垣内が集合してできた垣内集落の存在が広範にみられる。各垣内は集落の構成単位をなし、組と呼ばれる自治的地縁組織によって運営されていた(6)。

若槻の近くにある小林という環濠集落は、北垣内・南垣内・東垣内・西垣内の四垣内からなる典型的な垣内集落である（図22）。この集落を今井町の成立過程と絡めて取り上げた森本育寛氏によると、小

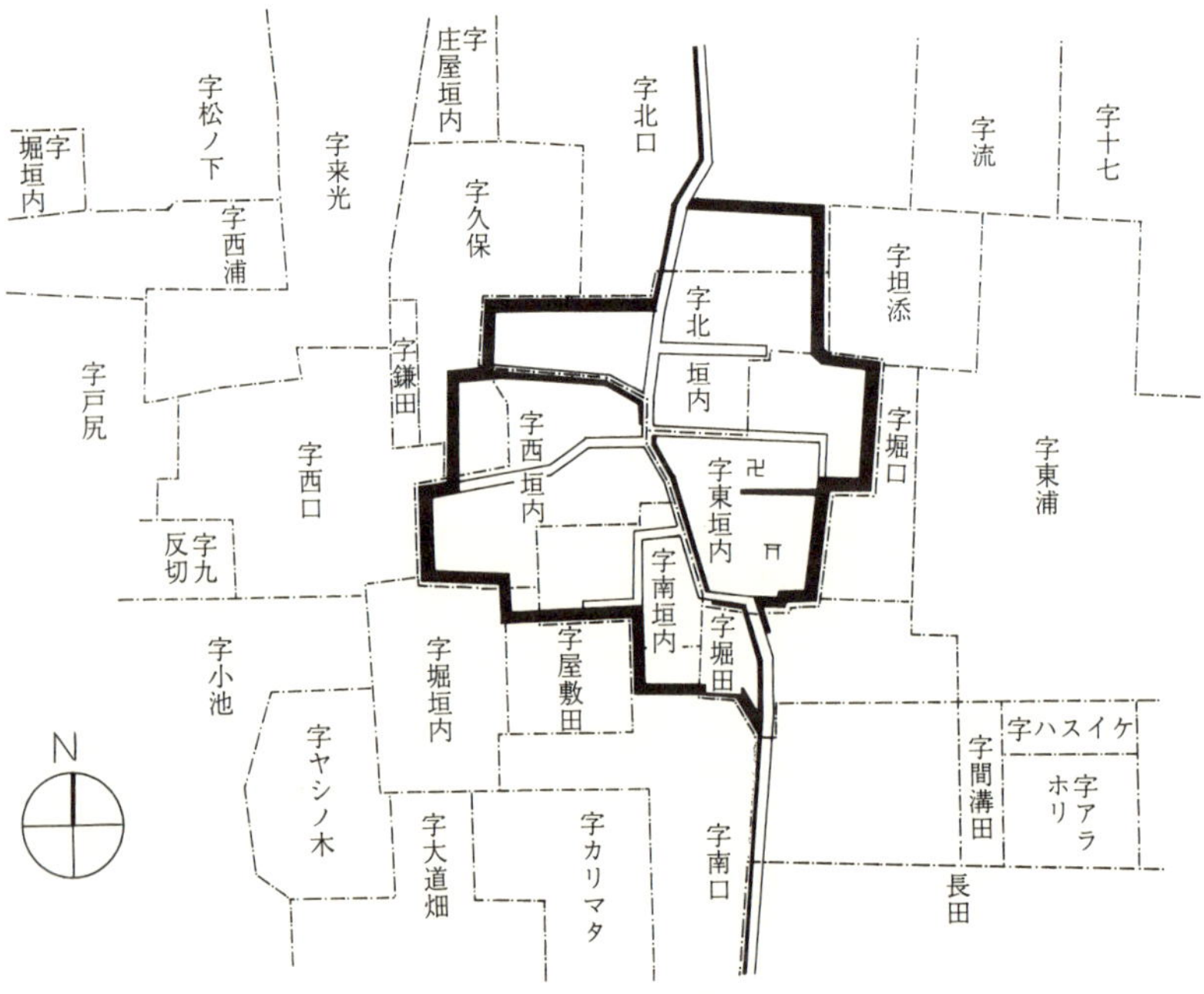


**図22**　添下郡小林地籍図（『普請研究』37より）

林もまた若槻と同様、散村から集村化し環濠を構えた集落であって、各垣内は自治的社会組織であると同時に濠の建設や防御を共同で担う単位であった(7)。

この方位を冠した四つの垣内の配置は、森本も指摘するように成立当初の寺内町今井の四町（北町・南町・東町・西町）の位置関係と酷似し、集落の計画的建設を示唆している。すなわち、方位を冠しただけの、ある意味でニュートラルな垣内名は、集落空間全体からみた相対的位置関係を示すにすぎず、各垣内は原則として均等な構成単位であることを象徴している。こうした集落空間のシステマティックな分節化には、集落全体＝惣の領域およびそれを運営する社会組織の成立が前提となっていたはずであり、複数垣内の集合のさせ方、あるいは集落領域の人為的分割の基準に、方位が採用されることはごく一般的な手法であったと想像できる。

方位を冠した地名がすべて人為性を意味するわけではないが、あとでみる寺内町の町名の多くは方位を冠したものであるし、近江の惣村もまた小字名に方位を用いることが一般的であることから、中世後期に畿内を中心に簇生する惣や町の成立事情に共通する性格を解明するヒントのひとつがここにあるように思われる。

## *2* 畿内の寺内町

大和平野に環濠集落が成立するころ、北陸から畿内一円に寺内町という都市が数多く建設されたことはよく知られている。寺内町とは主として一向宗寺院を中核として、その境内地に町が発展したもので、町の周囲には堀や土居などを巡らし要害化するのが一般的であった。寺内町における周囲の堀・土居の存在や、内部における集住形態は、環濠集落と共通する部分が少なくない。しかしその内部に着目すると、明らかに異なる空間構成をもつものと、むしろ共通的性格の方が濃厚なものの二つに大別できる。ここでは、寺内町をその建設主体によって類型化した脇田修氏の分類（①一向宗寺院主導のもの——山科・石山など、②有力土豪・大名の寄進・門徒化によるもの——今井・城端など、③門徒集団による置得ならびに一定区域の点拠——貝塚・富田林など）に従って、[8]前者の例として山科・石山を、後者の例として今井・富田林を取り上げたい。

**山科・石山寺内**

本願寺主導の下で建設された寺内町に、山城山科本願寺寺内と摂津石山（大坂）寺内がある。文明十年（一四七八）に蓮如によって建設された山科については、近世の古図と発掘調査からその形態が復元されている。それによると、寺内は本願寺御坊のある「御本寺」、本願寺一家衆や坊官の居住区である「内寺内」、一般門徒や町衆の住む「外寺内」の同心円状の三郭からなり、それぞれの郭は土居・堀によって囲繞されていた。寺内町内部の具体的形態は不明であるが、都市領主としての本願寺を中核とした求心的かつ重層的な空間構造は、先にみた均等な屋敷や垣内からなる大和の環濠集落と明らかに異なるものである。このことをさらに検討するために、次に石山寺内をみよう。

明応五年（一四九六）やはり蓮如によって摂津国東成郡生玉荘大坂に建設された石山本願寺は、現在の大阪城の二の丸内の範囲にほぼ対応し、本願寺御坊を中核とし、周囲に町が展開する二郭構成をとっていたと考えられる。[9]『天文日記』などによると、寺内には新屋敷・北町・北町屋・西町・南町（屋）・清水町の六町があり、さらにその内部には檜物屋町・青屋町・横町・中町などの枝町が存在した。各町は年寄・宿老・若衆などからなる自治的組織をもち、番匠・檜皮師・鍛冶などの職人や、酒屋・油屋・茶屋などの商人が多彩な都市活動を行っていたことが知られる。

ところで石山寺内も山科と同様、本願寺を中心核としたヒエラルキーを伴う空間構成をとっていたと考えられるが、寺内の下地の所有権は錯綜しており、守護細川氏の知行下にあった。本願寺は天文初年ころから寺内の本格的要害化に着手し、守護に対して諸公事免許・半済免許などの特権を獲得する一方で、寺内の裁判権・警察権などの支配を強化し、寺内の一円化を達成する。石山寺内にとって、周囲を取り巻く要害の建設は、郷村的結合によって自律的に建設されたと考えられる大和の環濠とは異なり、あくまで領主である本願寺主導の下に進められ、その工事には寺内住民が町単位で徴発された。すなわち、寺内の対外的閉鎖と内部の一円的領域支配は、要害工事と密接不可分なかたちで連動していたことになる。この場合、寺内町四周の堀・土居は、戦乱から身を守る防御施設であったことはいうまでもないが、石山寺内という一定の都市領域を対外的にも対内的にも可視化する装置として機能したことが重要である。これは、中世の寺院や神社でしばしば境相論のさいにもちだされる「境内」の論理とその境界装置との関係によく類似している。(10)

**今井寺内**

大和今井は、興福寺領今井荘を母体として、天文年間に一向宗道場が営まれ、多くの門徒が移住したという。元亀から天正期にかけて本願寺が織田信長と対峙したさい、一家衆今井兵部を中心に周囲の要害化が進められたようで、およそ四町四方の区域に町割を施し、周囲に土居や堀が建設され寺内町化したと伝える。(11)

今井寺内の成立当初の形態は必ずしも明らかではないが、方四町の区域に北町・南町・東町・西町が対角線を介してかみ合うような構成をとっていたと推定され、(12)一向宗寺院である称念寺は、このうちの南町の領域に内包され、寺院と町との関係は右の山科・石山と逆転していることが注目される（図23）。

今井の方位を冠した四町の加算的結合、あるいは領域の四分割的配置ともいうべき構成は、外見的には中世京都の四丁町とよく似ているが、むしろ計画的に建設された垣内集落の仕組みに近く、単一の都市領主によって建設された寺内町との違いを明瞭に示している。すなわち、ここには同心円状の空間的ヒエラルキーは認められず、逆に小地域

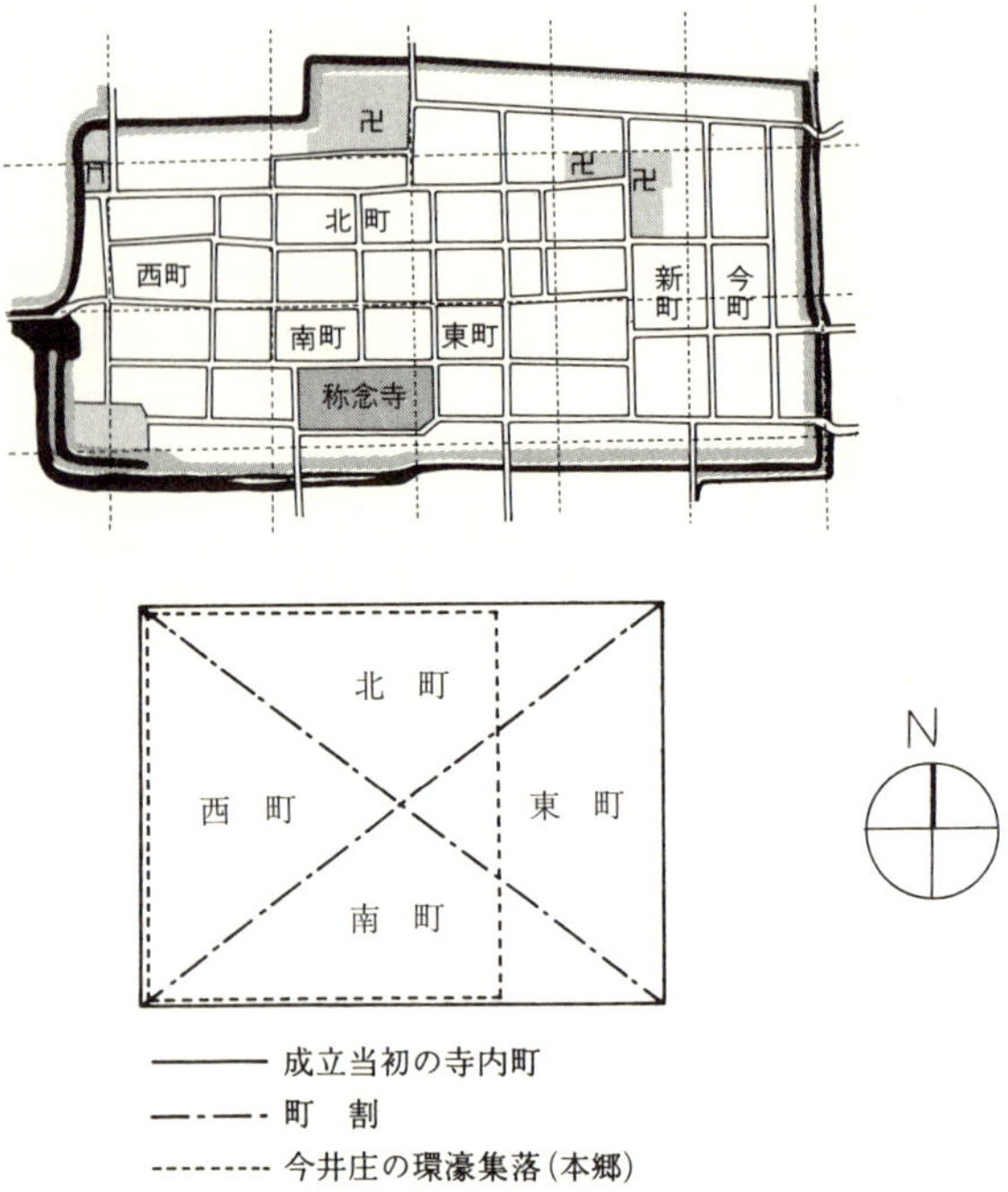


図23　上　今井寺内町（『図集日本都市史』より）
下　今井寺内町割概念図（『普請研究』37より）

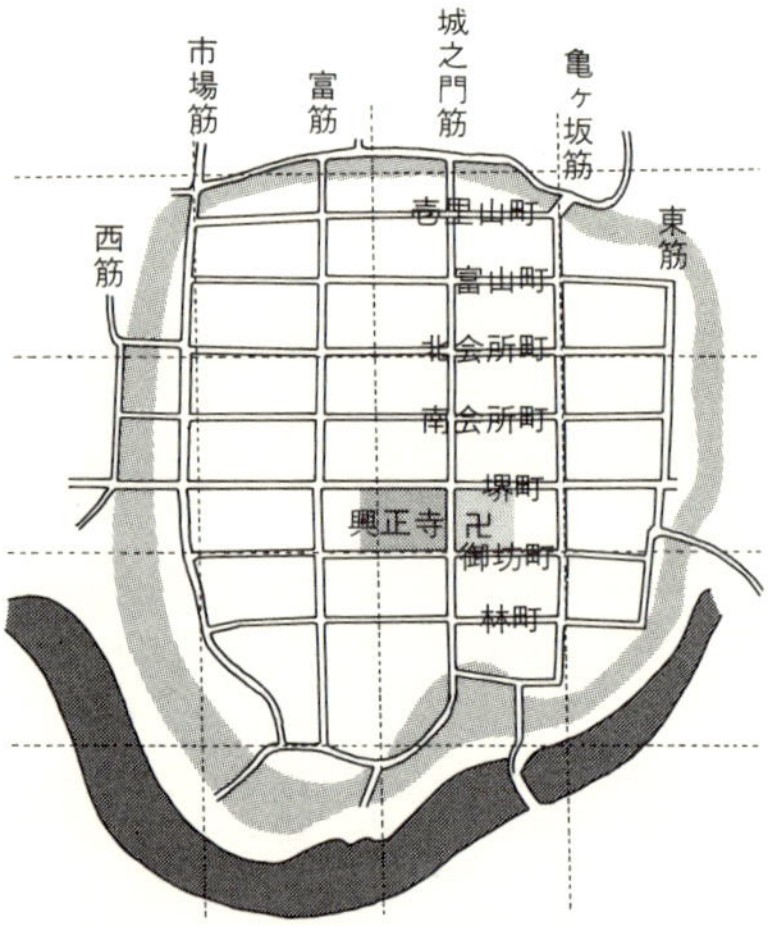


図24　富田林寺内町（『図集日本都市史』より）

集団組織である町の均等性が顕著にあらわれているのである。

今井の町で、もうひとつ注目しておかねばならない点は、町の範囲が広い領域にわたっていることで、街路を挟んで両側に町屋敷が並ぶ両側町的な形態とは大きく異なっていることである。これは、町名に方位がついていることと無関係ではない。寺内における町の相対的位置関係を方位によって示すということは、寺内を複数の小領域単位に分節することを意味しており、両側町のように道が領域を形成する軸にはならないからである。

**富田林寺内**

河内富田林は十六世紀半ばの永禄期に、山中田・毛人谷・中野・新堂の近隣四カ村より二名ずつ、計八人の年寄によって石川河岸段丘上の入会荒蕪地を開発し、興正寺証秀を招いて成立した寺内町と伝える。(13) この興正寺の存在を重視する説もあるが、かつて脇田修氏が明らかにしたように、寺内町建設の主体はあくまで八人衆にあって、興正寺は誘致されたものと考えるのが妥当であろう。(14) 寺内のなかで占める寺地の面積の小ささがそのことをよく反映している。

ところでこうした入会荒蕪地の共同開発という都市成立譚は、はたして富田林のみのものであっただろうか。耕作に適さない高燥の土地に屋敷を集約することは、土地利用上合理的であるし、湿気や洪水から居住地を遠ざけることができる。大和平野の集落も河川の自然堤防上に立地するものが多く、中世の集村化のさい、こうした集落立地が選ばれた可能性が高い。また共同開発という側面も、すでにみた複数垣内からなる垣内集落の成立事情を代弁しているとも考えられる。

ところで、富田林寺内の空間はいかなる形態をとっていたのだろう。近世の富田林は宝暦三年（一七五三）の絵図によると、周囲は土居によって囲繞され、寺内には整然とした七町六筋からなる格子状の町割が認められる（図24）。この骨格は基本的に文禄段階まで遡ることができるが、問題はこの形態をさらに寺内町成立当初まで遡及することができるかという点にある。考古学の立場からは、長方形街区と短冊型地割のセットは織豊政権下に登場したものという見解があり、(15)それに従えば富田林は織豊政権によって従来の都市形態を大きく変えたことになる。一方、こうした町割は成立当初に遡るという建築史側の見解もあり、(16)現在のところいずれとも決しがたい。ただ、他の寺内町でみられるような方位を冠した町名が富田林には存在せず、四カ村八人衆による都市建設という成立事情の痕跡が、近世の町割に見出せないことはやはり不可解であって、今井町的な町割が織豊政権下で再編された可能性は残る。現時点では、こうした規則的な街区による両側町的な住居集合を中世町場の一タイプとして設定することはやや困難であると考えておきたい。

以上、いくつかの寺内町の事例を概観したが、そこには山科・石山寺内のように、本寺が寺内の中核となって主要な部分を占め、その周囲に町が展開する同心円状のタイプと、今井町のごとく寺院が核とはならず、寺内全体を対等に四つの町が分有するかのような形態をもつものの二タイプを、ひとまず提示しておきたい。富田林の成立当初の形態は不明であるが、複数の周辺村落からの共同開発という由緒は他の事例を考える上で重要である。

## *3*　惣村の空間

### 今堀郷

次に近江の惣村について、やはり空間的側面からみてみよう。最初に得珍保今堀郷をみると、(17)中世後期の今堀郷は中垣内・西垣内・東垣内の三垣内から構成されており、時系列的には日吉十禅師社が存在する中垣内、次いで西垣内、東垣内の順に形成されたと考えられる。これらの垣内は郷内の地域共同体であり、独自の講・組などの信仰組織を母体としている。こうした垣内を単位として年貢公事その他の役が徴収された。延徳元年（一四八九）の「今堀地下掟」に「堀ヨリ東ヲハ屋敷ニスヘカラス者也」とある。この堀は東垣内の東の堀を指しており、垣内の外縁をなすことから、吉田敏弘氏は今堀郷を環濠集落と規定している。(18)延徳の地下掟はしたがって、濠外の住居建設を禁止したものである。この場合の東垣内・西垣内の存在は、先の垣内集落のそれとは若干性格を異にする。すなわち、小林の四垣内の配置が各垣内の同時的成立を示唆していたのに対し、今堀はまず鎮守のある中垣内が成立し、それをコアとしながら、やや遅れてその東西に新たに二つの垣内が形成されている。この場合の東・西は、中垣内に対する位置を示している。このうち、西垣内は今堀郷の西部を南北に通る西大道沿いに茶屋が集住していたことから「茶屋垣内」とも称し、固有の居住領域を形成していたことが知られる。

また中垣内の北隣にある里北には惣堀・惣林・惣森などの惣有地が所在していた。(19)惣村の成立要件として、地下請・惣有財産・地下検断・掟の存在が考えられるが、とりわけ本稿の文脈のなかでは惣有地の存在が重要であって、惣の成員全体による惣有地の保有と管理は、各垣内をひとつ上位の空間、すなわち惣へとまとめ上げる物的な紐帯として有効に機能した。

惣村であり供御人の都市として著名な湖北の菅浦と湖西の港町堅田については、近世の土地関係史料を駆使した伊藤裕久氏の詳細な復元的研究によって、ようやく中世の実像が明らかにされつつある。(20)ここでは堅田の切についてみるに留めよう。

**堅田の「切」**

湖西の中世港町堅田については、原田伴彦氏が宮ノ切・東ノ切・西ノ切・今堅田の四カ郷からなる散居的都市集落と位置づけた。(21)この「切」は網野善彦氏が指摘するとおり、山門による堅田大責後の文明期、住民の還住後から登場する語であり、還住にさいして改めて区画された可能性が高い。[22]この網野氏の指摘を受けて、各切の構成を検討した伊藤裕久氏によると、各切はおよそ方一町の規模をもち、町割に計画性が認められるという。中世段階でこのような町割りが施されたかどうかについては疑問であるが、切という空間的まとまりにはじめてメスを入れた功績は大きい。この「切」は、イタリアの中世都市ベネツィアのラグーナ（潟）を髣髴とさせる存在で、先に触れた環濠集落の「垣内」、寺内町における「町」などにも通底する、複数の屋敷を空間的にも社会的にもまとめ上げる仕組みとして捉えることが重要であると考える。堅田で注目されるのは、この切を全体として束ねる装置として、菅浦と同様、本福寺門前を雁行しながら東西に貫く「大道」が存在することである。ここでも大和の環濠集落と同様、集落内往還としての軸、各領域を分節する単位が認められる。

## *4*　境内と町

さきに、中世の都市空間の二類型として「境内」と「町」を提示した。[23]ここでいう「境内」と「町」はいずれも中世史料に登場する空間の実体概念であって、「境内」は単に寺社境内のみならず、公家の屋敷地や京都の町の街区（たとえば土御門四丁町は、土御門境内と呼ばれた）などをも指す、比較的広義の概念であった。[24]一方の町は、中世に各地に形成される宿や市などの街村状の町場を念頭においている。中世の都市空間をできるだけ単純な空間モデルに抽象化すると、基本的にはこの両者の多様な組み合わせと捉えることができると考えた。この二つの類型は都市的な場を前提に考えたものであるが、畿内の環濠集落や惣などのような、都市的集落にも適用可能と思われる。

要点のみ再掲するとまず第一に、境内系の空間には必ず中心核が存在する。

一方、町系の空間は原則的に中心核をもたない。境内のように核が空間構成上決定的な役割を果たしているのに比べると、町において中心核の存在は必ずしも不可欠な要素とはならない。

第二に境内は、こうした核を中心とした同心円状の「面」集合を形成するのに対し、町は道などの中軸に沿って組織される「線形」集合の形態を呈する。「核」ではなく、「軸」に組織されているという点が重要である。

核と軸、面と線、という境内と町の構成上の違いは、それぞれの空間が形成するヒエラルキーのあり方にも反映する。すなわち第三に、境内は核を中心とするヒエラルキーが外に向かって段階的に形成され、重層的な空間を形づくるのに対して、町は軸に沿って比較的均等な単位が連続するフラットな集合となる。

第四に閉鎖―開放という側面からみると、境内は文字どおり境界の内側の領域であるから、閉鎖系の集合ということになる。領域を取り囲むように結界が巡り、内と外とが分けられる。それに対して、町は道に沿って開放された単位が連続するという点で、開放系の集合ということになる。

第五に、閉じた領域である境内には、その「一円性」を主張するような論理、あるいはそれを保証するような根拠が必要となる。

一方の町の性格は、境内の一円性に対して、「境界性」「両義性」という言葉で説明できる。町を組織する軸となる道が領域の境界になる例は多く、町はこうした境界的な場に成立するケースはごく一般的に存在したと考えられる。境界は領域があってはじめて生じるものであるから、そのような意味で境内と町は分かち難い関係にあった。

第六として、境内は空間的にも社会的にも自己完結的な世界であるから、重層的に構成された要素の「定着性」といったものが想定できるのに対して、町は原則的には均等な要素が連続しておればよく、個別の要素が入れ替わることを許す構造、つまり「流動性」をもつ集合とみなすことができる。

最後に七番目として、境内的な空間に対応する住居として周囲を塀や垣根で取り囲み、屋敷内に住居が存在する非接道系の屋敷型（寝殿造や農家のタイプ）が想定でき、町系の空間に対応する住居形式としては道に沿って戸口を開く町屋タイプが考えられる。

こうした空間類型を念頭におきながら、本稿で通観してきた諸例を改めて整理すると、環濠集落ないし垣内集落、寺内町、惣村など、従来異なるカテゴリーで論じられてきたものが、空間的にはきわめて類似した存在であることが確認できる。そしてここで取り上げた諸例の多くは基本的に境内系空間の原理で組み立てられているが、その一方で、この類型におさまらないものもある。

集落・町における中心核の存在についてみると、本願寺主導型の寺内町以外には居住領域の大部分を占める中心的施設は明確なかたちでは認められない。これは境内系空間の第一の特徴と異なる。しかしながら、若槻や中城における庄屋屋敷や寺社は、集落の核的な存在であり、郷・宮座の運営や寄合のための惣堂的な施設であったことを考えると、地縁共同体の結合を確認し合う、象徴核とみることができる。今堀郷における中垣内の日吉十禅師社もまた同様の施設であった。このような地域共同体によって生み出された居住領域は、公武寺社権門や在地土豪などの卓越した領主が中核となってつくりだすヒエラルキッシュな空間構成とは異なる原理をもつ、面的な領域形成を実現したのである。その構成要素として、小地域集団をまとめる垣内や切という空間単位があり、集落全体を物的に領域化するものとして環濠・土居・藪という境界装置があった。

このタイプの空間は、周囲に境界装置をもち一円性を有するという境内系の特徴を備えながらも、その内部は垣内を代表とするような均等要素が面的に集合した形態を示しており、町系空間の性質もあわせもっていることになる。さらにこうしたもののなかには、若槻や中城のように集落の軸となるような道の存在も認められるのである。このように一定領域内に高密化した集村は、中世都市の空間類型として措定した境内と町という二つのタイプのちょうど中間に位置しているとみることができる。今堀や菅浦などの惣や都市的集落を、空間的立場から「都市」あるいは「集落」、いずれかに規定することを躊躇させる理由がここにある。このことを考える糸口のひとつとして、集落や町を構成する物的な最小単位である住居がある。

## *5* 住居の二形式と住居集合

中世後期を住居史的にみれば、近世で全国的に展開する庶民住居の二形式が成立する時期であった。この二形式とは町屋と農家であり、両者はあらゆる意味で対比的な存在であったと考えられる。中世後期の集落や町の構成要素となる建築は原則的には両者のいずれかであって、集落や町の全体的な構成とそのエレメントとなる建築のタイプは一定の関係を有していたと考えられる。そこで最後に、こうした基本的な住居類型の空間構成を対比的に整理し、本稿でみた環濠集落・寺内町・惣村などとの関係をみることで本稿のむすびとしたい。

現存する遺構で最古のものは、農家では箱木家（兵庫県神戸市）・古井家（兵庫県安富町）で、いずれも室町後期のものと推定されている（両家とも千年家と呼ばれる）。一方、町屋では中世の遺構はなく、最古のもので慶長十二年（一六〇七）の棟札をもつ栗山家（奈良県五条市）があるにすぎない。したがって、中世以前の農家や町家を考える場合には、近世の民家を念頭におきつつも、文献・絵画史料や発掘調査の知見に依らざるをえない。

中世の庶民住居を描いた数少ない絵巻物として鎌倉期の『一遍聖絵』が、やはり貴重である。絵巻には庶民住居のさまざまな姿はもとより、各地の集落・町景観が具体的に描かれており、建築史的にも価値が高い、ここでは畿内に

**図25**　関寺付近の町屋（『一遍聖絵』巻7）

限定せず、絵巻に登場する農家と町家の特質を抽出すると以下のようである。

大津から関寺に入る一遍一行を描いた場面に関寺の町並みが登場する（図25）。ここでの町屋の特徴を挙げると、①町屋は複数の棟からなることはなく、主屋が直接街路に面して開く。②屋根はもっとも簡易な切妻形式で、街路に沿って連続すること、すなわち線形な集合をとることが可能である。③住居内部は土間部と居室部からなり、居室部は前後二〜三室しかない。④住居の裏には空き地が広がり、一部菜園に利用される程度である。⑤屋敷地の範囲を明示するような境界装置を原則としてもたない。

以上のような特徴はすでに平安末期の『年中行事絵巻』や『信貴山縁起絵巻』の町屋にも確認され、下って室町期の「洛中洛外図屏風」（旧町田本）のそれにもみられることから、中世を通じて一貫する特徴ということができる。とくに、町屋という住居形式は街路と密接不可分な関係にあることに注意しておきたい。

一方、常陸の農村の雪化粧を描いた画像のなかで、地方の豪農の民家がみられる（図26）。この特徴を町屋との対比で列挙すると、①農家は主屋と複数の付属屋からなり、主屋は街路に直接面すること

**図26**　常陸国の農家（『一遍聖絵』巻5）

はない。②主屋の屋根は入母屋ないし寄棟形式で、屋敷内に独立して建つことが前提となっている。③住居内部は町屋と同様、土間部と居室部からなるが、ともに町屋より大規模である。④住居の前面には広縁を介して作業場ないし庭が広がり、裏は町屋同様菜園として利用されていたとみられる。⑤屋敷地の周囲は、塀・垣・門・溝などの境界装置によって明示されており、屋敷地の区画を閉じている。

右記のような農家と町屋の対照的な性格は、境内と町の七番目で指摘したように、境内系空間と町系空間の特徴とよく照応する。

ところで、本稿で取り上げた環濠集落・垣内集落・惣村などの最小単位となる住居はいかなる形式をとっていたのだろうか。大和の環濠集落の現状家屋をみると、屋敷地の周囲に塀と付属屋を配し、正面に長屋門を開く大和棟の農家形式が卓越的に分布しており（図20参照）、集落成立期の状況は発掘調査の成果をまたねばならないが、農家系の住居が基本であったとみてよいだろう。菅浦については、近世の遺構から遡及すると、階層別に住居形式が成立していたが、これも基本的に農家系の住居である。[25] このように農家系の住居と屋敷地が一定領域に集合するものが垣内的なまとまりであったと考えると、ヒエラルキーを伴わない集落内の均等単位の面的集合の仕組みが理解しやすい。

木戸雅寿氏の報告によると、滋賀県守山市横江遺跡は、十一世紀に溝構えを伴った集落として成立し、中世に入って堀に囲われた集落へと変貌を遂げるが、集落内には長方形の地割りをもつ屋敷地が集合している。[26] 屋敷の地割りを確保するために河川の埋め立てを行っていることから、かなり計画的な集落形成があったことが想定されている。発掘の成果からみると、矩形の屋敷地には、ここでいう農家系の住居が建っており、これらが面的に集合したのが横江遺跡の中世における情景であった。このように、垣内や惣の集落空間の風景を探るひとつのキーとして、屋敷地と住居がある。

一方の町屋の集合については、ここでは十分に触れる余裕がないが、線形の街村に代表されるものとしてよい。史料上「町」ないし「町屋」と称されるもののほとんどは、この形態であり、発掘事例として鎌倉の稲荷小路遺跡、栃木県の下古館遺跡などが報告されている。

最後にまとめとして、住居の二形式と、本稿で取り上げた「垣内」「切」「町」の関係を整理すると、次のようになる。

農家形式――屋敷と囲い――非接道――面的集合――「垣内」「切」
町屋形式――住居の連続――接　道――線的集合――「町」

以上のような空間類型を用いた中世集落や都市へのアプローチは、個別事例の多彩な情報を単純化する危険性があるが、その一方で従来それぞれの機能別カテゴリーでしか論じられなかった中世都市・集落に通有する空間的特質を横断的に抽出するひとつの道具となりうる。こうした道具を発見し、蓄積することによって、都市・集落を総合する人間の居住史という新たな領野へとつながる可能性がある。

注

(1) 渡辺澄夫『増訂畿内庄園の基礎構造』上・下(吉川弘文館、一九六九年)。
(2) 谷岡武雄『平野の地理』(古今書院、一九六三年)。
(3) 東京大学工学部建築学科稲垣研究室編『奈良盆地における住宅地形成の解析』(一九八二年)。
(4) 野口徹『日本近世の都市と建築』(法政大学出版局、一九九二年)。
(5) 前掲注(3)報告書。
(6) 直江広治「垣内の研究」(『史学研究』三・五、一九五八・六〇年)。
(7) 森本育寛「大和今井町の市街地形成過程再考」(『普請研究』三七、一九九一年)。
(8) 脇田修「寺内町の構造と展開」(『史林』四一―一、一九五八年)。
(9) 拙著『近世大坂成立史論』(生活文化研究所、一九八七年)、仁木宏「大坂石山寺内町の復元的考察」(中部よし子編『大坂と周辺諸都市の研究』清文堂、一九九四年)。近年発表された仁木氏の復元案については改めて私見を述べる予定があるので、ここでは言及しない。
(10) 拙稿「中世都市と寺院」(高橋康夫・吉田伸之編『日本都市史入門』I 空間、東京大学出版会、一九八九年、本書第一章一)。
(11) 『大和軍記』。
(12) 前掲注(7)森本論文。
(13) 『興正寺由緒書抜』。
(14) 前掲注(8)脇田論文。
(15) 前川要『都市考古学の研究』(柏書房、一九九一年)。
(16) 伊藤裕久『中世村落の空間構造』(生活文化研究所、一九九二年)。
(17) 仲村研『中世惣村史の研究――近江国得珍保今堀郷――』(法政大学出版会、一九八四年)、同「中世の郷と村」(『日本村落史講座』二、雄山閣出版、一九九〇年)。

(18) 吉田敏弘「『惣村』の展開と土地利用——得珍保今堀郷の歴史地理学的モノグラフとして——」(『史林』六一—一、一九七八年)。
(19) 前掲注(17)仲村書。
(20) 前掲注(9)拙著。
(21) 原田伴彦『中世における都市の研究』(大日本雄弁会講談社、一九四二年、のち三一書房、一九七二年に再刊)。
(22) 網野善彦「中世の堅田について」(『年報中世史研究』六、一九八一年)。
(23) 拙稿「境内と町」(『年報都市史研究』1、山川出版社、一九九三年、本書第一章二)、高橋康夫・宮本雅明・伊藤毅「総説」『図集日本都市史』東京大学出版会、一九九三年)。
(24) 前掲注(10)拙稿。
(25) 前掲注(16)伊藤論文。
(26) 木戸雅寿「考古学からみた中近世集落の発展と都市・町の成立とその問題点」(『中世都市研究』一、一九九四年)。

## 三　「小京都」の形成

### *1*　京都の変貌と地方の「京都」

都を長期間、戦乱に晒した応仁の乱は古代都城の面影を払拭し、京都を中世都市へと大きく変貌させる画期となった。それは都市生活様式をも一新する大変革であった。また乱を避けて地方に下向する公家や僧は後をたたず、全国レベルでの人・物・情報の交流が進行した。

最初に応仁の乱後の京都の変化を簡単にスケッチしてみよう。まず古代平安京という都市形態は完全に崩壊し、上京と下京の二つの都市集落からなる中世都市へと脱皮した。道路も古代条坊を継承しながらも道幅が狭くなり、道に沿って町屋が建ち並ぶ稠密な都市空間＝「町」が形成された。こうした変化は応仁の乱前から胚胎していたが、京都を一面焦土と化した乱を境に、一挙に本格化した。

都城の無性格な条坊道路は、都市民の生活空間となり、祭礼・年中行事や活発な商業活動が展開する舞台となった。このことは従来の権門勢家である封建領主とともに、町衆が都市の主役に成長したこと、そして彼らによって都市の外部空間が居住の延長として住みこなされていったことを意味していた。こうした京都の中世都市としての賑わいは、のちに「洛中洛外図屏風」などの都市図屏風に見事に描き留められることになる。

京都の変貌と軌を一にするように、地方にも応仁の乱後、都風の小京都が形成される。「すべて帝都の模様をうつした」大内氏の周防山口、越前朝倉氏による「越南の都」一乗谷の城下町建設、応仁の乱を契機に在地に下った一条教房が土佐中村で行った町づくりなどがよく知られている。

しかし、古くは平将門の王城、奥州藤原氏の平泉、鎌倉幕府の拠点鎌倉などがあり、下って江戸時代にも数多くの小京都が成立したことからみて、京都を模倣する行為は各時代に普遍的に存在していたといえる

**表8**　応仁の乱で京都から避難した公家・文化人

| 氏　名 | 種別／職業 | 下向先 |
|---|---|---|
| 一条兼良 | 関白 | 大和 |
| 一条教房 | 前関白 | 土佐幡多 |
| 鷹司政平 | 前関白 | 大和 |
| 九条政忠 | 前内大臣 | 大和 |
| 万里小路冬房 | 准大臣 | 紀伊熊野 |
| 柳原資綱 | 権大納言 | 大和 |
| 一条政房 | 権大納言 | 摂津兵庫 |
| 飛鳥井雅親 | 前権大納言 | ？ |
| 武者小路資世 | 前中納言 | ？ |
| 勘解由小路 | 前権中納言 | 尾張 |
| 中御門宣胤 | 参議 | ？ |
| 東坊城長清 | 参議 | ？ |
| 西洞院時兼 | 非参議 | 近江 |
| 町　広光 | 右大弁 | ？ |
| 五辻政仲 | 右大弁 | ？ |
| 横川景三 | 禅僧 | 近江 |
| 桃源瑞山 | 禅僧 | 近江 |
| 柴屋軒宗長 | 連歌師 | 駿河？ |
| 万里集九 | 禅僧 | 近江 |

だろう。

中世後期の小京都の形成は、こうした普遍性とともにやや特異な一面も認められる。その特徴は、京都を理想都市として捉え、都市の表面的な形態だけでなく、言葉や生活様式などを包括する文化の総体として移植しようとしたことにある。理想化された京都の姿は当然、選択的で相対化されたものであった。それは地方の領国文化が、京都の高水準の文化をある種の客観性をもって導入するほどの底力をようやく蓄えてきたことを物語っている。そして移植された京都は、京都そのものではなかった。以下、室町時代に成立した小京都の実像を周防山口と土佐中村を事例に探ることにしよう。

## *2*　周防山口の「小京都」

山口盆地に町が成立するのは、それまで仁保川沿いの御堀氷上の地に拠点をもっていた大内弘世が、長門北部の確保と石見の進出を睨んで、交通の要衝・天然の要害を兼ね備えた山口に本拠を移した、延文年間（一三五六〜六一）頃といわれる。大内氏時代の山口を江戸時代に復元的に描いた「山口古図」（図27）に、山口は京都に似て四神相応の地であるので、延文五年（一三六〇）京都を真似て町割りしたことが記されている。

また「大内氏系図」には、「始めて吉敷郡山口に遷す。此の地の繁華は此の世に起こる。山口に祇園、清水、愛宕寺を建立し、統べて帝都の模様を遷す」とある。

大内弘世は山口建設にあたり、古代条里制を採用し、一ノ坂川に沿って方形の大内館を設置した。館の四周には堀を巡らし、土塁を築いた。続く教弘時代には、館の北隣に築山館が増設された。

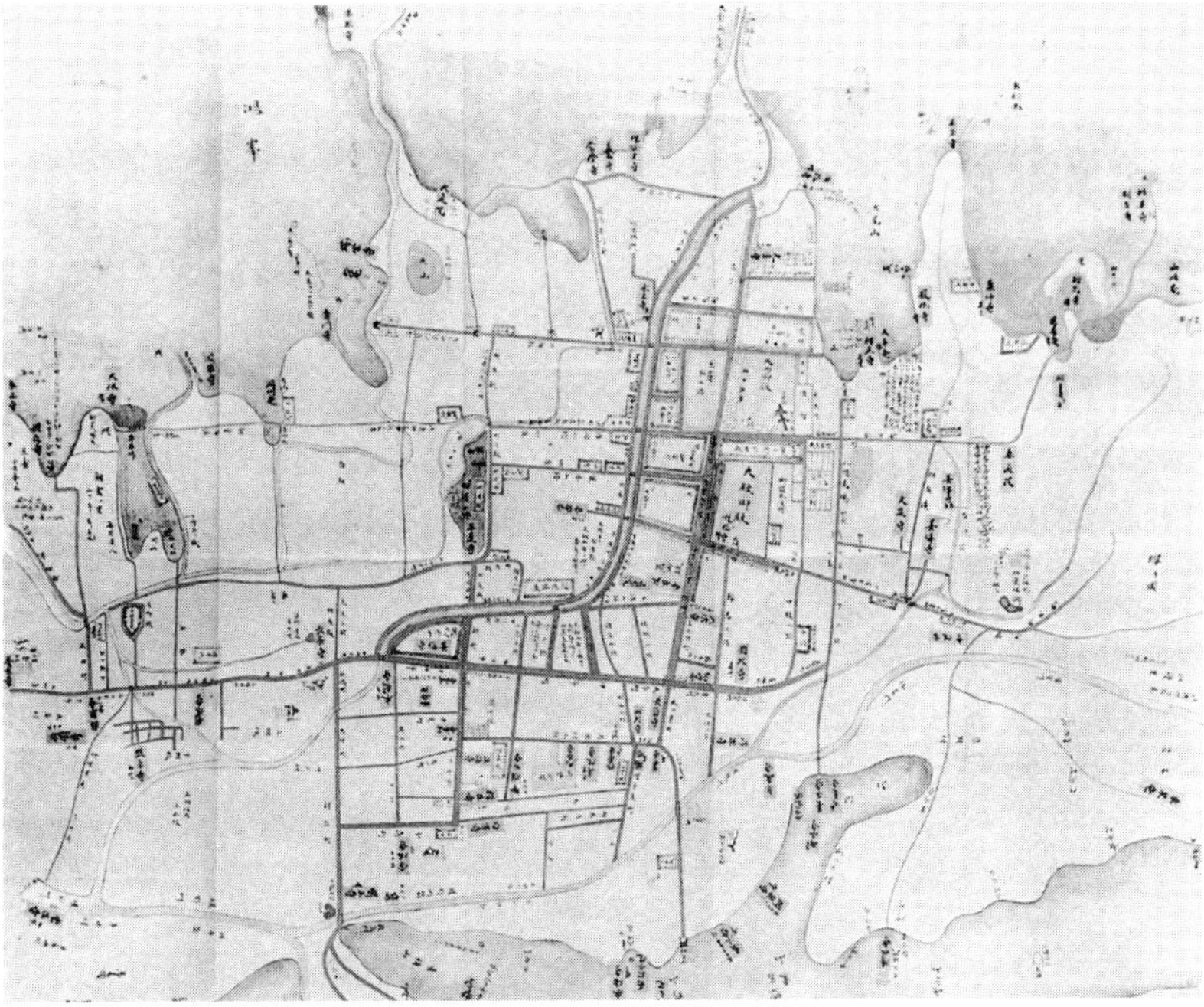

**図27** 「山口古図」部分（山口県文書館蔵）

館の西側に南北道路（竪小路）、館の南側に東西道路（大殿道路）を通し、館周辺に陶氏や内藤氏などの庶族や重臣の居住区を割り出した。竪小路の南端は、東西に走る石州街道に交差し、街道沿いに大町・円政寺町・太刀売町など諸町を開いて町人を集住させた。

竪小路や大町筋にはさらに数多くの横町や小路が分岐した。相物小路・糸米小路などの名称から窺われるように、ここには多くの商人や職人が町屋を連ねたと考えられる。

町割と並行して、大内氏は京都ゆかりの祇園社や北野天満宮を勧請し、祇園祭の山鉾巡行も実施した。延徳四年（一四九三）の「大内氏壁書」には、築山館の築地の上から祇園会を見物することを禁止する条文があり、このころには盛大な祭礼が行われていたことがわかる。これは今も鷺舞として伝わる。また京都から名僧を招いて山麓の各所に多くの寺院も建設された。山口氏は室町幕府に仕え、在京の経験があり、京都を念頭においた町づくりを実施したことはほぼ確実であろう。

しかし、「山口古図」から判断する限り、山口は京都というよりは、むしろ戦国城下町の特徴をよく備えた都市とみたほうがよい。館周辺の武家屋敷地区、街道沿いの市町・職人町からなる構成は、明らかに戦国時代に各地に建設される城下町の一形態にほかならず、町割も京都の整然とした碁盤目状のものとは言いがたい。

東北西の三方が山に囲まれて、南に平野が開けていること、中央に一ノ坂川が流れることなど、地勢が京都のミニチュアであること。京都を象徴する神社や寺院が勧請され、洗練された祭礼や文化が京都から移入されたこと。これらが山口を小京都たらしめる大きな条件であったと考えられる。大内弘世は、在京中に三条西実隆などの当代屈指の文人たちとの交流があり、応仁の戦乱を避けて山口を訪れる公家や学者を歓迎した。連歌師宗祇も山口に招かれており、築山館でしばしば連歌が興行された。また京童を招き寄せ、彼らを町辻に立たせ、田舎言葉を正そうとしたという伝えもある。

こうしたソフト面での京風化こそが、山口を地方にあって「其国の都会と称する人口一万余の町」(『聖フランセスコ・ザベリヨ書翰集』)に成熟させる原動力であった。移植された京都は大内氏の確かな目によって選択された京都であって、戦国大名の拠点都市＝城下町という原則は見失われていない。

## 3　土佐中村の「小京都」

一条氏の土佐中村も、山口と多くの類似点が認められるが、都市建設を行った一条教房が京都有数の公卿家の出身であることから、戦国大名大内氏とは異なる、理想化された京都の像を窺うことができる。

中村は十二世紀初頭に九条家領荘園（幡多荘）として成立した。九条道家は三子実経（一条家祖）に当荘を譲り、鎌倉時代を通じて一条家領として継承された。応仁の乱頃には、幡多荘は在地土豪に侵略され、一条氏はその維持に苦しんだ。応仁二年（一四六八）教房は荘園を回復するために中村に下向し、以後中村館に本拠を構え京都を模した町づくりを行った。

中村の地勢は山口と同様、三方を山に囲まれ南が開け、四万十川と後川が町の両側に流れる。この立地条件は、京都を髣髴させる。実際、四万十川は京都の桂川、後川は鴨川に擬せられ、後川の背後の山並みは東山、その北の石見寺山は比叡山、中腹の石見寺は延暦寺に見立てられた。町は朱雀大路とも呼ばれる京町通を境に左岡（左京）・右山（右京）に分けられ、市街地には碁盤目状の町割が施された。また祇園社をはじめ、石清水八幡宮を勧請した不破八幡宮、多くの寺院などが山麓に開かれて、中村はまさに小京都としての体裁を整えてゆく。夏には、四万十川河口の間崎の十代地山（俗称大文字山）に大文字の送り火も灯された。

とはいえ、土佐に下向し定着した一条氏はすでに公卿から戦国大名に転じていた。一条氏居館（御土居）を中心として、城下の立町・上町・新町には町屋敷が形成され、一条氏の町づくりもまた戦国城下町建設であったことが明らかである。ただ先の山口と比べた場合、中村に持ち込まれた京都性はより本格的なものがあり、高度に理念化されていた。それは次のような点にみることができる。

教房は平安時代以来京都に君臨した有力公卿の出であり、彼にとっての理想的な京都は応仁の乱後中世都市化した京都ではなく、王朝都市としての京都であった。四神相応の地勢、朱雀大路、右京・左京などの語彙は、まさに都城平安京にこそ相応しい。

当時京都では、右京はすでに衰退し、市街地は鴨川を越えて東に展開していた。朱雀大路も有名無実化し、室町通や町通（現在の新町通）が京都のメインストリートとなっていた。こうした新しい京都の側面は、中村の町づくりには必ずしも充分に投影されていない。教房が描いた京都のイメージは復古的な平安京であり、それは恐らく多くの当代の公卿が書物や諸図等によって頭の中で作り上げた京都の理想像であったに違いない。そして京都の写しは、直写ではなく、「見立て」という高度な手法によっていることに注目すべきである。

## 4　人文環境としての「京都」

三条西実隆の日記『実隆公記』に、永正三年（一五〇六）十二月、越前朝倉氏が土佐光信の描いた「京中図」を新調したことが記されている。朝倉氏もまた越前一乗谷に「越南の都」を構えており、京文化の移植に積極的であった。実隆は、『伊勢物語』『源氏物語』などの古典はもとより、和歌や連歌、茶の湯にも通じた文化人で、日記を見るといかに多くの地方武士と交流していたかがわかる。越後上杉氏、越前朝倉氏、若狭武田氏、周防大内氏など、その交友範囲はほぼ全国に及んでいる。戦国大名たちは領国経営のかたわら、しばしば京都に滞在し、実隆のような一流の文人から熟成した京文化を吸収した。

こうした京都の文物だけでなく、彼らの目に華やかな都市景観美を謳歌する京都の姿があったことは疑いない。北条氏直は小田原の城下町建設にあたり、京の町屋の板葺をまねて、草葺民家を京風の板葺屋に改めたと伝え、大内氏は山口に「帝都の模様」を写した。復古的な京都を移植しようとした中村でさえ、町人地には町屋が櫛比する景観が現出したものと想像される。

外面上の模倣は、単に京都に対する憧憬だけでは説明できない。彼らが着目したのは洗練された文化や都市生活を育んできた総合的な人文環境としての京都であり、京都を手本にした町づくりは新興都市に歴史的な風格を与え、本当の都市居住とは何かを住民に啓蒙することに狙いがあった。

小京都の条件として、①周囲が山に囲まれ、南に広がる平野の中央に川が流れる、などの地勢、②碁盤目状の町割と町屋が建ち並ぶ都市景観、③祇園社・清水寺・八幡宮など京都にゆかりのある寺社の存在、④京都風の祭礼・年中行事・伝統工芸、などが挙げられるが、これは小京都と呼ばれる都市の表面的な特徴に過ぎない。京都そのものの都市形態をコピーすることは、小京都にとって本質的な課題ではなかった。むしろその真骨頂は、京都に範を求めながらも、伝統や歴史に深い造詣をもつ為政者が、在地にさまざまな形で京都を見立て、土地に根差した独自の都市文化を開花させたところにある。小京都の形成を首都京都の地方への、上から下への文化伝播とみるのは一面的な見方であって、地方の側からの主体的摂取という側面を忘れることはできない。そしてそこには日本独自の「見立て」という技巧的な隠喩と、中世を通して培われた地方の潜在力が認められる。

越前の小京都一乗谷では、朝倉氏居館はもとより、町屋地区にも大量の茶器・茶器・香の遺物が出土している。また将棋・碁・双六などの駒も発見され、大名以下町人に至るまで深く京文化に通暁しており、多彩な都市生活を享受していたことが窺われるのである。

# 第三章　中世都市と建築

## 一　町屋の表層と中世京都

### *1*　都市住宅としての寝殿造と町屋

**寝殿造と町屋**

日本住宅史における中世とは、寝殿造が書院造へと変容を遂げる過渡期であり、住宅平面や室内の建具・意匠等が当該期の要請をうけて次第に書院へと変貌してゆく過程として位置づけられる。(1)一方、日本民家史の立場からは、中世は都市住居としての「町屋」が形成される時期であり、前代にすでに成立していた竪穴住居の系譜をひく「農家」型住居が都市的文脈のなかで変容し、零細間口で道に接する形の町屋タイプの都市住居が登場すると考えられている。(2)そして両者は従来建築史学という研究分野のなかで、支配者層の住宅を対象とする住宅史と、被支配者層の住居史・民家史という独立した小領域を形成し、それぞれ別個に研究が蓄積されてきたのであった（建築史では通常、前者を「住宅」、後者を「住居」あるいは「民家」と区別するが、本稿では以下「住宅」で統一する）。

しかし、中世の京都や鎌倉において、両者は階層に対応した異なる住宅形式をもちながらも一定の都市域のなかで共在していたのであって、いずれも広い意味の都市住宅であることには変わりなかった。従来の住宅史や民家史研究は、史料的制約もあって住宅平面の復元や、儀式などの機能と平面との関係を分析することに主眼がおかれ、平面の発展段階を個別に検証するなかで、ややもすればそれらが成立する共通の場としての都市への視点を欠落させてきたのであり、その結果として両者を互いにクロスさせる論点や都市住宅全体の問題として捉える方法は十分に育ってこなかったのである。(3)

## 都市住宅の視点

こうした状況のなかで注目すべき二つの研究がある。その一つは藤原実資の小野宮第を題材とした吉田早苗氏の住宅史研究である。(4) 吉田氏は実資の家族と生活を追究するなかで、住宅の建設過程と邸第の構成を明らかにし、さらに一町四方の小野宮第の周囲にあった東町・南町にまで広く目を配っている。吉田氏によると、これら周辺の町には実資の小人宅があり、「西殿」と「北宅」には実資の近親者が居住していた。すなわち寝殿造は築地に囲まれた閉鎖的な領域だけで完結していたわけではなかったのである。

いま一つは野口徹氏の町屋の形成過程をめぐる研究である。(5) 野口氏は町屋形成の背後にあった集住形式の考察をとおして、町屋という形式がけっして特殊なものでなく、集住の目的をもった供給型住宅一般の形式であったことを、官衙町における下級官人層の住宅や寺院における僧房などの集住形式と比較しながら述べ、街区の周囲に供給型住宅として垣のかわりにあてられた長屋型の付属屋を町屋の源流に想定している。この研究は、商業史の立場からの店舗商業の展開という文脈で捉えられてきた従来の町屋像に一定の修正を促すと同時に、建築史における「農家型住宅から派生した町屋」という通説にも一石を投ずるものであった。

ここで紹介した吉田氏と野口氏の論考は、寝殿造と町屋という異なる対象を取り上げたものであり、それぞれ別個に構想されたものであるが、いずれも都市的な場のなかで住宅の存在形態を考えるという点で共通するものがあり、ハードとしての「住宅」を念頭におきつつも、それを含む広義の「居住」空間が着目されていることに、新たな可能性が開示されている。

寝殿造は一般に築地塀と門によって内外を区切り、内部に中門廊と中門による境界がある。この二重の境界に狭まれるゾーンの性質は、現在必ずしも研究が進んでいるわけではないが、大きくみて住宅内部と都市とを媒介する中間領域と捉えることができる。(6) さらに住宅の周辺町には吉田氏が指摘するように、家政機構が住宅の枠を越えて展開していた。一方、中世京都において街区の表層では町屋の形成が進行しつつあった。これらは京都が中世都市化してゆくプロセスのなかで何らかの関係を有した動きであったはずである。すなわち住宅の表層部分に着目することによって、寝殿造と町屋という異なるタイプの住宅は都市という共通の場において総合的に捉え得る可能性がある。逆に住宅の表層をとおして、中世都市がもつ特質の一側面をかいま見ることができるかもしれない。

以上のような課題の一端に触れるために、本稿では中世京都の住宅を取り上げるが、私の能力と紙数の制約から対象を町屋に限定せざるをえない。野口氏の切り拓いた視角に学びつつ、やや違った観点から町屋の表層に内在する意味を絵画史料をとおして考察してみようと思う。そして最終的に、現在私が考えている中世都市を空間的に捉えるささやかな視点を提示することを試みたい。

## 2　門塀建築としての町屋

### 町屋の門口と冠木門

中世後期の京都の町景観を描いたものとしてあまりにも有名な「洛中洛外図屛風」歴博甲本（旧町田本）は、いまなお中世の町屋を考察するための基本史料であり、この画像がわたしたちの中世京都のイメージに与えている影響は決定的であるといってよい。図28は建築中の町屋である。この正面部分に注目すると、柱間三間のうちの中央間が門口になっており、二本の柱の上には横架材が一本渡されている。これは従来、「楣」材として説明されてきたものであり、構造的には上部の壁を支えるためのものである。近世民家の吉村家住宅（大阪府羽曳野市）や角屋（京都府京都市）の門口にも同形式のものがみられるので、現実に存在した構造であったことは間違いない。門口の下端には柱と柱の間に敷居が入る。また両脇間には太い格子（台格子）があり、これらが全体として町屋正面の壁面のフレームになっている。「洛中洛外図屛風」に描かれた町屋の正面の構成は、多少の違いはあるものの、これとほぼ同形式とみなすことができる。

次に図29に目を移そう。これは同じ「洛中洛外図屛風」の上京の公家屋敷地区を描いた部分で、屋敷の四周にめぐる築地塀といくつかの門があり、このうち二本の門柱の上に横材を冠した門は「冠木門」と呼ばれ、屋敷の勝手口など略式であることが許される出入口に用いられる、もっとも簡易な門形式の一つである。このうち二つの冠木門には敷居があり、門扉の存在を示している。

ところで、町屋の門口における二本の柱と楣・敷居という組み合わせと、冠木門を構成する各要素はじつによく類

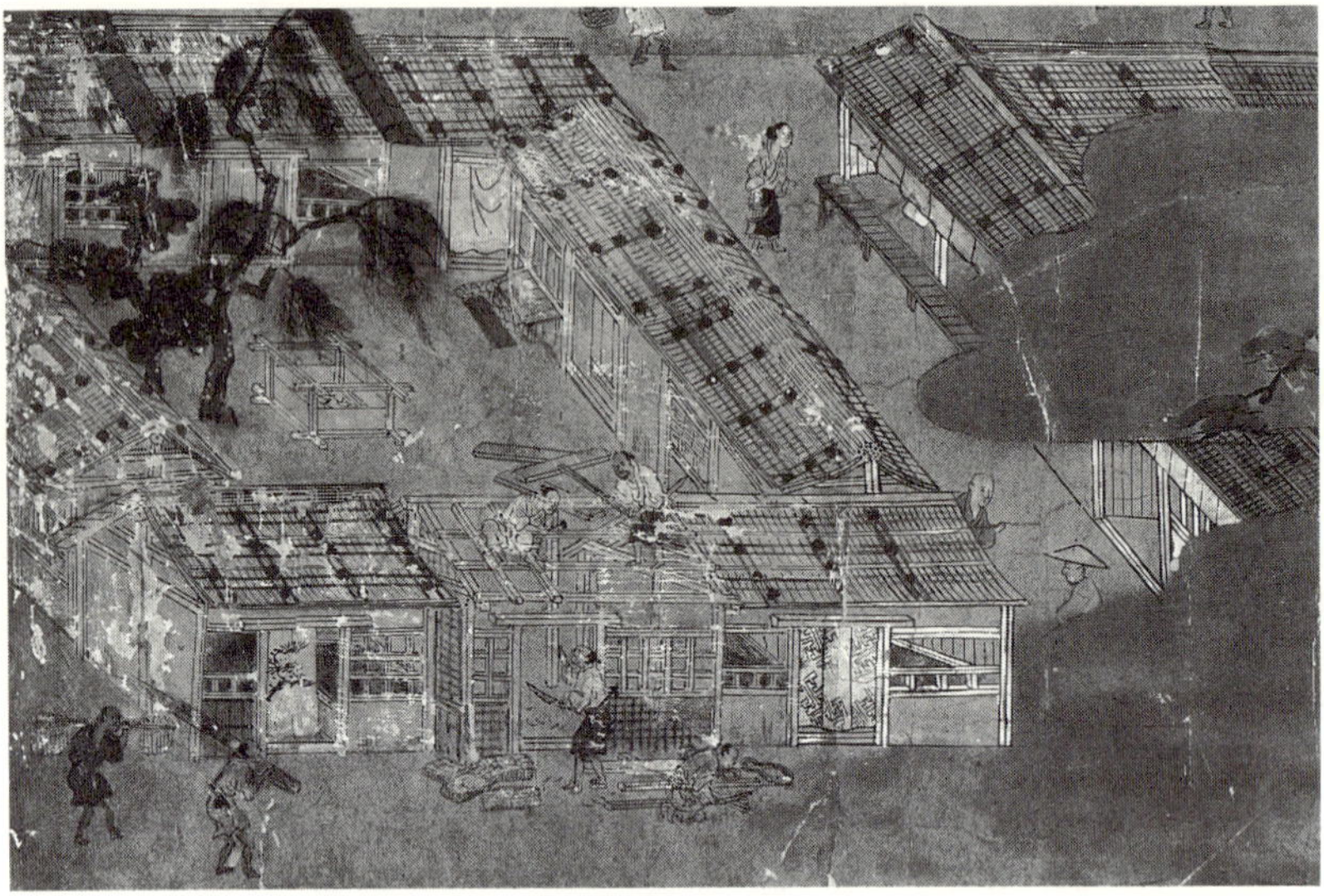

**図28**　上京の町屋地区（「洛中洛外図屏風」歴博甲本）

**図29**　上京の公家屋敷地区（同上）

似している。町屋の門口の上部の楣は、壁面から手前に浮き出て描かれているものが多く、これが果たして上部の壁を支えていたものかどうか疑問が残る。むしろかなり強調して描かれていることからみて、絵師はこれを冠木門と同じもの、あるいは類似のものとして認識していたのではないかという想像すら働く。こうした町屋の門口の形式は、裏口にも散見され、通りにわ（土間）が両者をつないでいたのであって、内部を通過する建築という点で近世に登場する長屋門との関係も連想される。

**町屋の壁面と塀**

平安末期に成立した『年中行事絵巻』と『信貴山縁起』にも町屋とおぼしき建築が描かれている。『年中行事絵巻』に登場する町屋の正面は、次のような特徴をもつ（図30）。

① 正面は柱間三〜四間で、中央やや端寄りに門口がある（下端に敷居、柱上部の横材は確認できないものが多いが、冠木門形式をもつものが確実に存在する）。

② 両脇間は腰部分は網代壁、開口部に蔀戸（居室部）・格子（土間部）が建て込まれ、外から長押を打つ。

『信貴山縁起』にも町屋が描かれているが、壁が土壁であることを除けば、ほぼ『年中行事絵巻』における町屋と同じ形式である（図31）。

ここで注目されるのは、壁材としての網代である。網代とは竹皮・葭・枌板などの薄片を斜めまたは縦横に編んだもので、屋敷裏の垣ないし塀の材料にしばしば使われる。仮に古代の町屋の正面の腰長押より上を取り払えば、網代塀＋冠木門というごく普通の屋敷の境界装置に還元されるのである（図32）。

このように平安末期から中世にかけての絵画史料に描かれた町屋の表層を観察すれば、野口氏が指摘した長屋型の供給住宅というよりは、むしろ門や塀などの境界装置に強い相関をもつ建築と捉えた方がよさそうである。もう少し

**図30**　古代の京都の町屋（『年中行事絵巻』住吉本巻12）

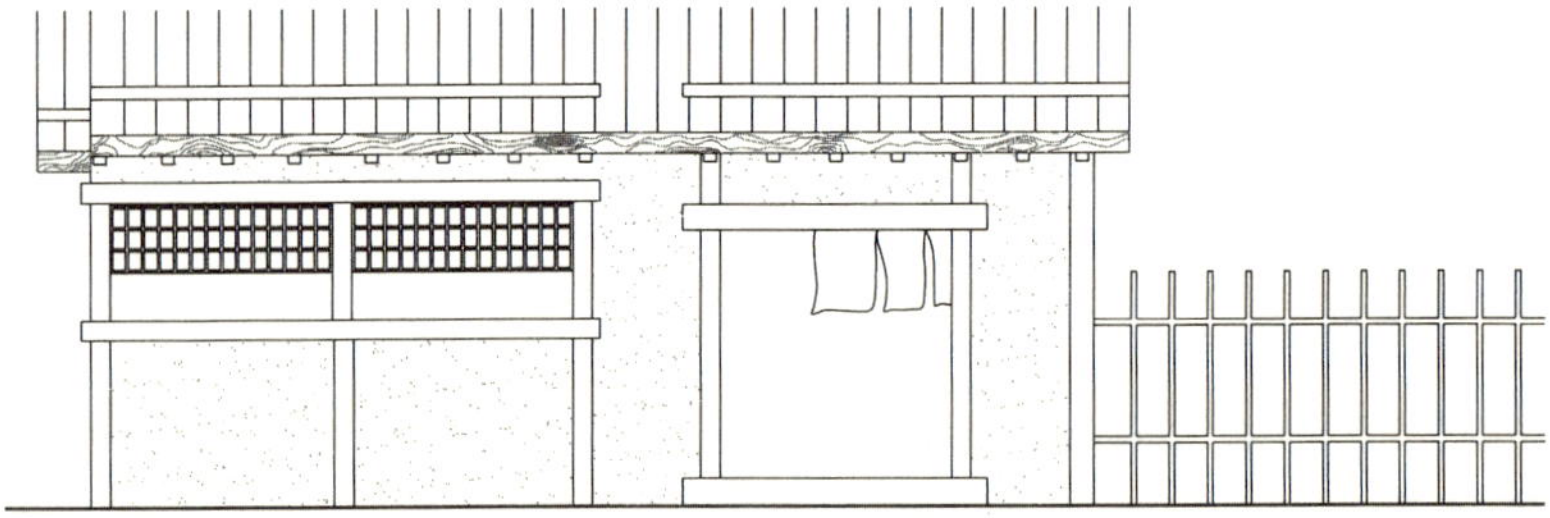

**図31**　古代の地方の町屋（『信貴山縁起』より模写）

**図32**　冠木門と網代塀（『春日権現験記絵』巻13）

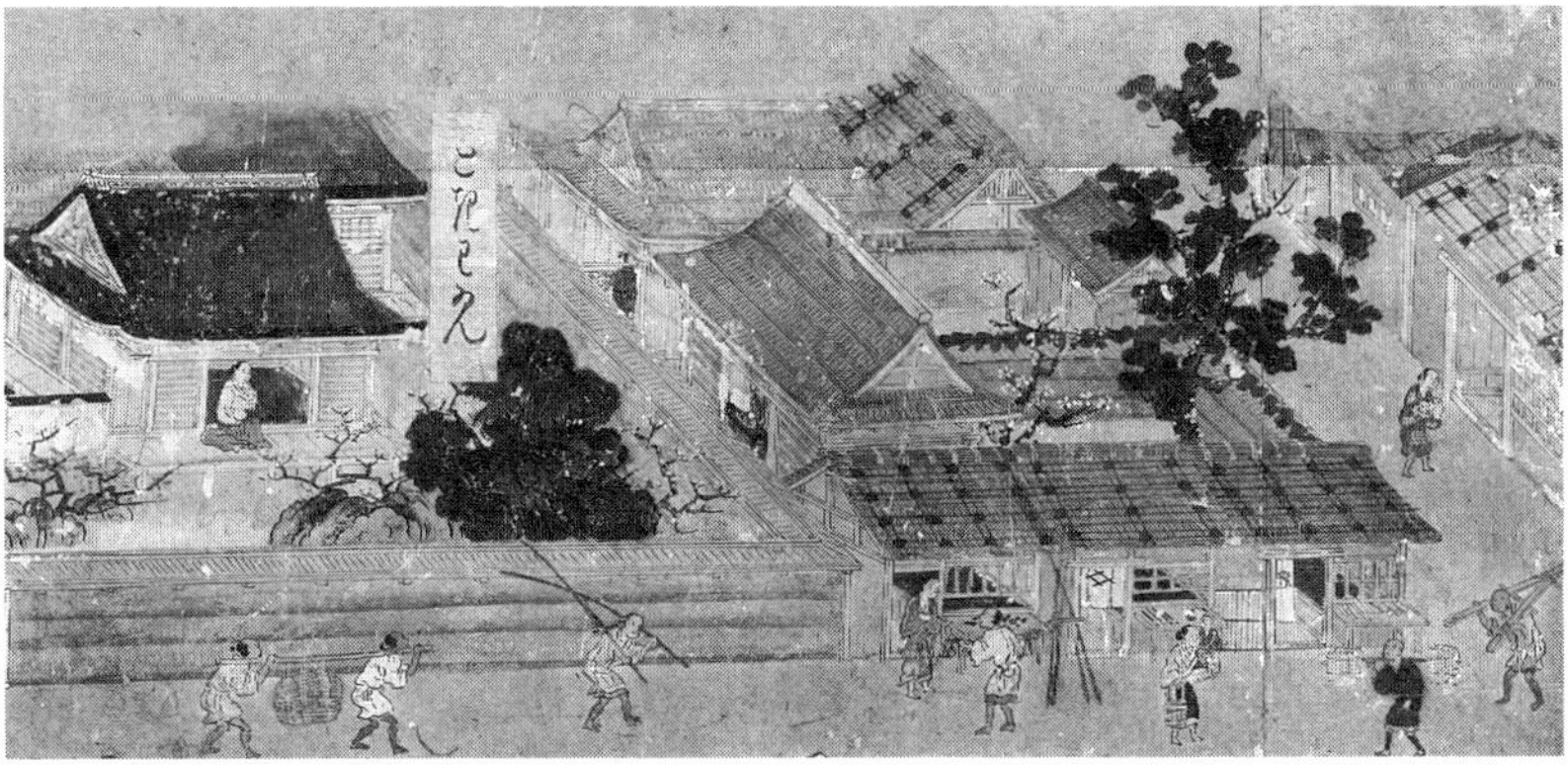

**図33**　築地塀と町屋（「洛中洛外図屏風」歴博甲本）

別の角度から考察を続けよう。

## 街区を囲繞する町屋

「洛中洛外図屏風」に描かれた町屋は、すべて街区に接道し、街区を取り囲む。しかし、上京の公家・武家屋敷が数多く分布する地区では、町屋はこれらの屋敷の間に割り込むかたちで描かれている（図33）。町屋の外壁面と隣接する屋敷の土塀のラインに注意すると、まるで見えない境界線があるかのごとく壁面線が揃っていることに気づく。これは単なる偶然ではなく、その他の類似の場面も同様の描きかたをしているのである。

鎌倉時代の『一遍聖絵』の四条金蓮寺付近の情景を描いた場面にも、境内と道の境界を示す築地塀の一部に町屋が挿入しているところがある（図34）。金蓮寺は綿小路・四条小路・京極大路・鴨川河原を四至とする一町が境内であり、京極大路と綿小路には巷所があった。すなわち、

寺辺の内巷所の事、西は東西へ壱丈、北は綿小路、北頬迄也。此分永代に寄進申さるる上は、寺家として進退有るべきもの也。仍って後証の為に寄進状件の如し。

永正十四年（一五一七）十月十日

定綱（花押）

小川坊城家雑掌

**図34**　四条釈迦堂の境内と町屋（『一遍聖絵』巻7）

四条道場金蓮寺
納所
（『金蓮寺文書』）

とあり、『一遍聖絵』が仮に実景に近いものを描いているとすると、左端の道が京極大路を描いていることになり、左手の町屋群は一丈幅（約三メートル）の巷所の上にたつものと解することができる。「洛中洛外図屛風」や『一遍聖絵』に描かれた町屋はかなり誇張した表現となっているが、実際のスケールに直すと街区のほんの一皮、道と敷地の間の一〜二丈程度のわずかな厚みで十分に成立しうるものである。町屋の外壁と隣接する築地塀の線が揃うのは、あるいはこうした土地の所有境を反映しているのかもしれない。町屋には街区を囲繞する建築という側面があり、その点からみても屋敷の外周を限る門や塀などの境界装置と極めて近い関係にあった。絵画史料で両者が互いに混在し、あたかも代替可能なものとして描かれているようにみえるのは興味深い。

**町と町屋**

『一遍聖絵』は地方の街村の景観を描いた数少ない絵巻である。そこには遠江国蒲原宿を鳥瞰した雄大な画像がある。保立道久氏はこの場面を取り上げて、蒲原宿の在家が疎塊状に並ぶ街村形態は鎌倉時代の地方町場に共通する景観であったと述べ、地方町場の成立時期を当該期にまで遡及させた。(7) ここで注目したいのは、保立氏が行論中に提示した永仁四年（一二九六）四月四日の領家・地頭間の中分状（『鎌倉遺文』一九〇四二）にもとづく越後国小泉荘九日市の復元概念図である（図35）。これによると、九日市は「町中通」に沿って道の両側に在家や寺社が疎塊状に並び、蒲原宿と同様の街村形態を示しているが、この中軸街路ともいうべき「町中道」が「東西中堺」ともなっているのである。つまり道を中心にみればたしかに街村ということができるが、一方領域という観点からみれば道が境界となって、対面する両側はそれぞれ別の所領に属しているということを示している。道が領域の四至になる事例は枚挙にいとまがなく、こうした境界線に非農業的な交換の場としての町が成立することはごく自然なこととして理解できる。この場合、道は在家を線形に組織する中軸としての機能と、領域の境界を指示する機能を併せもつ両義的な存在であったとみることができる。そして、このような線形集合を中世では「町」ないし「町屋」と呼んだ。

元徳三年（一三三一）七月十二日の「武蔵国男衾郡小泉郷（内田在家）注文事」には、「大道」の東と西でそれぞれ九宇と一五宇の在家が書き上げられ、そのうち一一宇に「町屋」という注記がある。(8) また建治元年（一二七五）、越中国堀江荘南方では「町口壱町四反大」の中軸街路が三三の口に割られ、一口宛二〇〇文の「町口銭」が領主から収

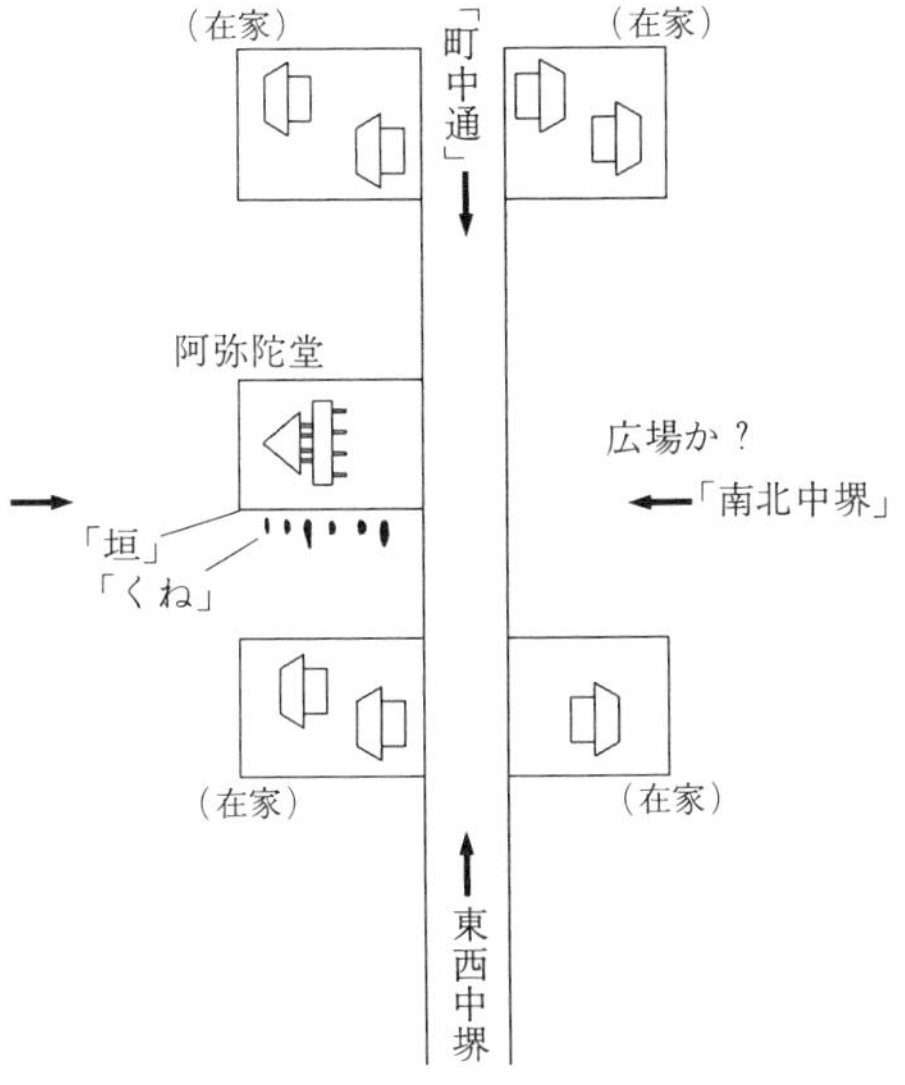


**図35**　越後国小泉荘九日市概念図
（保立道久氏による）

取されている。[9] ここに建つ在家がどのような形式のものであったかは不明とせざるをえないが、街路と密接な関係をもつ、おそらく接道型の住宅であったとして間違いあるまい。

同様のことは中世京都においても指摘されている。古くは赤松俊秀氏が京都における室町と西洞院との間の南北路の街路名を「町」と呼んでいた事実を発見し、本来条坊の区画道路であった道が町座を成立させうるような実体的な道へと変貌したことを明らかにした。[10] 林屋辰三郎氏は「町」の語義を検討するなかで、条坊制における区画としての「町」と、区画間の道路としての「町」＝「間道」の両義性に着目している（『町衆』）。また秋山国三、仲村研両氏は古代末期から中世末期にかけての京都の変容過程を「片側町」→「四面町」→「四丁町」→「両側町」という図式に整理し、こうした変容を促した背景に街路を中心とした町屋の形成を想定している。[11]

以上いくつかの角度から中世の町屋の表層に焦点をあてて考察をめぐらしてきたが、町屋の表層に内蔵された門塀的要素は、町屋が成立する場としての境界性と密接な関係にあり、とりわけ道と町屋は不可分な関係をもつことがわかった。しかし道と町屋の関係は、道の多様な性格を念頭におけば、単に町屋の接道性のみから説明することは不十分である。そこで、さらに町屋と道との関係を探る糸口として「桟敷」と「棚」の問題を取り上げることにしよう。

## *3*　道と町屋

### 桟敷と町屋

都市がその都市性をもっとも雄弁に表現するのは、祭礼や行幸などの祝祭の時である。都市が本来的に有する劇場性は、この時一気に顕在化する。都市における祝祭は、道をその主要な舞台として繰り広げられたのであって、小寺武久氏が指摘するように平安京における行幸路次の変遷は、平安京の中世都市化の一端を示すものであった[12]。華やかな京都の市街と祇園会や年中行事を描いた「洛中洛外図屏風」もまた、祝祭都市京都を主要なモチーフとした、理想化された都市のイコン＝図像であったとみることができよう。そして都市の祝祭に参加し見物する場として道沿いに設けられたのが「桟敷」であった。

林屋辰三郎氏によると、京都における桟敷は摂関期ころから文献に登場し、院政期にもっとも盛行し京中の所々に競って造られたという。また桟敷には築垣に差し掛けて造る仮設的な桟敷と、築垣を一部崩してそこに桟敷屋を挿入する、ほぼ常設に近いタイプがあったことも指摘されている[13]。

ところで前掲の図30に再び注目したい。これは『年中行事絵巻』の祇園御霊会と考えられている場面に出てくる町屋であり、冒頭で紹介した野口氏の長屋型供給住宅＝町屋源流論は、この図に大きな根拠をおいている。これは形式的には土間と居室からなる単位が壁を共有して連なり、一棟を形づくっているという点で確かに野口氏のいうような長屋形式の建築であったとみることができるが、屋根をみると各々の単位ごとに葺かれており、長屋形式とはいえ個々の住戸に一定の独立性が存在していたことは明らかである。

さてこの建築を町屋とみた場合、次のような疑問が生じる。すなわち、庶民住宅としての町屋と町屋内部に描かれている人々とのギャップをどのように考えるかという問題である。ここには下級役人層と思われる烏帽子をかぶった男、女房衆、僧などが描かれ、役らが町屋の住民であったとは考えにくい。『年中行事絵巻』には、桟敷を描いた部分がいくつかあるが、桟敷から見物している人々は図30と同じ構成を示しており、彼らは都市に住まう一般の庶民ではない。一方、印地打ちの場面では庶民住宅が描かれており、そこには実際の住民である庶民層の姿が確認できる（図36）。とすると、この図はとりあえず以下のように解釈することができるだろう。

① ここに描かれた建築は町屋であるが、祇園御霊会にさいして桟敷として利用されている。

② 桟敷として利用するために、町屋の住民は一時家のなかを開放している。

こうしたことが可能であるためには、一つには桟敷と町屋は建築的にある種の互換性を有していること、二つには町屋住民をして住宅を開放させうるような領主―町屋住民関係、あるいは領主による一定の町屋支配が想定されねばならない。

後者の問題は、京における在家支配の問題[14]や、翁が見物の場所を確保するために一条大路辺に札を立てたというエピソード[15]にみられるような場の占有権の問題などとも関係し、平安京の中世都市化の一端を探るうえで重要な問題であるが、ここでは前者の桟敷と町屋の関係についていて今しばらく考察を続けよう。

町屋が桟敷として利用されうることは、『年中行事絵巻』のほか、やや時代が下るが次の史料からも明らかである。

あすは供養とて、此ほどつくりたる道なれば、(中略) ちか比ひまなくつくりつゞけたる在家どもをばみな桟敷にこしらへたれば、民の戸も今さら猶にぎはひたるこゝちし待り。

図36　古代の町屋と庶民（『年中行事絵巻』住吉本巻13）

一方、しばしば引用される「件の女の家二条猪熊辺也ける、築地に桟敷を造りかけて、桟敷のまへに堀ほりて、そのはたにいばらなどをうへたりけり、（中略）桟敷のしとみをあけて、すだれをもちあげける」（『古今著聞集』巻九）は、逆に桟敷が住宅化した事例を示している。

（『相国寺塔供養記』応永六年〈一三九九〉九月十四日、『大日本史料』七—四）

野口氏も指摘したように、町屋と桟敷は建築的にも極めて近い関係にあり、両者に一定の互換性があったことは事実であろう。しかしこのことがただちに、町屋の源流としての桟敷、ということにはならない。町屋と桟敷屋は別の名称が付せられていることから明らかなように、あくまで別の建築と考えるのが妥当である。むしろ重要なのは、都市における道とのかかわりという点において両者には共通項があり、この共通項は先に述べたように門・塀などと同様、本来境界装置的性格の濃厚な町屋が都市へ開かれて、都市建築化してゆくために不可欠な要素であったということである。都市空間へ積極的に関与する建築は、必然的に桟敷性をもつ。町屋が境界的な場に立地することを余儀なくされた「負」の側面は、それ自体が都市へ開くという新たな属性を獲得することによってはじめて「正」の領域へ転化しうる。そして都市の街路空間は時としてさまざまな祭礼や儀式が展開する、「民の戸も今さら猶にぎはひたるこゝち」を誘発するような、華やかな祝祭の場であった。

すでに触れた町屋の正面に共存する閉鎖性と開放性、線形集合としての町における道の境界性と中軸性は、町屋が都市建築化してゆくプロセスのなかで獲得された不可分の二面性であったと考えられるのである。

### 棚と町屋

市町における常設店舗の形成を町屋の成立とみる従来の商業史的な理解(16)からすれば、商品を陳列し売買する「棚」ないし「見世棚」は町屋にとって不可欠な要素になる。しかし、『年中行事絵巻』に描かれた町屋のうち魚棚を除いては、棚を備えるものは見当たらず、[17]また地方における街村の成立を鎌倉期に求める立場からもこうした理解に全面的な見直しが迫られている。[18]近年の研究動向に新たな知見を加えるものではないが、本稿の文脈上、棚と町屋の関係について若干触れておきたい。

『庭訓往来』に「市町は辻小路を通し見世棚を構えせしめ、絹布の類・贄・菓子、売買の便あるように相計らふべきなり」とあるように、商いと関連する棚はまずもって市と密接な関係をもっていたことが考えられる。

京都六角町は鎌倉期以来、生魚供御人を中心とする御売市場と町人の居住地という二重の構造をもっていた。[19]この二重性は十六世紀半ばに入っても確認できる。すなわち生魚供御人を支配する内蔵頭山科家と近江粟津商人との相論に関して次のようにある。

一、あはつ《粟津》の者京都にて種々の物しやうはい《商売》の事、往古なき事候、あま（つ）さへ京中にたな《棚》をはりしやうはい《商売》をし候事、いわれさる事候、（中略）

一、公事のかれん《逃れ》ために、あはつ《粟津》座子になりたるとかうし《号》、上下の京の土民等ことごとくたな《棚》をはり、ほしいまゝに魚あるいはつほ以下しやうはい《商売》をし候事、いよいよはれなき事候、たな《棚》につきては知行まきれ《紛れ》なき事候、（中略）

一、今度たなやく《棚役》申付ふれ候みきり《砌》まて、町人なみにたな《棚》をいたし候者共、かさねてさいそく候へきよし申付、

（『言継卿記』天文十四年〈一五四五〉二月二十六日）

ここに登場する棚は実体としての棚というよりは、むしろ抽象化された販売権を示しているとみた方がよいが、「たなをはる」という表現から、居住地としての町と販売の場としての棚の二重性を窺うことが可能である。おそらく町屋と棚の関係は、町と市との関係と同じで、原理的にはつねに分離可能なものであった。町屋の見世棚が近世に

入っても、あくまで建築本体に付属する取り外し可能な簡易な装置であり続けたことと、宿町などの地方街村の在家の前面で市が興行されたとしても、市屋と在家は結合することなく、市そのものは時代を越えて再生産されてきたことを想起する時、町屋と棚はそれぞれ別の範疇で捉えた方がよい。ただ、町屋と棚は道との関わりという観点からすると、極めて近い関係にあることは事実で、棚は町屋を道へ開かせるために不可欠な媒介装置であったとみることができる。史料的制約からあくまで推論の域を出ないが、桟敷性が町屋を都市建築化したと考えられるのと同様の意味で、棚は町屋の店舗としての側面を引き出し、これを桟敷とは別のかたちで都市建築化するための触媒として重要な役割を果たしたと位置づけておきたい。

## *4* 町屋の二系統

近世の町屋、とりわけ京都における居室が通りにわに沿って一列に並ぶタイプを念頭におき、農家と比較する時、次のような町屋固有の性格を指摘することができる。

① 町屋は道路に面して「ミセ」と呼ばれる部屋をもつかわりに、農家に一般的に備わっている「ナンド」という専用の就寝空間を欠いている（農家にも「ナンド」を欠くタイプがあるが、特殊例とみてよい）。

② 一列型の町屋は、間口三〜四間あれば十分成立する建築形式であって、農家と比較してその小規模性が顕著である。平安末の『年中行事絵巻』から中世末〜近世初頭の「洛中洛外図屏風」、さらには近世の町屋遺構を通観する時、棟を連結したり奥に向かっての増殖傾向は認められるものの、町屋本体は規模において大きな発展がない。

①は果たして町屋の出自そのものが住宅であったのかという根本的な疑問をいだかせるものであって、実際『一遍聖絵』や中世末期の「洛中洛外図屛風」に描かれた町屋は、絵画史料という条件を留保しても一貫して生活臭が希薄である。

②の問題は、技術および経済的側面からは説明がつかない。伊藤鄭爾氏は中世に小規模な家屋が多かった理由を、技術的可能性や資本蓄積よりはむしろ当該期における庶民階層の家族制度のあり方に求めた。[20] 伊藤氏の指摘は、しかし、中世はもとより近世にまで継承される町屋の小規模性を十分に説明していない。むしろ町屋という建築形式そのものに本質的に内在する条件が、小規模建築としての町屋を再生産させたと考えるべきであろう。

本稿は町屋の源流を遡及することを直接のテーマとしていないが、右の二点を念頭におきつつ、とりあえず現在の私の考えを示しておきたい。私見によると町屋の源流には二系統があって、一つは非住宅的施設を淵源としたもの、いま一つは小規模ながらも住生活を内包すべく当初から住宅として形成されたものである。

前者は再三指摘したような門・塀と強い相関をもつ町屋の形態や境界的な立地条件からみて、非住宅系の境界装置が都市的な文脈のなかで建築化されたものと考えられる。それには野口氏が想定した長屋型の供給住宅のような領主主導の場合もありうるし、境界領域における都市民の個別的な定着を、地代収取などを通じて領主が安堵した場合もあったと思われる。戸田芳実氏が『池亭記』などの記述を引きながら指摘した、平安後期京都における貴賤の混住・集住の状況や、『今昔物語』(巻十九)にみえる六宮邸の「築地頽乍ヲ有シニ皆小屋居ニケリ」という邸第の荒廃と雑人の占拠、[21] 仲村研氏が明らかにした八条女院御所の荒廃と道路沿いの八条院町の形成[22]などの事例は、町屋形成の一側面をよく伝えている。町屋を住宅としてみた場合の欠落感や小規模性は、おそらくこうした町屋の出自と無関係ではないだろう。

後者は、『年中行事絵巻』に登場する庶民の家（前掲図36）や『信貴山縁起』の地方の接道型住宅（前掲図31）にみられるものであって、小規模ながらも独立家屋の体をなし、家の脇には垣根で囲われた内畠がある。この場合京都市中とは異なり、町屋は隣棟間隔をあけて並ぶことになる。前述の武蔵国小泉郷における大道沿いの町屋在家と付田の配列は、右の絵に描かれた町屋とよく対応する。地方町場の在家や京都の周辺部の庶民住宅はおおむねこのような形態をもっていたと推定される。

## おわりに――「境内」と「町」の中世都市空間論――

以上、京都における町屋の表層に着目し、そこから抽出される特質について推論を交えつついくつかの角度から考察を加えた。ここで試みた解釈は主として史料的制約から明確な根拠にもとづいたものでなく、現段階ではあくまで仮説の域を出ないが、従来必ずしも十分に意識化されなかった町屋の表層に刻印された「門塀」建築としての側面と、町屋と街路との両義的な関係を指摘することにねらいがあった。このことは、さらに次の問題へと展開する。

私は中世都市を空間的側面からみた場合、当面二つの類型によって捉えることが可能であると考えている。ひとつは、都市領主を中核とした重層的な同心円集合で、これは「境内」という語で総括できる。中世京都には、公家、武家、寺社等さまざまな権門が割拠したが、それぞれ一定の領域を領有・支配し、その周縁部や門前には町的要素が展開する場合が少なくなかった(23)。

いまひとつは、道路を軸とした線形集合で、これは「町」として捉えることができる。地方の町場は、まさに素朴な線形集合であったし、京都の町も街区四周に展開するとはいえ、基本的には道路を中心とした集合である。

この二つの空間類型はまた、次のようにいいかえることもできよう。すなわち境界の内側の閉鎖系の「面」集合と、道路を基軸とした開放系の「線」集合として。中世京都の街区と道の関係はまさしくこうした類型に対応するのであり、それは寝殿造系の住宅と本稿で検討した町屋系の住宅のありようとも密接な関係をもつ。おのおのの空間類型は独自に存立しうる原理を有しながらも、互いに多様な結びつきを示しつつ、中世の都市空間を織り上げていた。そして両者のいずれにも属しうるものとして、あるいは双方を媒介する両義的な存在として、本稿で取り上げた「町屋」を定位することができる。

高橋康夫氏が綿密な考証の結果その形態と構成を明らかにした十四〜五世紀の京都上京の土御門四丁町は、土地所有という側面では方一町の街区が土御門家の「境内」であり、その境内には土地利用者としての「境内百姓」が街路に沿って集住していた[24]。高橋氏が復元した街区内宅地割形状からみて、さまざまな職種の境内百姓は街路に口を開く町屋に居住していたことはほぼ間違いなく、これは「土御門家境内」の外縁部を囲繞する町屋とみなすことができる。一方、中世都市京都という側面からみれば、右の町屋群は街路に沿って形成された「町」の構成要素でもあった。

従来、京都の中世化は行門制宅地割の崩壊、慣用街路名の発生と町の成立、辻子による街区内再開発、道路の巷所化などの諸側面から語られてきた。一見個々ばらばらな現象は、ここで提示した「境内」と「町」の形成という観点からみた場合、京都における中世的空間生成の一連の動きとして捉えなおすことが可能である。冒頭で述べた都市住宅としての寝殿造の変容と町屋の形成というテーマも、右のような視点から統一的に語りうる部分があるはずである。これらの具体的検証は今後の課題としたい。

注

（1）　川上貢『日本中世住宅の研究』（墨水書房、一九六七年）。

(2) 太田博太郎「日本住宅史」(『建築学大系』一、彰国社、一九二九年)。
(3) 稲垣栄三「寝殿造研究の展望」(『古代文化』三九―一一、一九八七年)。
(4) 吉田早苗「藤原実資と小野宮第――寝殿造に関する一考察――」(『日本歴史』三五〇、一九七七年)。
(5) 野口徹『中世京都の町屋』(東京大学出版会、一九八八年)。
(6) 川本重雄「貴族住宅」(『絵巻物史料の社会生活史的総合研究』、一九九二年)。
(7) 保立道久「宿と市町の景観」(『自然と文化』一三、一九八六年)。
(8) 『鎌倉遺文』三二四六七。
(9) 同右一二一九〇。
(10) 赤松俊秀「町座の成立に就いて」(『日本歴史』二一、一九四九年)。
(11) 秋山国三・仲村研『京都「町」の研究』(法政大学出版局、一九七五年)。
(12) 小寺武久「平安京の空間的変遷に関する考察――行幸路次を中心として――」一・二(『日本建築学会論文報告集』二三八・二三九、一九七五・七六年)。
(13) 林屋辰三郎「平安京の街頭桟敷」(『雑談』一―四、一九四六年)。
(14) 北村優季「平安京の支配機構――在家支配を中心に――」(『史学雑誌』九四―一、一九八五年)。
(15) 『今昔物語集』巻三一―六。
(16) 豊田武『増訂 中世日本商業史の研究』(岩波書店、一九五二年、のち『豊田武著作集』二、一九八二年に所収)。
(17) 前掲注(5)野口書。
(18) 前掲注(7)保立論文。
(19) 高橋康夫「京都・六角町――マチからチョウへ――」(高橋康夫・吉田伸之編『日本都市史入門』II 町、東京大学出版会、一九九〇年)。
(20) 伊藤鄭爾『中世住居史』(東京大学出版会、一九五八年)。
(21) 戸田芳実「王朝都市論の問題点」(『日本史研究』一三九・一四〇、一九七四年)。
(22) 仲村研「八条院町の成立と展開」(前掲注(11)書所収)。

(23) 拙稿「中世都市と寺院」(高橋康夫・吉田伸之編『日本都市史入門』I 空間、東京大学出版会、一九八九年、本書第一章一)。
(24) 高橋康夫『京都中世都市史研究』(思文閣出版、一九八三年)。

# 二　会所と草庵

## *1*　中世的空間としての会所

古代から近世にかけての支配者層の住宅の歴史を見てみると、それぞれの時代に対応した建築が登場するが、全体としては寝殿造から書院造への、太い奔流を形成していたことがわかる。

古代を代表する住宅はいうまでもなく寝殿であって、これは主として儀式に対応する建築であった。寝殿は中世に入っても、形を少しずつ変えながらも承け継がれるが、伝統的な儀式そのものは形骸化し、しだいに日常生活や自由な接客・寄合いに重点が置かれるようになる。こうして、新たに常御所や会所といった独立した住宅建築が登場する。とりわけ中世は、連歌や茶の湯などの遊興性の強い会合が流行し、屋敷内や市中には、そうした会合の場としての会所や草庵が競って造られた。

つづく近世は書院の時代である。会所のなかで醸成された座敷飾を伴った書院座敷が定型化し、対面儀礼に代表されるような、武家社会の身分秩序を反映した上段―中段―下段からなる室内構成が確立した。

中世初期に会合のための室として発生し、やがて遊び専用の施設として独立した会所は、文芸や文化と密接なかかわりをもちつつ多彩な発展をとげたにもかかわらず、中世の終幕とともにその姿を消してしまう。中世という時代と伴走してきた会所は、そのような意味で、単に住宅史を考えるうえで重要であるだけでなく、中世そのものを象徴する建築、ないし空間であったはずである。

従来、会所は禅宗の方丈などとともに、住宅平面や意匠的側面のみが注目され、単に書院造の「源流」として位置づけられてきた。会所に対してのこの理解は現在定説となっているが、あくまで寝殿造から書院造への「つなぎ」という消極的な意味しか与えられず、会所という中世固有の存在の積極的意義を見出すまでには至っていない。

ここでは、会所そのものがもつ固有性を考える一つの切り口として、都市京都との関係を重視したい。会所と都市という組み合わせは、いかにも唐突な印象を受けるが、私は会所という空間は、中世京都が都市化してゆく動きと一定の関係をもっていたと考えている。とりわけ会所を生み出す主要な原動力となった連歌会は、松岡心平氏が指摘したように、一揆の結合形態とも共通する性格をもち、中世的な「場」のありようを象徴的に示している(1)。また斎藤英俊氏は、会所には身分差を表わす落間(一段床が下がった室)がなく、貴賤同座の寄合い・遊興の空間であったことを指摘している(2)。ここでは、会所の空間的特質とはいったい何なのか、都市の文脈のなかで考えたい。

## 会所の形成と展開

この比の人々の会に連なり見れば、まづ会所のしつらひより初めて、人の装束の打解けたるさま、各が気色有様、乱れがはしき事限りなし。(『無名抄』)

近代ノ作法、仏ノ懸記ニタガハズコソ、仏ノ弟子ナヲ仏意ニ背ク、マシテ在家俗士堂塔ヲ建立スル、多ハ名聞ノ為メ、若ハ家ノカザリトス。或ハ是レニヨリテ利ヲエ、或ハ酒宴ノ座席、詩歌ノ会所トシテ、無礼ノ事多シ。

**図37**　中世の歌会（『慕帰絵詞』）

（『沙石集』巻八―二十三）

このように会所は中世特有の遊びの場として登場する。『太平記』は、「婆娑羅」大名佐々木道誉の京都宿所にも「六間（十二畳）ノ会所」があり、ここには大きな紋のついた畳が敷き並べられ（畳が敷き詰められていたかは不明）、本尊・脇絵・花瓶・香炉などの調度品が飾られ（巻三十七）、道誉はここで連日のように、連歌の会や茶会を催していた（巻三十二）と伝えている。

室町期になると、会所は特定の室名、あるいは建築名として定着する。三代将軍義満から八代義政に至る歴代の室町将軍邸には、必ず専用の会所が設けられた。初期は建物の一室を会所と呼んでいたのが、しだいに独立した建築となり、六代義教のように屋敷内に三つの会所をもつ場合もあった(3)。

**室町将軍邸の会所**

「花御所」として知られる義満の室町殿は、永和四年（一三七八）に北小路室町に造営されたが、会所は北御所の一室で、「泉以下御会所叡覧す」（『迎陽記』応永八年二月二十九日）とあるように、奥向きの施設であった。

応永四年（一三九七）、西園寺氏の別業を入手した義満は、こ

**図38**　東山殿復元図

（『週刊朝日百科　日本の歴史〈新訂増補〉』15，川上貢氏監修・中西立太氏イラスト）

こに北山殿を建設する。北山殿の会所は、舎利殿北の天鏡閣の二階にあり、泉殿にも近接し、庭園を中心とした遊興的な施設であった。『教言卿記』などによると、後小松天皇が滞在中の応永十五年三月十日、「奥御会所十五間」で「うちうち御あそび」として猿楽が催された。

十五間の西東二カ所には座敷が設けられ、宝物・唐絵・花瓶・香炉など、中国から輸入された唐物が所狭しと並べ立てられたという。注目されるのは、十五間という大会場を備える場が会所であり、その両脇に財宝・唐物の展示室となる座敷が付属している点である。あとで述べるように、「主室となる大空間」＋「付属諸室」という構成は、いずれの会所にも共通する特徴で、その端緒が北山殿の会所にみられる。

つづく四代将軍義持の三条坊門殿には、独立した二棟の会所が造営された。一棟は永享元年（一四二九）に新造された会所の「奥御会所」で、も

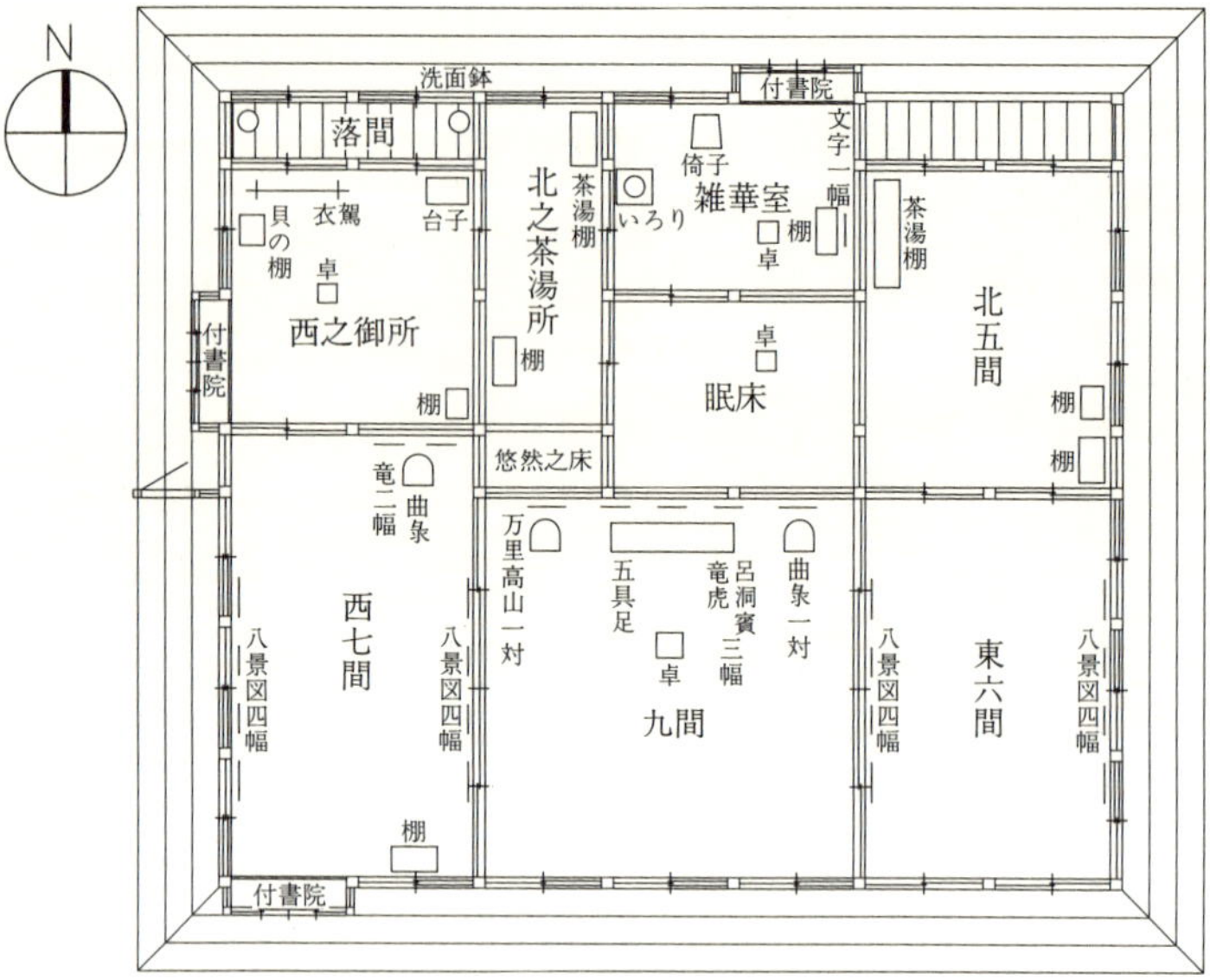


**図39**　室町殿南向会所復元平面図（宮上茂隆氏による）

う一つの会所はそれ以前に、すでに存在していた「東御会所」（端御会所）である。いずれの会所も、寝殿東側の奥向きにあって、「凡会所奥端両所以下荘厳置物宝物等、目を驚かす。山水の殊勝言語の覃ぶ所に非ず。極楽世界の荘厳もかくの如きか」（『看聞日記』永享三年二月七日）と称されるように、贅を尽くした建築であった。

永享元年の奥御会所については、醍醐寺座主満済がその日記（永享二年四月二十八日）に、十二間の主座敷があり、これに付属する中小の諸室（間々）には豪華な飾りが施されていた、と記している。

義持の弟、六代義教は、最初三条坊門殿を本拠としたが、永享三年（一四三一）、父義満の室町殿跡に新御所を造営することになり、翌四年ここに移住した。義教は室町殿に次々と会所を造営し、これを大いに利用した。同年、南向会所（図39）が竣工すると、ただちに次なる造営に着手し、翌五年には会所泉殿（北向会所）の完成をみている。さらに七年には新造会所が加えられた。

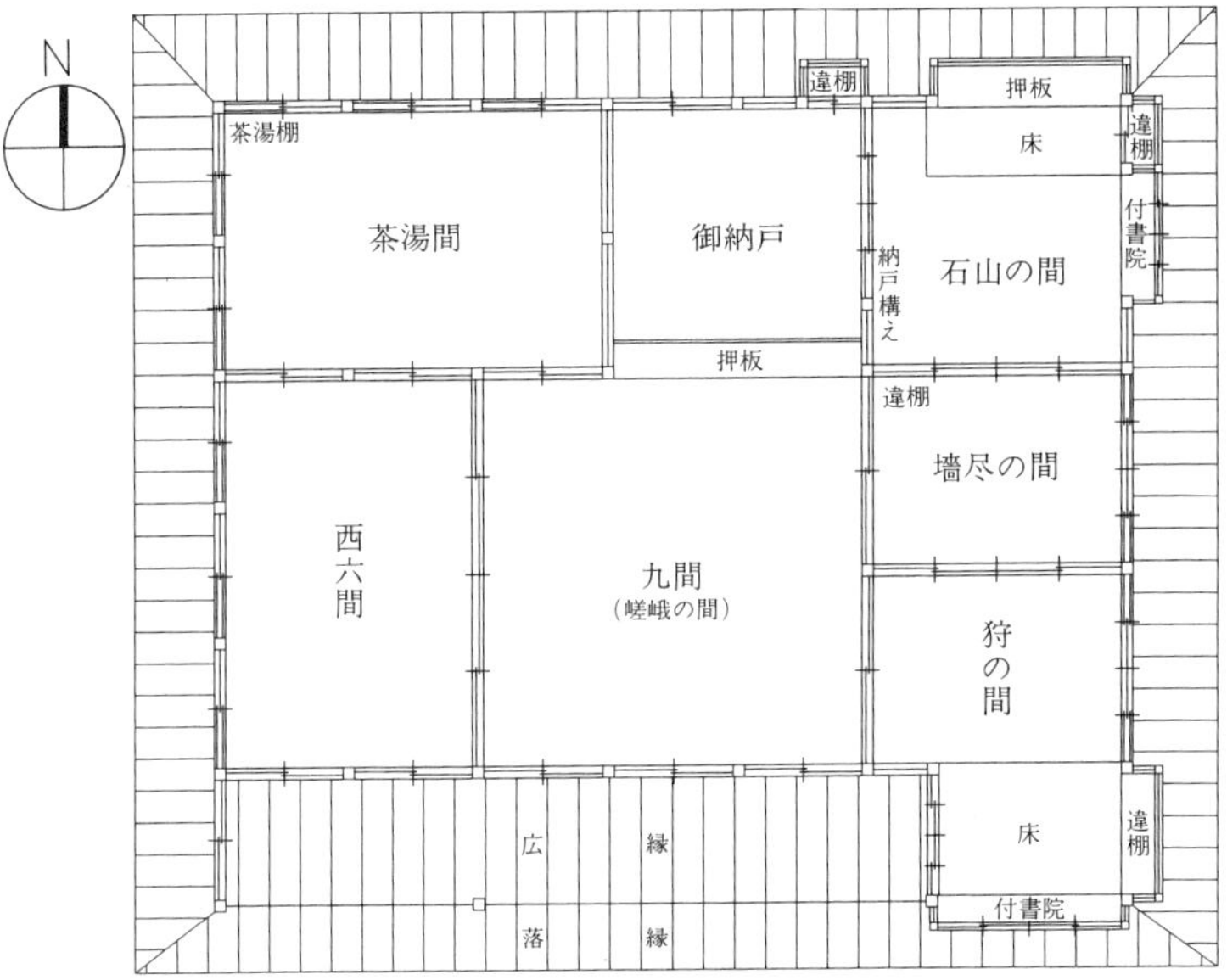


図40　東山殿会所復元図（宮上茂隆氏による）

### 義教の室町殿会所

南向会所（図39）全体としては禅宗方丈の平面とよく似ている。正面中央に主室となる九間があり、その両脇に六間・七間が付属する。北側は東から北之五間、雑華室、北之落間、眠床、北之茶湯所、西之御所など、中小の各室がならぶ。

永享九年に後花園天皇が室町殿に行幸した折の記録である『室町殿行幸御餝記』には、主室である九間について、「御会所九間」とあり、主室そのものを「会所」と呼んでいる。当時、独立した建築が「会所」と称されたことは確かだが、それでもなお主室の名称にわざわざ「御会所」と明記されていることは、会合のための室として出発した会所の、本来的な性格がなお根強く継承されていることがわかる。会所は建築として独立したものの、依然としてその本質は、寄合い・対面の会場としての広い主室にあったということになろう。

また、主室である九間には置押板が置いてあるだけなのに、その他の各室には、のちに定型化する座敷飾であ

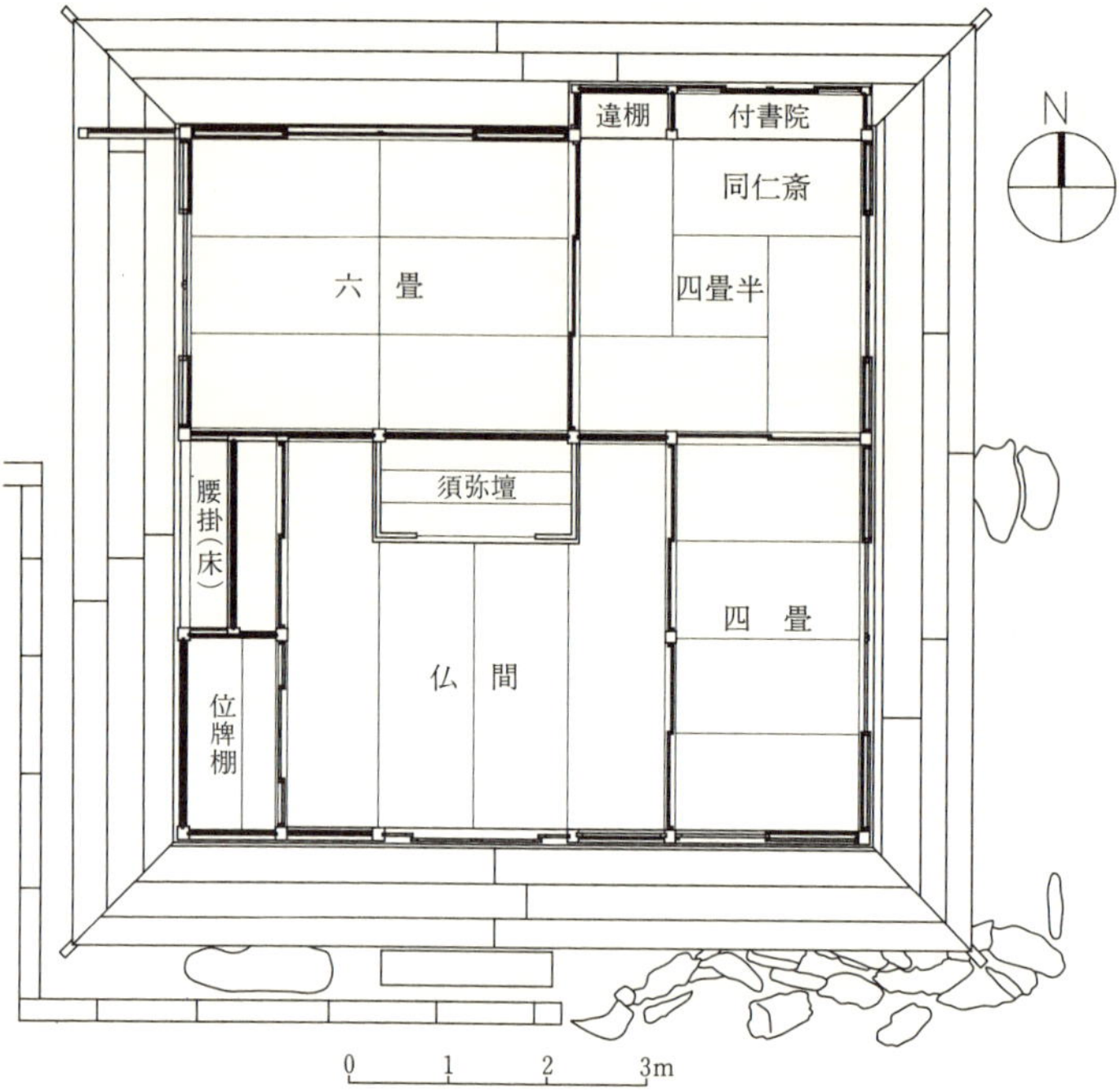


**図41**　慈照寺東求堂平面図

る付書院、床などが常設されている。つまり主会場となる正方形の九間には、原則として空間の用法を固定化する装置は置かずに、広い空間が用意されているだけである。これに対して主室を取り巻く諸室は、茶湯所・西之御所（将軍の御座所）など、特定の機能に対応する構成をもち、数々の唐物や置物が飾られた。

一方、新造会所は宮上茂隆氏の復元によると、やや変則的な平面を示している(4)。主室となる十二間は東北隅に位置し、それをL字形に各室が取り巻く。これは禅宗方丈の平面とはまったく異なるが、決して変則的なプランとはいえない。先に述べたように、「広大な主室＋付属諸室」という観点からみた場合、南向会所とトポロジカル（空間位相的）には同型とみることができる。しかも十二間には仮設の押板しか置かれていないのに対し、その周辺諸室には、常設の押板・床・棚・付書院の座敷飾が備わっている点も同じである。

### 東山殿の会所

つぎに会所の典型として有名な義政の東山殿における会所（図40）をみておこう。東山殿会所は、義教の南向会所と同じように、禅宗方丈に近い平面をもっている。主室の九間（嵯峨の間）と、それをコの字形に各室が取り巻く構成もよく似ている。ただ、九間に押板が造りつけにされた点は、時代の変化を示しているが、それでもなお押板以外の座敷飾はない。周辺の各室には、近世の定型化する座敷飾の原型が、ほぼ出そろっているのに比べると、九間の簡素さは対照的ですらある。

鎌倉時代に自由な会合の場として登場し、室町将軍邸で確立する会所の本質は、あくまで主室となる広間にある。しかもこの主室には、「広間性」を保つべく、固定化した座敷飾はできるだけ排除されていた。そして、近世の書院造へ継承される座敷飾は、むしろ主室以外の各室において発達した。会所の付属的な空間から、次代の住宅様式を構成する要素がつくり出されたことは興味深い。

## *2* 会所の空間と連歌

ところで、会所の主室には九間、すなわち方三間（十八畳）の正方形状の室が多い。先に見た義教の南向会所、義政の東山殿会所の外にも、禅定院会所、法身院会所などの主室も九間であった。今から三十数年も前に、神代雄一郎氏が指摘しているのだが、九間は会所の主座敷のみならず、能舞台の規模にも共通し、日本の建築におけるもっとも規範性の強い空間であったという(5)。会所において、九間座敷が一つの定型として存在し、またそれが正方形の完結性の強い空間で、各辺が柱間三間という構成のもつ意味については、改めて注目しなければならない。

方三間という構成は、一間四面（方一間の身舎の四周に一間の庇がめぐる）の外郭が方三間になることが想い起こされる。一間四面は平安後期に登場し、浄土教が盛んになるとともに、阿弥陀堂の代表的な平面として定着した。身舎に仏像が安置され、それの四周に庇が取り巻くという空間構成は、必然的に求心性の強いプラン（平面）となり、円環的な運動に対応する。しかしその円環性は抽象的な回転運動ではなく、仏像の向く方向というベクトルの上に重ねられた円環性である。

**会所はパーティー会場**

一方、会所の九間は、もちろん一間四面堂ではない。身舎柱はなく、柱は室の外に並ぶことになるから、空間的な性質は大きく異なっている。しかし正方形という図形がもつ完結性は、それ自体求心的な性格をもち、特定の方向を示すことはない。そこで、室の奥に押板を置き、広縁を介して庭園へ開くという軸が設定される。そうした軸を下敷きに、連歌会や茶会などの自由な寄合いが開催された。すでに指摘したように、会所の本質はこうしたパーティー会場としての主座敷そのものの存在にあった。ことに連歌は、身分差を超えた好士、連衆（歌会に連なる人々）が集まり、座敷の四周に円座を組み興行されたもので、そこに歌の連鎖が展開した。

義教の室町殿における永享四年（一四三二）正月十九日の月次連歌会の様子は『満済准后日記』に記されている。当時、室町殿には、まだ会所が完成しておらず、連歌会は義教の常御座所の西向き九間で行われた。九間南頬（南側）に義教、西頬に摂政・左府、東頬に満済准后・聖護院准后・実相院僧正、北頬に三条大納言、中央に執筆、未申（南西）に山名以下武家衆が連座し、同朋衆は九間に隣接する、一段下の落間の四間に祗候した。九間の周囲に、連衆が中央を向いて円座を組んでおり、西向きを正面とするこの室も、連歌に際しては求心的な使われ方がされている。さて、この日の連歌は義教の発句「梅にほゐ花めく春の心哉」で始まり、摂政、左府、満済、聖護院、実相院の順に展開していった。発句は折々の風情や眺望を「賦物」として読み込む必要があるが、いったん脇句以下の歌の連鎖が始まれば、もはや外界とは縁を切った小世界が仮構されてゆく。

連歌のもつ円環運動（連歌においては、歌が円環・回帰することを嫌うので、むしろ螺旋運動というべきかもしれない）と正方形の空間、主人や執筆と一般の連衆の座の占め方と、室の方向性、そうした場に九間という空間はもっともふさわしい形態と規模を備えていたといえる。

次にみる永享四年三月四日、花頂院で行われた連歌会は、連歌が張行（開催）される主座敷の性格をよく表わしている。

次花頂儀東南座敷六間。東四ケ間落間これ在り。……六間南頰西上に北面して将軍御座す。其次予、聖護院、実相院。北頰西上に南面して摂政。左府中座。執筆蜷河周防入道単物体。その右後方、三条大納言公保卿。左方山名右衛門督入道常熙。次赤松左京大夫入道性具、石橋左衛門佐入道、細河阿波入道、僧瑞禅、承祐、重阿、玄阿、祖阿、赤松播磨守満政等祗候す。東庇に広橋中納言兼郷、畠山左衛門督道端此一身直垂雑掌の故か。次一色修理大夫。細河讃岐守等候。これらは御連歌の人数に非ず。三献以後御膳これ在り。その後連歌始めらる。連歌以前は三条大納言、広橋中納言、畠山、山名、一色、細河讃岐等東落

**図42**　室町時代末ごろの連歌会（「猿の草子」）

間に祗候し了んぬ。御連歌始りて後六間に参入す。（『満済准后日記』）

連歌が始まる以前は、身分差を反映した座が占められており、武家衆らは東落間（東庇）に祗候していたが、連歌が始まると、メンバーは全員六間に参入している。連歌はこのように貴賤同座が原則であって、少なくとも連歌が行われている間は、平等性は保たれていた。

右の二例で注目されるのは、主室空間の均質性とともに、連歌会場である主室と次の間（落間）がセットとなっている点である。室町末頃に作られた「猿の草子」に連歌の場面が描かれている（図42）。主座敷で連歌が行われている間、茶立所と思われる次の間では茶を立てており、縁側で祗候している猿も認められる。

連歌会の賭物となる唐物の展示、座敷飾、茶立などは、まわりの諸室で行われるのが一般的であって、こうしたサービス空間があってはじめて、主座敷の「広間性」が機能したのである。

**会所のもつ「場」としての性格**

ところで、小西甚一氏は連歌のもつ性質について、歌の制作者は同時に享受者でもあり、連歌とは一回性の「座」の芸術であるということを指摘している(6)。小西氏はこれをさらに「イメージの交響楽」と比喩する。つまり連歌とは、ある種の関係的統一の下で展開する、定形をもたないイメージの対話と連鎖であって、それは音楽にたとえると交響楽に近いというのである。小西氏は連歌の空間的側面についてまでは語らないが、座の芸術と連歌の不定形な運動法則という指摘のなかに、連歌が「場」と密接な関係を有していることを読み取ることができる。

大きくみて「空間」という語には二つの意味合いがある。その一つは空間の「容器性」であり、いま一つは「場」としての性格である。連歌は、貴賤同座の求心性の強い磁場を形成し、その主たる会場となる会所は「器」を提供する。

さらにそうした場が会所、つまり建築を表わす「殿」や「堂」「閣」でなく、「場」を表わす「所」という表現になっていることは注目に値する。中世には、常御所・小御所・弘御所・侍所・台盤所など、「所」と称する室、あるいは建築が数多く登場するが、これらはいずれも、特定の機能や用途をもつ「場」としての性格をもっていた。会所は、本来的には「会合する場所」であって、それが建築化されれば室となり、さらには独立した建築となる。つまり「場」としての性格と容器性を同時に満たす両義的な存在であった。

連歌と会所は、中世という時代の固有の芸術と建築であるが、この芸術と建築の結びつきは根源的であって、中世の空間文化の本質的な問題につながっている。

## *3* 都市と住宅の交信

連歌では、各句に折々の自然や事物、風情や感情といったものが読み込まれてゆくが、そこに生な感情移入があってはならず、あくまで抑制された虚構の感情による知的な対話こそが一座張行の原則であった。連歌はその発生時からつねに知的な言語遊戯としてのゲーム性が失われることはなかった。

ところで、句材として選ばれる対象は、ほとんど自然やひなびた農村にあるもので、都市的な事物がいっさいないことに注目したい。これは連歌会が発生する空間的意味の一端を象徴しているように思える。つまり、ここで詠まれる歌は、決して自然や風情そのものを表現しようとしたものではなく、あくまで虚構の感情にもとづく付け合いの趣向や技巧にあり、句材は、たとえていうならゲームの持ち駒に過ぎない。詠まれる自然は、極度に人為化された抽象的自然、都市生活者が会所という人工空間のなかで共同で仮構する自然である。ここに連歌会という場が醸し出す小宇宙があった。そして、その背後には意識的に消去されている、対概念としての「都市」の姿が見え隠れするのである。「洛中洛外図屛風」に活写されたように、室町期の京都は町衆を中心とした都市的繁栄を謳歌する。その一方で、市中の上層貴族は、屋敷の奥深くに山水や会所を設け、連歌や茶会など、身分差を超えた自由な人的交流を楽しんだ。屋敷の外と内は、決して別個の動きではなかったはずである。

**都市の中の田舎―草庵**

このことは、会所とともに中世の住宅を考えるうえで重要な位置を占めている草庵に、より直接的にみることができる。草庵は都を捨てた僧の仮りの庵として、鎌倉期以降文献に見える。よく知られている鴨長明の「方丈」（図43）は、わずか方十尺（約三メートル）で持仏堂・寝所・居所を兼ねていた（『方丈記』）。

説話集『今昔物語』（巻十二）にも山深い庵が描かれている。

持経者ノ房ニ行テ見レバ、水浄キ谷ノ迫ニ三間ノ萱屋ヲ造リ。一間ハ昼ル居ル所ナメリ、地火炉ナド塗タリ。次ノ間ハ寝所ナメリ、薦ヲ懸ケ廻ラカシタリ。次ノ間ハ普賢ヲ懸奉テ他ノ仏不在サズ。（第三十三話）

同様の事例は、鎌倉期の念仏者の聞き書き集『一言芳談』や説話集『撰集抄』などにもみえ、俗世から離れたひなびた田舎に粗末な茅屋を結ぶことが遁世者の一つのライフスタイルとして定着していたのである。

ところがこうした草庵は、室町期に入ると一転して、都市の中に持ち込まれることになる。

武家歌人の東益之は、永享年間（一四二九〜四一年）、三条堀川に隠居屋として竹亭と黒木亭を建てた。竹亭は大竹の内側の節を刳り抜いて、これを瓦の代りに用いるなど、十四世紀末の絵巻『慕帰絵詞』に描かれた「竹杖庵」（図44）を思わせるような総竹づくりの建築であった（『先人故宅花石記』）。

また、三条西実隆は、文明十五年（一四八三）三月八日、壬生の小槻雅久邸を訪れたが、雅久は茅葺きの庵を在家

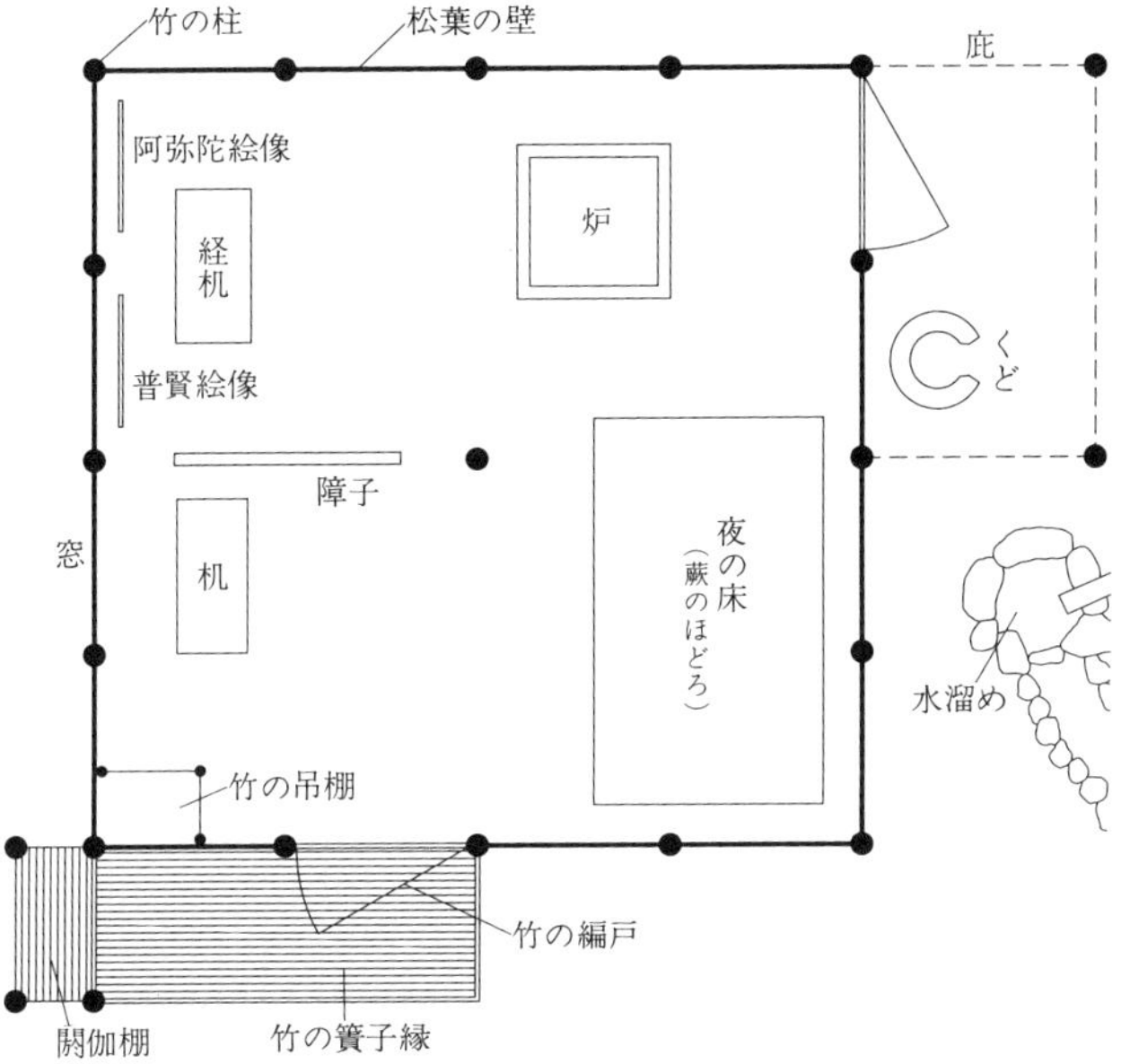


**図43** 鴨長明の草庵復元図（斎藤英俊氏による）

**図44** 竹造りの草庵（『慕帰絵詞』）

のかたわらに構えており、ここで酒宴のもてなしを受け、その後連句が催されたと、日記に記している。

室町後期には、このように市街のなかに〝山里〟の草庵を結ぶことが、都市の先進的文化人の間で流行した。これは、茶の湯の大衆化にともない下京の町衆にまで及び、四条室町の宗珠の邸には、午松庵と呼ぶ草庵が構えられた。ここを訪れた鷲尾隆康は、「市中の山居」「市中の隠」と絶賛したが、この草庵は、連歌の会場としても使われた。

地下の出身でありながら、古今和漢の文芸や歌学に通じ、北野天満宮連歌会所の宗匠にまでなった連歌師宗祇は、花御所近くに種玉庵と称する庵を結んでいたが、ここでしばしば盛大な連歌会が催された。三条西実隆は長享二年（一四八八）十月十六日、種玉庵での和歌会に出席した。

兼日の招請に依り、宗祇法師の庵に向かう。滋野井中納言・二楽軒・冷泉新納言・下官・姉小路相公・庵主・肖柏・玄清・宗作・大平・上原豊前・伯部・遊佐新左衛門・寺井等在座す。兼日の三首和歌幷に三十首当座これを講ず。月を踏みて帰宅す。頗る酩酊し了んぬ。（『実隆公記』）

種玉庵には、公家・武家・僧など、さまざまな階層の人々が集い、一種の文化サロンを形成していた。その規模や形態は不明だが、庵とはいっても粗末な草庵ではなく、十数人の人々が一堂に会し、連歌や和歌の会、さらには酒宴をとり行えるような広い座敷を備えた、本格的な建築であったことは確実である。

## 喧騒のなかで求める自然

ところで、どうして室町期後半の東山時代に、都市の奥深くに「市中の山居」が営まれたのだろうか。茶の湯の思想の影響もあろうが、私はむしろ中世京都の都市化現象と深い関係にあると考える。都市の喧騒と高密化が進むと、都市の人々は巷の俗塵を避けるように、市中の奥に人為的な自然環境＝山居を創造した。これは明らかに「反都市建築」を意図したものであった。しかもそれが、都市から隔離された山里ではなく、都市そのもののなかに造られたところに意味がある。都市と自然の素朴な対置を超越した、反転された都市の姿をそこにみることができるのである。

会所と草庵は、建築のデザインとしてみれば、あらゆる点で対極的な関係にある。すなわち、会所は厳格な和様の木割（建築材の寸法体系）を中心に、周囲に豪華な唐物で飾られた装飾空間を付属させているのに対し、草庵は木割を否定し、自然の素材の組み合わせの妙によって造形された数奇空間であり、装飾は徹底的に排除される。両者の見かけの違いは、その徹底した対比性によって、逆に根の深いところで同じ土壌を共有していることが明らかであって、中世の都市文化が生んだ双生児とみることができる。

会社も草庵も、都市の奥に立地し、そこでは自由な寄合いが催された。都市と住宅は、もはや直接対峙せず、奥深いところで屈折した回路を通して「交信」していたのである。

## *4* 会所の消滅と都市の成熟

会所は庭園に点在する建築でありながら、その意匠自体はむしろ反自然的なものが志向されている。角柱、長押、襖、天井、畳という和様の抑制されたデザインがその骨格となっており、そこに唐物を中心としたやや過多ともいえる装飾が施された。さらに主室は九間を代表とするほぼ正方形の空間であり、常設の座敷飾としては押板があるに過ぎない。つまり室の本質は、さまざまな飾りや用法に対応できるような無装飾性と抽象性にある。主室以外の諸室は逆に、床・棚・書院などの座敷飾をもち、常設の装飾空間である。書院造の主要な要素は会所のなかで醸成され、次代へ継承されたが、むしろそれは会所における主室ではなく、周囲の諸室を通してであった。

会所は中心の終焉とともに消えてゆくが、それは会所のもっとも会所たるべき場、すなわち寄合いのための主室を、各々の住宅の奥に内蔵しておくことが、もはや特別の意味をなさなくなったことを示している。

町には庶民の集会の施設としての町会所が登場し、都市という場そのものが多様な活動や芸能・祭礼の舞台となった。会所的なものは都市へと沁み出し、一般化されていったのである。中世末から近世初頭にかけて登場する「町会所」や「会所地」は、まさに都市の語彙といってよく、屋敷の奥に秘蔵された会所の消滅と取って代わるようにして、都市に定着してゆくことになる。

一方の草庵は、会所の末路とは異なり、さらに高度に洗練されて茶室や数寄屋座敷へと継承される。会所は消滅したが、会所のなかで培われた座敷飾を中心とするデザインや空間構成は、近世の書院造に決定的な影響を与え、草庵のデザインと多様な関係をもちつつ、新たな住宅形式の胎動が始まる。

中世前期の都市化の動きは、主として住宅や街区の表層部分に緩やかな変化を与え、古代からの寝殿造の住宅の変容と中世の町屋の形成とは、互いに密接な関係をもっていた。(7) 中世後半期の室町時代には、都市化がさらに本格的に進行し、都市と住宅はもはや表層部分ではなく、「奥」でかかわりをもつようになった。両者の関係は、人為的に環境をつくるという高度に洗練された美意識をベースに、複雑な回路を通じて結ばれていた。そして「表層から奥へ」の都市の浸透は、中世京都が都市として成熟したことを意味していたのである。

注

（1）松岡心平『宴の身体――バサラから世阿弥へ――』岩波書店、一九九一年。
（2）斎藤英俊「桂離宮の建築様式の系譜」（『名宝日本の美術』第二一巻　桂離宮、小学館、一九八二年）、同「会所の成立とその建築的特色」（村井康彦編『茶道聚錦』二　茶の湯の成立、小学館、一九八四年）。
（3）川上貢『日本中世住宅の研究』墨水書房、一九六七年。
（4）宮上茂隆「会所から茶湯座敷へ」（中村昌生編『茶道聚錦』七　座敷と露地㈠、小学館、一九八四年）。

（5）神代雄一郎「九間論」（『ＳＤ』55、一九六九年）。
（6）小西甚一『宗祇』筑摩書房、一九七六年。
（7）拙稿「町屋の表層と中世京都」（五味文彦編『中世を考える　都市の中世』吉川弘文館、一九九二年、本書第三章一）。

# 第四章　近世の都市空間

## 一　近世の都市と寺院

### はじめに

近世大坂は町人の町といわれる。実際、大坂は江戸時代を通じて全国的商品流通システムの中核市場としての位置を保ち、数多くの豪商たちの活発な経済活動が展開した。このことは江戸や京都と比較して、大坂における町人地の占める割合の大きさに端的に表れている。大坂の都市史は、したがって商業史・経済史の立場から膨大な研究を蓄積してきたのである。

一方、大坂には数多くの寺院が存在したという事実は意外に注目されていない。延宝七年（一六七九）に刊行された『難波鶴』は、大坂三郷の寺院数を四二四寺と数える。元禄年間（一六八八〜一七〇三年）の大坂の町数が五四八町（新地を除く古町）であったから（『地方役手鑑』[1]）、当時古町およそ一・三町にひとつの寺院があったことになる。これは一都市内の寺院としてかなりの数と密度といわねばならない。

京都は正徳五年（一七一五）段階で、洛中町数一六一五町（東西本願寺寺内を含む）に対して洛中寺院二六八寺、洛外町続幷在々寺院八六一寺となっており（『京都御役所向大概覚書』）、市中に立地する寺院は大坂に比べると少ない。しかし洛外を含めると千を超える寺院が存在していたのである。江戸でも天明年間（一七八一〜八八年）、府内一六五〇余町におよそ千余の寺院が存在していた（『御府内備考』巻一）。寺院の数は、ある意味でその都市の規模や活性度を計るひとつの指標になりうるはずで、各近世都市における町数と寺数や両者の相関をみることは、ぜひともあきらかにしておくべき重要な基礎作業であろう。

さて、本論では近世大坂を題材に取りあげ、城下町のひとつの構成要素である寺社地に焦点を絞り、都市における寺院の存在形態について若干の考察を加える。城下町における寺社地は、都市周縁部に計画的に割り出された「寺町」として捉えられるのが一般的であるが、それ以外にもいくつかの存在形態をみいだすことができる。ここでは、とりわけ寺院と町との関係から寺院の三つの類型（後述）を設定し、それぞれの都市内に占める特質を明らかにしたい。大坂は、これから述べるように中世以来寺院とのかかわりが深い都市である。町人の町＝大坂という都市像は、商業都市大坂の本質を正しく捉えたものであるが、ここでは寺の町＝大坂というもうひとつの側面を描いてみようと思う。

## *1* 中世から近世へ

近世大坂における寺院の存在形態を検討するまえに、その前提条件を概観しておきたい。十五世紀から十六世紀にかけてのほぼ同時期に、上町台地の北端と中央部に石山本願寺寺内町と四天王寺門前町の二つの都市が存在した。こ

の二つの都市は近世大坂が成立するための重要な前提となった。(2)

**石山本願寺**

石山本願寺は、明応五年（一四九六）本願寺第八世法主蓮如（一四一五〜九九）によって建設された寺内町で、中世末期には織田信長を脅かすほどの一大勢力を形成した本願寺の拠点都市であった。天文元年（一五三二）山科本願寺焼亡後は、この石山本願寺が本山となり、全国の一向宗の首都として君臨した。

石山本願寺の位置と規模については、かつて若干の議論があったが、いまのところ現在の大阪城二の丸の内側に比定する説が大勢を占めている。のちに秀吉が築城する大坂城の本丸、二の丸は、石山本願寺の遺構を再利用したものであることは、文献史料・発掘調査などからほぼ確実とみられるからである。

石山本願寺が都市としてどのような構成をもっていたかについては、不明な点が多いが、『天文日記』や『私心記』などの同時代史料から復元的に推察すると、およそ次のようであった。

①　寺内（境内地）のまわりには、地形の要害性にあわせて堀・土居・構（塀）・櫓などの防御施設が築かれ、城塞都市の体をなしていた。またその出入口は六つあり、それぞれ木戸門で通常は閉鎖されていた。

②　寺内は大きくみて、本願寺の主要堂舎その他の施設がある「御坊」と、門徒集団・商工業者が集住する「町」の二郭から構成されていた。御坊は寺内の西端に東を正面として立ち、町はそれを北・東・南からコの字型にとりかこむように存在していたと推定される。この構成は山科本願寺とも類似し、真宗寺院の伽藍配置を原則にしたものとみることができる。

③　町には、新屋敷、北町屋・北町・西町・清水町・南町の六町があり、さらにその内部には、檜物屋町、青屋町・横町・中町などの枝町が形成されていた。各町は年寄・宿老・若衆によって運営される自治組織をもち、鍛

冶屋・大工・酒屋・米屋などの多くの商工業者が住んでいた（永禄五年〈一五六二〉の火災時に約二千軒が焼失したという記録がある）。彼らは本願寺の庇護の下で活発な経済活動を行い、多様な都市生活を享受した。

④　本願寺は、対外的には守護不入などの諸特権の獲得に腐心し寺内町の平和領域化を推進する一方、対内的には寺内住民を一元的に支配した。警察裁判権・地子（土地税）、諸役の収取権などの権利はすべて本願寺が掌握しており、まさに都市領主と呼ぶにふさわしい存在であった。

石山本願寺は明応五年（一四九六）に建設され、織田信長との一〇年に及ぶ死闘（石山合戦）の末敗れ天正八年（一五八〇）に開城するまでの八十余年、一向宗の最高峰として君臨した。一方、寺内町内部においては、強大な都市領主本願寺は、従属する町々を庇護すると同時に一元的に支配した。こうした中世的領主支配のあり方は、都市核＝本願寺「御坊」と、それを取り囲む「町」という二郭構成の都市形態にも直接的に反映されていたのである。

**四天王寺門前町**

石山本願寺が都市として繁栄を謳歌していたころ、そのすぐ南の上町台地上にあった四天王寺も多くの人々を吸収しつつあった。

平安末期以降、盛行をきわめる浄土信仰のなかで、難波江の海の極楽浄土へ向かう四天王寺西門信仰は中世の人々の間で次第に定着し、彼岸中日には上下貴賤の雑多な人々が群集をなしたことはよく知られている。四天王寺の西門前を南北に通る街道は、南は住吉・堺へつながる中世の主要街道＝「熊野街道」で、西門信仰のみならず熊野詣や堺に行き来する人々で賑わった。こうした人々相手に西門前ではしばしば大規模な市が開催された。四天王寺はまた『一遍聖絵』に描かれるように、乞丐人の溜まり場でもあった。病につかれたものも含め四天王寺境内外に集団をなしていたのである。

一方、中世四天王寺では数多くの祭事や法会が営まれ、四天王寺伶人（楽人）による荘厳な舞楽が頻繁に演じられた。岩崎武夫氏が指摘するように中世四天王寺は、寺院を中核として聖俗あい交わる固有の場を形成していたのであって(3)、その場の特性は、浄土と現世が接続する両義的な「聖域・広場」的な空間であったと想像される。

当時の四天王寺を中心とした周辺の具体的な状況は必ずしも明らかではないが、『大乗院寺社雑事記』の明応八年（一四九九）の記事に「天王寺は七千間在所」とあるように、かなり大規模な在所が形成されていたようである。『天王寺執行政所引付』（文明四年〈一四七二〉）などの断片的な史料から推定すると、その構成はおよそ次のようなものであった。

四天王寺の西門前の上町台地西斜面には熊野街道を軸として門前町が形成され、商工業者や伶人たちの居住区があった。彼らは四天王寺の支配下におかれ、一定の公事銭を納めていた。ここでは時として大規模な市が開かれたが、これも四天王寺の管轄下にあった。四天王寺の周囲には、北村・東門村・南村・川堀村・国分村・花園村・土塔村の七つの村がちょうど四天王寺を取り囲むように存在し、これらの村々も料足（金銭）などを通じて四天王寺配下に組み込まれていた。

「天王寺は七千間在所」というのは、おそらくこれらの総体＝「四天王寺境内」を指すのであり、石山本願寺のよ

**図45**　四天王寺西門前鳥居付近の光景
（『一遍聖絵』巻２）

うに要害化し、守護不入権を獲得していた形跡こそ認められないが、都市領主としての寺院を核とした同心円状の構成をとるという点で共通性が認められる。

豊臣秀吉の城下町建設前夜の大坂は、おそらくこうした個別の都市領主とそれを取りまく町・村という中世特有の有機的なまとまりが散在するような状況であって、そのなかでも上町台地上の石山本願寺と四天王寺は中世末大坂の二大都市と呼ぶにふさわしい活況を呈していた。秀吉による近世初期の都市計画は、既存の中世末の都市を前提としつつ、これらをいかに解体・再編し新たな都市構想のなかに組み込んでいくかが重要な課題であった。

### 秀吉の初期城下町建設

天正十一年（一五八三）四月、賤ヶ岳の戦いで宿敵柴田勝家を滅ぼした秀吉は、当時石山本願寺の跡地を支配していた池田恒興を美濃に移して大坂を直轄地とし、六月には京都大徳寺で故信長の一周忌法要をみずからの手でとり行うなど信長の後継者としての演出をすませるやいなや、大坂城の築城にとりかかった。それは石山本願寺の遺構を踏襲しながらも、天下人秀吉の新都にふさわしい巨大で壮麗なモニュメントの創造でなければならなかった。

大坂の要害性はすでに石山合戦で証明ずみであり、それに加えて京都・奈良・堺に近く、大和川・淀川・海に囲まれた交通至便の立地は、天下統一を目指す秀吉の根拠地としてまたとない場所であった。

秀吉は、大坂に入るとただちに天守を含む本丸工事（第一期工事）に着手する。これは天正十一年九月から十三年四月までの短期間に実施され（小牧・長久手の合戦で中断あり）、石山本願寺の要害を踏襲・強化する一方、信長の安土城を凌駕するような大天守の造営に全力が注がれた。引きつづき天正十六年四月まで行われた第二期工事では、二の丸が築造され、この工事でのちの大坂冬の陣で埋め尽くすのに多大な労力が費やされるほどの巨大な堀が完成した。この堀もまた石山本願寺の外堀を利用したものであったと考えられる。

このような築城工事と並行して天正十一年、秀吉は町づくりにも着手している。それは、大坂城とその南の四天王寺をつなぐ街道に沿って、線状に町を建設するという計画であって、それはさらに住吉を経て貿易港の堺にまで達することを意図したものであった。このとき、城南の八丁目寺町を中心とした寺町地区の町割も着手されていた。このうち大坂城と四天王寺の間の「線状都市」は近世における「北・南平野町」に相当し、中世後期には堺とならんで都市的発展を遂げていた平野郷から、富裕町人を強制移住させることによって実現したものである。

このように中世末期の大坂における寺院を中核とした二大都市、石山本願寺寺内町と四天王寺境内は、そのいずれもが新たな都市建設構想のなかに組み込まれていたのであり、石山本願寺は大坂城へ、四天王寺における町場はそのまま継承し、この二つの孤立した「点」は、新たな町という「線」によって結節されたことになる。

**天満寺内町**

大川（淀川）の北、天神祭で有名な天満天神宮が鎮座する一帯は、通称「天満」と呼ばれる地区で、江戸時代には船場とならぶ繁栄を遂げた。

中世後期の天満は、天満天神の門前町や大川沿いの「渡辺津」と呼ばれる港町の存在が確認されるなど、局地的には一定の町場化が進展していた。しかし、全体としては「天満ノ森」と称されるように、いまだ自然景観を多く残すところであった。天正十三年（一五八五）秀吉はこの天満の地を本願寺に寄進し、寺内町の建設を強制する。本願寺は石山開城後、紀州の鷺ノ森（和歌山市）、和泉の貝塚を転々としていたが、秀吉の命によってここにようやく落ち着き先をみいだし、天満本願寺寺内町を建設することになる。

天満寺内町が建設された場所は、北は天満東寺町（後述—天正十一年に着手）、西は天満天神宮、東と南は大川に囲まれた部分で、ここに南北六〇間・東西二〇間の街区二つを一単位として、南北五単位・東西七単位からなる町割が施された。また本願寺の御坊は寺内町東端の大川沿い（現在の造幣局付近）におかれた。この町割にさいして、秀吉はみずから現地に赴き、その指導を行うなど積極的に介入し、堀・土居その他一切の防御施設の設置を許さなかった（図46）。

ここに天満寺内町を建設させた秀吉の意図は、『フロイス日本史』などの記述から推察すると、次のような点にあった。①本願寺を監視しやすい場所において不穏な動きを封じるとともに、その解体をさらに進めること。②本願寺寺内町を建設させることによって、天満という地区を一挙に開発してしまうこと。③全国からの本願寺への参詣によって都市大坂の活性化をはかること。

①は、天満という地区は大川をはさんで秀吉の居城大坂城から見下ろすことができるところで、監視下におくには恰好の場所であっ

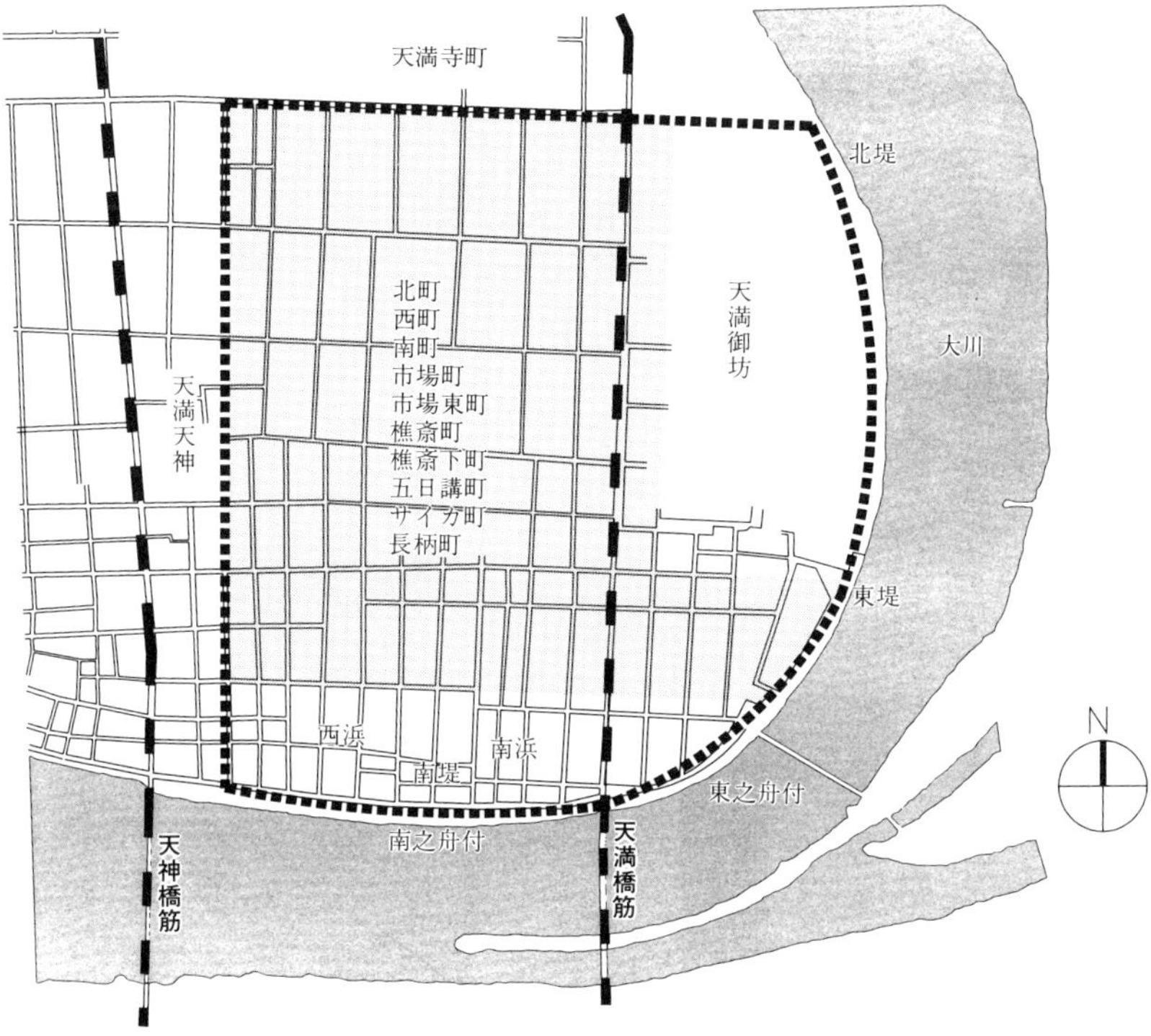


**図46**　天満本願寺寺内町の構成想定図

た。秀吉は、単に本願寺を監視するだけでなく、天正十七年（一五八九）寺内で起きた牢人衆隠匿事件をきっかけに寺内への介入を強化し、寺内掟の制定・検地を行うなど寺内町の内部解体を推進した。

②は、ここに寺内町建設を強制することによって、一定の地区を短期間に、しかも居住者をともなって都市化させることがねらいであった。そしてある程度の町場化が進展したところで本願寺を移転させ、その跡地を大坂城下町の一部に組み込んでいくという意図があったと考えられる。

③は、町の活性化であって、これは都市領主にとってつねに悩みのたねであった。周辺の町から強制的に商人を城下町に移住させるなどの施策は、このことを顕著に示している。本願寺の参詣者は夥しい数をかぞえ、これは大坂の賑わいを促進するものであった。秀吉は天正十三年寺内町の建設と同時に、天満へつながる橋＝天満橋を架けているが、それも本願寺への参詣の便宜をはかるものであったと考えられる。

天満本願寺は右の②・③の役割を果たすと天正十九年（一五九一）京都六条に移転を命じられ、秀吉の次なる経営対象となる京都の都市計画の一環に組み込まれる。そして天満本願寺の存在によって一定の町場化が進展した寺内跡地は、天満門前町とともに近世大坂の三郷のひとつ「天満組」の成立母体となる。

以上みてきたように、近世大坂の成立過程は一面において、寺院と城下町との多様なかかわりのなかで進行してきたとみることができる。こうした前史を念頭に置きながら、近世大坂における寺院の分析に移ろう。

## 2 近世大坂と寺院

### 寺院の三類型

近世の大坂に存在した寺院を町とのかかわりでみると、大きくみて次の三つのタイプが存在していたということができる。①城下の縁辺部に寺町を形成するもの（以下、「寺町」型と呼ぶ）、②町なかに散在する寺院（以下、「町寺」型と呼ぶ）、③城下に接する在方に立地する寺院で、寺院を中核として門前や子院地区を付属するもの（以下、「境内」型と呼ぶ）、の三類型である。すなわち、③は寺院境内に門前町が内包されるという、中世的境内を継承するのに対し、①は原則として町人地から分離され、中世的境内のさまざまな付属物を取り去った、純化された寺院が列状に集積される。一方、②の寺院は分散的に町人地に内包されるもので、寺院と町の包含関係は③と正反対の位置にある。

以下、それぞれの類型について具体的にみてゆきたい。

### 「寺町」型寺院

近世大坂における寺町の構成および形成過程については、すでに原田伴彦、内田九州男両氏の研究があり(4)、その概要についてはほぼ明らかである。とりわけ内田氏は寺町の大部分占める浄土宗寺院の開基年代を検討するなかで、大坂の寺町計画のいくつかは秀吉が大坂城築城を開始した天正十一年（一五八三）に着手された事実を発掘し、それまでの元和年間（一六一五〜一九年）に松平忠明のもとで実施されたとする通説に修正を加えるとともに、天正十九年の京都の事例を寺町計画の嚆矢とする従来の説にも一石を投じたのであった。ここでは既往の研究、とくに内田氏の成果を踏まえつつ、各宗派の勢力分布という点に注目しながら「寺町」型寺院の計画性と存在形態の一端を探りたいと考える。

大坂の寺町には次の一一カ所があった。天満の北を限る天満東寺町・天満西寺町、上町の南を限る西寺町・生玉寺町・生玉筋中寺町（北半・南半）・谷町筋八丁目寺町・八丁目寺町・八丁目中寺町・八丁目東寺町・小橋寺町・天王寺寺町がそれである（図47）。堀と川によって、それぞれの地域が明確に分かれている大坂にとって、市域の北と南を物的に限る境界がない。その意味で、北の二町と南の九町に集中する寺町群は大坂市中の南北の境界を明示していることになる。

さて、大坂の北限にあたる天

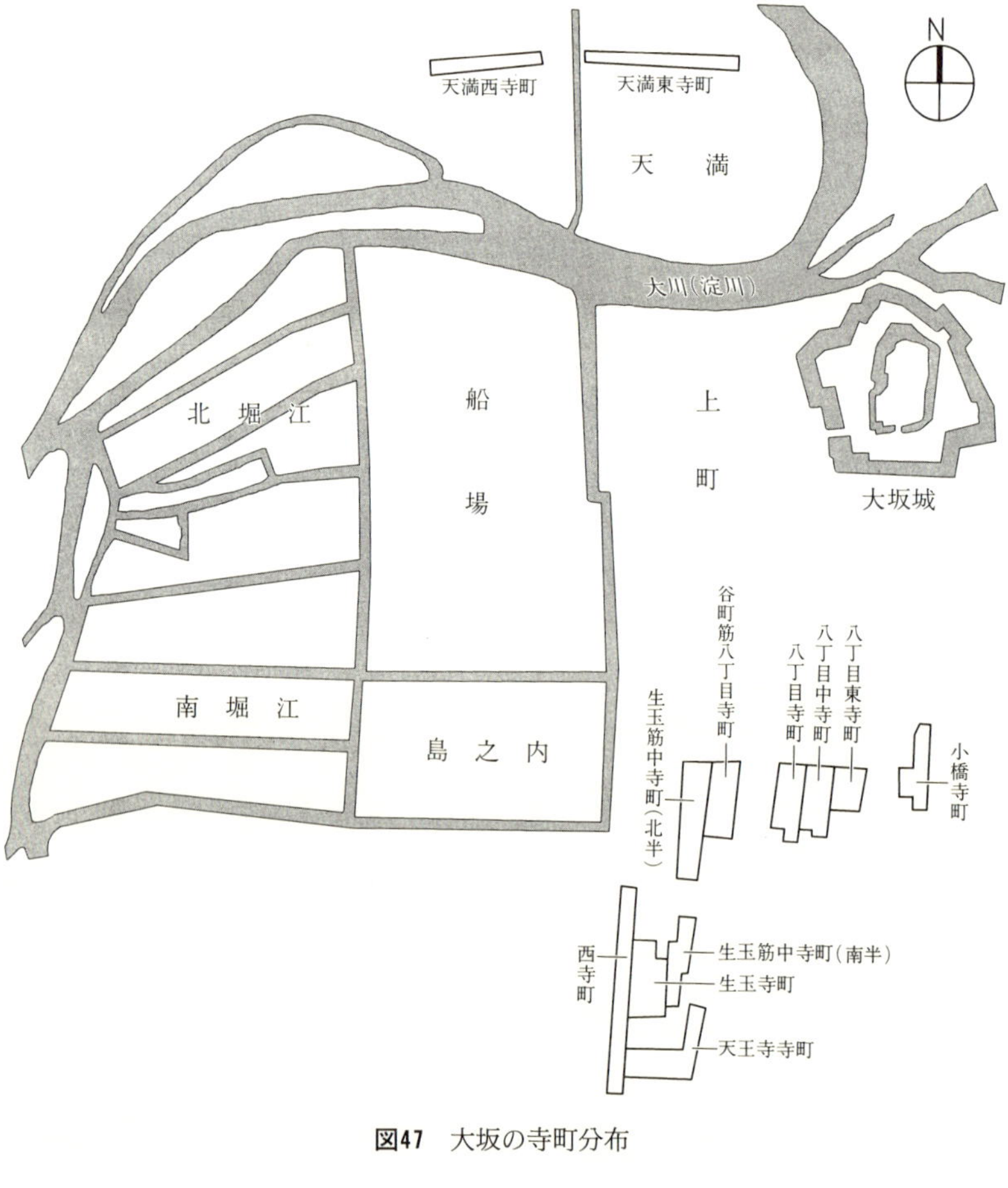


**図47**　大坂の寺町分布

満寺町と南に大部分が集中する寺町群との違いにまず着目したい。天満寺町は東西道路に沿った一列の寺町であって、片側町を形成しているにすぎない。それに対して南の寺町群は天王寺寺町の一部を除くと、すべて南北道路に沿った寺町で、しかもそのほとんどが道路をはさむ両側をひとつの単位とする両側町である。各寺町が隣接・集合することによって、面的に広がる寺院集中地区を形成しているのである。この違いはなにを意味するのであろうか。

天満東寺町は、内田氏が指摘したように大坂城築城の年、天正十一年（一五八三）に着手された寺町と考えられる。そしてその二年後の天正十三年に寺町以南、天満宮以東に本願寺が移転させられる。すなわち、当時まだ大坂市中に編入されていなかった天満の地は、大川をはさんで初期の大坂城下と対峙する位置にあって、先にみたように本願寺を監視しつつ隔離する場として、あらかじめ秀吉の構想下にあったと考えられる。したがって、天満寺町はここに雑多な中小寺院の集中地区をつくるというよりは、むしろ本願寺の寺地を割り出す境界線の役割を担ったとみるのが妥当であろう。東西に一列に並ぶ寺町の形態はこのことをよく示している。

天満東寺町は、他の寺町と比較して浄土宗寺院以外の宗派の混在が目立つ。すなわち、天満東寺町一八カ寺の内訳は浄土宗一〇、禅宗四、法華宗三、真言宗一となっており、禅宗・法華宗の占める割合が大きい（図48・表9）。これは同じ天正年中の城下町草創期に成立したとみられる八丁目寺町・八丁目中寺町の寺院合わせて二七カ寺のうち、二六カ寺が浄土宗であることと比べてみると、その性格の違いは明らかであろう。すなわち天満東寺町は、のちの本願寺地とあわせて主要な宗派の分散・混在を前提として計画された可能性が高く、浄土宗寺院一色の町人地に接する通常の寺町とは性格を異にする。浄土宗の教線拡大が主として近世都市の寺町に向けられていたことは各都市に共通する傾向であった。本来、都市型寺院としての側面が強い浄土宗のあり方からすればこのことは当然のことであり、大坂もその例外ではない。それに比べて、天満東寺町の宗派構成はやや特異な存在形態を示している。

一方の城南に位置する南北軸の寺町は、大坂城と四天王寺を結ぶ線状都市を両側からはさむように計画されており、初期の城下建設と直接連動した計画であったとみられる。

禅宗寺院が集中する天王寺寺町、法華宗寺院が集中する谷町筋八丁目寺町および生玉筋中寺町（北半）を別にすると、城南の寺町群はほぼ浄土宗寺院で埋めつくされているといってよい。寺町に浄土宗寺院が多く分布するのは、大坂だけではなく京都の京極寺町も同様である。かつて京都を題材に寺町の成立過程について検討したさい、寺町の成立は中世的境内が統一権力によって解体され、純化された境内が集積されたとし、寺町に浄土宗寺院の多い理由については中世後期に京都市中に混在していた浄土宗寺院と町との有機的な関係を分断することと、街区の中央に南北道路を通し新たに町割を施すために既存の寺院を移転する必要があったと考えた(5)。

しかし大坂の場合は事情が多少異なる。大坂の浄土宗寺院のうち、天正以前に開基したと伝える寺院は、永禄年中に浄国寺町に開基した浄国寺ただ一寺であって、その他は

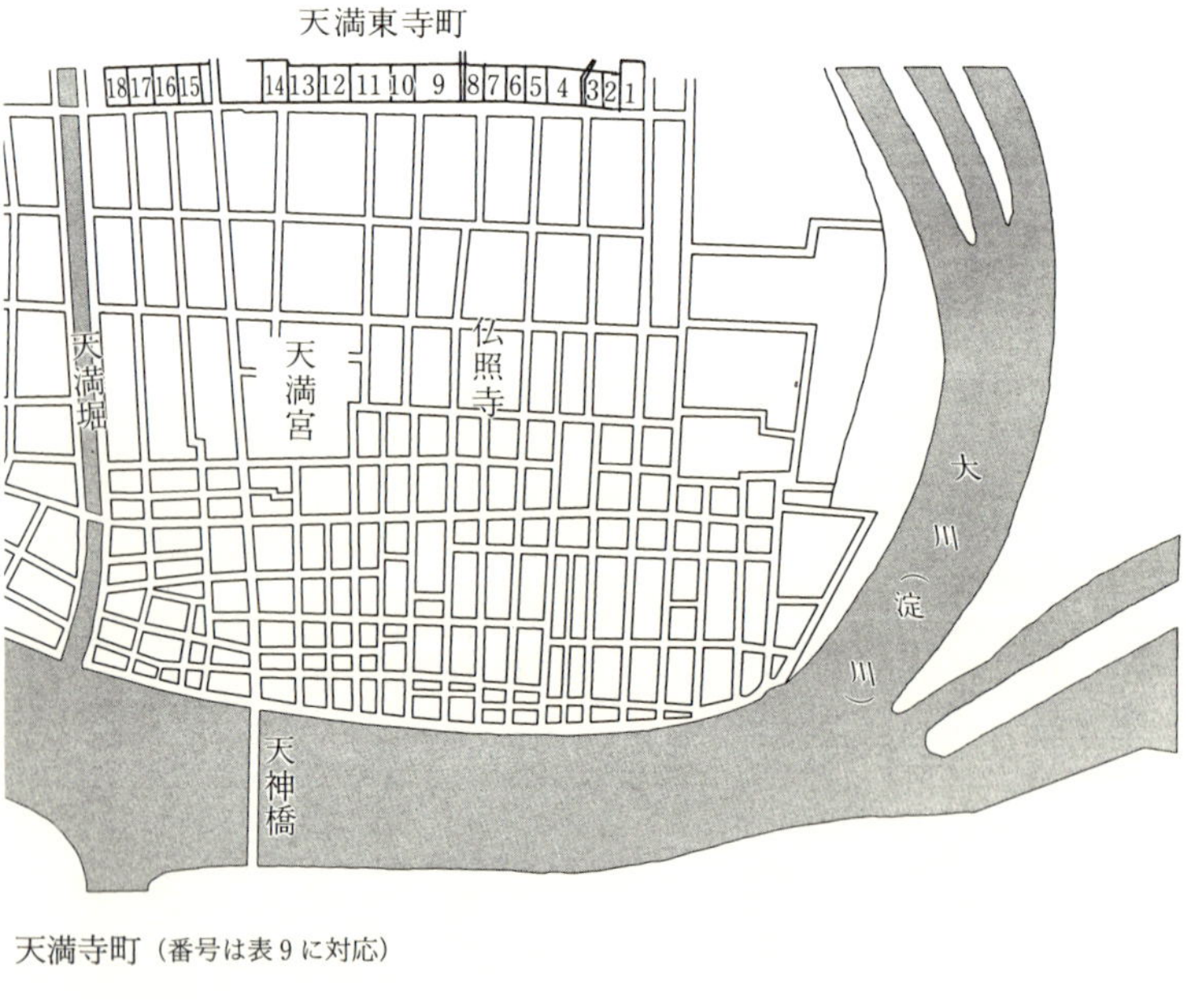


天満寺町（番号は表9に対応）

すべて城下町建設以降に新規に成立したものである。このことは寺町計面において、これを拘束する既往の都市的先行条件が浄土宗寺院についてはほとんどなかったことを意味し、大坂の寺町はより計画的に進められた可能性が高い。そこでこの計画意図を探る手がかりとして、各寺町において大半を占める浄土宗寺院の分布をより詳細に検討することにしよう（図48・49・表9）。

### 浄土宗寺院の配置

『手鑑拾遺』の「大坂・天満寺社数幷大坂町中江宗旨手形出候寺数・宗派訳書」（文政二年〈一八一九〉）によると、大坂の浄土宗寺院はa知恩院派（八五寺）、b知恩寺派（二一寺）、c金戒光明寺派（二九寺）、d西山派（三寺）の四つのグループに分けることができる。これらの分布をみると次のような事実が判明する（以下、a～dで示す）。

〔八丁目寺町・八丁目中寺町・八丁目東寺町〕　まず浄土宗寺院一三寺からなる八丁目寺町についてみると、a九寺、b二寺、c二寺という構成になっており、浄土宗各派の勢力を勘案した配分となっている。しかもbは上本町筋東側の北端に、cは南端にそれぞれ立地しており、その他はすべてaという配置になっている。cの光明寺は文禄三年（一五九四）に、西念寺は慶長二年（一五九七）に開基しており、天正年中に大部分が開基しているa・bより成立は遅

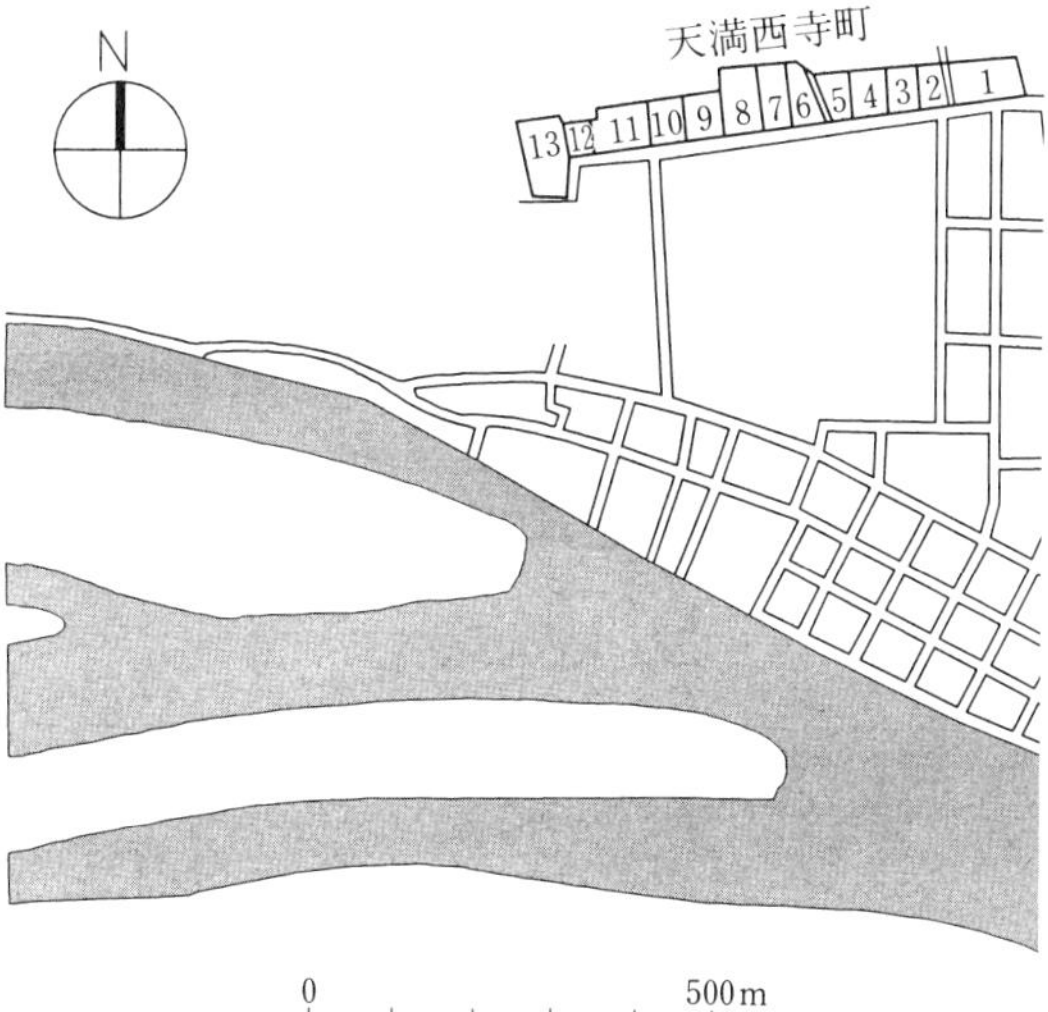


図48

| 寺院名 | 宗　派 | 開基/(転入時期) |
| --- | --- | --- |
| 生玉中寺町(北半) | | |
| 1 本行寺 | 法華宗本能寺・本興寺派 | |
| 2 蓮生寺 | 法華宗妙満寺派 | |
| 3 妙寿寺 | 法華宗立本寺派 | |
| 4 宝泉寺 | 法華宗妙覚寺派 | |
| 5 福泉寺 | 法華宗本隆寺派 | |
| 6 法性寺 | 法華宗妙覚寺派 | |
| 7 法雲寺 | 禅宗妙心寺派 | |
| 8 江国寺 | 禅宗妙心寺派 | |
| 9 本経寺 | 法華宗久遠寺派 | |
| 10 久成寺 | 法華宗妙蓮寺派 | |
| 11 本覚寺 | 法華宗妙蓮寺派 | |
| 12 常国寺 | 法華宗妙国寺派 | |
| 13 妙堯寺 | 法華宗久遠寺派 | |
| 14 妙徳寺 | 法華宗妙顕寺派 | |
| 15 薬王寺 | 法華宗妙覚寺派 | |
| 16 大雲寺 | 浄土宗知恩院派平僧 | 慶安年中 |
| 17 本要寺 | 法華宗本国寺派 | |
| 18 雲雷寺 | 法華宗久遠寺派 | |
| 19 禅林寺 | 禅宗崇禅寺派 | |
| 20 顕孝庵 | 禅宗総持寺塔頭覚皇院派 | |
| 21 大林寺 | 禅宗珊瑚寺(天王寺寺町)派 | |
| 22 円妙寺 | 法華宗頂妙寺派 | |
| 23 正法寺 | 法華宗本法寺派 | |
| 24 蓮光寺 | 法華宗本国寺派 | |
| 生玉筋中寺町(南半) | | |
| 1 持明院 | 古義真言宗仁和寺派 | |
| 2 安楽寺 | 浄土宗知恩院派 | 文禄年中 |
| 3 本誓寺 | 浄土宗知恩院派 | 文禄年中 |
| 4 一乗寺 | 浄土宗知恩院派 | 慶長年中 |
| 5 菩提寺 | 浄土宗知恩院派 | 慶長年中/(元和年中) |
| 6 法泉寺 | 浄土宗知恩寺派 | 文禄2年 |
| 7 法音寺 | 浄土宗知恩院派 | 慶長年中 |
| 8 隆専寺 | 浄土宗知恩院派 | 天正年中 |
| 9 円通寺 | 浄土宗知恩院派 | 慶長年中 |
| 10 清恩寺 | 浄土宗知恩院派 | 慶長年中 |
| 11 大乗寺 | 浄土宗知恩院派 | 慶長年中/(元和年中) |
| 12 堂閣寺 | 法華宗上行寺派 | |
| 谷町八丁目寺町 | | |
| 1 本照寺 | 法華宗本国寺派 | |
| 2 法妙寺 | 法華宗本能寺・本興寺派 | |
| 3 正覚寺 | 法華宗久遠寺派 | |
| 4 妙光寺 | 法華宗本国寺派 | |
| 5 久本寺 | 法華宗本能寺・本興寺派 | |
| 6 妙法寺 | 法華宗本能寺・本興寺派 | |
| 7 海宝寺 | 法華宗久遠寺派 | |
| 8 長久寺 | 法華宗本国寺派 | |
| 9 妙経寺 | 法華宗本満寺派 | |
| 10 妙像寺 | 法華宗妙顕寺派 | |
| 11 本長寺 | 法華宗本国寺派 | |
| 12 本政寺 | 法華宗本国寺派 | |
| 13 願正寺 | 浄土宗金戒光明寺派 | 元和3年 |
| 14 専修寺 | 浄土宗知恩院派平僧 | 慶長年中 |
| 15 大仙寺 | 禅宗妙心寺派 | |
| 16 重願寺 | 浄土宗知恩院派 | /(文祥年中) |
| 西寺町 | | |
| 1 大蓮寺 | 浄土宗知恩院派平僧 | 文禄3年/(慶長年中) |
| 2 応典院(大蓮寺塔頭) | 浄土宗知恩院派平僧 | 元和年中 |
| 3 称念寺 | 浄土宗知恩院派平僧 | 慶長年中 |
| 4 浄国寺 | 浄土宗知恩院派 | 永禄年中/(元和年中) |
| 5 源聖寺 | 浄土宗知恩院派平僧 | 天正年中 |
| 6 金台寺 | 浄土宗知恩院派 | 慶長年中/(元和年中) |
| 7 万福寺 | 浄土宗知恩院派 | |
| 8 大覚寺 | 浄土宗知恩院派 | 天正19年 |
| 9 光明寺 | 浄土宗知恩院派平僧 | 慶長年中/(元和年中) |
| 10 心光寺 | 浄土宗知恩院派平僧 | 慶長年中/(元和年中) |
| 11 宗念寺 | 浄土宗知恩院派 | 慶長9年 |
| 12 光伝寺 | 浄土宗知恩院派平僧 | 元和5年 |
| 13 超心寺 | 浄土宗知恩院派平僧 | 慶長年中/(元和年中) |
| 14 西住寺 | 浄土宗知恩院派平僧 | 慶長年中 |
| 15 法界寺 | 浄土宗知恩院派平僧 | 慶長年中/(元和年中) |
| 16 大光寺 | 浄土宗知恩院派平僧 | 文禄年中/(元和年中) |
| 17 善福寺 | 浄土宗知恩院派平僧 | 天正年中 |
| 18 宗慶寺 | 浄土宗知恩院派平僧 | 慶長年中 |
| 19 善竜寺 | 浄土宗知恩院派平僧 | 慶長年中 |
| 20 称名寺 | 浄土宗知恩院派平僧 | 慶長年中 |
| 21 西照寺 | 浄土宗知恩院派平僧 | 慶長年中/(元和年中) |
| 22 正覚寺 | 浄土宗知恩院派平僧 | 慶長年中 |
| 23 幸念寺 | 浄土宗知恩院派 | 慶長年中 |
| 24 西念寺 | 浄土宗知恩院派平僧 | 文禄年中/(元和年中) |
| 25 良運寺 | 浄土宗知恩院派 | 慶長年中/(元和年中) |
| 天王寺寺町 | | |
| 1 安住寺 | 禅宗妙心寺派 | |
| 2 吉祥寺 | 禅宗鳳林寺(天王寺寺町)派 | |
| 3 鳳林寺 | 禅宗永福寺派 | |
| 4 天鷲寺 | 天台宗日光御門跡派 | |
| 5 竜徳寺 | 禅宗妙心寺派 | |
| 6 太平寺 | 禅宗大乗寺派 | |
| 7 天瑞寺 | 禅宗妙心寺派 | |
| 8 春陽軒 | 禅宗齢延寺(生玉寺町)派 | |
| 9 梅旧院 | 禅宗鳳林寺(天王寺寺町)派 | |
| 10 珊瑚寺 | 禅宗一雲斎派 | |
| 11 法岩寺 | 禅宗大中寺派 | |
| 12 洞岩寺 | 禅宗鳳林寺(天王寺寺町)派 | |
| 13 昌林寺 | 禅宗栗東寺(天満東寺町)派 | |
| 14 浄春寺 | 禅宗雲興寺派 | |

＊内田九州男「城下町大坂」(『日本名城集成』大坂城，小学館)表144〜153をもとに，「大坂・天満寺社数幷大坂町中江宗旨手形出候寺数・宗旨訳書」(『手鑑拾遺』)・『蓮門精舎旧詞』(『浄土宗全書』)・『摂陽群談』で補足した。

**表9** 大坂寺町寺院一覧

| 寺院名 | 宗　派 | 開基/(転入時期) |
|---|---|---|
| 天満東寺町 | | |
| 1 専念寺 | 浄土宗知恩院派 | 大正11年 |
| 2 大信寺 | 浄土宗知恩院派 | 慶長10年 |
| 3 運潮寺 | 浄土宗知恩院派 | 文禄4年 |
| 4 竜海寺 | 禅宗金剛院派 | |
| 5 宝縁寺 | 浄土宗知恩院派 | 文禄5年 |
| 6 瑞光寺 | 禅宗妙心寺派 | |
| 7 長徳寺 | 浄土宗知恩院派 | 元和2年 |
| 8 九品寺 | 浄土宗知恩院派 | 天正11年 |
| 9 宝珠院 | 古義真言宗仁和寺派 | |
| 10 栗東寺 | 禅宗福昌寺派 | |
| 11 天徳寺 | 禅宗普蔵院派 | |
| 12 善導寺 | 浄土宗知恩寺派 | 文禄元年 |
| 13 超泉寺 | 浄土宗知恩院派 | 文禄2年 |
| 14 大鏡寺 | 浄土宗知恩寺派 | 文禄3年 |
| 15 智源寺 | 浄土宗知恩寺派 | 慶長9年 |
| 16 蓮興寺 | 法華宗要法寺派 | |
| 17 妙福寺 | 法華宗誕生寺派 | |
| 18 成正寺 | 法華宗久遠寺派 | |
| 天満西寺町 | | |
| 1 冷雲院 | 浄土宗知恩院派 | 文禄4年 |
| 2 蟠竜寺 | 浄土宗金戒光明寺派 | 慶長13年 |
| 3 大林寺 | 浄土宗金戒光明寺派 | 文禄5年 |
| 4 西福寺 | 浄土宗知恩院派 | 慶長年中/(元和3年) |
| 5 竜淵寺 | 浄土宗金戒光明寺派 | 元和元年 |
| 6 法輪寺 | 浄土宗金戒光明寺派 | 元和3年 |
| 7 法住寺 | 浄土宗金戒光明寺派 | 元和3年 |
| 8 妙香院 | 浄土宗金戒光明寺派 | 元和3年 |
| 9 円通院 | 禅宗天徳寺派 | |
| 10 正泉寺 | 禅宗全昌寺派 | |
| 11 本伝寺 | 法華宗本国寺派 | |
| 12 法界寺 | 浄土宗知恩寺派 | 文禄2年 |
| 13 寒山寺 | 禅宗妙心寺派 | 寛永9年 |
| 八丁目寺町 | | |
| 1 大福寺 | 浄土宗知恩寺派 | 天正年中 |
| 2 念仏寺 | 浄土宗金戒光明寺派 | 天正年中 |
| 3 実相寺 | 浄土宗知恩院派 | 天正年中 |
| 4 天性寺 | 浄土宗知恩院派 | 天正年中 |
| 5 光明寺 | 浄土宗知恩寺派 | 文禄3年 |
| 6 正念寺 | 浄土宗知恩寺派 | 慶長2年 |
| 7 大念寺 | 浄土宗知恩院派 | 天正年中 |
| 8 長楽寺 | 浄土宗知恩院派平僧 | 文禄年中 |
| 9 白雲寺 | 浄土宗知恩院派 | 元和年中 |
| 10 専念寺 | 浄土宗知恩院派 | 文禄年中 |
| 11 誓願寺 | 浄土宗知恩院派 | 天正年中 |
| 12 源光寺 | 浄土宗知恩院派 | 文禄年中 |
| 13 西光寺 | 浄土宗知恩院派平僧 | 天正年中 |
| 八丁目中寺町 | | |
| 1 大通寺 | 浄土宗知恩院派 | 天正年中 |
| 2 栄松院 | 浄土宗知恩院派平僧 | 天正年中 |
| 3 極楽寺 | 浄土宗知恩院派 | 文禄年中 |
| 4 竜淵寺 | 浄土宗知恩院派平僧 | 天正年中 |
| 5 誓安寺 | 浄土宗知恩院派 | 天正年中 |
| 6 誓福寺 | 浄土宗知恩院派 | 天正年中 |
| 7 無量寺 | 浄土宗知恩院派 | 天正年中 |
| 8 天然寺 | 浄土宗知恩院派 | 天正年中 |
| 9 梅松院 | 禅宗妙心寺派 | |
| 10 慶恩寺 | 浄土宗知恩院派 | 天正年中 |
| 11 超善寺 | 浄土宗知恩院派平僧 | 文禄年中 |
| 12 長安寺 | 浄土宗知恩院派 | 天正年中 |
| 13 蓮生寺 | 浄土宗知恩院派 | 文禄年中 |
| 14 竹林寺 | 浄土宗知恩院派 | 慶長年中 |
| 15 西光寺 | 浄土宗知恩院派 | 文禄年中 |
| 八丁目東寺町 | | |
| 1 楞厳寺 | 浄土宗知恩院派 | |
| 2 大善寺 | 浄土宗知恩寺派 | |
| 3 宗心寺 | 浄土宗知恩院派平僧 | 慶長年中 |
| 4 洞泉寺 | 浄土宗知恩院派 | |
| 5 宗円寺 | 浄土宗知恩院派 | |
| 6 天竜院 | 浄土宗知恩寺派 | |
| 7 十万寺 | 浄土宗西山派 | |
| 8 法蔵院 | 浄土宗知恩院派 | |
| 9 仏心寺 | 浄土宗知恩院派平僧 | 慶長年中 |
| 10 全慶寺 | 浄土宗知恩院派平僧 | 文禄年中 |
| 11 宝樹寺 | 浄土宗知恩院派 | |
| 小橋寺町 | | |
| 1 心眼寺 | 浄土宗知恩院派 | 文禄年中 |
| 2 興徳寺 | 古義真言宗高野山宝性院派 | |
| 3 大応寺 | 浄土宗知恩寺派 | 文禄年中 |
| 4 伝長寺 | 浄土宗知恩寺派 | 慶長年中 |
| 5 本覚寺 | 浄土宗知恩寺派 | 慶長17年 |
| 6 西念寺 | 浄土宗知恩寺派 | 慶長年中 |
| 7 両岩寺 | 浄土宗知恩寺派 | 慶長15年 |
| 8 大円寺 | 浄土宗知恩寺派 | 慶長14年 |
| 9 慶伝寺 | 浄土宗知恩寺派 | 慶長17年 |
| 10 成道寺 | 浄土宗知恩寺派 | 慶長年中 |
| 11 宝国寺 | 浄土宗知恩寺派 | 文禄3年 |
| 12 最勝寺 | 浄土宗知恩院派 | 文禄年中 |
| 生玉寺町 | | |
| 1 齢延寺 | 禅宗光岳寺派 | |
| 2 光善寺 | 浄土宗知恩寺派 | 文禄5年 |
| 3 大善寺 | 浄土宗知恩寺派 | 慶長17年 |
| 4 増福寺 | 浄土宗知恩寺派 | 慶長7年 |
| 5 浄運寺 | 浄土宗知恩寺派 | 慶長5年 |
| 6 長円寺 | 浄土宗知恩寺派 | 慶長11年 |
| 7 宝泉寺 | 浄土宗知恩寺派 | 慶長6年 |
| 8 宝国寺 | 浄土宗知恩院派 | 慶長年中 |
| 9 銀山寺 | 浄土宗知恩寺派 | 天正19年 |
| 10 大宝寺 | 浄土宗知恩院派 | 元和年中 |
| 11 大安寺 | 浄土宗知恩寺派 | 文禄5年 |
| 12 西方寺 | 浄土宗知恩寺派 | 文禄2年 |
| 13 九応寺 | 浄土宗知恩寺派 | 慶長18年 |

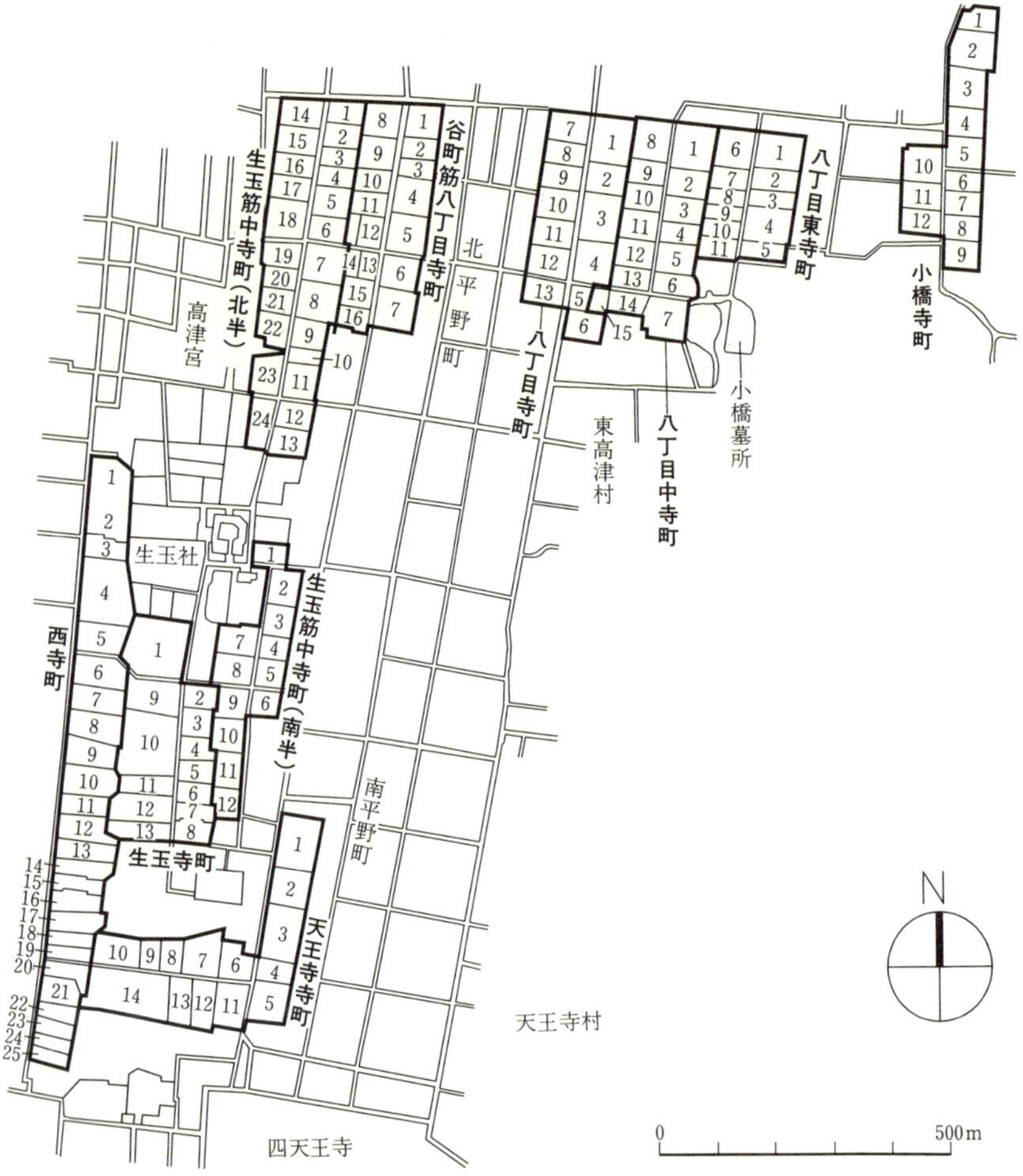


**図49**　城南の寺町（番号は表9に対応）

れるので、この二寺については当初の地割からはずされていた可能性があるが、少なくとも知恩院・知恩寺二派については明確にゾーンを分けた寺地配分があったとみられる。

次に八丁目寺町に東隣する八丁目中寺町に目を移そう。ここには浄土宗寺院一四寺、禅宗寺院一寺が南北道路の両側に櫛比する。浄土宗寺院一四寺はすべてaで、そのうち九寺が天正年中に開基されている。禅宗寺院一寺が混入しているものの、この地区はあきらかに知恩院派のために割り当てられた寺町ということができる。

そのさらに東に隣接する八丁目東寺町もまた一一寺すべてが浄土宗である。ただし前二町に比べると形成はやや遅れ、文禄・慶長期をまつ。各派の構成をみると、a八寺、b二寺、d一寺となっており、八丁目寺町の構成に類似する。bで北西端に比較的大きな寺地を占める天竜院は、この町で唯一天正年間（一五七三〜九一年）の開基であることは、a一色の八丁目中寺町とやや異なる性格も認められる。

八丁目寺町・中寺町・東寺町の一角をみたが、この地区は寺町としての形成が早く、しかも浄土宗寺院、とりわけaの知恩院派の占有が顕著な地区と位置づけることができよう。

〔小橋寺町〕　一方、八丁目寺町の東には小橋寺町がある。小橋寺町も古義真言宗の興徳寺を除くと、すべてが浄土宗であるが、ここにbの寺院が集中する。すなわち浄土宗寺院一一のうち九寺までがbで、aはわずか二寺に留まっている。この地区はあきらかにbの知恩寺派のための寺町としてよい。

〔生玉寺町・天満西寺町〕　八丁目寺町・小橋寺町にほとんど姿を表わさなかったcの金戒光明寺派はどうであろうか。cは、生玉寺町に集中して存在する。一三寺のうち一二が浄土宗で、cは九寺を占める。これは大坂市中に存在するc一九寺の約半数に相当する。cでもっとも早く開基した銀山寺（天正十九年）がここに位置することも当町の性格をよく表している。本派のもうひとつの集中地区は天満西寺町であって、浄土宗九寺のうち六寺を数える。なお天満西寺町には、禅宗三寺、法華宗一寺があり、天満東寺町と似た構成比を示している点が興味深い。〔生玉筋中寺町・西寺町〕残る浄土宗集中地区は生玉筋中寺町（南半）と高津新地と接する西寺町である。生玉筋中寺町（南半）は法華宗の堂閣寺を除く一〇寺が浄土宗で、a九寺、b一寺である。一方、西寺町は二四もの浄土宗寺院が一列に並ぶ壮観をみせているが、ここには他の浄土宗寺院集中地区とは異なる特徴がある。これは内田氏がすでに指摘しているところだが、かつて船場の西端の浄国寺寺内などに立地していた寺院の多くが秀吉晩年の慶長三年（一五九八）の町中屋敷替のさいに当町に移転させられている。したがって大坂の寺町のなかで最後に形成された寺町ということになる。注目されるのは『蓮門精舎旧詞』によると、知恩院派平僧分として一括される格の低い寺々がここに集中していることであって、二四寺中一九寺が平僧分である。このことは各寺地の間口の狭さにもよく表れている。

大坂の寺町には浄土宗寺院が数多く分布するという従来の漠然とした印象は正しい。しかし寺町の寺地配分はここでみたようにさらに精細なゾーニングのもとに実施された可能性は高い。他の完派と併せて明確に識別できる各宗派の分布域をまとめると次のようである。

①浄土宗寺院集中地区
・知恩院派地区……八丁目寺町・八丁目中寺町・八丁目東寺町・生玉筋中寺町（南半）
・知恩院派平僧分地区……西寺町
・知恩寺派地区……小橋寺町
・金戒光明寺派地区……生玉寺町・天満西寺町
②法華宗寺院集中地区……谷町筋八丁目寺町・生玉筋中寺町（北半）

③禅宗寺院集中地区……天王寺寺町
④真言宗寺院集中地区……生玉社周辺
⑤各派混在地区……天満東寺町

この分布をみると、大坂城と四天王寺を結ぶ街道沿いに形成された初期大坂城下平野町は、それぞれ北端部分を浄土宗寺院地区と法華宗寺院にはさまれているのが明らかである。また四天王寺の近傍にある天王寺寺町には、四天王寺の宗派である天台宗寺院は配備せず、禅宗寺院が多い。こうした各宗派のゾーニングがどのような経緯で決定したかは魅力的なテーマであるが、史料的制約で今後の課題とせざるをえない。しかし、右にみたように細かく配慮された宗派ごとの集中と分散をみるかぎり、計画段階で寺院側との一定の折衝、すなわち教線拡大を目指す教団側の働きかけと計画側の調整があったことは確実である。

### 「町寺」型寺院

近世の大坂市中には数多くの一向宗寺院が散在した。これらは他宗派と異なる統制を受け、他の寺院には許されなかった市中への立地という特異な存在形態を示したのである。

『大坂濫觴書一件』には次のようにある。

東西本願寺門徒宗末寺は元来肉食妻帯の宗門、其上先年公儀へ敵たひ候趣意も在り候に付、町家同様の取斗に仰せ付けられ、市中所々にて勝手次第に道場を建て、丁人同様公役丁役等相勤め候様仰せ渡され候。

すなわち一向宗寺院は他の宗派とは異なり、町人地において道場を営むことにし、町人同様の公役・町役を負担するように命ぜられた。本来寺社地・町人地・武家地を明確に分離すべき幕府の都市政策からみれば不可解な寺院統制といわねばならない。

十八世紀の儒学者であり懐徳堂学主、中井履軒（一七三二〜一八一七。甃菴の二子・竹山の弟）は『年成録』のなかで、一向宗と法華宗のもたらす害について厳しく難じているが、一向宗について次のように述べている。

　一向宗の座敷法談を禁ずべし。是は前方願ひありてゆるされし事なれど、今にては大に害あり。（中略）一向宗に限りて必寺を村里の中に置て、斉民に偏著す。大に害あり。其宗法のことなれば、俄に改めがたし。焼失の時破壊して、再建の時に其地を没収して、偏境寺町の裔などにて、替地を与ふべし。

履軒は一向宗の道場のみが村里の在家に拠点を置くことを許され、日常的な布教活動を行っていることに問題があるとし、火災などのチャンスがあれば強制的に寺地を没収して、寺町などに替地を与えたほうがよいとしている。『大坂濫觴書一件』は、一向宗が「肉食妻帯の宗門」であることと「公儀へ敵たひ《（対）》」したことを理由にあげ、他宗のように寺地を斡旋したりせず、勝手に寺地を獲得することと町人並みの役負担を果たすよう命じられた、というようにこの措置を一種の罰則規定と捉えているふしがあるが、事実はおそらく逆で一向宗の一貫した宗法である講組織と在家における座敷法談を許可し、すでに大坂に分厚く展開していた一向宗勢力の既得権を安堵したというのが実情であろう。

このことは次の二つの町触からも窺うことができる（以下、町触は『大坂市史』所収）。

〔町触一〕　一在家を借り仏旦《（壇）》を講《（構）》え利用を求むべからずの旨、江戸に於いて諸家え仰せ出され候間、町中此趣存じ清僧置へからず。有来り妻帯道場の外は、縦い仏旦《（壇）》これ無く共、丁家に出家住居いたし、聴衆を集め法をとき候義、此已前より停止の間、違背せしめば其町曲事たるべき事。

一学文（を）志し一寺をも望み候僧侶は勿論、住持、隠居、同居、道心者にても、一旦寺中に罷り在り候僧は、町家住居成り間敷候。還俗のものは格別の事。

一当地住宅の町人、渡世成り難く髪を剃り、鉢をひらき、或いは隠居のもの、或いは親類にわかれ、哀傷の余り落髪致し、戒律をもち法衣を着し候共、前後寺中（に）居り申さずものは、丁中に住居苦しからず候。人を集め法談かましき義は仕り間敷候事。

一（略）

一西東本願寺・高田専修寺・仏光寺・大念仏寺・右五ヶ所末寺幷宮社町中に有来り候。向後町家を寺社屋敷に売り候はは、番所え相断り申すべく候。無断売り間敷候事。

（寛文六年〈一六六六〉十一月十五日）

〔町触二〕　右の通り寛文六午年相触れ候所、近年諸国より借宅住居の坊主入込み、法義も猥りに相成り、其上当地住居の寺々同事に旦家え立入り、檀那寺より相勤むべき法事等、借宅坊主共相勤め候。右の通りに相成り候ては、末々に至り、旦家共え如何躰の義相勤むべき哉斗り難く存じ候に付、向後右躰の坊主へ《より》宗旨手形差出し候義相止め、借宅住居の坊主旦家え立入らざる様致したき旨、此度西本願寺惣代の僧願出候に付、宗旨手形差出し候義相止め候段聞届け候。（下略）

（宝暦三年〈一七五三〉九月十八日）

〔町触一〕によると、一向宗（「有来り妻帯道場」）以外は町家において仏壇を構え、法談などの宗教活動を行うことを禁じられ、いったん寺中に入った僧は還俗しないかぎり町家に居住することは許されなかった（ただし当地の町人で寺中に入らず僧体のものが町家に居住するのは構わない）。これは町人地と寺社地を分離・掌握する原則からして当然の措置であった。しかし実態は〔町触二〕にみるように、町家を借宅して法事などを行う僧があとをたたず、事実上かなりの数の僧が町人地に混入していたとみられる。このため西本願寺惣代から借宅坊主が宗旨手形を発行することを禁止する願いが出されている。こうした借宅坊主の増加の背景には、不正な布教活動が都市内に横行していた（宝暦二年〈一七五二〉七月二十四日、在家で浄土宗の秘事である「五重血脈円頓布薩」を伝授することを、禁止するよう浄土宗各派・町中に申し渡した町触がある）一方で、法事や宗旨手形発行などの煩雑な手続きの簡略化や、現世利益を求める町人側の現実的な需要があったことも想像されるが、町家住居は一向宗のみ許される「既得権」であったのである。さらに東西本願寺以下、一向宗末寺は番所に届け出さえすれば、自由に町屋敷を売買することが可能であった（大念仏宗寺院も一向宗に準じた扱いがあった）。

**一向宗寺院の開基と移転**

石山本願寺の創建以来、大坂およびその周辺は一向宗の一大勢力地帯となった。ここで大坂市中に散在する一向宗寺院がどのような経緯で当該地に立地するに至ったのかをみておきたい。寛文六年（一六六六）十二月十五日の『大坂惣末寺由緒書』（『粟津文書』）には大坂市中の東本願寺六六カ寺の由緒が記されている。これをまとめた表10から、次のような点が指摘できる。

① 難波御堂は慶長三年（一五九八）に渡辺から上難波町に移転するが、当地には城下町建設以前から一向宗寺院がすでに集中的に存在しており（34浄円寺 天正二年、35聞信寺 天正元年、36妙善寺 天正四年、37専行寺 天正九年、39寂照寺 天正二年）、難波御堂移転の素地をつくっていたと考えられる（番号は表10に対応）。

② 天正以前に大坂に開基していた寺院は、円照寺（1、天正九年、天満住吉町）、仏願寺（5、天正十二年、大坂上本町）、浄安寺（20、天正年中、大坂安土町）、正福寺（28、天正十一年、西成郡高津村）、長久寺（31、元亀三年、大坂玉造二本松）、森祐光寺（33、応永年中、東成郡生玉荘森村）、応因寺（40、明応五年、大坂池端）、光円寺（43、元亀三年、大坂南綿屋町）、蓮久寺（48、文明三年、大坂玉造下清水町）、円周寺（49、天正十三年、大坂島町）、定専坊（54、天正九年、大坂内鍛冶町）、光徳寺（55、永正三年、大坂）、妙琳坊（56、享禄四年、東成郡生玉荘大坂）、仏照寺（62、観応元年、天満）、蓮沢寺（64、天永元年、西成郡川崎村）、本教寺（66、天正十四年、天満北五丁目）があり、のちの大坂市中およびその周縁に広

範な分布をみせていた。西本願寺下の寺院や退転した寺院を含めると、城下町建設前夜の大坂にはさらに高い密度で一向宗寺院が散在していたとみられる。

③ 慶長三年のいわゆる「大坂町中屋敷替」で移転した寺院には、明円寺（12、渡辺町→南本町二丁目）、浄安寺（20、安土町→安土町三丁目）、光徳寺（55、大坂旧跡→南久太郎町一丁目）、妙琳坊（56、不詳→赤坂町）があるが、船場周辺に移転した寺院は浄安寺のみで、明円寺・光徳寺は船場内部への移転である（妙琳坊が移転した赤坂町は、『言経卿記』天正十四年〈一五八六〉十一月十九日条にみえる「大坂赤坂町」と思われるが、場所は不詳）。すでにみたように町中屋敷替で移転した難波御堂・津村御堂は船場の西端を確定したが、このさい末寺までを船場周辺へ移転させた形跡は希薄である。

④ 慶長以降も大坂市中における移転が頻繁で、借屋寺院も散見される。

東本願寺下のみの事例であるが、一向宗寺院は城下町建設前から大坂およびその周辺にすでに一定の教線を張っていたことが明らかであり、先にみたように大坂の浄土宗寺院の大部分が城下町建設後新設されたのとは対照的である。このことは、他宗と異なり町人地に立地することが許される重要な前提条件になったと考えられる。また慶長三年（一五九八）の町中屋敷替のさいにも、船場内部に立地していた多くの浄土宗寺院が西寺町・生玉筋中寺町などへ移転が命ぜられたのに対し、一向宗寺院は今後大坂の中心地区となるべき船場を控えた好位置に難波御堂・津村御堂が移転し、すでに都市内部に散在していた諸寺院は大きな影響を受けていない。かくして大坂はふたたび一向宗の町への道を歩み始めることになる。

**一向宗寺院の分布**

文政十二年（一八二九）の『手鑑』『手鑑拾遺』(6)によると、当時大坂市中には四二四の寺があり、その内訳は次のよ

| | | |
|---|---|---|
| 35 | 聞信寺 | 上難波町(天正元年開基) |
| 36 | 妙善寺 | 上難波町(天正 4 年開基) |
| 37 | 専行寺 | 上難波町(天正 9 年開基) |
| 38 | 正覚寺 | 河州志貴郡沢田村(天正 4 年開基)→城州紀伊郡伏見(慶長 8 年)→伏見立売町(寛永 5 年) |
| 39 | 寂照寺 | 上難波町(天正 2 年開基)→南樽屋町(寛文 3 年) |
| 40 | 応因寺 | 江州金森村開基→大坂池端(明応 5 年)→金森還住(大坂没落時)→大坂南渡辺町(元和元年)→横堀炭屋町(万治元年) |
| 41 | 光禅寺 | 斎藤町(元和 9 年開基)→立売堀内新綿屋町(寛永16年) |
| 42 | 妙観寺 | 播州赤居郡中村(永禄 3 年開基)→大坂下博労三崎屋新左衛門借屋(寛永 6 年)→阿波座奈良屋町(寛文 4 年) |
| 43 | 光円寺 | 大坂南綿屋町(元亀 3 年開基)→安堂寺町 2 丁目(慶長11年)→順慶町 3 丁目(寛永元年) |
| 44 | 福円寺 | 大坂おたひ町(寛永20年)→横堀伏見町(正保 4 年) |
| 45 | 定久寺 | 大坂玉作二本松(文禄 3 年開基)→南鍛冶屋町 2 丁目(元和 5 年) |
| 46 | 誓得寺 | 白銀町(元和 4 年開基) |
| 47 | 南栖寺 | 天満 7 丁目(寛永 6 年開基)→南木挽町(寛永 6 年)→南新町(寛永 9 年) |
| 48 | 蓮久寺 | 大坂玉作下清水町(文明 3 年開基) |
| 49 | 円周寺 | 大坂嶋町(天正13年開基)→竜蔵寺町(元和元年)→上本町 2 丁目(元和 7 年) |
| 50 | 蓮通寺 | 北谷町(慶長元年開基) |
| 51 | 恩沢寺 | 道修町(寛永 6 年開基)→安堂寺町(寛永 9 年) |
| 52 | 来遊寺 | 南久太郎町 5 丁目(慶長11年開基) |
| 53 | 仁託寺 | 南久太郎町 5 丁目(慶長18年開基，長崎屋善西建立)→上難波町(慶安 4 年) |
| 54 | 定専坊 | 西成郡北中嶋三番村(明応年中開基)→大坂内鍛冶町(天正 9 年)→西平野町(元和 4 年) |
| 55 | 光徳寺 | 河内国大縣松谷(安貞 2 年真言宗寺院として開基)→大坂(永正 3 年)→天満(天正13年)→大坂旧跡還住(天正19年)→南久太郎町 1 丁目(慶長 3 年) |
| 56 | 妙琳坊 | 東成郡生玉荘大坂(享禄 4 年開基)→赤坂町(慶長 3 年)→大坂尼崎町(元和元年)→北久太郎町 5 丁目(寛永 5 年) |
| 57 | 称讃寺 | 播州家嶋荘(永正10年開基)→泉州日根郡佐野村(慶長10年)→大坂順慶町 4 丁目(元和元年)→大坂十三軒町(寛永 9 年) |
| 58 | 即応寺 | 大坂御堂寺中(寛永20年より御堂長屋居住) |
| 59 | 定円坊 | 大坂御堂寺中(正保 3 年より御堂長屋居住) |
| 60 | 長泉寺 | 泉州泉郡宇多荘大津村(天文年中開基)→京本寺御堂衆(天正19年)→泉州下条荘大津村(文禄 2 年)→西成郡渡辺(文禄 4 年,御坊留守居)→南久太郎町 5 丁目(慶長15年) |
| 61 | 通観寺 | 北久太郎町 5 丁目(寛永19年開基)→長泉寺寺内(明暦元年)天満本願寺留守居 |
| 62 | 仏照寺 | 観応元年開基→天満留守居(慶長 7 年) |
| 63 | 祐泉寺 | 大坂玉作西伊勢町(寛永 4 年)→天満 1 丁目(慶安 2 年) |
| 64 | 蓮沢寺 | 摂州西成郡川崎村(天永元年開基)→天満 1 丁目(承応 2 年) |
| 65 | 南江寺 | 元和元年開基→天満 5 丁目(寛永11年，道場建立) |
| 66 | 本教寺 | 天満北 5 丁目町中寄合道場(天正14年開基) |

*寛文 6 年12月15日『大坂惣末寺由緒書』より作成

**表10**　東本願寺派一向宗寺院の移転経緯

| | | |
|---|---|---|
| 1 | 円照寺 | 越中町袋(天正７年開基)→天満住吉町(天正９年)→大坂舟町(慶長14年)→西成郡江戸堀北輪１丁目(寛永14年) |
| 2 | 正行寺 | 和州葛木郡平田有井村(文明頃開基)→大坂(慶長４年)→大坂南本町４丁目(慶長13年) |
| 3 | 空楽寺 | 江子嶋(元和６年開基) |
| 4 | 聞光寺 | 大坂斎藤町(元和９年開基)→常安裏町(慶安元年) |
| 5 | 仏願寺 | 大坂上本町(天正12年開基)→南紺屋町(慶長７年)→道修町３丁目(正保４年) |
| 6 | 浄円寺 | 播州姫路(文禄元年開基)→高麗橋筋四軒町(元和８年) |
| 7 | 浄雲寺 | 泉州押大小路(慶長11年開基)→瓦町筋百貫町(寛永４年) |
| 8 | 本重寺 | 大坂上本町４丁目(慶長４年開基)→南鍋屋町(寛永10年) |
| 9 | 了安寺 | 大坂渡辺町(元和４年開基)→吉野町(寛文元年) |
| 10 | 春徳寺 | 河内渋川郡久宝寺村(天正15年開基)→南久太郎町５丁目(慶長７年)→伝馬町(寛永13年) |
| 11 | 浄源寺 | 河州八上郡長曾禰村(天正18年開基)→北久宝寺町２丁目(慶長８年)→北久太郎町３丁目(元和７年) |
| 12 | 明円寺 | 渡辺町(文禄４年開基)→南本町２丁目(慶長３年)→鰻谷２丁目→安堂寺町３丁目(元和８年) |
| 13 | 善瑞寺 | 大坂長町(慶長２年開基)→北久宝寺町４丁目(寛永８年) |
| 14 | 法泉寺 | 河州茨田郡門真荘二番村(元和２年開基)→大坂南久宝寺町(元和９年)→卜半町(寛文３年) |
| 15 | 永勝寺 | 城州紀伊郡伏見車町(文明年中開基)→大坂伏見呉服町(元和６年)→道修町５丁目(寛永６年) |
| 16 | 浄善寺 | 慶長４年開基→武州江戸(寛永６年)→安堂寺町２丁目(明暦元年) |
| 17 | 金剛寺 | 大坂北浜１丁目(慶長11年開基)→立売堀新鍛冶屋町(承応４年)→北久太郎５丁目讃岐屋加兵衛借屋(寛文５年) |
| 18 | 称念寺 | 尾張前田村(天正15年開基)→北久太郎５丁目 |
| 19 | 徳成寺 | 備後町１丁目(元和３年開基)→備後町２丁目(寛永12年) |
| 20 | 浄安寺 | 大坂安土町(天正年中開基)→安土町３丁目(慶長３年) |
| 21 | 玉泉寺 | 北久太郎町２丁目(慶長８年開基)→北久太郎町４丁目(寛永４年)→北久太郎町２丁目還住(慶安５年) |
| 22 | 明福寺 | 江州大津(元和３年開基)→南久宝寺町２丁目(元和７年)→北久宝寺町１丁目(寛永13年) |
| 23 | 徳照寺 | 泉州堺(慶長５年開基)→大坂片原町(慶長11年)→屋禰屋町(寛永３年) |
| 24 | 長安寺 | 播州河辺郡長州村(寛永５年開基)→大坂大豆葉町(寛永10年)→茶染屋町(万治元年) |
| 25 | 因順寺 | 播州菟原郡西大石村(元和３年開基)→大坂三右衛門町(寛永５年)→兵庫町(正保３年) |
| 26 | 光明寺 | 大坂坂本町(寛永６年開基)→和泉町(寛永18年) |
| 27 | 浄賀 | 北久宝寺町３丁目(寛永４年開基)→西成郡三軒屋村惣道場(寛文５年)→新玉作伏見伊勢町難波屋吉兵衛借屋(寛文６年) |
| 28 | 正福寺 | 西成郡高津村(天正11年開基)→東成郡近江町(元和４年) |
| 29 | 最勝寺 | 摂州住吉郡五ヶ荘松戸村(永禄２年開基)→天満御坊御堂衆(慶長13年)→大坂釣鐘町(慶長16年)→蛸燭町(寛永11年) |
| 30 | 本覚寺 | 内淡路町１丁目(寛永元年開基) |
| 31 | 長久寺 | 河州志紀郡大井村(永正６年開基)→大坂玉作二本松(元亀３年)→京橋南市場町(慶長10年)→(本)堺町(寛永14年) |
| 32 | 徳竜寺 | 泉州堺(慶長５年)→大坂片原町(慶長11年) |
| 33 | 森祐光寺 | 東成郡生玉荘森村(応永年中開基)→石山寺内→東七条寺内→南久太郎町２丁目(慶長16年) |
| 34 | 浄円寺 | 上難波町(天正２年開基) |

| | | |
|---|---|---|
| | 東本願寺門下 | |
| 1 | 光徳寺(55) | 南久太郎町1丁目 |
| 2 | 定専坊(54) | 平野町3丁目 |
| 3 | 光源寺 | 御池通6丁目 |
| 4 | 称念寺(18) | 北久太郎町5丁目 |
| 5 | 正行寺(2) | 南本町5丁目 |
| 6 | 仁託寺(53) | 上難波町 |
| 7 | 春徳寺(10) | 源左衛門町 |
| 8 | 浄安寺(20) | 関町 |
| 9 | 浄雲寺(7) | 百貫町 |
| 10 | 浄源寺(11) | 南久太郎町3丁目 |
| 11 | 徳成寺(19) | 追手町 |
| 12 | 徳照寺(23) | 屋根屋町 |
| 13 | 因順寺(25) | 兵庫町 |
| 14 | 長安寺(24) | 茶染屋町 |
| 15 | 光明寺(26) | 石津町 |
| 16 | 空楽寺(3) | 吉田町 |
| 17 | 浄円寺(6) | 四軒町 |
| 18 | 永勝寺(15) | 塩町4丁目 |
| 19 | 円照寺(1) | 江戸堀1丁目 |
| 20 | 仏願寺(5) | 茨木町 |
| 21 | 正福寺(28) | 近江町 |
| 22 | 最勝寺(29) | 内平野町 |
| 23 | 本覚寺(30) | 内淡路町 |
| 24 | 徳竜寺(32) | 相生東町 |
| 25 | 長久寺(31) | 内本町3丁目 |
| 26 | 光円寺(43) | 順慶町2丁目 |
| 27 | 金剛寺(17) | 尾張坂町 |
| 28 | 蓮久寺(48) | 玉造下清水町 |
| 29 | 円周寺(49) | 上本町2丁目 |
| 30 | 本重寺(8) | 玉木町 |
| 31 | 善瑞寺(13) | 北久宝寺町4丁目 |
| 32 | 定久寺(45) | 鍛冶屋町2丁目 |
| 33 | 明円寺(12) | 安堂寺町3丁目 |
| 34 | 誓得寺(46) | 白銀町 |
| 35 | 祐光寺(33) | 南久太郎町2丁目 |
| 36 | 明福寺(22) | 北久宝寺町1丁目 |
| 37 | 来遊寺(52) | 南久太郎町4丁目 |
| 38 | 妙勧寺(42) | 南久太郎町6丁目 |
| 39 | 玉泉寺(21) | 北久宝寺町2丁目 |
| 40 | 正覚寺(38) | 常盤町2丁目 |
| 41 | 蓮通寺(50) | 北谷町 |
| 42 | 妙善寺(36) | 上難波町 |
| 43 | 応因寺(40) | 帯屋町 |
| 44 | 光禅寺(41) | 橘町 |
| 45 | 了安寺(9) | 初瀬町 |
| 46 | 聞信寺(35) | 南久太郎町6丁目 |
| 47 | 妙琳坊(56) | 北久太郎町5丁目 |
| 48 | 即応寺(58) | 難波御堂寺内 |
| 49 | 称讃寺(57) | 南久太郎町5丁目 |
| 50 | 専行寺(37) | 上難波町 |
| 51 | 天満御堂(62) | |
| 52 | 難波御堂 | |
| | 東本願寺下仏照寺組 | |
| 1 | 祐泉寺(63) | 天満1丁目 |
| 2 | 慶徳寺 | 谷町2丁目 |
| 3 | 遍行寺 | 天満金屋町 |
| 4 | 受念寺 | 島町1丁目 |
| 5 | 蓮沢寺(64) | 天満1丁目 |
| 6 | 西慶寺 | 天満3丁目 |
| 7 | 本教寺(66) | 天満鈴鹿町 |
| | 東本願寺下本泉寺組 | |
| 1 | 光専寺 | 天満11丁目 |
| 2 | 浄教寺 | 天満8丁目 |
| 3 | 浄信寺 | 天満樋之上町 |
| 4 | 光満寺 | 天満小嶋町 |
| 5 | 本宗寺 | 天満南富田町 |
| 6 | 本泉寺 | 天満鳴尾町 |
| | 高田専修寺末 | |
| 1 | 欣浄寺 | 谷町2丁目 |
| | 仏光寺下 | |
| 1 | 光専寺 | 御堂留守居 |
| 2 | 源光寺 | 天満地下町 |

＊前掲「大坂・天満寺社数幷大坂町中江宗旨手形出候寺数・宗派訳書」より作成(在方の寺院は省略)。(　)内の番号は表10の寺院番号に対応。

**表11**　大坂市中一向宗寺院一覧

| | | |
|---|---|---|
| | 西本願寺門下 | |
| 1 | 広教寺 | 薩摩堀 |
| 2 | 浄照坊 | 本町５丁目 |
| 3 | 円光寺 | 南本町１丁目 |
| 4 | 尊光寺 | 梶木町 |
| 5 | 浄光寺 | 本町５丁目 |
| 6 | 長光寺 | 島町２丁目 |
| 7 | 万福寺 | 南綿町 |
| 8 | 定専坊 | 天満７丁目 |
| 9 | 浄光寺 | 白子裏町 |
| 10 | 超願寺 | 藤森町 |
| 11 | 蓮光寺 | 備後町４丁目 |
| 12 | 善光寺 | 尼崎町１丁目 |
| 13 | 常源寺 | 新天満町 |
| 14 | 光台寺 | 南農人町２丁目 |
| 15 | 専称寺 | 北鍋屋町 |
| 16 | 覚円寺 | 道空町 |
| 17 | 願宗寺 | 新淡路町 |
| 18 | 了安寺 | 坂本町 |
| 19 | 正福寺 | 古金町 |
| 20 | 西光寺 | 博労町 |
| 21 | 浄国寺 | 三郎右衛門町 |
| 22 | 光宗寺 | 御堂前町 |
| 23 | 真光寺 | 備後町５丁目 |
| 24 | 願教寺 | 津村南之町 |
| 25 | 善福寺 | 箱屋町 |
| 26 | 蓮生寺 | 出口町 |
| 27 | 常満寺 | 南久太郎町４丁目 |
| 28 | 竜泉寺 | 淡路町切丁 |
| 29 | 常元寺 | 讃岐屋町 |
| 30 | 浄徳寺 | 葭屋町 |
| 31 | 長円寺 | 金田町 |
| 32 | 光円寺 | 油掛町 |
| 33 | 明善寺 | 安堂寺町２丁目上半 |
| 34 | 円徳寺 | 宮川町 |
| 35 | 専念寺 | 薩摩堀納屋町 |
| 36 | 正楽寺 | 玉手町 |
| 37 | 正念寺 | 堂島新地中３丁目 |
| 38 | 光乗寺 | 石町 |
| 39 | 寿光寺 | 北新町１丁目 |
| 40 | 蓮台寺 | 南新町１丁目 |
| 41 | 信楽寺 | 南谷町 |
| 42 | 光明寺 | 相生西町 |
| 43 | 光清寺 | 常盤町１丁目 |
| 44 | 安養寺 | 江戸町 |
| 45 | 円竜寺 | 内本町２丁目 |
| 46 | 明専寺 | 鑓屋町 |
| 47 | 明円寺 | 南瓦屋町 |
| 48 | 光西寺 | 南勘四郎町 |
| 49 | 円融寺 | 山崎町 |
| 50 | 浄行寺 | ト半町 |
| 51 | 蓮教寺 | 桜町 |
| 52 | 円成寺 | 西高津町 |
| 53 | 大琳寺 | 備後町５丁目 |
| 54 | 順正寺 | 安治川上１丁目 |
| 55 | 正覚寺 | 松江町 |
| 56 | 西教寺 | 九条村町 |
| 57 | 称名寺 | 釘屋町 |
| 58 | 万福寺 | 天満東樽屋町 |
| 59 | 妙安寺 | 天満信保町 |
| 60 | 西善寺 | 天満南森町 |
| 61 | 円明寺 | 日本橋４丁目 |
| 62 | 宝泉寺 | 鰻谷２丁目 |
| 63 | 浄明寺 | 津村西之町 |
| 64 | 正善寺 | 帯屋町 |
| 65 | 金光寺 | 玉沢町 |
| 66 | 光円寺 | 順慶町５丁目 |
| 67 | 大仙寺 | 北久太郎町５丁目 |
| 68 | 円証寺 | 油掛町 |
| 69 | 西宝寺 | 御堂前町 |
| 70 | 善宗寺 | 南久宝寺町１丁目 |
| 71 | 西照寺 | 南堀江５丁目 |
| 72 | 津村御堂 | |
| | 西本願寺派興正寺門下 | |
| 1 | 浄蓮寺 | 天満７丁目 |
| 2 | 円宗寺 | 天満７丁目 |
| 3 | 光明寺 | 天満７丁目 |
| 4 | 西福寺 | 天満６丁目 |
| 5 | 興正寺御堂 | 天満７丁目 |

うであった（「大坂寺院宗旨分ヶ」）。

天台宗……………………一　法華宗……………………三七　同　仏光寺下…………一六
四宗兼学…………………一　一向宗西本願寺下………九三　大念仏宗…………………四
浄土宗…………………一二八　同　興正寺下…………一一　真盛派……………………一
真言宗…………………一七　同　東本願寺下………七三
禅宗……………………四一　同　高田専修寺下………一

一向宗寺院各派を総計すると浄土宗を上回る一九四寺となり、大坂の寺院総数の半数近い一向宗寺院が町人地に根を張っていたのである。

前掲の『手鑑拾遺』によって、一向宗寺院一九四寺の分布を次にみよう。近世中期以降に確定した大坂三郷は北組・南組・天満組よりなっていたが、さらに細かい地域名が存在した。ここでは、津村御堂・難波御堂の位置を配慮しつつ、各一向宗寺院各派の分布傾向を探ることにする（表11・図50）。

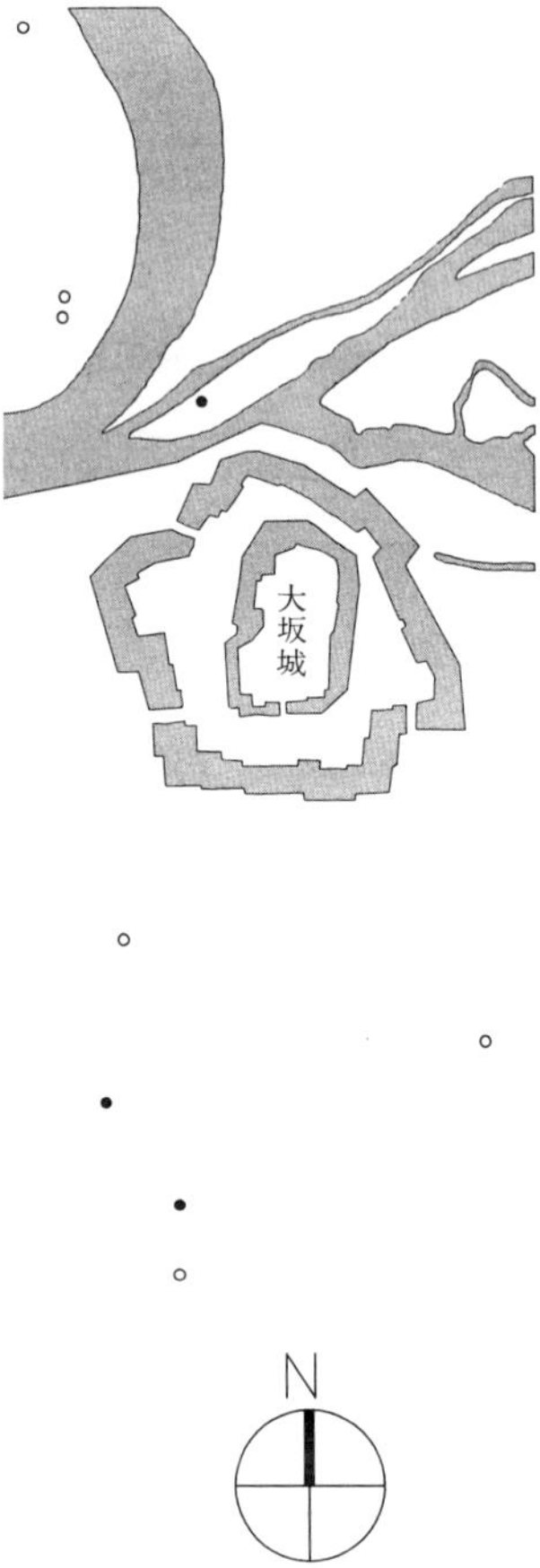

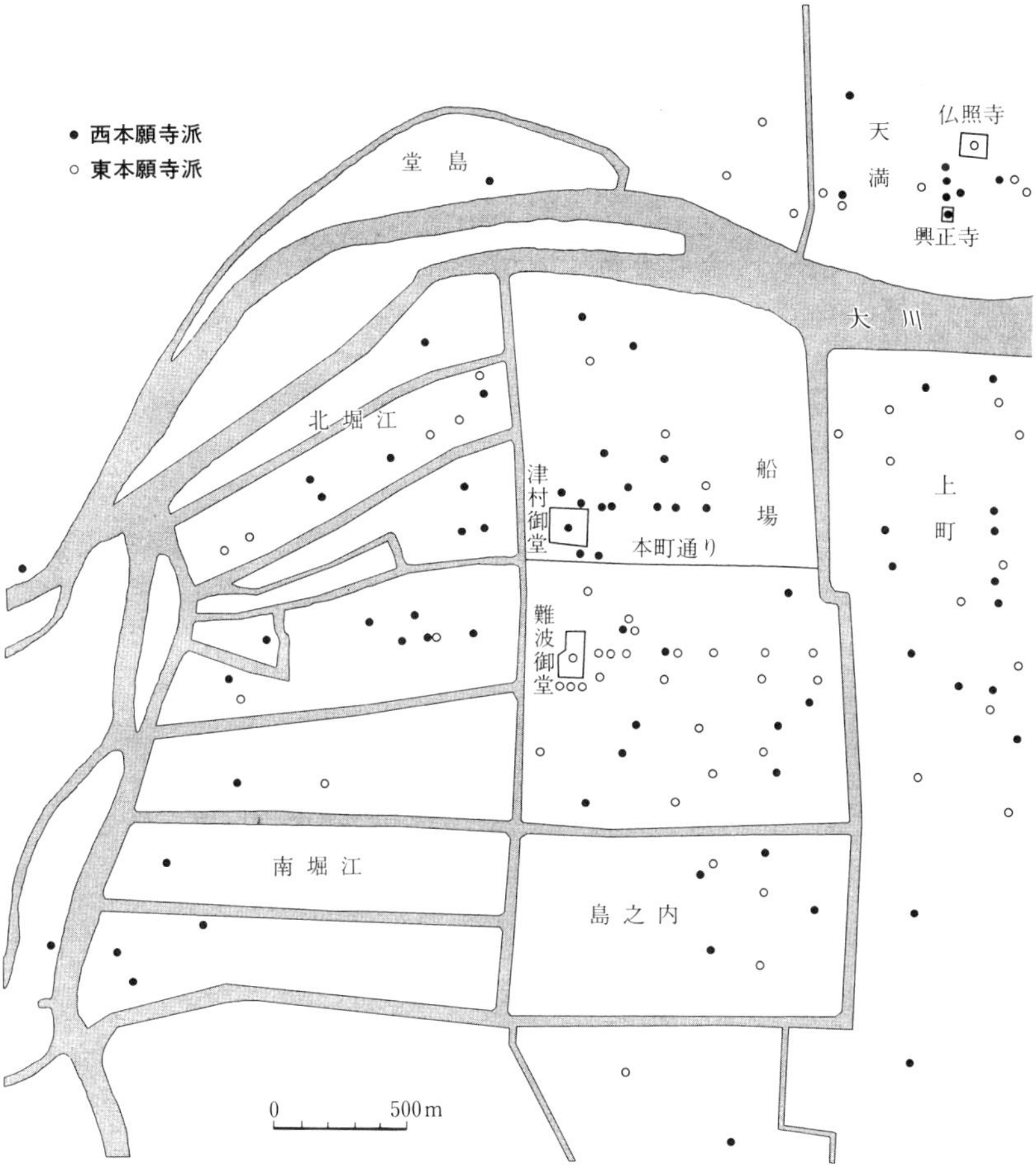


**図50**　一向宗寺院の分布（文政年間）

まず全体的な傾向として、船場・上町・天満の大坂中心地区に高い密度で分布し、島之内・南堀江その他新地等の周縁部には少ないことがわかる。このことは大坂の町人地の発展過程と一向宗寺院の配置が一定の相関をもっていたことを意味する。

次に東・西本願寺下の寺院に着目すると、船場地域において両者の分布域に偏在が認められる。西本願寺下寺院は津村御堂の周辺に集中地区がみられるほか、本町以北の船場北半全体にわたって展開しているのに対し、東本願寺下寺院は難波御堂の周辺およびその東側の北久太郎町から北久宝寺町にかけて顕著な分布がみられる。あたかも津村御堂が立地する船場北半は西本願寺派、難波御堂が立地する船場南半は東本願寺派、というように一向宗の二大勢力が本町を境に船場を二分するかのごとき様相を呈しているのである。

『浪華の賑ひ』（安政二年〈一八五五〉刊）に「西御堂の正面通りを安土町と号す。此所には神輿の職家仏壇屋神社仏閣の彫物師等多く、終日荘厳の粧ひを事とす」とあり、津村御堂の門前には仏壇・彫物師の町が形成されていたことや、『摂津名所図会大成』（安政期）に「北の御堂より南の御堂まで凡八丁許りの間軒をつらね、世俗御堂のまへの人形といふ」とみえるように御堂筋に雛屋の町並みがあったことなどを併せて考えると、慶長三年（一五九八）に両御堂が当地に移転して以降、各々を核として門前およびその周辺に末寺や職人町の地域形成が展開したとみることができる。京都において東西本願寺がそれぞれ与えられた区画に寺内町を形成したのとは逆のプロセスで、近世の船場では両御堂を双核とした、ある種、下からの「寺内町」化が進んだのである。

『玉露叢』によると、寛文五年（一六六五）の大坂三郷の宗旨人別は西本願寺派六万六三七五人、東本願寺派六万三三三人、仏光寺派二一七八人、高田門派二二三人というように、一向宗を宗門とするものが約一三万人に達している。これは大坂総人口（二六万八七六〇人）およそ半数が一向宗に属していることを意味し、本来門徒で固めていたはずの京都の西本願寺寺内でさえ、延享年間の寺内総人口七九六三人中一向宗四二八六人（五三・八パーセント）であったこと⑺を想起するとき、大変な高率といわねばならない。大坂市中に分厚く展開する一向宗寺院と一三万人の一向宗門徒という構成は、石山本願寺以来の基盤が近世に入っても形をかえながら、なお色濃く継承されていることを物語っているのである。

**一向宗寺院の建築**

ところで町中で町屋敷を買得ないし借屋して立地した一向宗寺院は、どのような建築形態をとっていたのであろうか。次の町触がその一端を伝えている。

〔町触三〕　当表町内に差挟み居り候道場の儀は、寺院とは事替り、町並の公役町役差出し、五人組月行事をも相勤め、品に寄せ、右道場屋敷家質に差入れ候儀もこれ有る上は、町家の並に替り候事もこれ無く候。然る所本堂庫裏等に至る迄、普請の仕方別て家根等、町並俗家とは格別高きもこれ有り。出火等の節、高き家根へは火も移り安く、飛火抔は破風口へ止り燃付き候上は、家作りも高く候へば、自ら火広に相成り、別て寺地とは違い、市中の儀に候へは、空地抔もこれ無く、両隣の町家の棟続き同様の事に付、追々其火勢にて、住居丁内は勿論、何方迄の害にも相成るべく儀出来申す事に候。元来寺社普請の定法もこれ有り、三間梁よりは延し難き堂塔に候へは、さのみ棟高致さず候共、其格好もこれ有る儀にて、既に町家格別家根高くいたし候儀もこれ無き上は、町家同様の高さに相成らずと申す儀もこれ有る間敷、左候迚是迄有来り候分は、今更建直し候事にはこれ無く、此節類焼の道場、普請の儀追々相願い候もこれ有り、又は破損に及び建直し候分等、以来其心得にて、随分家根高く相成らず様、前後町家を見くらへ、普請致し候様申達さるべく候。（下略）　（寛政四年十月七日）

これは、寛政初年に相次いで発生した大火（寛政元年〈一七八九〉、同三年、同四年）後に出された触であるため、主として防火上の観点から一向宗の道場への建築規制が示されているが、次の点が注目される。

①一向宗道場は寺地ではなく町屋敷であるから、建築は町家並みにすること。

②町家並みとは、棟の高さを周辺の町家に揃えることを意味する。

③寺社普請の定法である三間梁は、道場においても適用する。

④すでに存在する道場の既得権は認める。

一向宗寺院には町家を借宅しそれを道場にする例もあったから、町家の建築を道場に転用することは一般的にみられたことと思われる。しかし右の触は、道場を寺院建築化し、本堂・庫裡を敷地内に建設し、大屋根をかけるものが少なくなかったことを物語っている。おそらくこうした道場は前面に門を構え、道に主屋が接する町家が並ぶ町人地の景観のなかで異質な形態を示していたはずである。

本願寺下南本町五丁目正行寺、元録(禄)十六癸未年正月願出候は、隣に町屋舗買求め置き候。今度表借屋普請仕り候に付、隣町屋敷南の表借屋一棟に仕りたき由願い候に付、勝手次第に仕るべき旨河内守様にて仰せ付けられ候処、重ねて堂普請仕り度旨、右町屋敷も寺内え取込み候絵図を以て寺社役え相願い候に付、町屋敷へ堂建て境内に成り難き旨吟味の上御取上げこれ無き候に付、最前表借屋一棟に普請仕りたき願も、此度の堂普請の訳に付御聞届け成されざる旨、善太夫様にて仰せ渡され候。

(『地方役手鑑』)

この事例は一向宗寺院正行寺が隣の町屋敷を買い足し、一棟の表借屋を造ると称して堂普請を行おうとしたのに対して、「町屋敷へ堂建て境内に成り難き」として願い出を明快に却下している。とくに町屋敷は「境内」にはならない、という論点が注目される。しかし元禄のころのこうした規制も、近世中後期になると次第に弛緩していったことを先の寛政の町触は示している。これはそもそも町人地に寺院の存在を許したという不徹底な寺院統制から心然的に導かれた事態であって、道場の寺院化は既成事実を積み重ねることによって徐々に進行していったに相違ない。したがって幕府の建築規制も中途半端にならざるをえず、道場は町家並みという原則論を述べながらも建築形態については棟高にしか言及せず、一方で寛文八年（一六六八）二月「寺院作事願之事」の「一、梁間三間、桁行心次第」[8]にみえる寺院建築のいわゆる三間梁規制をもちだすなど、論理に矛盾をきたしている。さらに「是迄有来り候分は、今更建直し候事にはこれ無く」というように、その既得権を認めているのである。一向宗寺院の存在によって、大坂の町は町人地と寺社地は土地支配上峻別されているとはいえ、実態としては町家と寺院の混在化が進んでいたとみられる。

### 「境内」型寺院

先にみた四天王寺は近世に入っても中世的境内を受け継ぎ、東成郡内に一一七七石余の朱印地が認められた。四天王寺が位置した周辺の一部は近世初期には城下であったが、大坂夏の陣後の元和元年（一六一五）大坂を領した松平忠明の時代に在方（天王寺村）となり、大坂市中に隣接する場で「境内」型寺院として継続した。

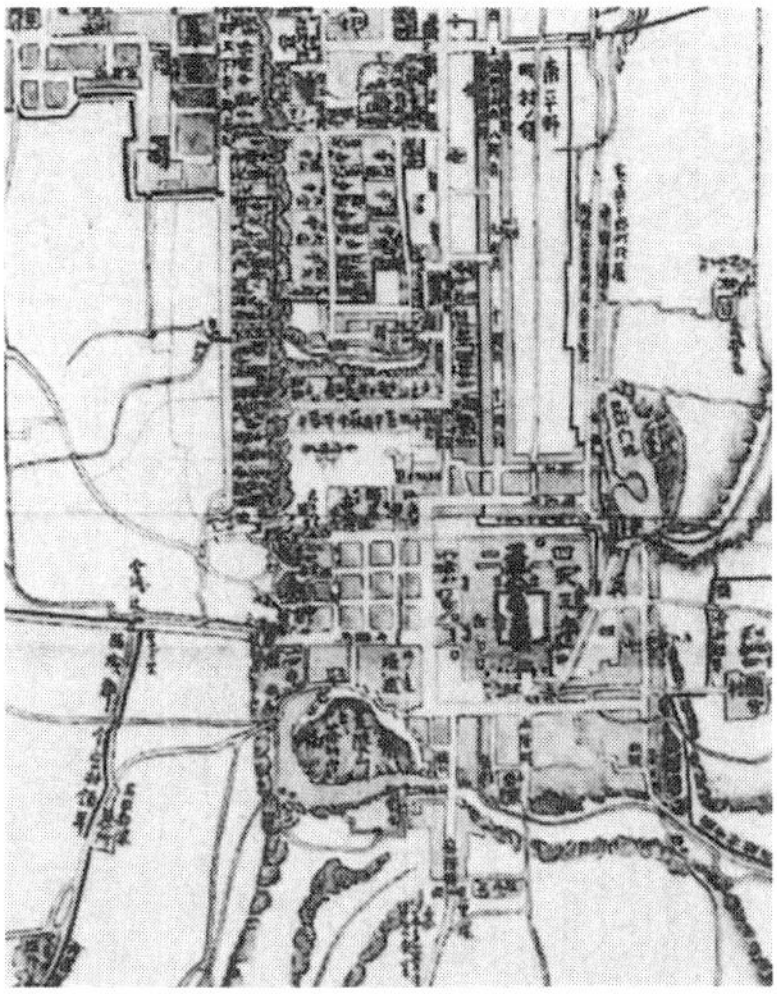

**図51**　「天王寺管内地図」部分
（国立公文書館蔵）

近世の四天王寺門前には、中世以来の天王寺舞楽に奉仕した伶人の居住区である「楽人町」（図51）、牛市場で賑わう「魚小路」、茶屋が立ち並ぶ「中小路丁」などの町場があり、その位置は明治十九年「大阪実測図」に字名として残る（図52）。

このうち楽人町の支配をめぐって四天王寺と楽人との間に、次のような相論があったことが知られている。[9]

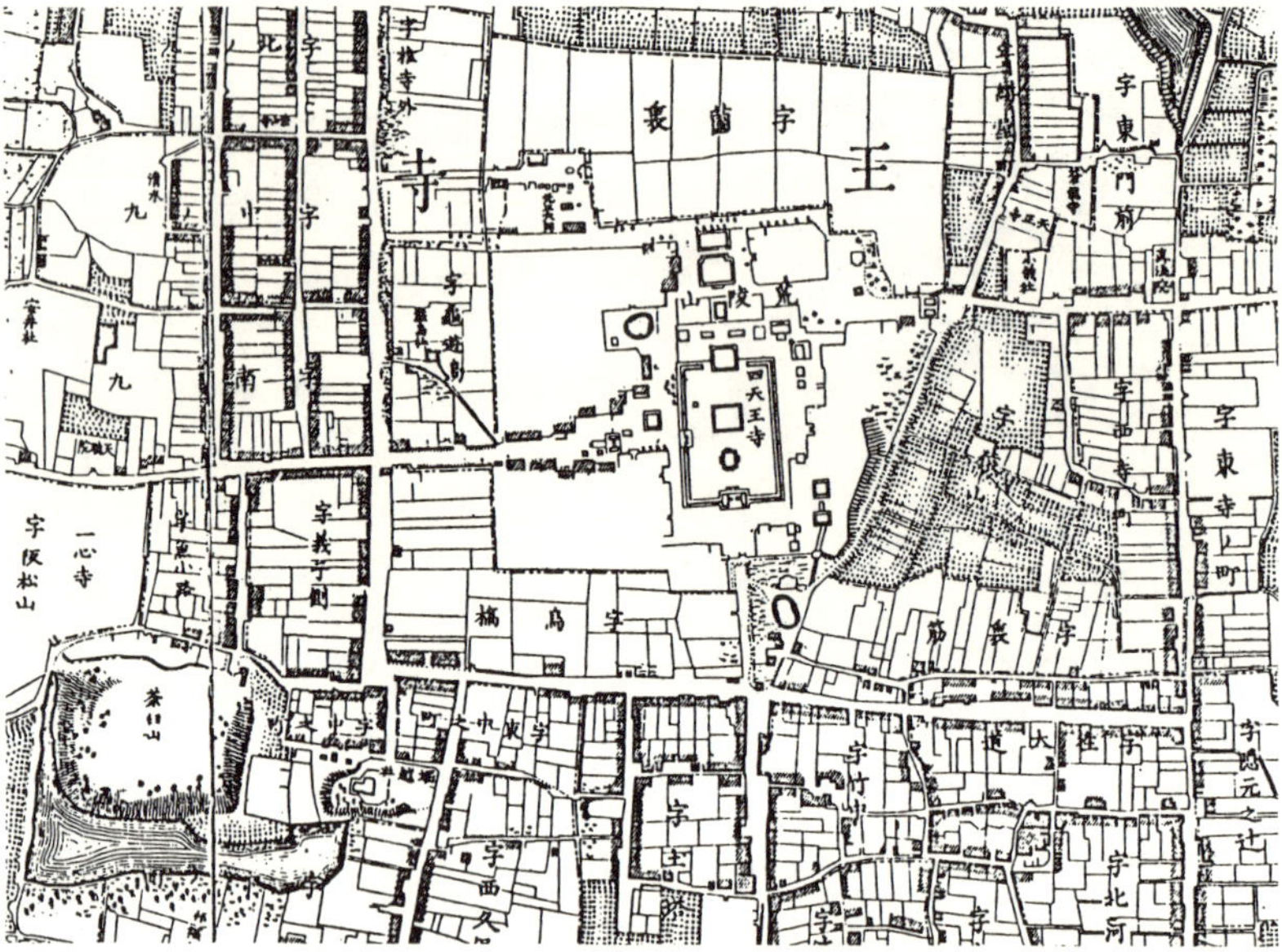

**図52**　四天王寺の周辺（明治19年「大阪実測図」）

口上の覚

楽人中宗旨の儀御料住居の衆は、今年より帳面差出し申されず旨先格相違に付、其旨公儀え申上げ候所、宗旨役人中を以て仰せ渡され候には縦令他領に変宅これ有り候て、二重に相成り候共、年来寺内へ差出し来り候事に候はは旧格の通り帳面相納めさせ申すべく旨仰せ付けられ候。万一不得心にて差出し申さず義に候はは、明廿八日年預修理進同道にて西御役所へ罷り出べき旨仰せ付けられ候間、右両様承知不承知の段有無共只今返答成さるべく候以上。

三月廿七日　寺中

年預

楽所

御年預

宗旨帳の儀、前々の者楽所残らず寺領に住居せしめ候故、一同に差出し来り候。近年は御料へ相移り居住候故、御料へ差出し申し候。これに依て寺領へは相止め差出し申さず候。右の通りの品に候故、旧格と申す儀は御座無く候。尤も寺領支配が間敷く義は一向承り申さず候。明日西御番所へ同道有るべくの義は得心致し申さず候。楽所の義は京都御支配の人躰に候間、京都御下知これ無く候ては罷出難く候、以上。

三月廿七日

摂州東成郡天王寺小義町

楽人東義修理進殿

(『宝暦八戊寅歳三月天王寺々僧与争論之留』)

右の相論は宗旨帳を通して楽人をその支配下に置こうとする四天王寺と、寺領から離脱して朝廷に直属しようとする楽人との相克である。四天王寺は中世以来の楽人支配を主張するが、楽人は居住地を寺領(楽人町)から御料へ移したので、今後「寺領支配が間敷く義」は承知せず、したがって四天王寺に宗旨帳を差し出さないことを宣言している。ここでの争点が寺領に居住しているかいなかにあることは、近世に入っても四天王寺の伽藍を取り巻く寺領(四天王寺内境内)が依然四天王寺支配下に置かれていたことを示している。

しかし近世では右の楽人の相論にみられるごとく、寺家支配から離脱しようとする動きが認められ(京都本国寺においても、寛文期以降寺家と西門前町との間で同様の相論があった。この場合にも町が「境内」に属しているかいなかが争点となっている)(10)、中世的な境内は一定の変質を遂げていたのである。

四天王寺はまた大坂屈指の名所・盛り場として固有の場を形成していた。『浪華の賑ひ』には四天王寺について「金堂・講堂・六時堂・五重大塔をはじめ諸堂境内に巍々たり。年中法筵間断なく四時ともに詣人繁し。就中二月涅槃精霊会を大会と称す。又春秋両度の彼岸会、七月千日詣等は殊更に群参して雲霞の如し」と記し、その他四天王寺周辺の日想観の霊場 一心寺、糸桜で有名な寿法寺、天王寺南門の庚申堂、など数々の名所旧跡を紹介している。「天

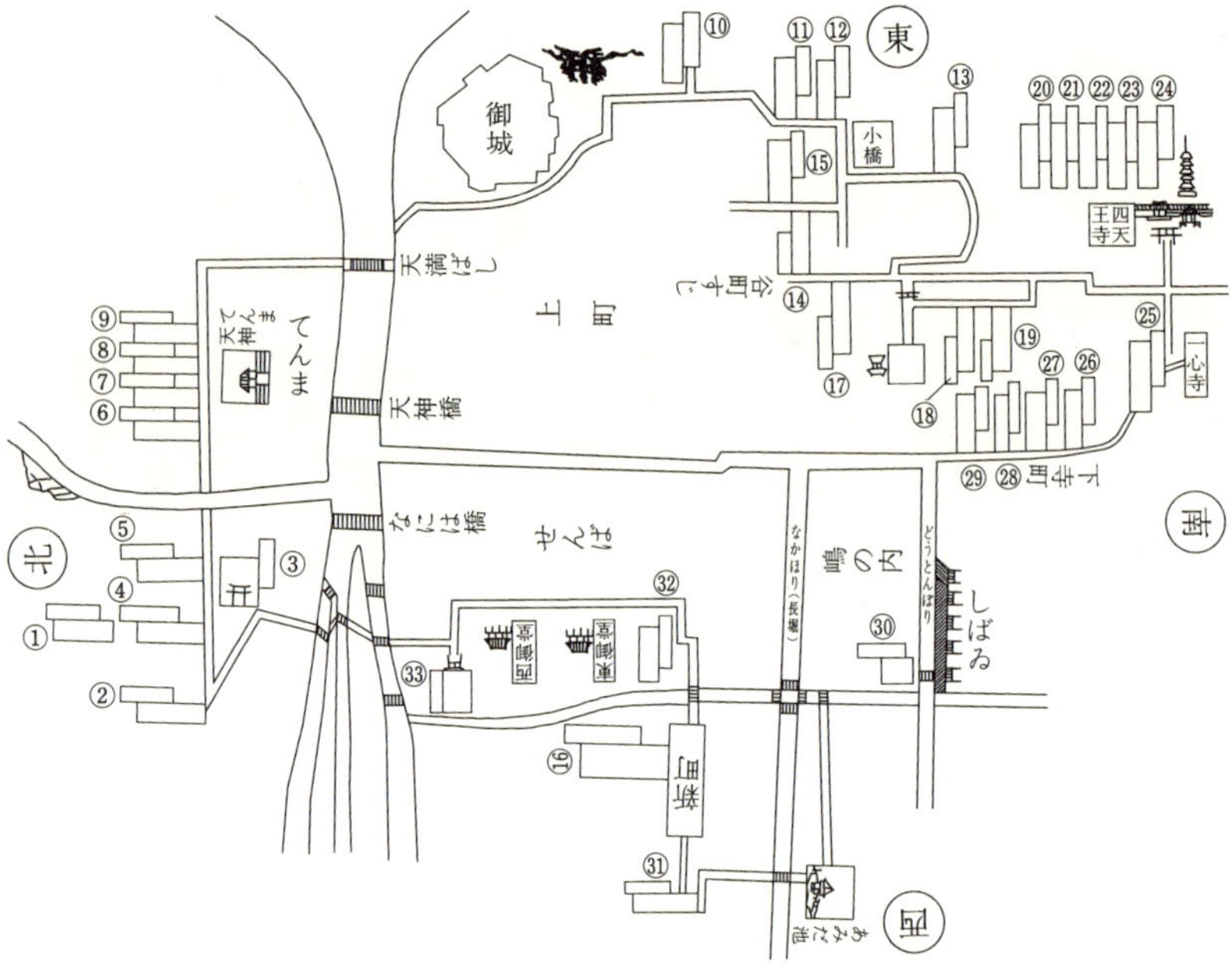


**図53**　大坂観音巡独り案内（番号は表12に対応）

王寺名所付」（天和二年以前）は四天王寺伽藍およびその周辺の名所の案内図であり、主要な名所と参詣の順路が描かれている。こうした地図の刊行にも窺えるように四天王寺境内はまさに遊覧都市としての様相を呈していたのである。

## *3*　寺院立地の都市論

### 都市のソフト化と寺社

図53は「大坂観音巡独り案内」であって、近世には庶民の娯楽を兼ねた巡礼が盛行し、そのための案内図が各種刊行された。

北野の大融寺からはじまって船場の御霊社におわる三十三番観音札所巡りの図は、寺社からみた都市図といってよく、大坂という都市の領域と骨格を浮き彫りにしている。大坂城を図の天に置き、四天王寺・一心寺・大融寺などの名刹、天満天神・御霊社・生玉社などの名社、南北両御堂など、庶民を吸引する著名な寺

**表12**　浪花観世音札取順番

| | | | | | |
|---|---|---|---|---|---|
| 一番 | 北の(野) | 大ゆうじ(融寺) | 十八番 | いく(生)玉 | 本せい(誓)寺 |
| 二番 | てんま(天満)寺丁 | ほうかい(法界)寺 | 十九番 | 同 | ぼだい(菩提)寺 |
| 三番 | 北ノ(野) | 神明 | 二十番 | 天王寺 | 六時堂 |
| 四番 | てんま(天満)寺丁 | ほうちうじ(法住寺) | 廿一番 | 同 | 経堂 |
| 五番 | 同 | はんりうじ(蟠竜寺) | 廿二番 | 同 | 金堂 |
| 六番 | 同 | 大きやうじ(鏡寺) | 廿三番 | 天王寺 | かう(講)堂 |
| 七番 | 同 | 長せん(超泉)寺 | 廿四番 | 同 | かミこ(神子)堂 |
| 八番 | 同 | せんとう(善導)寺 | 廿五番 | 同 | きよみず(清水) |
| 九番 | 同 | りうとうじ(栗東寺) | 廿六番 | 下寺丁 | しんこうじ(心光寺) |
| 十番 | 玉造 | いなり(稲荷) | 廿七番 | 同 | 大かく(覚)寺 |
| 十一番 | おバせ(小橋) | かうとくじ(興徳寺) | 廿八番 | 同 | こんたい(金台)寺 |
| 十二番 | おはせ(小橋) | けいでん(慶伝)寺 | 廿九番 | 同 | 大れん(蓮)寺 |
| 十三番 | 同 | へんめう(遍明)院 | 三十番 | 嶋ノ内 | 三津寺 |
| 十四番 | 六丁目てら(寺)丁 | 長あん(安)寺 | 卅一番 | しん(新)丁 | 大ふくいん(福院) |
| 十五番 | 同 | せいあん(誓安)寺 | 卅二番 | せんハ(船場) | いなり(稲荷) |
| 十六番 | 新丁 | わしよいん(和称院) | 卅三番 | 同 | 御りやう(霊) |
| 十七番 | 谷丁 | 十くわん(重願)寺 | | | |

(毎月十八日御信心の御方へ旅之)

社が目立つように描かれ、周縁部には寺町を形成する寺々が分布する。上町・天満・船場・島之内の地域名を大きく示し、必要最小限の通りや堀・橋を記入する。観音巡りに直接関係のない道頓堀の芝居小屋や遊郭も書き込まれている。

じつに簡単な地図ではあるが、ここには大坂という都市のアウトラインが見事に表現されているのである。

また寺社や寺町は、浄瑠璃の恰好の舞台を提供した。近松門左衛門の名作「曾根崎心中」の冒頭は、本舞台を生玉社内、付舞台を大坂三十三所観音霊場とし、先にみた大融寺からはじまる観音巡りを流麗な語り口で紹介するのである。

……さて、げによい慶伝寺、縁に引かれて、またいつか。ここに高津の遍明院、菩提の種や上寺町の。長安寺より誓安寺、上りやすなすな下りやちよこちよこ。上りつ下りつ谷町筋の……

これから始まろうとする徳兵衛とおはつの心中事件を暗示するとともに、観音巡りを通して事件の舞台となる大坂の輪郭を巧みに表現しているのである。

同じ近松の「卯月紅葉」は一転して、本舞台を亡者招魂で有名な天王寺神子町におき、川崎東照宮から座摩御旅所に至る大坂二十二社廻りを付舞台とする趣向で、物語の導入がはかられている。「傾城阿波鳴門」もまた、巡礼おつると母との出会いの場に小橋寺町を選んでいる。

上町南の寺町地区は地形の起伏とともに自然の景勝を残しており、四季おりおりの花見や月見などの庶民の行楽の場として賑わった。また中寺町から八丁目寺町にある諸寺院には、当時の指導的文人の墓が数多くあり（井原西鶴・懐徳堂学主中井家〈誓願寺〉、懐徳堂中興の祖五井蘭洲〈実相寺〉など）、遺徳を訪ねる庶民が跡をたたなかったのである。(11)

四天王寺が名所として多くの庶民を吸引したことはすでに述べたが、寺社を中心に盛り場を形成する例は少なくなかった。水掛不動で有名な法善寺では、江戸時代後期には寺の境内に湯豆腐店などの小屋が立ち並び、軽業・猿狂言・辻相撲・素浄瑠璃・相撲興行なども行われ、盛り場化していた。(12)寺社境内で祭や縁日のほか、開帳や相撲などの興行が行われた例は枚挙にいとまなく、庶民の盛り場はまさに寺社境内を核として形成されていた。

いままでみてきた諸寺院の都市内における分布と都市の構成は、あくまでフィジカルな都市の要素にすぎないのであって、これを有意味なものに昇華するには、既存の要素を名所化したり、巡礼のように要素間の新しいネットワークを創出するなどの都市のソフト化――都市の住みこなし――が必要である。

そうした都市のソフト化のための核になったのも、寺社であった。各種の名所図会は寺社の紹介に多くの紙面を割き、近世を通じて刊行された町絵図や巡礼絵図等を手がかりに、庶民は信仰と娯楽を兼ねて市中の寺社を歴覧したのである。

## 寺院からみた都市史

かつて重層的な中世的寺院境内・寺内の解体と近世寺町の形成という点に着目して中世京都の近世化を考えたことがあった[13]。本論はこれを受けて、近世以降の都市を寺院の側からみてどのように叙述できるかという試みのひとつである。従来、近世都市における寺院は、寺請制度や寺院整理に代表されるような幕府の寺院統制の側面から語られてきた。

本論ではこうしたことを念頭に置きつつも、寺院の都市内における立地や分布そのものから読み取れる都市の特質に焦点を絞ったのである。

近世大坂において、「寺町」型寺院は都市周縁部に、「町寺」型寺院は都市内部に、そして「境内」型寺院は都市隣接部の在方に、というように都市域の構成を明快に反映した立地をみせていた。ことに一向宗寺院の市中への広範な分布は大坂の特性の一端を示すもので、中世石山本願寺寺内町から天満本願寺を経て、近世大坂の町人地までの一定の継続性と断絶をよく象徴している。また「寺町」型寺院の典型である浄土宗寺院は、大坂においても数多く存在していたが、浄土宗内の各派と寺格の分布という、より細かい指標を導入することによって、同じ浄土宗寺院集中地区でも寺町ごとに微妙な差異が認められた。これは他の事例ともあわせて今後のテーマとせざるをえないが、そもそも寺町計画とはどのような内容と目的をもち、いかなるプロセスで実施されたのかを改めて問い直すひとつの糸口になるだろう。

大坂には顕著にみられなかった「境内」型寺院は、江戸では数多く存在する。中世以来の伝統をもつ浅草寺はもとより、近世以降開基された寺院の多くは門前町家を付属した構成を示している。[14] 江戸における寺院は明確な寺町を形成せず、こうした「境内」型寺院が府中に散在するところに他の都市と異なる特徴が認められる。しかも寺院の移転と分布は、江戸の都市的拡大過程と一面においてパラレルであった。

京都は秀吉の都市改造によって市中の多くの寺院は寺町ないし寺ノ内に移転させられた。一向宗に関しては一定の区画を与え、そこに開放的な寺内を建設させた。一方、顕密系の「境内」系の寺院は近世権力による一定の介入があったものの、旧来の寺地を移動せず、洛中を取り巻くように立地していたのである。[15]

このように三都における寺院の存在形態はそれぞれに個性的で、これは各都市の歴史的な経緯や都市構成の違いを反映しているはずである。寺院からみた都市史は、方法として大いに可能性を秘めていると考える。

注

（1）『大阪市史史料』一五所収。
（2）拙著『近世大坂成立史論』（生活文化研究所、一九八七年）。
（3）岩崎武夫『さんせう太夫考』（平凡社、一九七三年）。
（4）原田伴彦「近世都市と寺町」（『日本歴史の構造と展開』山川出版社、一九八三年）、内田九州男「城下町大坂」（『日本名城集成 大坂城、小学館、一九八五年）。
（5）拙稿「中世都市と寺院」（高橋康夫・吉田伸之編『日本都市史入門』Ⅰ 空間、東京大学出版会、一九八九年、本書第一章一）。
（6）前掲注（1）書六所収。
（7）『本願寺史』二（浄土真宗本願寺派宗務所、一九六八年）。
（8）『日本財政経済史史料』四所収。
（9）林屋辰三郎「四天王寺の楽人」（『中世芸能史の研究』岩波書店、一九六〇年）
（10）拙稿「京都・本国寺門前町」（高橋康夫・吉田伸之編『日本都市史入門』Ⅱ 町、東京大学出版会、一九九〇年）。

(11) 原田伴彦・矢守一彦・矢内昭『大坂古地図物語』(毎日新聞社、一九八〇年)。
(12) 内田九州男「千日前——千日念仏の法善寺にちなむ——」(岡本良一・脇田修監修『地名は語る　大阪市内篇』文理閣、一九八二年)。
(13) 前掲注(10)拙稿。
(14) 平沼淑郎・入交好脩『近世寺院門前町の研究』(早稲田大学出版部、一九五七年)、前掲注(4)原田論文。
(15) 前掲注(10)拙稿。

# 二　京都本国寺門前相論一件
## ——近世寺院境内地と町の関係——

### はじめに

中世末の混乱期、京都市中に陸続と成立した法華寺院の多くは、寺地の周囲を要害化し、寺内には町を包摂するなど、真宗寺内と同様の構成をとっていたことが知られている。(1)なかでも六条本国寺は妙顕寺と双璧をなす有力法華寺院で、五条以南・七条坊門以北・堀川以西・大宮以東の広大な寺地の周囲は堀・塀が巡らされ、寺内には「四町々」が発達していた。(2)

これらの町々は、都市領主としての寺院を中核にそれを外側から囲繞するように存在しており、石山本願寺など真宗寺内の例と同様、中世的領主支配ないし寺院と町との有機的な関係がフィジカルな都市構成に反映していたとみる

ことができる。(3)

しかるに、豊臣秀吉の天正末年の京都大改造計画は、こうした中世的領主をとりまく同心円状の空間構造を解体し、寺院・武家・公家・町などをそれぞれ機能純化させ、一定の場所に再配分するものであった。近世に登場した寺町・武家地・公家地・町人地は、こうした脈路のなかから創出されたものであった。(4)

さて本稿では、かつて本国寺寺内に存在し、秀吉の計画以降は本国寺門前の町地となった町々のうち、「西門前町」と本国寺との近世における相論を紹介する。そしてこの相論をとおして、秀吉以後の近世寺院とその門前の町との関係の一端に考察を加えたい。

## *1*　西門前町と本国寺

『京都御役所向大概覚書』の「洛中寺社門前境内之町数之事」には、「法花宗本寺　一本国寺　同断門前之町数六町」とあり、ここでとりあげる西門前町（現、下京区大宮通松原下ル東側）はこのうちの一町であった。すなわち『京都坊目誌』に、「貞和以来本国寺の境内なり。天正年中町地となり」とあり、かつて本国寺寺内町の一つであったが、秀吉以降本国寺門前の町地となったことを伝えている。天保三年（一八三二）一月の「西門前町戸口指図」によると、大宮通松原下ル東側の九四間半一尺一寸二分半の町長さをもつ片側町であった。(5) これは寛永十四年（一六三七）「洛中絵図」の本国寺西側の「三百四拾間町屋門前」と記された部分の北の一部に相当する。この西門前町には寛文年間以降、本国寺との相論に関する近世史料が残されており、(6) 両者の中世以来の関係が近世においてなお尾を引いている事実を知ることができる。そこで、まず次の史料に着目しよう。

## *2*　本国寺門前相論

乍恐御理書指上申候

今度本国寺ゟ柴荷之人足出し候へと被申候ニ付、町中ゟ今迄柴荷之人足出候申義ハ無御座候故、寺へ度々参御

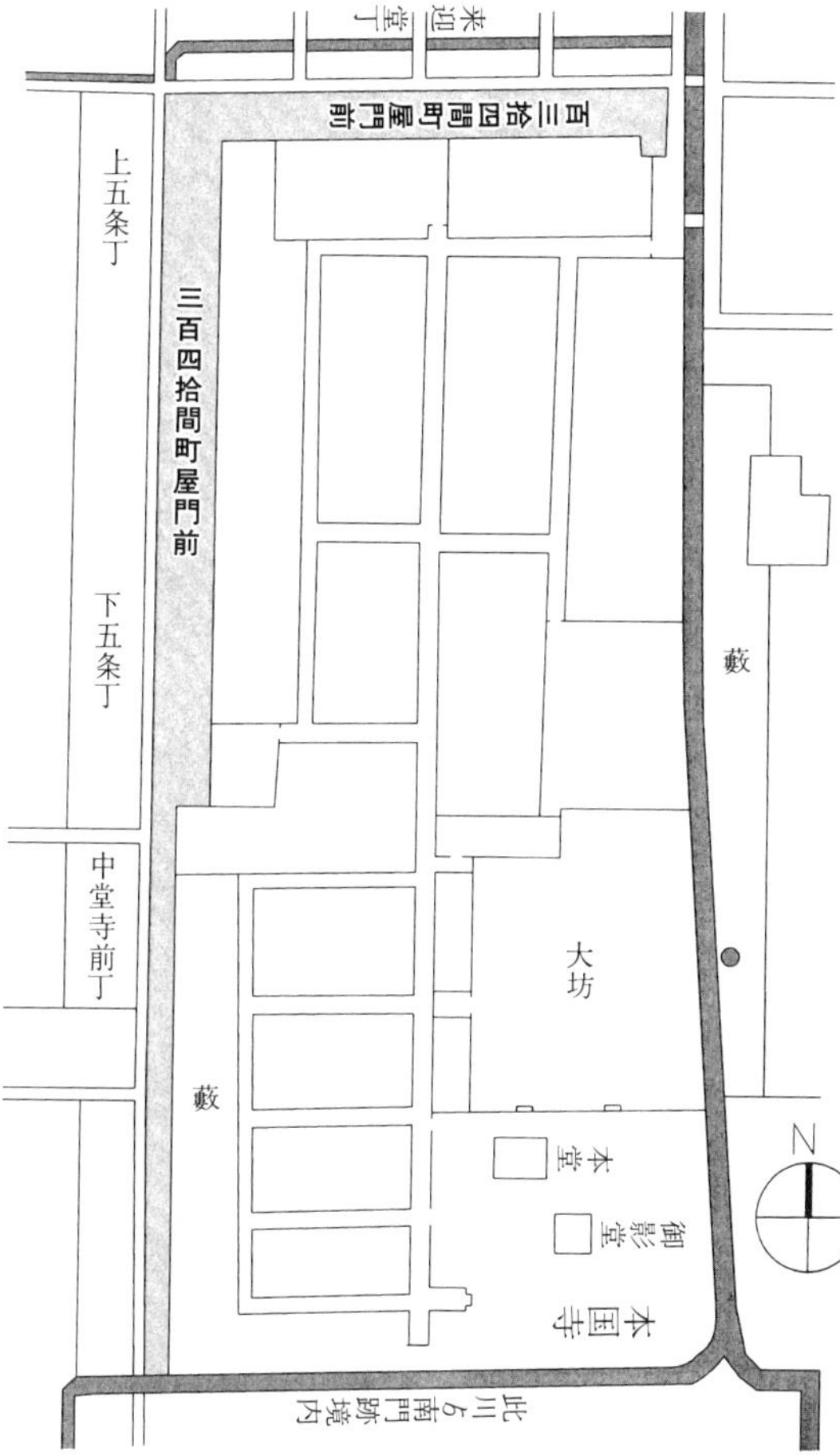


**図54**　本国寺と門前（寛永14年「洛中絵図」より作成）

理り申入候へ共、役者中御同心無之　御公儀様へ御訴へ被成、町中驚先奉行板倉周防守様御時に相究り申候通、書付指上申候御事。

一本国寺小柴荷之人足出し申間敷と申義ハ、徳善院様板倉伊賀守様御時迄ハ本国寺ゟ万事御法度之御触と申参、寺へ役義仕候。

然所ニ　板倉周防守様御時寛永五年　院御所様中宮様御普請之御役被為　仰付候。其刻町中年寄先奉行様へ此度之御普請之御役御免被成被下候ハヽ、忝可奉存候由申上ケ候へ共、御奉行様御吟味被成町次之家ニ乍居、禁中様御役異義申し候ハヽ、曲事ニ仰可被付候旨御意被成候間、今ニ御公儀様御役今ニ相勤申候御事。

一院御所様中宮様御普請被為　仰付候時、其時分年寄共本国寺へ御理リ申候ハヽ、此度御禁中様御役被為仰付候上ハ、向後御寺役仕申事成被申候寺役ニ被成度思召候ハヽ、御奉行様へ御訴訟被成候様ニと申上候。役者中被申候ハ此方ゟ訴訟難成候乍去門前と申名代有之躰も候。川さらへ藪垣之儀ハ仕置様ニ被申候ニ付、今ニ相勤申候御事。

一置払（仏）又ハ立像之御開帳之警固之義五六年以前ゟ雇借申候を今以役義様々被申候ハヽ、各別之義も御座候。今又柴荷之人足之義銘々無御座候御事。

一卅六年以前ニ　先奉行様御触状之書物ニ御判被拵被下候時当町を定申せし様ニ被為　仰付則当町相究申候。其時ゟ御法度之御触直々被為　仰付候御事。

右之趣御慈悲ニ聞召被為分被下候ハヽ、難有可奉存候以上。

寛文参年
卯九月

御奉行様

寛文三年（一六六三）九月、本国寺は西門前町に対して柴荷人足の供出を要求したが、町は承服しなかった。すなわち、町は徳善院（前田玄以）・板倉伊賀守のころまでは寺の役義を果たしてきたが、寛永五年（一六二八）院御所・中宮御所の普請役を勤めたことを契機に、一般の町なみに公儀役を勤めるようになり、寺の支配から離脱していたのである。旧来の支配―被支配関係を依然として強要する寺家と、公儀役を勤めることによって一般の町と同様、特定の拘束からの自由を主張する町中との対立である。

こうした対立は、その後もしばしば再燃する。延享元年（一七四四）九月の巡見使寄宿に際して、町屋敷間数・所有者の書付差出を本国寺から要求されたことに対する相論、延享五年三月の朝鮮人来朝のために本国寺境内の矢来を整備することを命ぜられたことに対する相論、寛延元年（一七四八）七月の宗門改帳の提出を巡る相論、明和四年（一七六七）十二月の沽券改に関する相論、安永九年（一七八〇）八月の本国寺と町との境界を巡る相論など、ここで詳細を紹介することはできないが、ほぼ定常的に対立を繰り返しているのである。

この対立は何を意味するのであろうか。本国寺側の史料がないので、両者の主張を公平に比較することは難しいが、たとえば寛延元年の宗門改帳の差出を巡る相論のなかにみられる「本国寺江差出候而ハ、境内之様ニ相成」「私共町々之義者、本国寺境内と申ニ而も無御座候」などの文言中に、その対立点が明確に示されている。すなわち、本国寺は町を依然として「境内」ないし「寺内」の町として捉えているのに対し、町側は境外にあることを主張し、その大義名分として公儀役を勤めていることを挙げている。この対立点は上に挙げたすべての相論に共通するものであって、中世末に形成された「境内」あるいは「寺内」としてのまとまりは、近世に入って一定の解体を受けたものの、少なくとも寺家側の論理としては、こうした「境内」の認識がなお根強く継承されていたことを知る。一方、町にとっては、ある段階から公儀役を勤めてきたことを主張することが、一般の町なみに扱われることの金科玉条になっていたのである。

## おわりに

中世的領主支配は、近世に入って原則として否定されたが、その残滓はなお随所にその痕跡を留めている。たとえば東福寺は中世において門前の法性寺八町の検断権・下地進止権・課役権を有していたが、(7)近世に入ってこうした圧倒的な支配権こそ剝奪されたものの、「東福寺役」と呼ぶ固有の権利を温存していた。(8)西本願寺寺内においても事情は同様であった。しかし、近世の成熟した町中は、こうした関係が仮に継続されようとも、それを形式的な経済的関係に限定していたのであって、もはや人的な支配にまで及ぶような関係は完全に解消されていた。上の本国寺と西門前町の相論は、旧態依然とした権利にこだわる寺家と、すでに寺家から離脱し自律的な運営を行う町中との議論の齟齬がはからずも露呈されていたということができよう。

注

(1) 赤松俊秀編『日本仏教史』中世篇(法蔵館、一九六七年)、森田恭二「中世京都法華『寺内』の存在——六条本国寺を中心として——」(『ヒストリア』九六、一九八二年)。
(2) 前掲注(1)森田論文。
(3) 拙著『近世大坂成立史論』(生活史研究所、一九八七年)。
(4) 拙稿「中世都市と寺院」(『日本都市史入門』Ｉ 空間、東京大学出版会、一九八九年、本書第一章一)。
(5) 『西門前町文書』(京都府立総合資料館蔵)。
(6) 同右。以下の引用はすべて同文書による。
(7) 今谷明『戦国期の室町幕府』(角川書店、一九七五年)。
(8) 延宝二年(一六七三)二月「東福寺門前中家屋敷間尺公儀之書上帳之写」(『東福寺文書』)。

# 三　江戸と寺院——近世の巨大都市と寺院——

## はじめに

私は都市と寺院との関係に関心をもって見てきました。寺院境内を都市領域の一つと考え、それらが都市のなかでどのような存在形態をとるのかを、主として京都や大坂を事例に検討してきました(1)。今回は、シンポジウムの全体テーマである「前近代・巨大都市の社会と空間」に即して、この問題を考えてみたいと思います。具体的には巨大都市江戸における寺院のあり方に着目しますが、そのさい次の二点に焦点を絞るつもりです。その一つは都市の巨大性と寺院との関係について。つまり、都市が巨大化することと、寺院が都市の各所で成立してくる動きはどのように関係しているのか、という問題です。第二に寺院がもつ都市性、あるいは寺院の都市要素性とは何かということです。これは寺院が創り出す都市空間のありようと言い換えることもできます。

この二点を考える場合、さらに次のような視角が必要になります。第一に、都市内に存在する、ある特定の寺院や寺院群が時間軸のなかでどのように変化するかを追跡する見方です。これは「通時態のなかの寺院」ということになります。二つ目は、一定の都市領域において、どのように寺院が分布・立地しているのかという見方です。これは「共時態のなかの寺院」ということです。以上のことを念頭におきながら、具体的に巨大都市江戸と寺院の関係の一端をみていくことにします。

## *1*　江戸寺院の存在形態

はじめに表13をごらん下さい。これは『文政寺社書上』に登場する御府内寺院を宗派と地域別に集計したもので、とくに目新しいものではありません。この表から統計的なデータを読みとるだけでなく、地域と宗派の関係、江戸の各地域における寺院分布という観点でみると、この表にはかなり豊富な情報があるように思います。

**浅草の浄土宗寺院**

まず宗派別にみると、浄土宗寺院がもっとも多く、二三八寺あります。これは子院を含みませんので、実数ははるかに多いわけです。都市内に浄土宗寺院が多いのは、江戸に限らず大坂・京都でも同様ですから、これは近世巨大都市の一般的傾向といえます。浄土宗寺院は以前指摘したように、コンパクトな境内をもつ都市型寺院の代表といってよく、これが巨大都市に数多く分布するのは首肯できます。(2) さて、この二三八寺の浄土宗寺院のうち、その四分の一にあたる六〇寺が、浅草地域に分布しているのが注目されます。浅草はいうまでもなく、中世以来の巨大寺院浅草寺があるところで、明暦の大火後急速に寺院集中地区を形成したことが知られていますが、その中心的役割を担ったのが浄土宗寺院であったということになります。

ところで、この浅草における浄土宗寺院をさらに詳しくみると、決して浅草地域全体に万遍なく分布しているわけではありません。そのほとんどは、浅草新寺町・今戸・橋場にほぼ限定的に立地する。これらは、浅草寺と寛永寺の中間に位置する下町の平担な場所で、そこに寺町的な集合原理、つまりコンパクトな境内を線形に配列した浄土宗寺院が集中的に立地しているわけです。京都や大坂においても、浄土宗寺院の多くは寺町に集められていますが、いず

**表13**　『文政寺社書上』による宗派・地名別分布

| 地名＼宗派名 | 浄土真宗 | 日蓮宗 | 浄土宗 | 曹洞宗 | 臨済宗 | 新義真言宗 | 古義真言宗 | 天台宗 | 時宗 | 黄檗宗 | 修験 | 神社 | その他 | 計 |
|---|---|---|---|---|---|---|---|---|---|---|---|---|---|---|
| 芝 | 15 | 3 | 10 | 1 | 1 | | | | | | | 3 | | 33 |
| 高輪 | 6 | 6 | 12 | 7 | 2 | 1 | 1 | 1 | | | | 1 | | 37 |
| 下高輪 | 1 | | 6 | | | | | 2 | | | | | | 9 |
| 品川 | | 1 | | 1 | | | | | | | | 3 | | 5 |
| 三田 | 6 | 5 | 13 | 10 | 2 | 7 | | 6 | | | | 1 | | 50 |
| 白金 | 3 | 4 | 3 | 4 | 1 | 1 | 2 | | 1 | 1 | | | | 20 |
| 麻布 | 17 | 17 | 14 | 14 | 6 | 2 | 1 | 3 | | 1 | 1 | 11 | | 87 |
| 小日向 | 3 | | 7 | 5 | 4 | 1 | | 3 | | | | 3 | | 26 |
| 牛込 | 6 | 17 | 15 | 18 | 3 | 3 | 2 | 10 | | | | 7 | | 81 |
| 市谷 | 3 | 8 | 3 | 7 | 2 | 3 | | 1 | | 2 | | 2 | | 31 |
| 赤坂 | 6 | 2 | 5 | | 2 | 1 | | | | | | 6 | | 22 |
| 四谷 | 5 | 9 | 10 | 14 | 2 | 8 | | 6 | | | 3 | 2 | | 59 |
| 大久保・柏木・千駄木 | 1 | 4 | 1 | 2 | | 1 | | 1 | | | | 2 | | 12 |
| 青山 | 1 | 2 | 4 | 2 | 3 | | | 1 | | 1 | 3 | 2 | | 19 |
| 芝切通 | 1 | | | 2 | 1 | | | | | | | 1 | | 5 |
| 芝神明 | | | | | | | | | | | | 1 | | 1 |
| 愛宕下 | | | | 1 | | 1 | | | | | | 1 | | 3 |
| 鮫河橋・権田原 | 2 | 4 | 3 | 2 | 1 | | | | | 1 | | | | 13 |
| 渋谷 | 1 | | | 4 | 6 | | 1 | | | | | 3 | | 15 |
| 駒込 | 6 | 9 | 18 | 10 | 5 | | | 4 | | | | 1 | | 53 |
| 関口 | | 3 | 2 | 2 | | | | | | 1 | | 4 | | 12 |
| 飯倉 | | 2 | 2 | 1 | | 1 | | | | | | 2 | 1 | 9 |
| 西久保 | 2 | | 2 | | | | | | | | | 1 | | 5 |
| 小石川 | 7 | 9 | 16 | 6 | 5 | 2 | | 3 | | | | 5 | 1 | 54 |
| 湯嶋 | | | 3 | | 1 | 1 | 2 | 1 | | | | 1 | | 9 |
| 湯嶋神社 | | | | | | | | | | | | 1 | | 1 |
| 本郷 | 3 | 1 | 2 | 2 | | 1 | | 1 | | | | 1 | | 11 |
| 根津権現 | | | | | | | | | | | | 1 | | 1 |
| 浅草 | 19 | 30 | 60 | 23 | 7 | 14 | 2 | 16 | 1 | | | 12 | 1 | 185 |
| 浅草寺 | | | | | | | | 1 | | | | | | 1 |
| 本所 | 1 | 7 | 4 | 3 | 1 | 1 | | 10 | | | | 7 | | 34 |
| 小梅・中郷・亀戸 | | 1 | | | | | | 2 | | 1 | | 1 | | 5 |
| 深川 | 2 | 3 | 10 | 5 | 5 | 2 | 3 | 2 | | 6 | | 7 | | 45 |
| 谷中 | | 39 | 1 | 2 | 8 | 8 | | 7 | | | | | | 65 |
| 谷中感応寺 | | | | | | | | 1 | | | | | | 1 |
| 下谷報恩寺 | 1 | | | | | | | | | | | | | 1 |
| 下谷 | 5 | 20 | 10 | 7 | 8 | 5 | 1 | 5 | | | 1 | 2 | | 64 |
| 中ノ郷 | | 2 | 2 | | 3 | | 1 | 5 | | | | | | 13 |
| 計 | 123 | 208 | 238 | 155 | 79 | 64 | 16 | 92 | 2 | 14 | 8 | 95 | 3 | 1097 |

れも均等な寺院境内を道に沿ってシステマティックに配列する形態をとります。こうした寺院の集合が可能な場所は、都市の周縁にあって、平坦な場所が選ばれたことは容易に想像できます。このように、特定の地域における寺院の分布をみるさいには、単に数だけでなく、どのような集合形態をとっていたのかを見逃すことはできません。

**谷中の法華宗寺院**

次に注目されるのは、法華宗寺院の分布です。江戸御府内において、法華宗寺院は、浄土宗寺院に次ぐ二〇八寺という数を示しています。これは京都や大坂に比べると圧倒的な多さです。江戸になぜ法華宗寺院が多いかについては、必ずしも明らかではありませんが、関東には甲斐の身延山久遠寺や下総中山法華経寺、武蔵池上本門寺などの中世起源の法華宗大寺があり、もともと法華宗勢力の強いところです。こうした大寺を本山とする末寺が、江戸に進出しているとみるのが妥当でしょう。

法華宗寺院のうち、とくに目立つのが、谷中地域におけるそれです。谷中には三九の法華宗寺院があり、浄土宗寺院はわずか一寺です。そこで、谷中地域における法華宗寺院地区の形成過程について、少し具体的にみることにします。

図55は谷中地区における宗派別の寺院分布をみたもので、表14は法華宗寺院についてその由緒を整理したものです。谷中は東叡山寛永寺の北西にあたるところで、浅草についで寺院が数多く集中する地区ですが、図をみても明らかなように、いわゆる寺町的な形態をとらないことが重要です。このことは、ある時期に計画的に寺院街が建設された寺町的なものとは異なる経緯で、寺院地区が形成されたことを示唆しています。

表14で、各法華宗寺院の本寺についてまずみておくと、京都の本法寺・本国寺・本能寺・立本寺などを本山とするものが散見されますが、そのほとんどは、関東の法華宗寺院を本山としていることがわかります。とりわけ、甲斐の

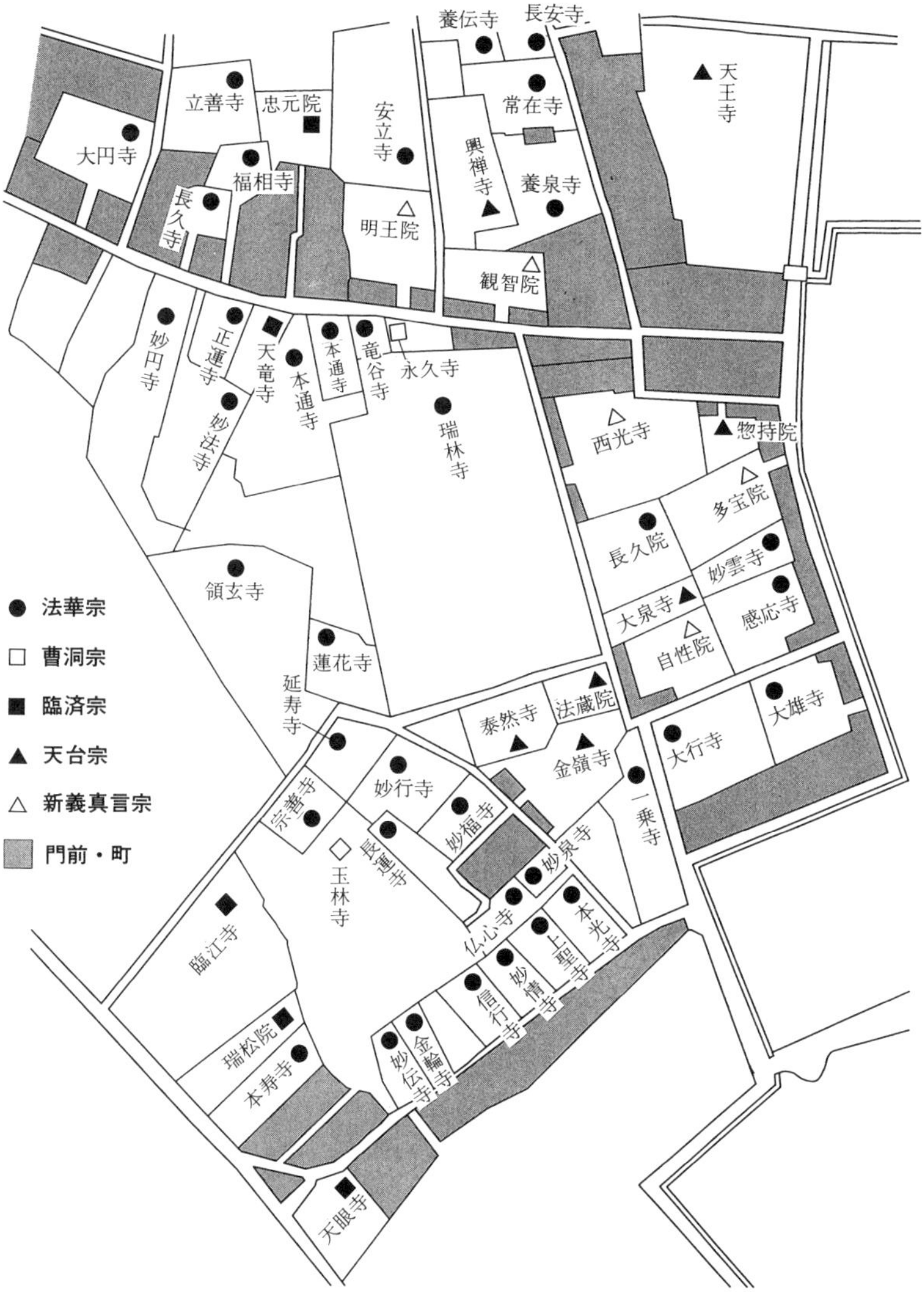
養伝寺
長安寺
天王寺
立善寺
忠元院
安立寺
常在寺
大円寺
福相寺
興禅寺
養泉寺
長久寺
明王院
観智院
妙円寺
正運寺
天竜寺
本通寺
本通寺
竜谷寺
永久寺
瑞林寺
妙法寺
西光寺
惣持院
多宝院
長久院
妙雲寺
大泉寺
感応寺
自性院
領玄寺
蓮花寺
延寿寺
泰然寺
法蔵院
金嶺寺
大行寺
大雄寺
妙行寺
宗善寺
妙福寺
一乗寺
長運寺
玉林寺
妙泉寺
臨江寺
仏心寺
本光寺
上聖寺
妙情寺
信行寺
瑞松院
本寿寺
金輪寺
妙伝寺
天眼寺
法華宗
曹洞宗
臨済宗
天台宗
新義真言宗
門前・町

**図55**　谷中の寺院分布

**表14**　谷中法華宗寺院由緒

| 寺院名 | 本　寺 | 由　　緒 | 寺　　地 |
|---|---|---|---|
| 大円寺 | 本所法恩寺 | 不詳（加賀原・上野清水門脇→当地） | 拝領地・年貢地 |
| 立善寺 | 下野妙顕寺 | 元和３両国起立→元和８下谷金杉村→貞享元当地 | 年貢古跡地・持添地 |
| 福相寺 | 安房誕生寺 | 不詳（開山寛文２没） | 東叡山領 |
| 長久寺 | 甲斐久遠寺 | 不詳（開山寛永９没） | 東叡山領年貢地 |
| 安立寺 | 京都本法寺 | 寛永７起立 | 東叡山中堂領年貢地 |
| 養伝寺 | 甲斐久遠寺 | 不詳（開山貞享３没） | 東叡山領 |
| 養泉寺 | 伊豆妙法寺 | 不詳（開山元和元没） | 古跡拝領地・東叡山年貢地 |
| 妙円寺 | 本所法恩寺 | 慶長４起立→元禄17当地 | 古跡拝領地 |
| 正運寺 | 京都本圀寺 | 慶長５谷中本寺町起立→元禄年中当地 | 拝領地・添地 |
| 妙法寺 | 下総法華経寺 | 触頭　慶長13神田起立→承応元谷中茶屋町→元禄16当地 | 拝領地・預地 |
| 本通寺 | 越後本成寺 | 慶長16八丁堀起立→寛永12下谷借地→万治３当地 | 玉林寺借地 |
| 竜国寺 | 武蔵妙顕寺 | 寛文２起立 | 玉林寺借地 |
| 領玄寺 | 甲斐久遠寺 | 不詳（開山慶安４没） | 玉林寺借地 |
| 蓮花寺 | 下総法華経寺 | 寛永７起立 | 東叡山年貢地 |
| 瑞林寺 | 甲斐久遠寺 | 天正19馬喰町起立→慶長６神田筋違橋→慶安２当地 | 朱印地・拝領地・東叡山年貢地 |
| 長久院 | 甲斐久遠寺 | 不詳（開山寛永９没） | 東叡山年貢地 |
| 妙雲寺 | 甲斐久遠寺 | 元和５起立 | 拝領地 |
| 感応寺 | 下総弘法寺 | 慶長元神田起立→明暦３当地 | 古跡拝領地・門前町屋 |
| 大雄寺 | 伊豆妙法華経寺 | 慶長９神田土手下起立→万治元当地 | 拝領地 |
| 大行寺 | 本所法恩寺 | 天正17起立 | 古跡拝領地 |
| 延寿寺 | 甲斐久遠寺 | 明暦３起立 | 玉林寺借地 |
| 妙行寺 | 能登妙成寺 | 慶安３浅草起立→元禄２当地 | 玉林寺借地 |
| 妙福寺 | 京都本法寺 | 応永年間肥前国加瀬起立→慶安年中当地 | 玉林寺借地 |
| 妙泉寺 | 京都本能寺 | 不詳（開山明暦３没） | 玉林寺借地 |
| 長運寺 | 甲斐久遠寺 | 寛永５感応寺地内起立→元禄14本寺替→万治２当地 | 玉林寺借地 |
| 一乗寺 | 上総妙光寺 | 不詳（開山元和３没） | 古跡拝領地 |
| 仏心寺 | 和泉妙国寺 | 寛永６浅草開基→慶安元当地 | 玉林寺借地 |
| 本光寺 | 下総長谷山本寺 | 寛永７大根畠起立→天和３善光寺借地→宝永６当地 | 感応寺借地 |
| 上聖寺 | 伊豆妙法華経寺 | 寛永６湯島大根畠起立（組屋敷借地）→天和３当地 | 感応寺借地 |
| 妙情寺 | 京都立本寺 | 寛永13起立 | 感応寺借地 |
| 信行寺 | 駿河実相寺 | 寛文８起立 | 感応寺借地 |
| 妙伝寺 | 相模妙伝寺 | 不詳（開山元禄７没） | 感応寺借地 |
| 本寿寺 | 京都本圀寺 | 慶長19神田寺町起立→慶安当地 | 玉林寺借地 |

＊『続御府内備考』より作成

身延山久遠寺の末寺が多く、先に述べました関東一円の法華宗勢力の強さが反映していると思われます。

次に各寺院の開基年代・移転年代に注目すると、表中、当地で最初に成立した寺院は大行寺で、江戸開府前の天正十七年（一五八九）の開山です。しかし、これより以前に当地には、法華宗寺院が存在していました。それは、応永年間に起立した通称谷中感応寺で、元禄十一年（一六九八）の御咎で天台に改宗してのちに天王寺と名を変えた寺です。したがって、近世初頭にはここに中世以来の法華宗寺院感応寺が存在していたことが重要な初期条件となります。このほか、元和期に開山が没した養泉寺・一乗寺、寛永期没の長久院などは、由緒は不明ながら、初期の法華宗寺院とみてよいでしょう。

引き続き、天正以降明暦大火前に、当地で起立ないし移転してきた寺院をみると、妙雲寺（元和五年）・安立寺（寛永七年）・蓮花寺（同）・長運寺（寛永五年）・妙情寺（寛永十三年）などがあり、十七世紀前半に第一次集中期が認められます。

次に注目されるのは、慶長年間に神田で起立して、明暦大火前後に当地に移転してきたという、同じような経緯の寺院のタイプがあることです。すなわち、妙円寺・妙法寺・瑞林寺・感応寺（この寺は谷中感応寺と区別して、通称神田感応寺という）・大雄寺・本寿寺などがその例で、これらはおよそ慶安から元禄にかけて当地に移転していますので、明暦大火前後に法華宗寺院集中の第二のピークがあったことになります。その後、いくつかの寺院が当地で起立・移転していますが、省略します。

以上をまとめますと、谷中には感応寺という中世起源の寺院が早くから存在していたわけですが、江戸開府前後の天正から慶長にかけて、まずいくつかの寺院が成立します。次いで、寛永ごろ数カ寺が当地において起立する。これは、移転ではなく、当地で新規に起立した寺々で、谷中の法華宗色がすでに形成されつつあったことを物語っています。さらに明暦大火前後、すでに神田で成立していた法華宗寺院が当地にやはり数カ寺移転してきます。その後も法華宗寺院の起立・移転が断続的に認められ、江戸のなかでも特異な法華宗寺院集中地区が形成されることになります。このように、谷中の寺院地区は、感応寺を吸着核としながら、段階的に形成されたもので、そこには江戸幕府の宗教統制というよりは、寺院による自律的な地区形成、都市への進出という側面が読みとれるのです。

そこで、各寺院の寺地についてみると、古跡拝領地をもつものはごくわずかで、多くは東叡山年貢地や借地になっています。とりわけ、玉林寺借地を寺地とする寺院が一〇寺に上っている。この玉林寺は法華宗寺院ではなく、曹洞宗寺院であって、境内の四周に小規模な土地片を割り出し、これを主として法華宗寺院に貸しています。これは「町屋敷経営」ならぬ、「寺屋敷経営」ともいうべき形態で、次々と成立・移転する法華宗寺院の受け皿は、このように寺地を借地するという方法で提供されていたことを知るのです。門前町屋以外の寺院の借地経営という問題は従来あまり注目されてきませんでしたが、ここにも寺院の巨大都市におけるしたたかな自律性が窺えるのです。

## 牛込横寺町

表13にもどりますと、浅草や谷中の特定宗派寺院の集中地区というのは、むしろ江戸のなかでは一般的でなく、各宗派の寺院が比較的万遍なく分布する地域が多いことがわかります。たとえば、麻布・牛込地域は、かなり寺院の多い場所として知られていますが、特定の宗派が卓越することはありません。そこで次にこのような事例として牛込横寺町という地区を取り上げてみます。

牛込横寺町は、神楽坂の脇、毘沙門天で有名な善国寺近くにあり、一本の道の両側にかなり均等な規模の寺院が配列される典型的な寺町です（図56）。この寺町には一一カ寺存在しますが、浄土宗三、曹洞宗三、天台宗四、法華宗一、というようにとくに卓越する宗派はなく、各派がひとつの小さな寺町に共存しているわけです。これは牛込地域全体の傾向とも一致しています。そこで寺院由緒を参照しながら、その成立過程を簡単にみます。

曹洞宗宝泉寺は、永禄五年（一五六二）清水御門内で起立した寺で、慶長年中に田安に移転し、元和二年（一六一六）に当地へ移転してきています。浄土宗法正寺は、起立年代は不詳ですが（寛永六年開山没）、田安から市ヶ谷、そして

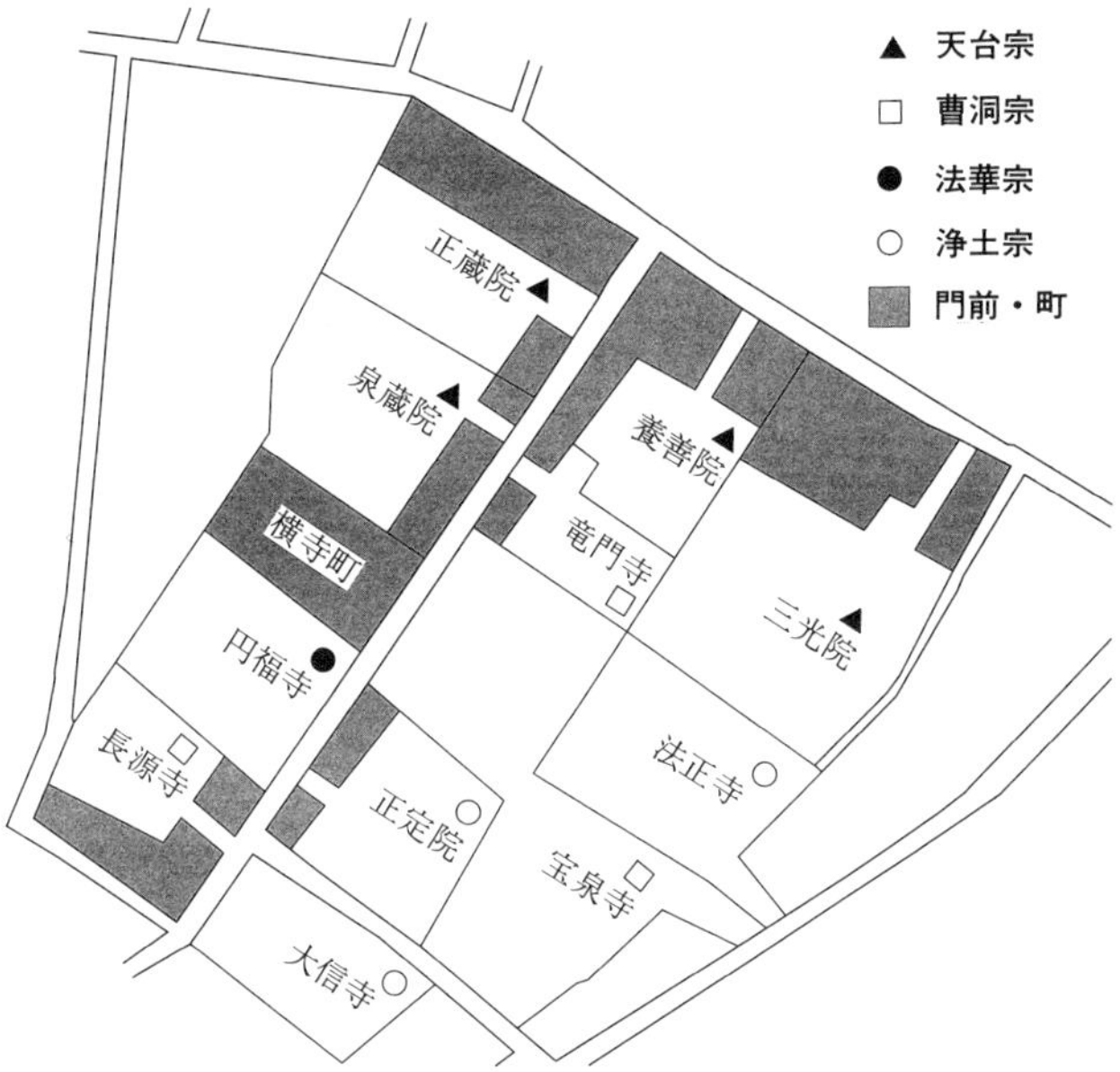


図56　牛込横寺町

当地に移転。曹洞宗竜門寺は家康入国前に田安にて起立し、元和二年に当地へ。天台宗養善寺は文明年中平川で起立し（太田道灌による）、慶長年中に当地へ移転しています。曹洞宗長源寺は永禄元年に麹町で開基され、やはり元和二年に移転している。天台宗正蔵院もまた長禄ごろ平川で起立し、慶長期に田安へ移転し、元和元年に当地に寺地を得ています。由緒が不明な浄土宗正定院（慶長七年起立）、法華宗円福寺（開山寛永十八年没）、天台宗泉蔵院（開山寛永二十一年没）も、開山の没年からみて、ほぼ慶長から元和期に成立した寺々とすると、この寺町を構成する寺院は宗派は異なるものの、中世段階で後の江戸城内郭にあたる平川・田安御門内・清水御門内に成立していたのが、江戸城西ノ丸の拡張工事でほぼ同時期に当地に移転してきた寺々であるということになります。幕府はこうした江戸城工事に関係して移転を余儀なくさ

れた寺院については、元の寺地に比較的近いところへ代替地を手当していたことになります。ここでは大坂の寺町のように、特定の宗派を各寺町に集中させるというのではなく、従前の寺院の存在形態に規定されたかたちで寺町が創出されたのです。正蔵院は『御府内備考』によると、「正蔵院門前　右門前町屋之儀は長禄頃より起立之由、平川口ニ有之候処、慶長年中御用地ニ被召上、田安御門外ニ而代地被下置候、其後元和年中猶又御用地ニ被召上、当時之地所之代地下置候」とあるように、中世段階から門前町屋を付属させており、その既得権が移転後も認められています。

江戸城の建設および明暦の大火後の江戸内の寺院移転については、すでに鈴木理生氏の詳細な研究があり(3)、全体的な動向はほぼ押さえられているといっていいと思いますが、個々の寺院集中地区ないし寺町の形成過程については今後さらに具体的に解明しなければならないと思います。そうした意味で、ここでは谷中と牛込横寺町を個別事例として取り上げてみましたが、それぞれ対照的な成立経緯をもっていることがおわかりいただけたかと思います。こうした個別事例の積み重ねによって、多様な江戸の都市空間を理解する一つの手がかりが得られると考えます。

## 門前町屋

江戸の寺院を考える場合、門前町屋の存在が重要です。これは、京都や大坂には一般的にみられないタイプで、門前町屋を付属する小境内という形式は江戸の特徴の一つとみなされます。門前町屋とは「寺院之内町家相建候を門前町家と相唱、寺院之外ニ所持仕候を町並屋敷と相心得」（『寺社法則』）とあるように、あくまで境内という領域に付属する土地に建てられる町屋のことで、境外の町並屋敷とは区別される存在です。この門前町屋については、すでに平沼淑郎氏、原田伴彦氏の概括的研究があり(4)、市ヶ谷薬王寺と門前については、北原進氏の個別研究があります(5)。平沼氏は、門前町屋には「沽券門前地」と「一通り之門前地」があることを指摘し、寺院側のある程度自由な処分権が認められた前者と、年季付きで門前地として経営することが認められる後者との違いを明らかにされております。また北原氏は薬王寺の門前地について、門前の商業振興や地代滞納の免訴などの事例を通して、薬王寺の地主としての性格を抽出しておられます。

ところで、ここでは門前町屋の都市空間における意味を考えてみますと、門前町屋は寺院境内の周囲の浅い奥行きの地面に建つもので、街路に対して接する存在であることが重要です。門前町屋はいうまでもなく、寺院の町屋敷経営という側面があるわけですが、空間的にみると、武家屋敷と同様、本来塀や門で閉じられた領域にあるべき寺院が、門前町屋を付属させることによって、結果として境内の一部を都市へ参加させる、あるいは都市へ開いてゆくことになります。つまり、そもそも都市に対しては閉じた存在であった寺院が、門前町屋を媒介項として、都市と一定の空間的関係を有するわけです。道の側からみれば、町屋が線形に並ぶ景観でありながら、それらは領域的には寺院境内に属している。こうした両義的な町屋という存在こそが、江戸を巨大化させるひとつの要素であったはずだと考えます。幕府はそれまで寺社奉行支配下にあった、寺院門前町を正徳・延享期に町奉行支配下に所管替えして、江戸の巨大化を追認するわけですけれども、それを町屋の無秩序な形成とみるのではなく、境内の一部が都市化したというようにみると、寺院のもつ「都市性」の一端に触れることになります。この点は後で再び述べたいと思います。

## 類型化の指標

以上、寺院の共時的宗派別分布、寺院地区の通時的形成過程、寺院の境内空間と門前町屋などをみてきますと、どうも江戸の寺院および寺院集中地区のありようは、私が従来、京都や大坂でみてきたような単純な類型ではなかなか捉えられない多様な存在形態を示しているように思われます。ここでは、全体を見通す蓄積がありませんので、ひとまず江戸の寺院をどのような指標で捉えていけばよいのかをメモ的に提示することに留めます。

空間的立場から江戸寺院を類型化するためには、まず宗派別・地域別分布、寺院の本末関係、開基・移転年代などの指標はまず有効と思われます。この報告では主としてこのような指標にもとづいて話を進めさせていただいたわけです。

次に重要な指標は、寺地の種別です。江戸寺院には、朱印地、古跡拝領地、拝領地、年貢地、門前町屋、抱地、添地、借地など、さまざまなタイプがあります。これは寺院の成立由緒を反映すると同時に、特定の地域における土地の歴史的過程が刻印されています。たとえば、東叡山領の形成過程と移転寺院の寺地獲得、寺地の借地による入れ子型境内の成立など、これらはまさに江戸の各寺院地区の形成過程そのものを示しています。

個々の寺院をさらに詳しくみるためには、宇高良哲氏が提示されている浄土宗寺院の類型が一つの参考になります(6)。宇高氏は江戸の浄土宗寺院には、①他国からの移転、②檀那寺、③伝通院・崇源院荼毘所、④局・奥女中建立、⑤その他、の五類型が認められるとされていますが、これらの寺院の成立経緯ないし由緒は、寺院の立地とも大いに関係します。他の宗派でどのような類型がありうるのか、今後考えていく必要があります。

以上のような指標を前提としながら、具体的な地区を地図上で取り上げて、寺院の集合原理を空間的に捉えていく。江戸の地図を一覧しただけでも、実に豊富な集合原理が認められます。たとえば、増上寺・寛永寺・浅草寺などの大寺院のある地区。これらの周囲には数多くの寺院が集中していますが、子院を除くと必ずしも大寺院の宗派と無関係な寺院が集まっている。これは、中世的な境内、つまり中心核によって規定された寺院社会と空間というありようとは大きく異なる原理をもっています。また麻布のように、百姓地に散在する寺院を先行条件としながら、次第に寺院が連担していくようなタイプ、東海道や中山道などの街道沿いの、門前を伴う寺院の線形集合、計画的な寺町などがあり、これらは江戸のさまざまな地形を下敷きにしています。これらの論理的な整理は今後の課題にしたいと思います。

## 2　寺院の「都市性」

先に述べたことを念頭に置きながら、次に寺院の都市性について触れておきます。寺院の都市性、すなわち寺院の都市の一員としてその積極的な要素となる条件を探ると、やはり寺院の空間的配列と、寺都境内のあり方が問題になります。

寺院が都市の一要素になる一つの条件は、寺院の「町屋敷」的配列にあると考えます。本来塀や門によって囲われた寺院は、それ自体道に沿って並ぶことを予定していません。しかし中世のある段階から、子院や塔頭が登場し、ある種の均等性をもつ子院群や塔頭群を一定の区画のなかに収めていくような手法が生まれます。天竜寺の「応永鈞命図」や大徳寺の塔頭の配置などがその代表的事例です。

しかしこれが全面的に、一つのシステムとして貫徹するのは近世です。道と街区、短冊型地割という近世都市固有のシステムは、町屋敷のみならず寺町を生みだし、組屋敷を成立させました。こうした区画性の一要素として寺院があり、逆に寺院は道に連続することによって都市性を獲得したとみることができます。

次に道に線形に並ぶ寺院として、さきほど取り上げた牛込横寺町の各寺院の境内内部の堂舎配置を『御府内寺社備考』を参考にみると、次のような特徴が認められます[7]。まず第一に、宗派を問わず本堂と居住空間（庫裏・客殿・座敷）の二つの部分からなるパターンが成立しており、両者はL字型に連結されるものが多い。第二に、本堂は庫裏や客殿と比較すると規模が小さく、住居としての側面の方が濃厚である。第三に、本堂の向きは方位よりも道と門に規定されている。第四に、境内の周囲には門前町屋を付属させるものが多い。このようなことから、各寺院の堂舎配置は明らかに道に沿って集合することによって規定されたもので、しかも居住空間の占める割合の多いことから、一種の都市住居と捉えた方がよいのではないか。寺院としての「記号」は、本堂や門、墓地などがあるにしても、これらを取り除いて考えると、むしろ組屋敷などにも通じるような都市住居的性格を認めることができます。これも寺院の都市性の一端を示すものといえそうです。

ここでは触れませんでしたが、もう一つの寺院の都市性として、寺院が盛り場の形成磁場となることが挙げられます。これは江戸に限らず京都や大坂、さらには大規模な城下町に共通するものです。そして、盛り場の磁極としての寺院を核として、江戸の各所に一定のまとまった地域として認識しうるような「場」が成立していくわけです。

## *3*　都市の「巨大性」と寺院

都市が巨大化することと寺院との関係を示すもっとも簡単かつ明瞭な指標は、都市内における寺院数です。ちなみに三都と地方の大規模な城下町の寺院の数を示してみますと、江戸の御府内寺院は文政八～十一年で一〇九七、うち神社九五（『文政寺社書上』）、京都は正徳五年洛中寺院二六八、洛外町続幷在々寺院八六一（『京都御役所向大概覚書』）、大坂は延宝七年で三郷寺院四二四（『難波鶴』）、仙台は明和九年で寺院一三二、塔頭一二一（『封内風土記』）、金沢は正徳五年で寺院二二六（『六用集』）となります。それぞれ異なる時期の、しかも別々の調査にもとづくものですから、これらを単純に比較することはできませんが、およその傾向はわかると思います。

やはり江戸と京都の寺院数は他と比べると圧倒的に多く、京都の洛中洛外を含めれば千を超える寺院が都市域に存在しているのです。都市の規模と寺院数の相関関係は、ある種の関数で決まるような性質のものではないでしょうが、各都市の寺院数を網羅的に調べることは無駄ではないと考えます。

都市の「巨大性」を考えるさい、もう一つ大事なことは百姓地の存在です。これは武家屋敷の抱屋敷などを通して近年研究の盛んなところですが、寺院の側からみても御府内寺院の多くは百姓地に立地しており、また寺院門前町屋が百姓地を蚕食していることからみても、寺院が都市を外へ押し広げる大きな役割を担ったことは確実です。

近世都市における寺院は基本的に都市の境界領域に立地し、江戸における都市領域の拡大の一端は数多くの寺院の郭外移転によって促進されたわけですから、百姓地における寺院の存在は都市の巨大性をみる上で見逃せない視点です。

ところで、百姓地における武家屋敷と比べてみると、寺院は都市にあってもどこにあってもなんら不思議ではないという点が大きな違いです。これは江戸に限らず、京都や大坂でも同様で、寺地さえ取得すれば寺院が都市内にあるか百姓地にあるかはとくに問題にならない。都市の境界領域で多彩な動きをする寺院が、いかにして百姓地に進出し定着していったかは具体的に検証していかなければなりませんが、少なくとも寺院の側にとって都市の周縁領域を自由に動ける素地があったことは、江戸の巨大化にとって重要な条件となっていたと想定されます。そして百姓地への寺院や武家屋敷、さらには町人地・町並地の蚕食は、いわゆる理念的な城下町的ゾーニングを突き崩していくことになります。近世都市の巨大化は、一面において城下町からの脱皮でもありました。

## おわりに

私は従来中世の寺院境内について、寺院を都市領主とする社会空間として捉えてきましたが、こうした捉え方では江戸の多様な都市空間を捉えることはできません。近世寺院について、幕府の宗教統制や本末体制を軸とした教団組織の成立という観点はもちろん大前提となるわけですが、むしろ都市のなかでしたたかで逞しく、一定の自律性をもって活動する寺院の動態が、江戸という都市をみる場合不可欠ではないか。これは江戸という都市の魅力であると同時に病理でもあるわけですが、モザイク状に織り上げられた複雑な巨大都市江戸の都市要素として、寺院が占める割合は決して小さくないと考えます。

江戸は町人地、武家地、寺社地がさまざまなかたちで構成され、芝・麻布・赤坂・牛込・谷中・浅草などの個性的な地域が形成されています。幕末に切絵図によって切り取られる世界、一定の空間的実体のイメージをともなった地域概念がどのように形成されたかも興味を惹くところです。これにも寺院の存在は無視することができません。課題ばかり残した雑駁な報告でしたが、今後の研究メモということでご理解いただければ幸いです。

注

（1）拙稿「中世都市と寺院」（高橋康夫・吉田伸之編『日本都市史入門』Ⅰ空間、東京大学出版会、一九八九年、本書第一章一）、同「近世都市と寺院」（吉田伸之編『日本の近世』九　都市の時代、中央公論社、一九九二年、本書第四章一）、同「境内と町」（都市史研究会編『年報都市史研究』１　城下町の原景、山川出版社、一九九三年、本書第一章二）、高橋康夫・吉田伸之・宮本雅明・伊藤毅編『図集日本都市史』（東京大学出版会、一九九三年）など。

（2）前掲「中世都市と寺院」。

（3）鈴木昌雄「初期江戸における町の変遷と寺院の移転」（地方史研究協議会編『封建都市の諸問題――日本の町Ⅱ――』雄山閣出版、一九五九年）ほか。

（4）平沼淑郎・入交好脩『近世寺院門前町の研究』（早稲田大学出版部、一九五七年）、原田伴彦「近世都市と寺町」（『永島福太郎先生退職記念　日本歴史の構造と展開』山川出版社、一九八三年）。

（5）北原進「市谷薬王寺と門前町の成立」（『地図で見る新宿区の移り変わり』牛込編、一九八二年）。

（6）宇高良哲「浄土宗御府内寺院の研究」（『仏教文化研究』二五、一九七九年）。
（7）『御府内寺社備考』を用いた御府内寺院の建築形式に関する全体的研究は、日塔和彦「江戸御府内寺院の全体的把握」「江戸御府内寺院本堂建築の研究」（いずれも『大河直躬先生退官記念論文集　建築史の鉱脈』中央公論美術出版、一九九五年）が発表されているので参照されたい。

# 四　近世都市の国際性

## はじめに

「近世都市の国際性」というテーマは、二重の意味で難しいテーマである。第一に、日本の「近世」の主要な部分を占める江戸時代には、いわゆる「鎖国」が長期間行われ、ごく限られた国際関係しか許可されていなかったことがある。制度上日本の歴史のなかで、もっとも国際関係が閉ざされていた時代ということになる。第二に「都市」。日本の近世都市といえば、誰しもが城下町を代表例として挙げるだろう。そしてそれは学術的にも正しく、十六世紀から十七世紀にかけて城下町は時代を象徴する明確な都市類型として成立し、日本全国あまねく広がったことは事実である。しかし日本の城下町は、西欧都市はもとより、近世朝鮮や中国の城郭都市と比較して構成そのものが大きく異なっており、アジアのなかでも日本固有のタイプであると考えられている。つまり二重の意味で、「日本の近世都市には国際性がなかった」とするのが一般常識にかなうのである。

しかし、ここで日本の近世都市に国際性があったかなかったかを論ずることはあまり生産的とは思えない。むしろ、従来国際性からはほど遠い存在だと思われてきた日本の近世都市を、「国際性」というキーワードで考え直してみることに大きな意味があろう。ステレオタイプ化した日本の近世都市像を、「国際性」という思ってもみなかったキーワードで見直してみると、意外に新しい側面や論点を発見できるかもしれない。与えられたテーマを日本の近世都市を考え直すチャンスと捉え、このダブルバインドされた難しいテーマについて多少考えてみることにしよう。

## 1　日本の近世都市とは

まず日本の近世都市とはなんであったかを考えてみよう。日本の都市史のなかで、前近代において、時代や政治・社会体制ともっともマッチした都市のタイプが二つあった。一つは古代の「都城」（最近では「宮都」と呼ぶ研究者が増えている）であり、もう一つは近世の城下町である。前者は天皇を頂点とした古代律令制の支配装置として中国をモデルに導入された都市であるし、後者の場合、江戸幕府を中心とした近世幕藩制と城下町は密接不可分な関係にある。

このように、城下町を近世固有の類型と捉えることはほぼ常識といってよいが、では、具体的に城下町のどの点が「近世」的なのだろうか。この点はいままであまり自覚的に検討された形跡がない。本稿のテーマを念頭におきながら都市史的観点からみると、私は次の二点がもっとも重要であると考える。

**①都市と農村の区分**　日本において何を「都市」とするかは依然としてきわめて難しい問題であるが、少なくとも近世以前までは都市と農村を明確に区別するのは困難であった。中世史家が「都市的な場」とか「非農業的」という言い回しをしばしば用いるのはそのためである。しかし近世に入るとはっきりと「都市」と呼べる存在が登場する。近

世の身分統制によって、武士・町人・農民・宗教者が厳格に区分され、農民は原則的に都市（＝城下町）に居住することが許可されなくなる（城下町以外の都市的な場は、制度上農村扱いで「在方町」「在町」などと呼んだ）。都市（町方）と農村（村方、在方）が物理的にも社会的にも截然と分離されたのが近世という時代であった。城下町のなかにもこの原則は貫徹され、城郭を中心に武家地・町人地・寺社地という身分的ゾーニング（地域性）が適用された。町人地には水路と道路を基盤目状に配する都市計画が施され（「町割」と呼ぶ）、各町はさらに細かく地割りされ、都市住居である町屋が道路の両側に建ち並んだ。城下町にはもちろんいろいろなタイプがあるが、城郭を中心とした身分制ゾーニングプランという意味では位相的にほぼ同型とみなすことができる（図57）。

**②都市の規模と立地**　京都という特別な都市を除くと、近世城下町は中世都市と比べて圧倒的に大きい。中世の市町・宿町・港町は街村レベルを大きく超えていないし、多少の規模を有した中世都市として寺内町が挙げられるが、それでもせいぜい近世の城郭ぐらいの大きさであった（例えば大坂城や金沢城は中世の寺内町を母体にしている）。この都市規模の圧倒的飛躍は、技術的には戦国期から近世にかけての治水技術、築城技術の発展によるところが大きいが、むしろ都市のもつ総合性や求心力（権力、経済、文化などのセンター機能）が近世になってようやく顕著になってきたことを示している。

こうした都市建設や技術者集団の形成は、一方でどのような場所にも都市を建設することが可能になったことを意味していた。近世以前では、既在の自然・地理条件や都市の機能が都市の立地を大きく規定していたが、近世城下町は中世に登場したあらゆる都市的な要素を大名へゲモニーのもとに結集し、単に軍事目的だけでなく交通や経済的条件を考慮した立地が選ばれた。戦国城下町から近世城下町への移行期に都市がしばしば移動する現象はそのことをよく示している。

**図57**　城下町の構造―彦根城下町

この二つの城下町の近世的特徴を誤解を恐れずに単純化すると、①類型性と秩序性、②総合性と普遍性、ということがいえるだろう。町や村、町屋と農家、士農工商などはすべて前代の多義的な存在を明確な範疇に分別し、秩序づけるという意味で、「類型性」と「秩序性」に基づいたものである。一方、幕藩制下で城下町の果たす機能は国土レベルで捉える必要があり、幕府所在都市江戸、直轄都市京都・大坂はもとより、おのおのの城下町は元和の一国一城令以降は、諸藩の多岐にわたるセンター機能が集中することになった（総合性）。三代将軍家光の治世下で行われた江戸日本橋を起点とする五街道設置や参勤交代制は、まさに国土計画的発想によるものといってよい。さらに城下町を都市のダイアグラムとしてみた場合、城を核とした求心的な構成や身分制ゾーニングは普遍的かつ同型的であって、全国に比較的均質なタイプの都市が普及することになった（普遍性）。

日本の近世都市が国際的であったかどうかという評価はひとまず措くとして、「国際性」というキーワードで城下町の「近世」的性格を探っていくと、そこには国土と都市、そして社会編成のきわめて「合理的」なシステムが浮かび上がってくるのである。このシステムは一見西欧の近世都市（ルネサンス・バロック都市）と大きく異なるように見える。日本の近世は確かに独特の封建的身分制度に基盤をおく社会をつくりあげた。それは西欧社会が旧体制を克服してやがてつくりあげることになる「国民国家（ネーション・ステート）」と「首都」というモデルからみて、きわめて前近代的で、しかもアジア的性格にとどまっているといえるかもしれない。しかし幕藩制下徐々に整えられた社会と国家・都市のシステムは、唯一因習的な性格を感じさせる家制度や身分制を除いて考えると、その合理性や精緻さにおいて、西欧のそれと比べても遜色のない高度な水準に達していたことは少なくとも指摘できる。人口百万人を超えた江戸は世界的にみても当時最大の複合的なメガロポリスに成長していたが、もとは徳川氏の小規模な近世城下町であって、その巨大化過程においても城下町としての原則は根強く継承されたのである。ここにも城下町のもつ枠組みのもつ一般性、換言すれば「型」の強さのようなものを見出すことができる。

## 2　城下町と都市景観

次に近世城下町がつくりあげた都市景観はどうであったかを見てみよう。この問題についてはすでに重要な先行研究が数多く蓄積されている。

近世城下町は十六世紀後半から十七世紀初頭にかけて、戦国城下町のもつ中世的限界を克服するかたちで成立したことが明らかにされている(1)。この戦国城下町から近世城下町への転換の画期をなした織田信長による安土は、山上に壮麗な天守閣を中心とした城郭が建設され、山下の町には多くの商工業者が集住させられた。当初の戦闘の砦としての役割から、城郭が都市のモニュメントとしての意味を併せ持つようになるのはこの安土城下町以降である。安土城天守の実像は必ずしも明らかではないが、従来の天守とは明らかに異なる華麗なデザインをもつモニュメントが現出したことは確実である。このことは、『信長公記』や『フロイス日本史』などの信頼すべき史料からも十分にうかがわれる。しかし、狩野永徳作とされる「安土山図屏風」は、二双のそれぞれに山上の城郭と山下の町を描き分けていたと想像されることからもわかるように、城と町はこの段階では必ずしも有機的な関係を有していたとは思われない。城郭と町は平面的には近接した位置にあったが、山上と山下という垂直方向の距離はやはり無視できず、あくまで天守を含む城郭は都市のなかで独立的な位置にあって、山下を睥睨する超越的な存在として君臨したといえる。

城郭を代表とするモニュメントと城下町が実質的に関係をもちはじめるのは、安土以降のこととなるが、この問題を「ヴィスタ」（見通し）という観点からはじめて明確なかたちで指摘したのは西洋建築史家の桐敷真次郎氏であった(2)。

**図58**　江戸駿河町景観（『江戸名所図会』）

桐敷氏は、従来まったく見過ごされてきた『江戸名所図会』に描かれた駿河町の町並みとそのバックにある富士山の構図を、町屋が建ち並ぶ都市景観とモニュメントとしての富士山へのヴィスタという西欧的な概念から捉え直した（図58）。こうした構図の取り方は「東都大伝馬街繁栄之図」「浮絵通信人」などでも確認できる。駿河町として平行して走る江戸のメインストリート本町通りの方向は南西に振れているが、この理由は富士山に焦点を結ぶ方向に都市軸が設定されたという桐敷氏の魅力的な仮説で説明がつく。江戸のもう一つのメインストリートである日本橋通りもまた筑波山に向いている。前記の絵画史料は、いずれも一点透視図法に近い描写がなされており、ルネサンス期のシクストゥス五世によるローマ改造やパースペクティブ的な視線を想起させるものであった。

桐敷氏の発掘した問題について、さらに広範な事例を収集し、このテーマを実証的かつ総合的に展開したのが宮本雅明氏である。宮本氏は「城下町のヴィスタ」という言葉でこの問題を捉え直し、桐敷氏が取り上げなかった大坂、京都、仙台、鳥取、萩、広島などの主要都市の景観設計の史実をつぶさに明らかにする一方で、矢守一彦氏の歴史地理学における城下町類型論(3)を再検討するなかで次のような明快な結論に達した。(4)

①　関ヶ原の戦（一六〇〇年）以前の天正・文禄期に成立した城下町では、城下町の目抜き通りを天守から貫くヴィスタが設定された。これは矢守氏のいう「縦町型」（目抜き通りが直接大手門方向に向かう）の城下町に対応する。この時期の天守は眺望を重視した「望楼型」の形式を備える場合が多く、縦町を貫くヴィスタは諸大名の城下町支配を象徴する存在となった。

②　関ヶ原の戦以降、慶長期に成立した城下町は、目抜き通りと直交する横町を通してヴィスタが設定された。堀にかけられた橋の上から天守が望めるなど（例えば江戸日本橋）、動きを伴う景観演出として魅力的な効果を生みだした（図59）。これは矢守氏のいう「縦町型」から「横町型」（目抜き通りが大手門方向の道路と直交する）への移行によく対応し、また天守のデザインも四方から眺められるランドマーク性・装飾性の強い「層塔型」が支配的になっていく。

この①から②への変化は、城下町の平面タイプとしては、「総郭型」（総構えの堀が城下町全体を囲む）から「町郭外型」（堀の外に町が出る）への移行の時期にも対応する。初期の大名支配の象徴としての城郭が徐々に城下の町と有機的な関係を結ぶように変化してゆくさまが、景観設計という側面から明らかになったのである。

## *3*　ローマ改造と天正遣欧使節

近世城下町が成立する十六世紀のおわりごろ、ローマでは皇帝シクストゥス五世（一五八五〜九〇年在位）による大

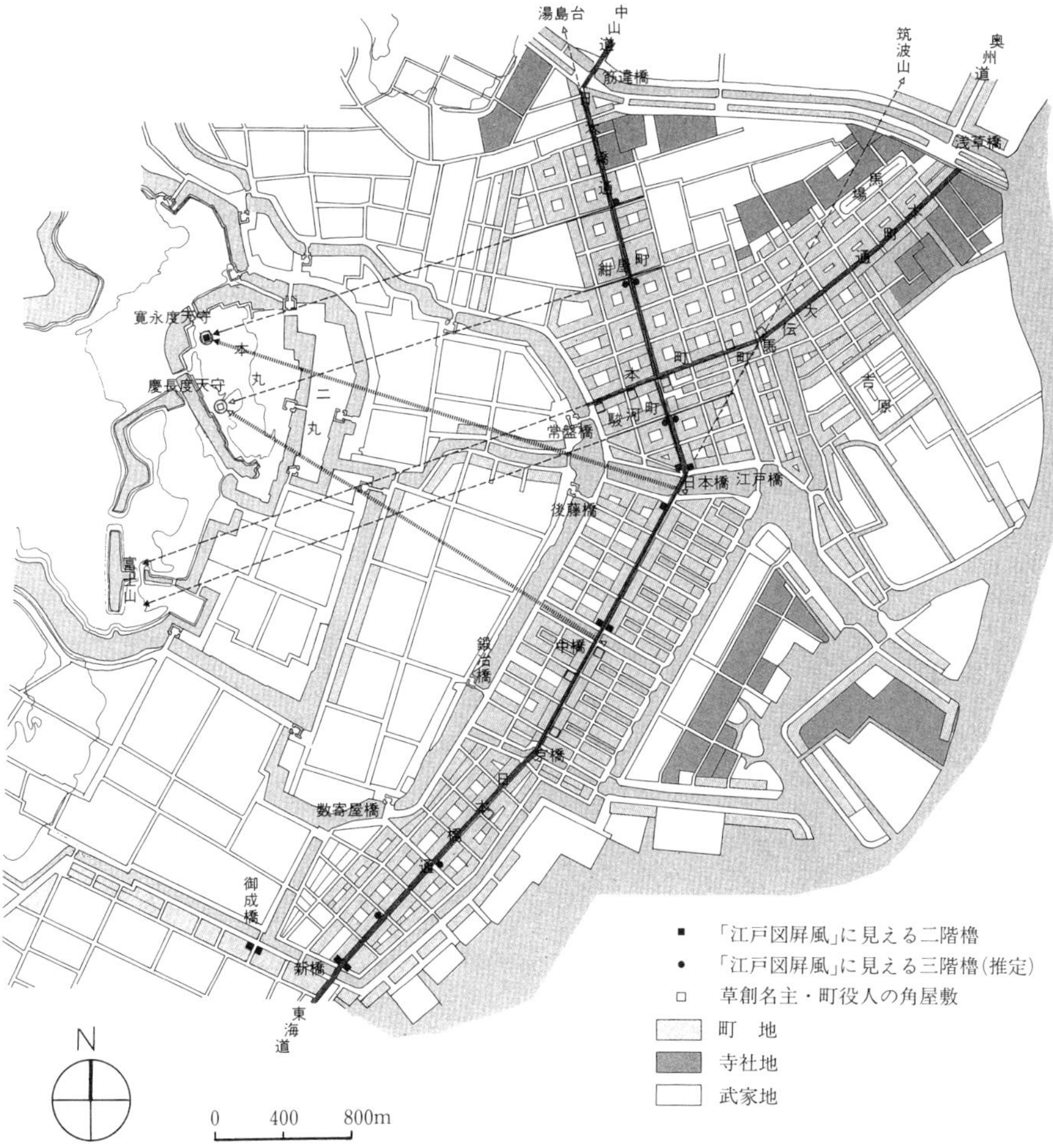


**図59**　江戸の景観設計（『図集日本都市史』より）

規模な部市改造が行われたことが知られている。

一五八五年、シクストゥス五世は皇帝になると直ちに、建築家ドメニコ・フォンタナを起用し、中世以来迷路状に過密化したローマに対して都市の風穴を開けるがごとく、何本かの直線道路を貫通させる（図60）。この直線道路はすでに都市内に存在した教会などのモニュメントとモニュメントを連結させることが意図され、広場にはオベリスクが建設された。とくにポポロ広場には三本の直線道路がまるで焦点を結ぶかのように通されており、ヴィスタ（見通し）のきいた壮麗な都市景観が現出することになる。この改造計画によって、ローマに伏在していた各時代のモニュメントが顕在化し、新生ローマのなかに関係づけられたのである。それと同時に、直線道路とその先にあるモニュメントという新たな都市における視線は、ルネサンス期のパースペクティブ、すなわち透視図法の視線そのものでもあった。モニュメント―パースペクティブ―ヴィスタが一体となった、このローマ改造計画は、したがって都市の中世から近代への移行の画期となるものであり、近代的な都市美観と視線のあり方を先取りするものといえる。有機体のように不規則な形態をもつ中世都市に直線道路という人為的なメスが入れられることによって、旧来の中世都市の断面が見せられると同時に、そこに新しい都市景観とモニュメントの関係が視覚的に提示されたこと、すなわち新旧の都市が対比的に併置されたことは、この都市計画の新しさをいっそう際だたせたと想像される。

このローマ改造計画の基本的な理念がより本格的かつ全面的に展開するのは、十九世紀のパリで実施されたブールバール計画ということになる。この計画について触れる余裕はないが、広場と広場、モニュメントとモニュメントを、緑地帯を伴う大幅員の直線道路でつなぐという壮大なバロック的都市計画は、十九世紀国民国家における首都のあり方をもっとも典型的に示したものであった。その基本的な手法が十六世紀ローマ改造計画ですでに提示されていたのである。

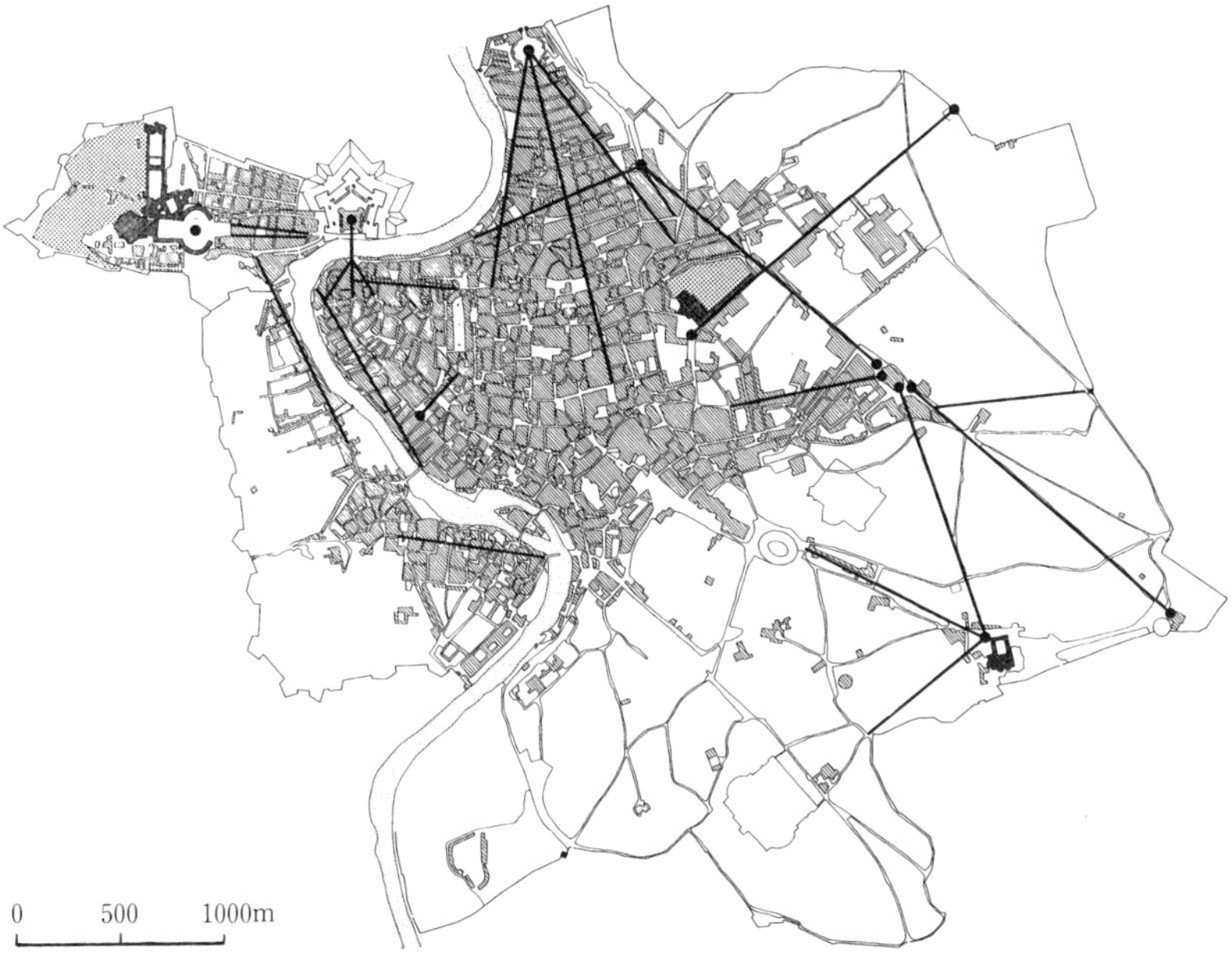


**図60**　ローマ改造プラン（『図説 都市の世界史』3より）

このローマ改造が行われた十六世紀後半、一五八〇年代は日本では天正期に相当する。これはちょうど近世城下町の草創期にあたり、天守を見通すヴィスタなどの景観設計が試み始められた時期であった。日本の城下町の都市設計とローマ改造との間に具体的な影響関係があったとは、にわかに認めがたいが、ほぼ同時期にきわめて類似した都市設計手法が東西で行われていることは興味深い事実である。

この時期、日本の対外交渉史上きわめて重要な使節団が西欧の諸都市を訪問していたことを見逃すことはできない。その名を「天正遣欧使節」という。

天正遣欧使節は、イタリア生まれで当時日本に滞在していたイエズス会士ヴァリニャーノによって立案されたもので、九州のキリシタン大名大友宗麟・有馬晴信・大村純忠の名代として伊東マンショ・千々石ミゲル・原マルチノ・中浦ジュリアンの四人の少年が天正十年（一五八二）から同十八年（一五九〇）の間、ローマをはじめとする西欧主要都市を歴訪し東西交流を果たしたというものである。この使節については日本側にほとんど史料が残されておらず、その実像は謎に包まれているが、松田毅一氏の近年の労作『天正遣欧使節』(5)によって多くの事実が明らかにされている。

使節団は長崎を出帆したあと、インド洋、大西洋を航海し、リスボン、マドリードを経て最大の目的地であるローマに一五八五年に到着している。この一五八五年という年は先にみたように、まさにシクストゥス五世が皇帝に就任しローマ改造に着手しようとする年であった。一行はローマに到着した翌日、ヴァチカン宮殿を訪問し、ローマ教皇グレゴリウス十三世との謁見に臨んだ。使節団はその後ローマ教皇に日本から用意してきた数々の献上品を捧げているが、そのなかに織田信長が狩野永徳に描かせた「安土山図屛風」があった。この都市図屛風は一双からなり、一隻に安土の城下町、一隻に安土城が描かれていた。教皇はこの献上品を大いに喜び、ただちにヴァチカン宮殿内のベルヴェデーレの地理画廊に飾ったという。はじめて日本の都市が西欧に紹介された瞬間であった。その後この屛風の消息は明らかでない(6)。

一方、使節団一行はその後ヴェネツィアなど北イタリアの各都市を訪問し、パドヴァでは植物園長ギランディーニから豪華本四冊の贈呈を受けている。その一冊がアブラハム・オルテリウスの「世界地図」で、他の三冊が『世界主要都市図帖』であった。これらの所在も先の「安土山図屛風」同様不明であるが、使節団が日本に持ち帰ったことは確実である。

このような都市図の贈答、交換が、世界史的に見て、あるいは都市の国際関係において、どのような意味をもったかについては改めて丁寧に考察する必要があるが、少なくとも都市全体を俯瞰しそれを図像や絵画としてみる視線、それを固有の言語や文化を超えたメディアとして相互に交換しうる条件が、日本では近世、西欧ではルネサンス期にようやく整ったということができるのではないか。日本の場合には、この「安土山図屛風」に先だって、すでに中世後期の京都の華やかな都市景観を描いた「洛中洛外図屏風」があるし、京都をモデルとした「小京都」が越前一乗谷、周防山口、土佐中村地方に出現するのも近世前夜であった。このような都市をみる視線ないし「型＝タイプ」としての捉え方は、いうまでもなく近代のそれに接続していくものであって、そのちょうど変わり目が十六世紀後半の日本と西欧に同時多発的に出現しているということになろう。これは世界史的にみて、近代を予兆する「都市の時代」が到来したことを物語っている。

## おわりに

都市という存在にとって「国際性」というと、通常は人や情報、文物が対外対内的に自由に交流していること、それによって都市や建築の文化的・芸術的水準が複合的かつ高いレベルに達していることなどが、イメージされるだろう。そのような意味では日本の近世は「鎖国」という対外政策をとり、国際関係から自らを閉ざしていた。しかしこの「鎖国」については、近年荒野泰典氏を中心とした近世史家の精力的な仕事により、われわれを長年呪縛していた伝統的な近世鎖国観が史実に即して徐々に修正されようとしている。(7) 荒野氏は、「鎖国」という言葉は当時の日本で使われた形跡がなく、十九世紀のはじめに元長崎通詞の志筑忠雄が、ケンペルの著書『日本誌』の一章を「鎖国論」と題して訳出したことにはじまり、この言葉が一般化するのは明治維新以降であるとする。鎖国観は近代になってつくられた可能性が高いのである。むしろ荒野氏によると、近世という時代は「日本人の海外知識がそれ以前に比べてはるかに豊富で具体的になった時代であって、それは日本人の直接・間接の国際経験の範囲が拡大した証左」ということができる。鎖国という概念よりも出入国管理システムとしての「海禁」と、国家の主体的表現としての「華夷秩序」のセットで近世という時代を捉えるべきであるという。この主張はまだ大方の賛同を受けるところまでには至っていないが、国際関係の開かれた世界に日本が晒されたとき、幾度となく反復される日本文化論や日本人論の危うさを省みるとき、荒野氏の提案はきわめて示唆的である。日本の文化や思想の固有性は従来「鎖国」による「固有文化」の成熟というかたちで説明されるケースが少なくなかったからである。

このように考えてくると、「近世」という時代と「城下町」という都市タイプは、必ずしも、従来考えられてきたほど非「国際」的存在ではなさそうだ。城下町のもつ類型性や普遍性はたまたま海外に伝播しなかっただけで、国際政治のありよう一つでいくらでも再生産可能なモデルであった。都市景観設計の水準も近世初頭においては、西欧にそれほど遅れをとっていない。政治学抜きの「国際性」の検討がもしありうるとすれば、日本の近世都市は十分に「国際」的条件を備えていたといいうるだろう。

注

(1) 小島道裕「戦国期城下町の構造」(『日本史研究』二五七、一九八四年)ほか。
(2) 桐敷真次郎「天正・慶長・寛永期江戸市街地建設における景観設計」(『東京都立大学都市研究報告』二四、一九七一年)ほか。
(3) 矢守一彦『都市プランの研究』(大明堂、一九七〇年)ほか。
(4) 高橋康夫・吉田伸之・宮本雅明・伊藤毅『図集日本都市史』東京大学出版会、一九九三年ほか。
(5) 松田毅一『天正遣欧使節』(朝文社、一九九一年、のち講談社学術文庫、一九九九年)。
(6) 杉森哲也「描かれた近世の都市〔二〕　幻の〝安土山図屛風〟」(『日本の近世』放送大学教育振興会、一九九八年)。
(7) 荒野泰典『近世日本と東アジア』(東京大学出版会、一九八八年)。

# 第五章　都市の景観とライフサイクル

## 一　都市景観の復元——建築史の方法から——

### はじめに

建築史の立場から「復元」という場合、それはふつう、寺社、民家などの建物（「建築遺構」または略して「遺構」と呼ぶ）に残された痕跡を調査して、建設当初のありかたを推定することを指す。たとえば、使われた部材の新旧、壁、柱の跡などを手がかりにして、その建物の元の姿を割り出すとともに、現在までの改造の経過などを明らかにしていく。

このような方法で、一つの建築だけでなく、建築の集合体である集落、都市を広い意味での「遺構」とみることによって、その対象をひろげることが可能である。ここでは、歴史地理的な方法や近年著しい展開をみせている中世考古学など、他の分野の成果を参考にしつつ、建築史的な都市復元の方法について考えてみたい。

## *1*　基本的な考え方と痕跡の発見

建築の復元と同じく、都市の復元を考える場合も、まず現在の都市を過去の痕跡＝メッセージがちりばめられた「遺構」としてとらえることから始まる。現在私たちが目にしている都市は、長い時間のあいだに、災害や戦争による破壊、復興・更新などを繰り返してきた。しかし、そこには何らかの形で過去の痕跡が重層的に刻みこまれているはずである。そのなかで、もっとも明らかなかたちで私たちに見えてくるものは、発掘された地下の遺構であるが、地上にも過去を探る数多くのヒントが残されている。

この過去からのメッセージに耳を傾けることこそが復元への第一歩である。ここでいう痕跡とは、ごくありふれた小さな溝から都市が立地する地形全体に至るまで、何段階かにわたるスケールで考えておきたい。

では都市における痕跡とは、具体的に何を指すのだろうか。中世・近世の日本の都市、たとえば江戸や大坂に代表される城下町、河内の富田林などの寺内町――現在の私たちが自由に訪れることのできる都市を念頭におきながら、以下、その見かたの代表的なポイントを列挙してみよう。

**①地形**　山、谷、台地、扇状地、砂堆、自然堤防などの地形を下敷に都市は立地している。こうした地形は都市の広がりを条件づけ、また都市の形態に方向性を与えている。たとえば狭い谷間に建設された中世都市鎌倉（図61）は、三方を山に囲まれた谷の領域が都市域を限定しており、同時に谷の方向が都市の主軸を規定している。こうした例は、鎌倉にかぎらず佐渡の一集落、深浦などでも見ることができる。このように、その土地それぞれの地形を読むことによって、都市が成立した当初の位置や、その後の展開を知る手がかりを得ることができる。

**②水系**　地形と密接に関係し、より直接的に都市形態を規定するのが水系である。具体的には川、堀、上下水道、溝などだが、寺内町や城下町などの場合、自然の水系をいかに都市計画に取り込み、掘割、上下水道の敷設を行うかが重要な課題だった。たとえば富田林の場合、石川、北の堀、街区中央に通された水路などが、それぞれ密接な関係をもってつくられた都市である。それを現在でも訪れて知ることができる（図62）。

**③道路**　道路にはさまざまな種類がある。広域のネットワーク道路としての「街道」、都市内の「往還」、都市パターンを構成する一般の道路、街区の内部へ通ずる「辻子」「路地」など、その役割、性格の違いから多様な道路が生まれてくる。こうした性格の違いは、必然的に都市における道路の秩序体系を形成する。都市の背骨となる主軸道路、主軸道路から枝分かれした道路、さらにそこから分かれた道路など、そのありかたは、都市の基本的構成を理解するうえで見落とせない。佐渡の南端の入江に開かれた宿根木は、一度は訪れてみたい美しい村である。一見、とても複雑で迷路のような集落平面だが、注意深く観察すると村を走る道にはある一定の秩序があることが分かる。それは実は集落の形成過程を暗示しているのである（図63）。

**図61**　明治15年の鎌倉地形図

こうして、格子状や線状の道路パターン、道路と道路の間隔の計画寸法、道幅などを検討していくと、そ

**図62**　16世紀末ごろの富田林復元図
（『週刊朝日百科　日本の歴史〈新訂増補〉』24，中西立太氏イラスト）

の都市や集落がどのように計画されたかが浮かび上がってくる。

**④街区**　たとえば京都の町のように、道路が格子状に配されている場合、四本の道路に囲まれた部分は矩形となる。町の人々の住む、そのような限られた領域＝単位を「街区」と呼ぶ。街区の形態（正方形、短冊型）や寸法は、③の道路パターンと表裏一体の関係にある。多くの城下町では、町人の住む地域は計画的寸法によって構成され、中央部には背割りの水路（上水道または下水道）が通されて街区を二分するのが一般的であった。豊臣秀吉の初期の城下町、琵琶湖東岸の長浜は、計画的な正方形街区によって構成された都市であるが、今なお街区中央部に通された石積みの背割り水路が残されている。また同一都市内の街区の形状を比較することによって、その都市内部の開発順序を知ることもできる。

**⑤敷地**　街区内部は複数の敷地と路地によって成りたっている。また街道ぞいの宿場町のように、街区

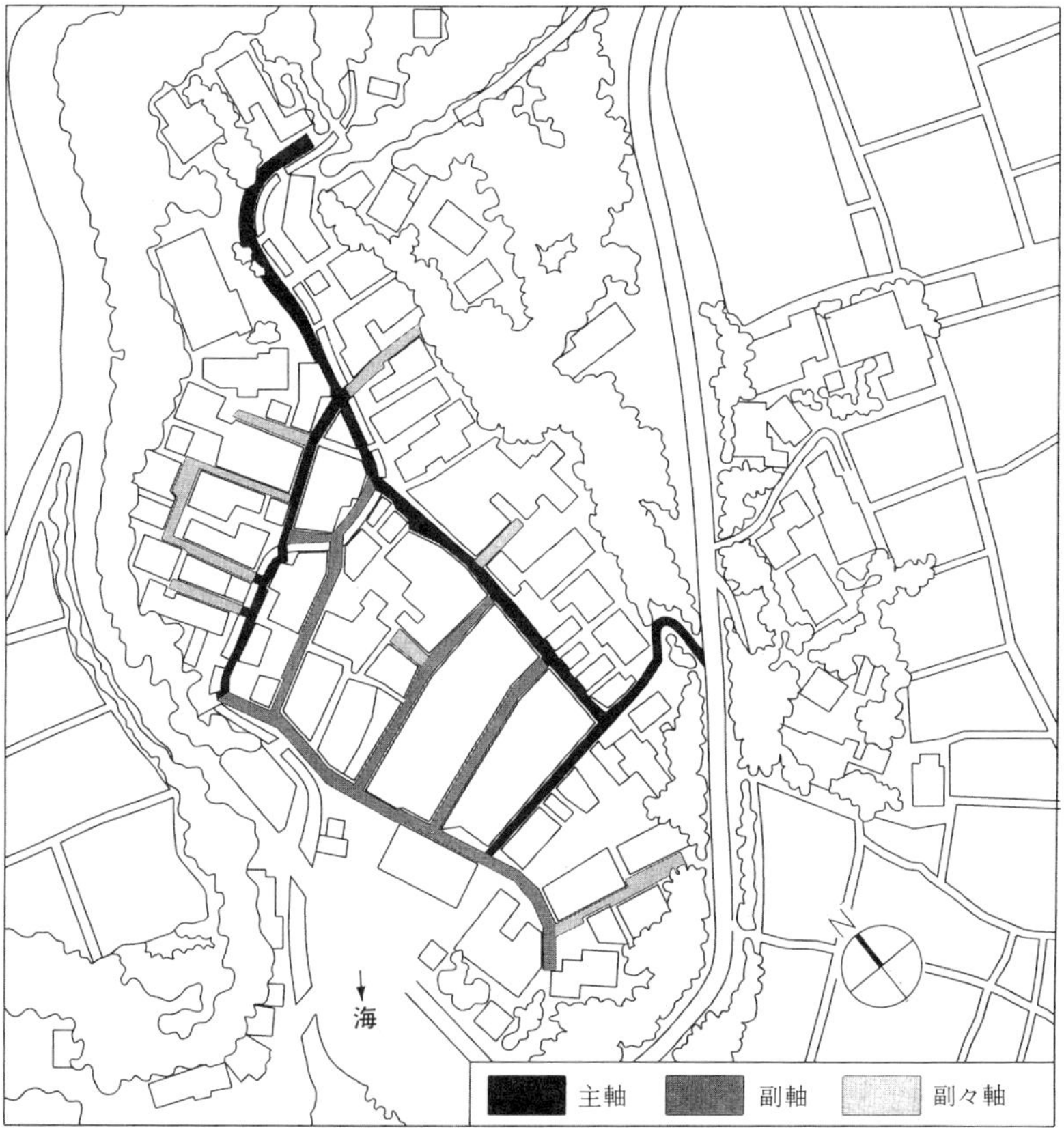


図63　宿根木の道路の体系

を構成しない線状の都市の場合は、道路ぞいに敷地が櫛の歯のように並んでいる。こうした敷地の並び方すなわち敷地割りのありかたは、その都市の組織のされ方を明確に示し、都市景観を特徴づける大きな要因となっている。敷地割りは時代とともに分割・併合を繰り返し、変化していく。しかし、江戸時代を通じてその基本的な境界線は維持される場合が一般的であった。時代ごとの土地史料（地籍図、水帳、検地帳など）を参考にすることによって、敷地割りの歴史をさかのぼって調べることができる。それは同時に都市の変質の過程を追跡することでもある。また、敷地割りは、その敷地がどのように

**図64**　竹原の街区の内部構成

利用されているかを色濃く反映するだけに、よく似た敷地利用形態をもつ他の地区と比較することによって、都市の貌をより深くとらえることも可能だろう。

城下町では、ふつう町人地、武家地、寺社地など、明確な地区区分が行われ、狭い間口の短冊型敷地が集合する町人地と、広いほぼ正方形状の敷地が並ぶ武家地とは明らかに異なる景観を示す。それは、それぞれの敷地に立つ建築の種類や配置形式の違い、すなわち敷地利用形態の違いを反映しているとみることができる。

**⑥建築**　都市を構成する最も基礎的な単位は建築である。建築には、寺社などの宗教建築、武家屋敷、町人の住居である町屋、その借家や長屋、町の共同体施設である会所、木戸門など、多くの種類がある。また、それぞれの建築はさらに、たとえば住居の

**図65**　「新板大坂之図」部分（明暦３年）

場合、主屋と付属の建物（納屋、蔵、離れなど）というように複数の建築によって構成されている。これらの多様な個々の要素と空地や道などが複雑に組み合って都市は成りたつ。瀬戸内海に面し、伝統的な町並みを今に残す広島県竹原の町を丁寧に観察すると、一つ一つの街区が長い時間をかけて多様な要素によって複雑に編みあげられている様子が分かる（図64）。

一方、建築の種類、立地、集合のしかたなどを鍵に都市を読み解くと、その骨格がしだいに見えてくる。由緒の古い神社や寺院は、計画の段階で都市のしかるべき重要な位置に立地することが多く、都市の当初の領域や構成を考える手がかりを与えてくれる。たとえば大坂の船場は豊臣秀吉が計画的な町割りを行った町だが、神社や寺院の位置などから、当初の範囲を推定することができる（図65）。

またかつて町人地であったところは、建築がまったく新しく建てかわっている場合でも、伝統的な敷地の利用のしかたや集合の原理を継承していることが多い。東京で、もと武家地であった山の手と、町人地であった下町が、現在でも違った雰囲気をもっているのは、こうしたものが何らかの形で受け継がれているからにほかならない。

以上は都市における痕跡のごく代表的なポイントにすぎないが、それでもこうしたことを念頭に置きながら、現在の都市を歩き観察すると、その骨格と構成が理解できる。と同時に、都市復元を具体的に行う作業にも数多くのヒントを得ることができる。

## *2*　復元の手順

現代の都市遺構から抽き出すことのできる痕跡は重要な材料であるが、その痕跡の絶対的年代が判明する場合は少

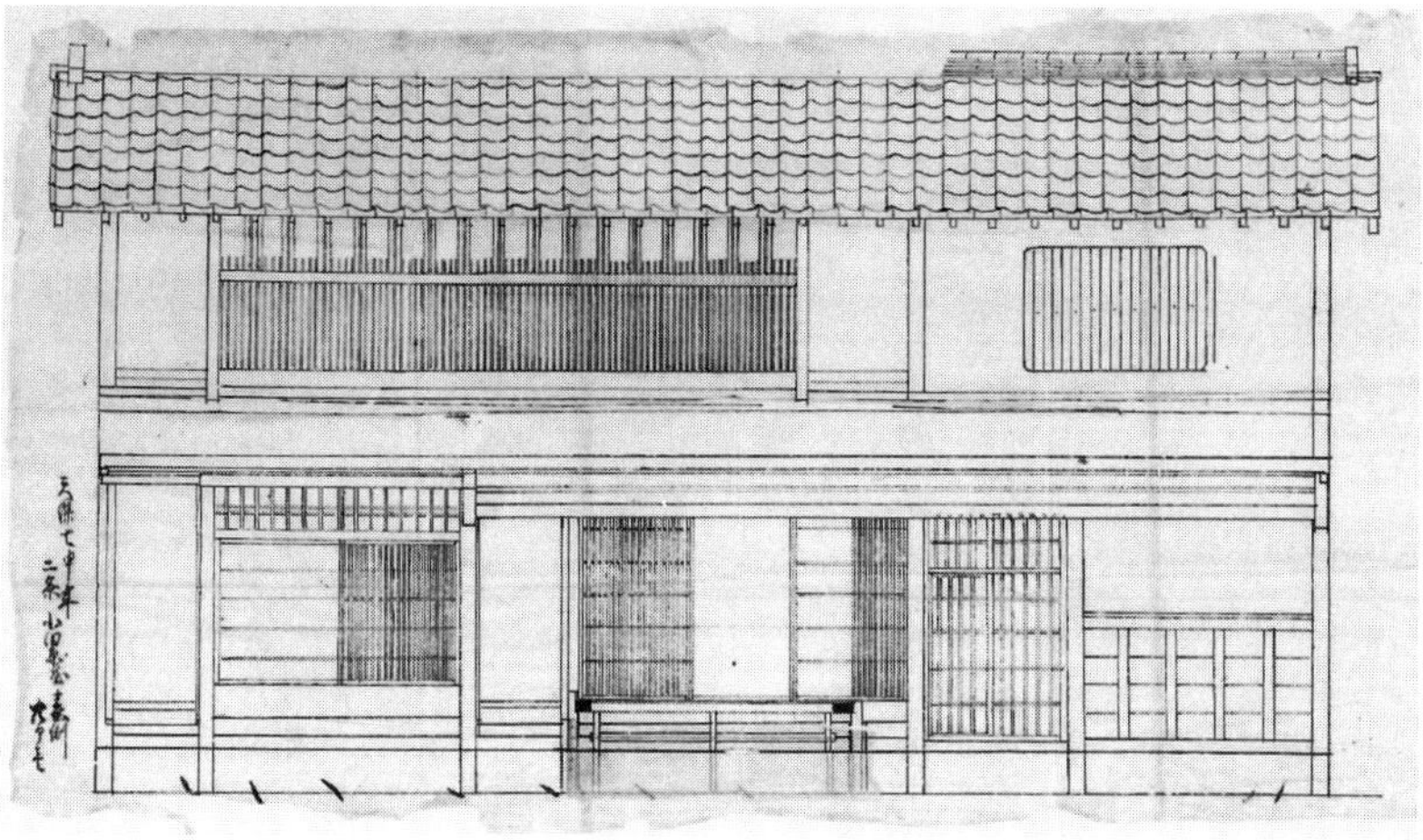

**図66**　「二条小田原屋絵図」（天保7年、田中家文書）

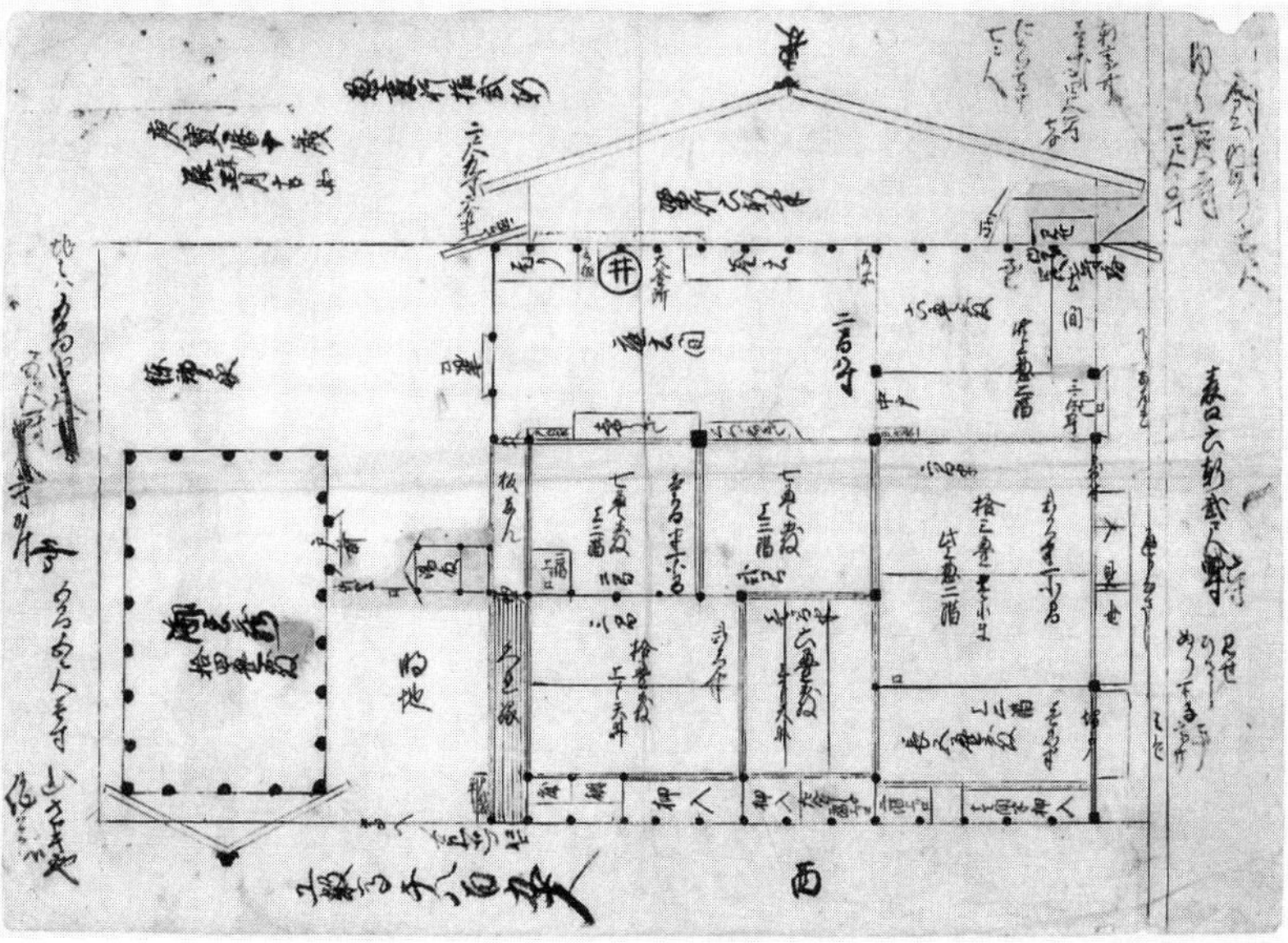

**図67**　「山さき屋作兵衛宅絵図」（宝暦10年、田中家文書）

なく、ばらつきも多い。そのため、物理的痕跡のみから特定の年代の都市の姿を復元することは容易ではない。そこで、まず集められた情報を整理して、確実な年代が分かるものを基準に、痕跡の相対的新旧を検討する。

そうした作業と並行して、文献史料（さきに述べた土地関係の史料や建築関係の史料は特に有力な材料となる）、各時代の絵図史料（中世都市に関するものは少ないが、近世に入ると数多くの絵図が残されている）、絵画史料（特に都市図屏風は、都市のある時期の姿をヴィジュアルに描いたものとして貴重である。もちろん慎重な史料批判が必要だが）、考古学・考古地理学の成果などを研究し取り入れることが必要になる。こうした作業を総合的に行うことによって、都市の現在の姿から出発して、次第に過去の姿へとさかのぼっていくことができる。

## *3*　現在から過去への眼差し

都市を復元していくという作業は、それ自体が目的ではなく、あくまでも都市のありかたを考えるための一つの手段にすぎない。都市の現状把握がその出発点であることを強調したのは、まさにそのためである。都市が現在かかえているさまざまな問題点や矛盾、混乱などに対する冷静な認識がその根底にあってはじめて過去への眼差しが生きてくる。その逆も真である。都市は死んだ遺構ではなく、過去と現在が重層的に入れ子になった「活きもの」なのである。

ここでは都市の物理的側面に限定して話を進めたが、時代の政治や社会、経済、文化などの諸側面を無視することはもちろんできない。それらは都市空間のなかに、直接・間接に構造的に組み込まれているはずであって、それぞれの側面の相互的な関係を調べ、最終的にどんな形で刻印されているのか、明らかにすることができればすばらしい。

それは、かつて都市という存在が、人間にとっていかなる意味をもち、またそれが歴史的諸条件のなかでいかに変化したのかを、現代に生きる私たちが、考え直すことにほかならない。

# 二　都市史のなかの災害

## はじめに

前近代における都市災害および防災の実態と特質を探ることは、とりあえず次の二点に寄与するだろう。第一に、近代以降の科学技術に大きく依存した防災のあり方からみれば、一見原始的ともみえる前近代の防災に、より本質的な人間と災害との関係――さらには人類と環境系の関係まで――が抽出できる可能性があること。このことはテクノロジー万能主義的な防災方法に一定の反省を喚起するとともに、人間環境系における本来的な居住のあり方を模索する一つの手がかりとなろう。第二に、都市を襲う大規模な災害は確かに深刻な傷跡を残すことになるが、それは大きな歴史の流れのなかでみれば都市形成の重要な画期となっていることが多い。災害を都市の形成過程のなかに客観的かつ正当に位置づけることによって、従来の都市史は書き直される可能性がある(1)。本稿ではその一端に触れるために、近世京都の火災を取り上げ、巨大都市災害の定性的な特質について整理し、都市史的観点から若干の考察を試みたい。

ところで、火災は災害のなかでもやや特殊な位置を占める。すなわち洪水や地震などの主として自然的な災害に対して、火災は人為的側面が強く、しかもその時点での気象・地理的な環境条件や建築物の可燃性なども複雑に絡み合う。また生活共同体のなかで、火災を事前に防止するために考案されたさまざまなアイディアが、有効に機能していたことは多くの史実が明らかにしているとおりである。火災はこのような意味で多分に「人文」的要素を有しているのであって、本稿ではこの点にも留意して叙述を進めたい。

## *1*　巨大都市火災の固有性

ここでは近世三都のひとつである京都を取り上げる意味について言及しておく必要がある。すでによく知られているように、近世における江戸・大坂・京都は近世中期以降「三都」と呼ばれ、他の中小地方都市とは異質な都市発展を遂げた。都市の規模、人口、政治・経済の集中性、文化の集積など、あらゆる点において三都は地方都市を大きく凌駕していたのであり、彼我の相違は都市の発展段階の違いというよりは、むしろ三都に本来的に内蔵されたメガロポリスへの志向性という点において、そのほかの地方都市とは質的に異なる都市であったとみた方がよい。災害履歴という観点から日本の諸都市をみる場合にも、このような意味で三都は他と区別して捉える必要があろう。

三都のなかでも京都は、古代以来現在に至るまで、一定の領域のなかに長い時間をかけて都市集積を重ねてきた。記録や文書に残された過去の災害履歴も、質・量ともに他を圧倒している。こうした数知れぬ災害に鍛えられながら、あるいは共存しながら、京都はいまなお生きた都市としての命脈を保っている。そこには実に多くの情報が隠されているはずである。

もとより本稿ではその一部を扱うに過ぎないが、今後京都を中心とした三都の災害履歴は、あらゆる角度から再検討されねばならないと考える。

さてまず最初に、近世の巨大都市火災に固有な性格を以下に整理しておきたい。これはむろん中小都市にも共通する部分もあるが、巨大都市にとくに顕著なものということができる。

**火災の大規模性**

巨大都市は必ず「大火」と呼ばれるものを何度か経験している。京都における宝永、享保、天明、元治の大火（鉄砲焼）、江戸の明暦の大火、大坂の享保の大火（妙知焼）などの有名な大火は、都市域をほぼ全焼させるほど大規模なものであった。(2)

三都に共通する特徴として、近世を通じた都市域の拡大ないしスプロールがある。江戸は寛永以降、狭義の城下町域をはるかに超えた巨大都市化の動きが進行していたし、大坂では「新地」と呼ばれる新開の領域が、臨海・臨川部に陸続と形成された。京都でも旧来の洛中を大幅にはみ出た拡大・新地形成が、御土居を超えて鴨東から東山に向けてみられた。その一方で、三都に流入する都市人口の受け皿として、都市中枢部における裏借家建設を中心とした高密化が進行していた。こうした都市域の大きさと過密性のなかで、ひとたび出火すれば気象条件などによって次々と延焼し、やがて都市全体に及び大火となる危険性はつねにあった。

**災害の連鎖性**

火災・洪水・地震などの災害が別個に都市を襲う場合はまだしも、これがさまざまなかたちで連鎖し、都市に壊滅的な打撃を与えることも少なくなかった。たとえば京都の天明期（一七八一〜八九）の災害関連事項を年表に示すと以下のようであった。(3)

天明元年二月　　　　この月、京都で火災頻発。
　二年六月　十三日　　賀茂川出水。

三年四月二十三日　祇園で大火。
　七月二十九日　米価高騰。この年「天明の大飢饉」始まり、同七年に及ぶ。
四年一月二十六日　知恩院にて飢民一万人に救米施行。この年、凶作による飢饉鎮まらず、米買占めの禁止、打ち壊しの禁止など再々触れられる。
五年　この年、東梅津・郡・川勝村・三カ村、桂川洪水。
七年二月　この月、町年寄西村近江、世相悪化につき政道批判および町代の横暴を記した建白書を町奉行に提出。
　五月　六日　伏見の窮民蜂起。
八年一月　三十日　早朝五時ころ、団栗図子より出火し、禁裏、二条城をはじめ三七社、二〇一寺、一四二四町を延焼し、二月二日早朝ようやく鎮火。この間、三万六七九七軒、六万五三〇〇余の世帯が罹災する（天明の大火）。
　二月　この月疫病流行。
　四月二十二日　疱瘡流行。

天明の大火前夜は頻々と火災や洪水があり、全国的な気象異常が引き起こした天明の飢饉は人心や世情を悪化させていた。こうした最悪の状態に追い打ちをかけるように京都を襲った天明の大火は、あるいは時代の脈絡のなかで必然的に引き起こされたものかもしれない。この大火は京都の大部分を灰燼に帰し、応仁の乱以来という大惨事をもたらした。

こうした災害の連鎖はとりわけ巨大都市に顕著にみられる現象で、京都では天正期、文禄期、慶長期にも、洪水・

地震・火災・疫病の集中した時期があった。

**火災の突発性**

災害は今日では一定の予測が可能になってきているものの、災害発生時期を確実に特定することはきわめて困難である。とりわけ火災は人為災害的側面が強く、いつ発生しても不思議ではなかった。近世都市は一般的に町人を正式な構成員とする町共同体を単位として成り立っていたが、三都を代表とする巨大都市ではその他、正式な町人身分になれない各種職人、芸能民、日用層、非人など、不特定多数の都市流民が都市内に分厚く滞留しており、治安上きわめて不安定な状態にあった。このようななかで火災が突発的に、しかも頻々と発生することはごく自然のことであった。

**火災の頻発性**

中小規模の火災を含むと三都の近世における火災件数は未曾有の数に達する。たとえば『月堂見聞集』による享保年間（一七一六―三五）の京都の出火件数は表15のごとくであった(5)。

これによると年によって頻度の差はあるものの、洛中洛外にはほぼ常態的に火災が頻発しており、その数は『月堂見聞集』に拾われていないものを加算すれば、さらに多数に及んだとみることができる。江戸では京都をはるかに凌ぐ火事があったことが知られている(6)。このように近世の巨大都市では、つねに火災と隣合わせで生活が営まれていたのであって、火災と共存した生活から導かれる当時の災害観は、おのずから現在のそれとは異なっていたことが予想される。

**火災の人為性**

火災の出火は失火・投火・戦火などさまざまな原因があるが、地震や洪水などと比較して人為的



**表15**　享保年間(1716～35)の京都の出火件数

| 享保(年) | 1 | 2 | 3 | 4 | 5 | 6 | 7 | 8 | 9 | 10 | 11 | 12 | 13 | 14 | 15 | 16 | 17 | 18 | 19 |
|---|---|---|---|---|---|---|---|---|---|---|---|---|---|---|---|---|---|---|---|
| 洛中(件) | 3 | 7 | 8 | 5 | 4 | 10 | 4 | 11 | 12 | 5 | 5 | 7 | 9 | 5 | 17 | 9 | 10 | 24 | 12 |
| 洛外(件) | 9 | 11 | 4 | 8 | 1 | 3 | 9 | 3 | 8 | 6 | 6 | 11 | 5 | 6 | 12 | 7 | 9 | 14 | 3 |

な色彩が強い。『町代日記』元禄十三年二月十八日条（『京都町触集成』所収）に次のような記事がある。

私儀者川原町通四条上ル米屋町八文字屋久兵衛と申ものニ而御座候、然処ニ私居宅之隣借屋ニ粉屋五兵衛と申者之屋禰江、夜前九つ過ニ投火仕候処ニ、門番之者見付ケ声立申故、早速出合申屋禰江かけ登り見候へハ、火縄ニ火御座候、取上ケ候へハ火付申道具御座候ニ付、奉驚近辺うさんかましきもの御座候かと吟味仕申候（下略）

実際の出火件数のうち、投火が原因となっているものがどの程度であるかは不明であるが、近世の巨大都市においては決して少なくなかったものと思われる。火災後の建築工事の増加は一時的な好況をもたらし、とくに建築関係職人は機に乗じて手間賃の賃上げを要求し、全体的に物価高騰を惹起することになった。今日の内需拡大に近い。こうした好況をあてこんだ故意の投火の例は、史料的に確かめられないものの、実態としてはごく一般的にあったものと想像される。前述の天明の大火もその前夜までの京都の状況を勘案すれば、単なる偶発的な火災とは考えにくいものがある。不特定多数のしかもあらゆる階層が、高密に集住する京都や江戸・大坂などの巨大都市においては、故意であろうと偶然であろうと、人災としての火災が起こりうる可能性は高かったということができよう。

**復興の迅速性**

火災に限らず都市を襲う災害はそのつど甚大な被害を与えたが、それは都市にとって決して壊滅的な打撃にならなかったことに注目しなければならない。すなわち、罹災後の復興は為政者・民衆一丸となって実に迅速に推進されており、多くの場合きわめて短時日に再生を遂げている。その復元力には驚くべきものがあって、こうした背景には、災害をバネとした新たな時代への期待感が躍動していたのではなかろうか。

一方、大災害は都市の物的なストックを大幅に滅失させたが、人的被害は意外に少なく、たとえば大火による家屋の罹災は甚大であっても、焼死者は現在のビル火災などに比べると圧倒的に少ない。すなわち、前近代における災害が都市の人的ストックを一掃することはきわめて稀であって、これはつねに災害と共存していた当時の人々の、創意あるいは智恵であったかもしれない。そして人的ストックさえ温存されれば、都市の再生は必ずしも困難な課題ではなかったのである。

## *2* 大火の実態

ここでは近世京都に未曾有の被害をもたらした天明八年（一七八七）の大火の実態をみてみたい。天明の大火はその規模の大きさにおいて、当時の人々にとっても特筆すべきものであったから、『天明炎上記』『京都大火』『京都大火記録』などの詳細な記録が残され、当時の日記などにも書き留められている。さらに罹災範囲を地図に示した木板刷り（これを「極本」という）も公刊され、のちにはわらべ唄にさえなった。『京都大火』その他の史料によると、天明の大火の概要は以下のようであった(7)。

天明八年正月二十九日、京都は昼間晴れていたが、夜半から激しい風が吹き始めた。この烈風のなかで、翌三十日未明五時ころ、鴨川東宮川町団栗図子の空き家から火の手があがり、火は宮川町筋を南に走り五条通を超えて問屋町を半町ばかり焼いた。

宮川町の火はそれに留まらず鴨川を超えて寺町通高辻上ル東側の永養寺に飛火し、火勢は強風に煽られてますます勢いを増し、永養寺から南へ西へ北へと広がっていった。

京の町では早鐘が鳴り響き、人々は旅宿の二階から町家の屋根の上から、もくもくとたちのぼる黒煙を眺め、下京の親類縁者の家を目指して走り回った。翌三十一日の朝八時ころには四条あたりまでが灰燼に帰し、午後四時ころには二条まで火の手が及び二条城も本丸以下が焼け、夜に入ると禁裏南辺の公家屋敷にも火が迫ってきた。禁裏をとりまく堂上方の屋敷では、荷物をまとめ諸道具を倉に入れ土戸をし、その他の貴重な金銀・文書・小道具類は風呂敷につつんで背負い鴨川原にもちだした。屋敷では高塀を押し倒し、庭内の樹木を切り、屋根に登って下から汲み上げた水を必死になって流し続けた。しかし、猛威をふるう火勢には抗しきれず、屋敷をすてて鴨川原を経て鴨東の田中村・一乗寺村・白川村などへと逃げのびていった。

一方、禁裏においては早くも三十一日午後二時ころには、宝永の大火の先例にならって、下鴨神社への避難の行幸を実施した。しかしその後、御所炎上の注進があったため、還行が不可能となり、鴨東聖護院へ向けて行幸した。

こうして正月三十一日、大火は明け方から終日京の町を焼き続けたのである。翌二月一日も終日焼け、二月二日の明け方ころようやく鎮火したという。しかし、二日以後も焼け残った土蔵が所々で火を発し、土蔵の炎上は四・五日後まで続いた。

ところで、もう一度永養寺・浄国寺が燃え、火が一円に広がった時には、すでに火消の力ではなすすべがない程になっていた。そこで火消は禁裏を中心とする警護に方針を切り替え、あいついで駆けつけた亀山・高槻・郡山・膳所・淀・篠山など近国の大名も、打つ手がないまま各所の警衛にあたるほかなかった。永養寺から南へのびた火は、松原から五条・六条に進み、東本願寺を焼いて七条通に達し、西にのびた火は、堀川を超えて大宮通に及び、堀川・大宮通を伝って北へと焼けのぼっていった。

寺町通の高辻から北へ向かった火は、いったん誓願寺の手前で鎮まり、御幸町を伝って北へ走った。このため、町の人々は一時誓願寺境内に多く避難したが、河原町通を北上した火が誓願寺の塔に燃え移り、誓願寺境内は大混乱をきたし、多くの死者を出し、誓願寺も全焼した。誓願寺から本能寺に移った火は、他の火口と一緒になって一挙に公家町・禁裏を焼いて、北は鞍馬口まで達した。この間、鴨東二条新地へも飛火があった（二条新地は先の宝永の大火の時、焼け出されて形成された新開地である）。京都の西方は、二条城・東西両町奉行所・所司代屋敷などを焼いた火が北上し、出水通から西へも進み、浄福寺から今宮御旅所にまで至った。

焼失範囲は、町代支配町が一三七二町、雑色支配町が五二町で、合計一四二四町、ほかに町方となっていない場所二〇カ所に及んだ。焼失家数三万六七九七軒、世帯数六万五三四〇軒、焼失寺院二〇一寺、神社三七社であった。焼死者については正確な記録がなく、一五〇人（『大島家文書』）とも一八〇〇余人（『伊藤氏所蔵文書』）ともいわれる。

御所は聖護院が仮御所として定められ、仙洞御所は青蓮院、女院御所は修学院竹内宮御所、女一宮は妙法院にそれぞれ落ち着き、東西両町奉行所は焼け残った北南両二条門番頭の屋敷に入って、これを仮奉行所とした。

大火の急報をうけた江戸からは、二月中旬には次々と高家衆をはじめ勘定組頭若林市左衛門・代官中井清大夫・勘定奉行根岸肥前守などが応援に駆けつけ、また新任所司代松平和泉守乗完も二月二十五日には高台寺に入って、大火後の復興事業や救済対策・市中取締に着手した。

応仁の乱以来という大火の惨状をみることができるが、こうした大火にもかかわらず避難は迅速に行われており、膨大な焼失家屋数に比して焼死者が意外に少ないことが注目される。

度重なる火災に、時の為政者や民衆は決して手をこまねいていたわけではない。そこにはきわめて高度な火災対策が練り上げられていたのである。これはハードとソフトの両面のバランスに基づいた対策であっただけに、今日のハードに大きく依存した対策に比べると、ある意味でより高度なシステムであったということができる。ここではこのような観点から、近世の消火・防火の実態を具体的な事例に即して整理しておきたい。

## 3　近世の火災対策

### 火の用心

もっとも初歩的かつ重要な火災対策は、まず火を出さないことであることは、古今東西を問わない。江戸時代初期以来為政者から下された触のなかで、民衆に「火之用心」を促したものがもっとも多いのもそうした理由からである。各町の番人は夜毎に「火之用心」を触れ歩き、ことに風の強い夜は戸ごとに注意を与え、答えないものは戸を開かせて注意を喚起した。また火元用心のため隔月ごとにかまど・へっついをはじめ、一切の火所を綿密に調査して奉行所に報告させたのである。町の方も火の用心を自戒し、毎夜拍子木をたたいて町中の注意を促した。次の町規は仲之町享保十三年（一七二八）定の条々である（『仲之町文書』）。

一火之用心ハ大切に心掛候へ共、多くハ油断出火有之事候間、主人たる人自身に火之もと吟味致し、風立候節ハ念入主人可吟味事。

一風立候節大火又ハ風呂たき申間敷事。

一餅つき夜中に仕舞申儀無用たるへし、夜より取掛夜明候而仕廻候儀ハ不苦事。

一外不審に被存候程に煙立申事有之候者、年寄両隣へ可断事。
往来之人見違申とき両隣年寄不存候而ハ町内他町さわぎ申事。

明和元年（一七六四）改の定にはさらに、

一昼之内風立候者、役人方より家別に火之用心之義中戸迄立入候而、急度相触廻り可申候事。
一夜分風立候者、役人挑灯持家々之戸たゝき火用心相触可申候。内よりこたへ無之候者、手ひとくたゝき内よりこたへ有之候者、火用心相触可申候、番人まかせに仕間敷候、万一自身不快ニ而候也、又者無拠用事筋ニ而、他出候者、役人方家内之者、替役相勤可申候、無間違取斗可申候事。

の二条を追加している。

また宝鏡院殿東町では「くわへきせる」を禁止した条目がみられるし、また多くの町々では毎春愛宕山に参拝し、火の用心のために神霊の加護を祈願するのが慣例であった。[8] このように近世京都の町々では、つねに火災を敏感に意識した日常生活が営まれていたのであって、火の用心は、こどものころから徹底して各家で教唆されていたものと思われる。

近世京都では日常の火の用心に加え、火を扱う職種を町内に入れないように制限する町も少なくなかった。柳八幡町で「人之きらひ申職商人又ハ火之用心悪敷家業人」の町内居住を禁じているが、多くの町で鍛冶屋の混入を嫌っているのはこうした理由からである。都市によっては、鍛冶屋を都市縁辺部に集住させ、一般の町から隔離する事例も認められる。[9]

## 初期消火

出火をいちはやく発見し、大事に至る前にこれを根絶することも消火の基本的な原則である。近世という時代は、この初期消火にもさまざまなアイディアを作り上げた。

次の町規は元和六年（一六二〇）冷泉町定条々である（『冷泉町文書』）。

一自然火事出来仕候時、亭主〱手桶ヲ持、火ノ本へ可寄候、若初中後、其所江不出人ハ、くわせん《過銭》として銀子卅枚可出候事。

一借屋衆之御出なく候ハヽ、くわせんとして銀子拾枚御出し可有事。

一火事出来仕候家々、こくちより弐間め迄ヲ、惣町中として家ヲこほしきり、後に惣中より本之ことく、すこしも無相違立なほし返し可申候事。

一町中ノ中より火事出来候ハヽ、両方弐間つヽ、以上四間ハこほし可申候、其時其家主一言も違乱申ましく候、乍去火ノ本風上ハ弐間、風下ハ五間、向ひハ三間之亭主ハそとへ不罷出候共、内ノし舞可仕候、くわせんハいたし申間敷候事。

一西東へだてなく、何事にても同事によりあひ、火ヲけし申へく候、家之儀も直にこほし、又立なをし候義も、西東として可仕候、仍後日状如件。

この条々によると、まず出火が発見されると近所のものは、手桶持参で火元に駆けつけ消火にあたることが銘記され、消火作業に参加しないものには罰金（過銭）が課せられることになっていた。これは借屋人にも適用されている。次に消火活動はあとでみるような火たたき・放水とともに、ここでみられるように火元の家の隣家それぞれ二軒を取り壊し、延焼を防止することがあったことが注目される。この取り壊しに関して、家主は異議を申し立てることはできず、惣町（町の連合体）の名のもとに迅速に取り壊しが実行された。しかし鎮火後は、取り壊された家は、惣町の負担でもと通りに再建されることになっていたのである。ここでは、惣町のなかで起きた火災と町中での火災が区別して規定されている。

一般に消化活動にあたるための消火道具は各町に常備されており、その出動体制も各町で詳細に取り決められていた。たとえば仲之町では次のようであった（『仲之町文書』）。

水番は五人、軒役に一人宛五日相勤可申事、五人之内壱人は五人組、火事羽織着しとひ口《鳶口》持、万事可致差図事、平役四人、内三人は水籠持、壱人は大団持可申事、火事場にて団持は屋根へ上り火を消可申候、尤水番平役四人之頭に大団為持可申事、其外ハ水汲出し、火を消可申事、五日目〳〵に羽織を渡置候間、水番役は心を付、他出之折も代役人拵置可申事、弐丁四方之出火には軽重に不限、早速羽織を着し、年寄方へ相詰、年寄差図を受け、道く《道具》を持、火事場へ可欠付事。

このように、初期消火は町単位で有事を想定して周到に準備されていたのである。

## 隣保組織と消火システム

京都における消防組織には、大きく常火消と町火消があった。これは三都に共通する組織であった。常火消は京都の場合、皇居防衛を主な任務とし、近畿一、二万石の大名中より一名ずつ、毎年三月・九月を交代期として、家臣とともに火消屋敷に常駐して万一に備えた。

一方の町火消は各町において町夫人足を雇い置き、出火に備えた。しかし享保七年（一七二二）常火消が廃止されたため、京都の消防組織は各町の隣保組織を母体とした新組織に改編されることになり、人足は雇人足を禁じ、町内家主みずから出動することになった。前記の冷泉町の規定は享保以前の規定であるが、本来冷泉町のような消火活動が行われていたのが、次第に火消専門業者に委託されるようになっていたことを示している。享保の改定はこれを再び本来の姿にもどすことにねらいがあった。

その結果、すでにみた仲之町の規定のように町内輪番制を基本とした消火体制が各町でシステム化されるに至ったのである。

**延焼防止**

江戸では明暦の大火後、江戸城周辺を中心に「火除地」が設定され、その後町人地にも広小路・火除明地が随所に置かれた。町家の軒を連ねて櫛比する近世の町人地では、ひとたび火の手があがると、火は隣家へ次々と燃え移り、たちまち大規模化する危険性がある。こうしたことから、為政者も火災を一定区域に留めるために、防火帯としての火除地を設置することが重要な防火対策として認識されていた。

京都では江戸にみられるような本格的な火除地設置の例は確認できないが、大火後延焼防止のために町内に明地を設け、道路を拡幅した事例があった。『京都御役所向大概覚書』に「京都町道幅極之事」として次のような条文がある。

一元禄三午年従御老中被仰渡候由ニ而、京都者町小路狭ク町並悪敷候間、火事なと有之焼候跡道幅広ケ町並直シ候様ニ被仰候由ニ而、度々火事跡町小路直シ候事。

覚

一其地火事之ためニ候間、今度焼失候町内に会所之様に明地をいたし可然候、見計存寄之通被致絵図可被相伺候事。

一惣而其地者町之小路狭候而火事有之候節防候義指つかへ候間、向後町屋作替候歟、又者火事なとにて焼候時者右之心得被致尤候事。

十二月廿六日

以上

土　相模守

戸　山城守

阿　豊後守

大　加賀守

前田安芸守殿

小出淡路守殿

一宝永五子年三月八日焼失跡、今度町方道幅広ク可申付候旨松平紀伊守殿江安藤駿河守・中根摂津守相窺、上者今出川、下ハ錦小路、東者寺町、西者油小路迄之分道幅馬踏三間、外ニ両方壱尺五寸溝付ケ相極、河原町通中町通二条　上荒神町迄幷塔之段道幅馬踏弐間　弐間半迄相極候（下略）

これは宝永の大火後の規定で、従来の道幅を拡幅することを命じている。この計画がどの程度実行されたかは疑問であるが、京都六角町を例にとると、延宝から享保の間に確実に道幅が広がっていることが家数改、町絵図から確認され(10)、これは上記の規定に基づくものと推定される。

こうした道幅拡幅とともに、それまで建築線が不揃いであったのを火事を契機に軒庇を統一すべき触が三都に共通してみられる(11)。これも延焼防止という目的と同時に町並みの整理を意図した施策であった。

さて、近世の町屋敷の一般的土地利用として、道路に面して主屋を置き、敷地の奥には離れ・納屋・蔵などの附属屋を配する形態がある。とくに蔵は敷地の奥を限定する位置に置かれるのが普通で、大坂道修町三丁目の事例のように表蔵を禁ずる町規もみられる。蔵を敷地の最奥部に設置することが徹底されれば、それは全体として裏の町境界線が蔵による防火帯で固められることを意味する。近世の町は道路を挟んで両側の町屋敷によって構成されており、街区中央は背割水路が町境となって隣町と接する。ここに防火帯として蔵が連続することは、延焼防止にきわめて有効であったということができる。

### 建築の不燃化

近世の防火は、必ずしも単体としての建築防火に熱心ではなかった。蔵造りが防火上有効であることは、すでに中世京都の金融業者が「土倉」と呼ばれていたことからも想像されるように、かなり早い段階から知られていたことは確実であろう。『春日権現験記絵』に燃え残った白漆喰の蔵が描かれているが、土や漆喰で壁面を塗り籠める技術も近世固有のものではない。にもかかわらず、近世において蔵造りは決して住居に一般的に普及しなかった。これには経済的理由からだけでは説明できない。

たとえば京都や大坂では、道に面する町家の表構えは町規などによって厳しく自主規制され、町並みを混乱させる勝手な普請を禁止した。そのなかに蔵を接道させることの禁止条目もあって[12]、こうした富を象徴する建築物は、通常の町並みにとって異物と考えられていたのである。個別的な利潤追求や保守は、あくまで町の論理に次ぐ第二義的なものに過ぎず、まずもって共同の生活空間たる町空間が優先された。

貴重な財産を保管する蔵は、外から見えない敷地の奥深くに置かれ、共同体としての表の顔と個別的な財産保守は、形態上截然と区別されていたのである。近世中後期には住居にも相応の金銀が費やされるが、本来は先述の冷泉町の例のように火事のさいに簡単に取り壊すことが可能であり、事後もとどおりに再建されうるものとして認識されていたと思われる。

とはいうものの、住居の不燃化にまったく無関心であったわけではない。京都では江戸と同様享保期以降、桟瓦葺が奨励されている（『月堂見聞集』）。享保十五年、四条縄手の芝居・茶屋焼失にあたって、仮建築はともかく本建築にする場合、瓦葺にすることが勧告されているし、同年の西陣焼で類焼した町家に瓦葺を勧め、当面瓦葺にできなくても下地は瓦葺が可能なようにし、いずれ瓦葺にすることが望ましい旨触られている。江戸ではこのころ以降、塗屋造や土蔵造が奨励されているが、普及するのは遅れて幕末期であって、本格的な土蔵造になるのは明治の「東京防火令」以降といわれている。(13) 一方、京都や大坂では土蔵造を奨励する触は見出せない。

## パニックの回避と避難

火災の規模の大きさに比べて、焼死者は意外に少数であったことをすでに指摘した。これには火災時のパニックを回避し、安全な場所に避難するなんらかの方法があったことを想像させるが、史料上この件に関する徴証を欠いている。

近世の町は、物的には同じような町家平面と敷地利用からなっており、生活は住居内だけで完結せず、裏地や表の道などが全体として日常の生活空間として住みこなされていたから、有事のさいの避難経路は住民にとって明快であったことが想像される。

表の道―住居内の通りにわ―内庭―裏木戸―裏地―隣地という奥に向かっての避難経路、街区内に縦横に通された路地・裏道、連担する屋根・庇、などは総じて縦横無尽の避難アクセスを提供していたはずで、これらの明快な構成は火災時パニックを事前に防ぎ、人々を安全に避難させるために有効に機能していたはずである。

出火が発見されると直ちに半鐘が打ち鳴らされ、町々では火災の性状を迅速に見極めるとともに、避難・消火体制がとられる。こうしたソフト面での体制と町の物的環境とは密接不可分の関係にあったものと思われる。

## 4　罹災後の処理

次に罹災後の処理はどのようにして進められたのであろうか。大火は都市に大きなダメージを与えたが、それが尾を引くことは稀で復旧は迅速であった。ここでは一般的な罹災後の処理を項目別に概観する。

**罹災民の救恤**

大火は焼け出された多くの都市民を路頭に迷わせる。これらへの救済策は罹災後、為政者が直ちに着手すべき政策であった。

たとえば天明の大火後の二月二十一日、「此度京都未曾有之火災、下々可致難義不便之至ニ候、当分為凌米三千俵、銀六拾貫目、惣町人江拝借被仰付候」（『古久保家日記』）の施策が江戸勘定奉行から出されている。これに先立つ十五日には、「類焼困窮もの江、左之箇所ニおいて粥施行被下候、大徳寺　大通寺　四軒寺　建仁寺」とあり、粥の施行が実施されている（同前）。

**治安の維持**

大火後の都市はややもすれば盗賊などが横行し、流言が飛び交い、治安が悪化する。宝永大火後の町触はこれを戒めている。

禁裏炎上　宝永五年子三月八日　三拾日之間、鳴物停止

（『京都町触集成』四九二）

一火事以後雑説申触シ、町々さわかせ候者有之由相聞不届候、申出シ候者於相知者急度可申付候事。

一此節盗賊等も可有之候条、あやしきもの於有之者召捕可申出候事。

（同四九三）

## 家屋再建の督促と仮覆い常設の禁止

近世における「家屋敷」とは建築物である「家」と土地である「屋敷」がセットとなった概念であった。したがって、家屋敷の売買や相続は建家が土地と一体に行われるのが通常の姿であった。火災などで家屋が焼失した家屋敷は「地屋敷」と称され、不完全なものと見なされ、これを早く本来の家屋敷に復することが督促されたのである。火災で家屋を失った町人も財力が許す限り、できるだけ早く家屋を再建し、もとの営業を再開することに努力したので、罹災後の町並みは意外に短期間で復元されていったものと思われる。

しかし、すぐに再建が叶わないものも多く、かれらはひとまず地境を確認しつつ、自分の土地に仮屋や仮覆いを設けた。町奉行はこうした仮屋を一定期間黙認したが、これが長引く場合には、厳しく家屋再建を申し渡し、経済的に不可能なものには、その土地を売却することさえ勧めるほどであった。これには、都市を迅速に復旧することと同時に、仮覆いに浮浪人などが滞留することを未然に防ぐことに目的があった。

### 物価統制

罹災後の都市は再建の槌音が絶えず、膨大な需要に対して建築資材や職人は一時欠乏状態になる。宝永五年（一七〇八）四月の触には、

一此節板材木其外諸色高直之由相聞候、相応之直段を以商売可仕事。

一大工、屋根屋、畳刺手間代等、相応之賃金可取之、且又細工徳意之差別無之、人之存寄次第可雇之、右之者共面々中ケ間ニ而細工之義互ニ妨仕間敷事。

（『京都町触集成』四九七）

とあり、一定期間の建築資材・手間賃を中心とした物価統制がとられ、職人に関してもその都市だけで賄えない場合は、他所から特例を設けて呼び寄せるなどの手立てが講じられた。

**地業・町並みの整序**

長期にわたる建設行為の繰り返しは、町の土地の高低を生じ建築線の喰い違いを増幅する。火災後の町建設は、こうした不揃いを整序させる絶好のチャンスであって、地業・町並みを整える旨の触がしばしば出された。たとえば江戸の明暦大火後の町触に次のようなものがある。

一町中作事仕候砌、地形築候共、壱町之両ヶ輪高下無之様申合、なみ能地形築可申候。（明暦三年三月五日、『正宝事録』一五九）

一跡々相改、道はゝ相極杭を打置候所は、道幅或京間五間或六間、日本橋通町之分ハ田舎間拾間、本町通ハ京間七間ニ相極、庇之分取候而作事仕度者ハ早々可仕候。（明暦三年四月二十四日、同一六四）

これは先にみた京都の宝永大火後の道路拡幅と同様、延焼防止と町並み統一を目的としたものであった。

**火災の実態調査と周知**

大火の場合、罹災の範囲と実態の調査は、幕府の御目付があたった。『古久保家日記』には天明大火後の為政者の動きが詳細に記されている。その一例を以下に引用する。

御目附松平左門様、昨日御登り、明日廿日御所幷町方共御見分ニ付、御道筋支配之仲ケ間上下之内、路々召出候様被仰渡候得共、此節無人之事故、則入江吉兵衛殿へ御断申上、町数相懸ケ候、本間、梅村、橋本九兵衛出勤候筈、

西目附方、中井孫助殿相調候様、被仰渡候ニ付、相糺左之通書付差上候事、

焼失町数之覚

町代持場之分

町数合千三百七拾弐町
外別もの弐拾ケ所
家数合三万四千百拾弐軒
竈数合六万弐千四百三拾七軒
（下略）

調査内容は一般にも周知され、被害の大きさを伝えるとともに今後の注意を喚起した。民間でも火災の内容を版本にした火災記録が刊行され、「極本しらべ」と称する罹災範囲を地図に示した絵図も数多く作られた。

**新たな都市計画の実行**

江戸では明暦大火後、郭内の武家屋敷・寺社を郭外に移転し、都市域を拡大するとともに防火対策として主要な場所に火除地を設けた。また日本橋・通町などの主要な道路はすでにみたように地業・軒線を整理し、首都のメインストリートとしての町並み形成に意を払った。大坂でも、享保大火後、一定の景観整備が施されるとともに新地開発などが実施されている。京都でも、宝永大火後の道路拡幅があった。

このように、大火後の都市は新たな都市へ脱皮する好機にあり、この機を利用した思い切った都市計画が実行されたのである。

## おわりに――火災と都市史に関わる若干の視点――

以上、巨大都市火災の固有性、大火の実態、近世の火災対策、罹災後の処理、各項目について近世京都を代表とする三都を中心に概観してきた。これらを念頭に置きつつ、最後に火災と都市との関連を再考するためのいくつかの視点を提示することでむすびに代えたい。

**浄化作用としての火災と都市形成**

火災は多くの場合人災であり、たしかに都市に大きな打撃を与える。しかしその一方で、都市の過度の集中や無秩序なスプロールを火災は一掃し自浄する、という側面も見逃すことができない。都市の内部に蓄積された潜在エネルギーは、火災を契機に一挙に噴出し、新たな都市段階へ移行する方向が与えられる。

たとえば、江戸の明暦の大火は江戸市中をほぼ焼きつくす大災害であったが、寛永から明暦にかけての江戸の都市集中と拡大は著しく、仮にこの大火がなければ正常な都市形成が果たして実現できたか疑問である。幕府はこの大火直前に吉原を千束に移転させているが、早晩郭内の武家屋敷や寺社をなんらかの強制手段をもって郭外へ移す必要に迫られていた。こうした状況のなかで、未曾有の大火があった。大火後の幕府の手際よい都市計画はあたかも大火を予想していたかのごとくである。

このように、大火は三都において一定間隔をおいて発生しており、それが都市形成の段階とどのように対応しているのか、あるいは大火が都市の発展段階の画期となっているのかどうか、を探ることは今後の都市史の重要な課題のひとつとして設定されるだろう。

**町共同体と火災の相補的関係**

町共同体の生活空間としての町をいかに共同で維持管理していくかは、初発の段階から町中に課せられた問題であった。道、木戸、上下水道、会所、芥・糞尿処理、などは平等原理にもとづく責任分担制によって、町の正式な構成たる町人に等しく義務づけられていた。さきにみた火災対策もこうしたものの一貫として存在していたのである。

一方、独立自営小資本としての商人はみずからを家の論理で向上させる志向性を内在させていた。これは町の論理と矛盾しない範囲においては問題を生じなかったが、三井家のごとき近世中後期の豪商が生まれるにいたって、町の論理と相克する側面が顕在化した。[14] これら豪商にかぎらず近世の町は、一般に家守などが家屋敷を代理運営する形態に移行しつつあったから、理念的な町共同体というものは中期以降においては、もはや有名無実化していたのが実態であろう。[15]

このように弛緩しつつある町共同体を逆に結束させる装置として、共同体施設の共同管理の義務づけや、火災のさいの家主出動があったことを認識しておく必要がある。京都において享保年間に常火消が廃止され、各町の共同責任として防火・消火にあたる体制がとられたのは、一面において弛緩しつつある町共同体をふたたび強化する役割があったものと思われる。

しかしながら、町共同体の結束の弛緩という大きな時代の流れは堰とめられず、都市における広範な専門業者の成立とも相俟って、それまでの共同管理作業は次第に貨幣によって代替されていくことになる。[16] 共同的な防火体制は、個別防火へと移行していく。江戸における近世後期の大店の豪壮な土蔵造は、ひとつには富の誇示であったろうが、その背景には当時、町の共同性よりはむしろ個別的な防火こそが現実的であったことを物語っている。

町共同体と火災は以上のように、本来相補的な関係にあった。総じてみれば、近世はこれが次第にくずれていく時代ではあったが、この関係はある意味で時代を超えて復活させうる可能性を秘めているのではないか。都市における共同体の現代的課題や、人間環境系における都市居住のあり方を追究する上でも、災害というファクターは一つの重要な視角を与えてくれるものと思われる。

注

（1）地震史を代表とする災害史の研究には膨大な蓄積があるが、災害を都市史的観点から論じた研究は少ない。そのなかで、長崎を事例とした小林英之「防災・長崎・歴史」（『建築史論叢稲垣栄三先生還暦記念論集』中央公論美術出版、一九八九年）、江戸・仙台・島原を事例とした菊池万雄「災害と近世都市」（菊池万雄編『近世都市の社会史』名著出版、一九八七年）は災害を都市史的脈絡のなかで捉えようと試みた注目すべき研究である。

（2）京都の場合、宝永五年（一七〇八）の大火で四九七町、百余の寺社、一万四〇〇〇軒が焼失、元治元年（一八六四）の大火では、八一一町、二万七五一三軒、寺社二〇三カ所、四一橋が焼けた。

（3）京都市編『京都の歴史』10 年表・事典（学芸書林、一九七六年）より作成。

（4）たとえば慶長元年（一五九六）閏七月の京都伏見での大地震は大仏殿・伏見城を倒壊させ、翌年にも地震があり、七月には泥、毛などが降る天変があった（『孝亮宿禰日次記』）。さらに慶長三年にも大雪、長雨による洪水、火事などが頻発し、下京神明堂には踊り狂う妖怪が出没したという（『当代記』）。

（5）京都市編『京都の歴史』5 近世の展開（学芸書林、一九七二年）。

（6）太田博太郎「江戸の防火」（同『日本の建築　歴史と伝統』筑摩書房、一九六八年）。

（7）前掲注(5)。

（8）秋山國三『近世京都町組発達史』（法政大学出版局、一九八〇年）。

（9）同右。

（10）六角町の延宝二年の「家数並間口裏行之覚」と享保八年の「町中大絵図」を比較すると、町長さが東西ともに約三間減少しており、それにともなって各家屋敷の間口寸法が一律変更されている。これは宝永の大火後、道幅が拡幅されたためと推定される。注目されるのは、道幅拡幅のための土地供出が角地の家屋敷だけでなく、町全体の各家屋敷から提供されている点である。

（11）江戸では明暦の大火後の軒先整理が『正宝事録』にみられるし、大坂でも文化十三年八月二日、火災の延焼防止という観点から庇の出入りを揃える旨の町触が出されている。

（12）大坂道修町三丁目の文政七年「町内申合書」（『道修町三丁目文書』）に、表通りの土蔵および釣格子に関する規制条目がある。

（13）藤森照信『明治の東京計画』（岩波書店、一九八二年）。

(14)　吉田伸之「町人と町」(『講座日本歴史』5　近世1　東京大学出版会、一九八五年)。
(15)　吉田伸之「公儀と町人身分」(『歴史学研究』　別冊、一九八〇年)。
(16)　拙稿「町共同体施設」(高橋康夫・吉田伸之編『日本都市史入門』I　空間、東京大学出版会、一九八九年)。

# 三　都市と建築のライフサイクル

## はじめに

日本の前近代の建築や都市のあり方をライフサイクルという観点から見直したとき、どのような問題が抽き出せるだろうか。さらに、現在のLCM(Life Cycle Management)を考えるうえで、どのような示唆が歴史のなかから得られるだろうか。

いままで、日本の建築の継承・更新について、伊勢神宮の式年造替が引き合いに出されることが多かった。二〇年に一度、すべての材料を新調して、同じ形式の本殿が造替される制度は、いかにも日本の文化における「型」の継承の代表例というにふさわしく、これをもって日本人の建築の継承の典型とするという考えが流布していた。これは確かに日本における建築観の一面を示していることは間違いないが、一方で建物は型さえ守れば、いくらでも更新可能であり、日本は木造建築の文化だからスクラップ・アンド・ビルドは古来からのものだという極論に至る危険性があった。

**図68**　唐招提寺講堂（岡田英男氏による）
上：朝集殿　中：移築時講堂　下：現状講堂

わたしは、本稿で次のことを強調したい。一つは、木造建築はけっして更新されることが一般的であったのでなく、歴史を繙くと木造建築を永く生きながらえさせる技術や組織がしっかりと存在しており、人々は建築の永続性に高い価値を認めていたこと。もう一つは、建築や都市のライフサイクルは、それが生まれてから死ぬまでのプロセスを示すことは当然のこととして、こうした一筋のリニア（単線状）な生命の段階論が、いかにステレオタイプのものであるかを再考する必要があるということ。というのも、日本の歴史にそれを探ると、もっともっと多様な、いく筋もの交錯する生命観が抽出できるからである。これは現在いわれるところのＬＣＭというものの捉え方が拠って立つ基盤が、必ずしも自明でないことを示している。

## *1*　古代建築の移築再生

古代建築は一定の役割を果たすと廃棄されるのでなく、これを解体し、移築再生する例が少なくなかった。有名な例では、法隆寺東院伝法堂は住宅を移築し仏堂として再利用したものであるし、唐招提寺講堂は平城宮朝集殿の軸部が再用されている[1]（図68）。滋賀県の石山寺は八世紀の創建当初、新築建物はほとんどなく、堂舎の大半はなんらかの前身建物の軸部を利用していたことが知られている。食堂の前身建物は紫香楽の藤原豊成板殿であった。

古代の建築の軸部は、貫を使わず礎石建ちのものが一般的で、さまざまな形に再利用可能な単純な構造をもっていたことと、木割の太い材料と空間のゆとりが、こうした再利用を可能にする大きな条件になっていた。空間の効率や経済性から超越した建築の潜在力のなかに、建築の生命を多様なかたちで永続させる源泉があったといえるだろう。

薬師寺東塔は、藤原京にあった本薬師寺の塔が移築されたものか、平城京の地でもとの塔を模して新築されたものかについて有名な論争があった。この論争は様式史上重要な論点を含んでいるが、建物のもつ意味を考えると、これはいかにも近代人的発想によるもので、古代人にとってはどちらも意味としては同じこ

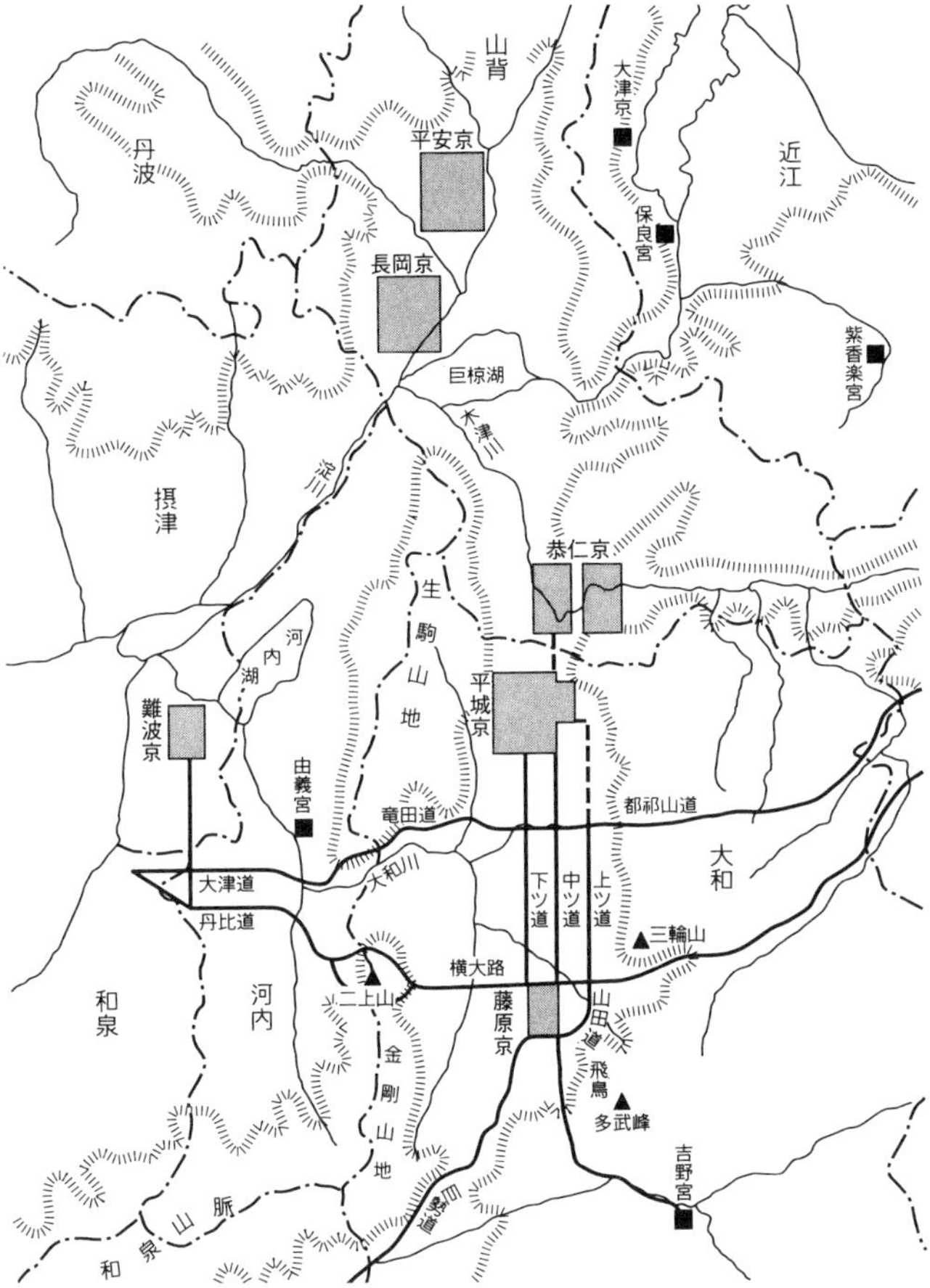


図69　古代都城の展開（『図集日本都市史』より）

とであったのではないか。「移す」と「写す」が語源的に同義であることからみて、仮にその建物が移築されたにせよ、新築されたにせよ、本薬師寺の塔をそっくりそのまま平城の地に再現しようとすることに、第一義的な意図があったことは明らかである。

藤原京が建設されるまでは、天皇の代替わりごとに宮の場所が移動し、宮殿が建て替えられ、藤原京以降も都は平城京、長岡京、平安京へと遷都された。これはけがれを忌避するとともに、新たな天皇の再生（ルネサンス）と政治の刷新を象徴する重要な行為であった（図69）。このように、建築や都市の生命は為政者の生命と分かちがたく結びついており、建築・都市の実質的な耐用年限と直接関わっているわけではない。建築・都市の移築・再生ということも現代人の目からではなく、古代人のライフサイクル観に即して理解する必要がある。

## *2*　中近世における建築の維持管理

現在、国宝・重要文化財として指定されている建造物のなかには、いくつかの偶然が重なって生きながらえているものもあるが、その多くは中世・近世の幾度にもわたる修理や維持管理を経て、現在へ継承されてきた。

木造建築の修理には、その破損状況に応じて①部分修理（軽微な破損部分の補修。化粧材、軒廻り、建具など）、②屋根替え修理（屋根の全面葺替）、③半解体修理（軸部の一部を解体、部材の取替）、④解体修理（軸部の全面解体修理）に分かれる。このうち、③と④を根本修理という。修理がどのような周期で行われたかについては、伊原恵司氏によると、構造形式・材料・木割の大小によって異なるが、根本修理はおおむね一〇〇年周期で実施され、その間何度か部分修理や屋根替え修理が挟まる。(2)

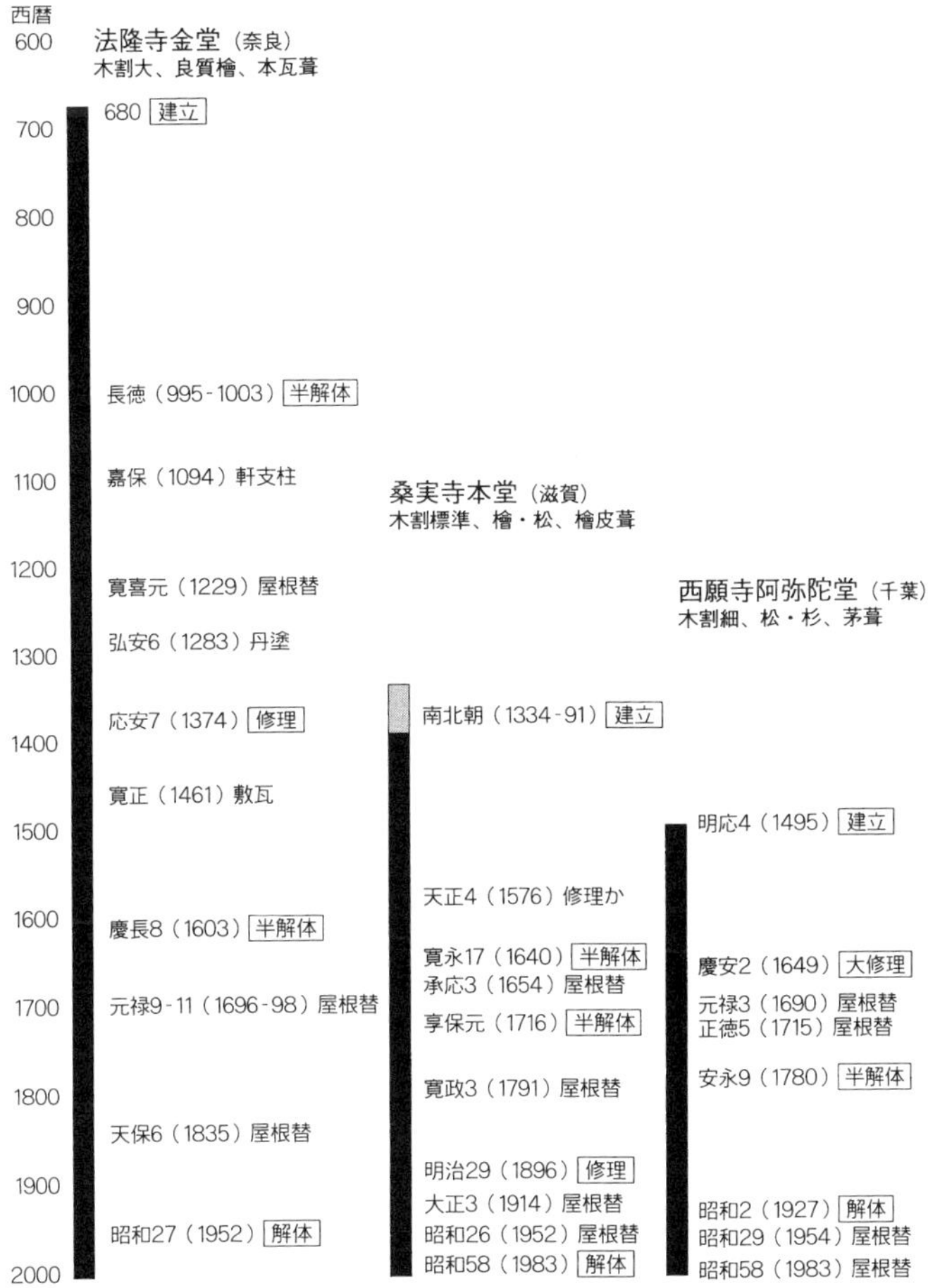


**図70**　古建築修理の周期（『普請研究』32より）

法隆寺は創建以来、根本修理の周期が三〇〇年、屋根替えや部分修理が八〇年周期で行われており周期のインターバルが破格に長いが、松材を多用し木割の細い滋賀県の桑実寺では、根本修理は一五〇年周期、屋根替え（檜皮葺）が四〇年と法隆寺のおよそ半分である（図70）。

このようなシステムは中世に確立し、近世へ引き継がれたとみられるが、その背景には、長いスパンで建築の維持管理を計画し、建築を永続させていこうとする強い意志と、それを支える技術者集団があったことを忘れてはならない。法隆寺や興福寺のような大寺院では直属の大工集団がいたが、そうでない中小寺院でも建築の老朽化の状況を定期的に診断し修理を行う大工組織があった。建築のＬＣＭ的な考え方はかなり早い段階から成立していたのである。

木造建築の永続性に対する価値観は、こうした修理システムそのもののなかにも見られるが、建物の古さが由緒の古さを意味していたことにも注意を払う必要があろう。寺院や神社の由来を記したいわゆる「寺社縁起」は、その創建をできるだけ古いところに求めるのが普通で、建築についても古さが強調される。これは宗教建築にかぎらず住宅にもいえることで、たとえば現在日本最古の、中世民家である箱木家住宅・古井家住宅（兵庫県）は、近世から「千年家」と称するようになり、土間上部を縦横に走る太い煤けた梁や、建物の古さに大きな価値を置いていたことが明らかである。民家の古さは家の継続性と家格を物的に象徴するものであった。日本人の木に対する感覚には、素木の清新さを愛でる一方で古木の重厚さを評価する価値観があって、木それ自体年輪を刻んだ、時間性を内包する材料であるという認識が、古さへの正評価に作用していたはずである。

## 3　神社の式年造替

冒頭で触れた神社の式年造替についてはどうか。伊勢神宮のそれが有名であるが、住吉、鹿島、香取などの諸社も式年造替を古くから行っていたことが知られており、神社固有の更新システムといえる。ところで伊勢の式年造替制の成立過程については、現在のところ大きく二つの理解がある。その一つは稲垣栄三氏を代表とするもので、「随破修理」すなわち本殿が破損するのに随って修理を施していたのが、やがてこれが慣行になり、制度化したという考え方である。(3) そしてその制度化には神幸祭・大嘗祭・歴代遷宮の影響があったとする。掘立柱で茅葺の伊勢は、確かにさほど耐用年限が長かったとは思われず、稲垣氏の説はきわめて妥当なものといえよう。

一方、太田博太郎氏は次のように述べる。「随破修理と法的に定めてあっても、神社には寺院建築にはない『造替』という建築観が根本にあった。社殿は常に新しくなければならなかった。造替することによって、『清く明らけき心』が表現され、神威の高揚が期待されたのであった」。(4) おそらく式年造替が制度化するためには、単に随破修理というある種の合理性を超えた論理や契機が必要であって、そのひとつに太田氏のいうような、神社の清新さの表現ということがあったことは事実であろう。いずれの説も式年造替のそれぞれの側面を正しく捉えたものといえる。ここで改めて注意しておきたいのは、式年造替というシステムは建て替えとはいえ、本殿の形式は可能な限り忠実に元のものを写すのであって、建築の生命は物質よりは「型」に宿っているということである。この型の伝承は、茶道や華道など日本文化に通底する伝承方法のひとつであって、必ず人から人へと、人を媒介として技術や作法が引き継がれてゆく。木材や材料のストック、大工をはじめとする諸職人が、次の世代へ技術を伝承していくシステムがあってはじめて、二〇年後の式年造替が可能になる。伊勢の例をとって、しばしば木造建築の永続性よりも更新性が強調されるが、人や技術と建築の関わりという点からみれば、両者はけっして矛盾するところがない。永続と更新は、日本の建築のライフサイクル観にとって対立概念ではなく、むしろ相補う両側面であると捉えることが重要であろう。こうした点にリニアなＬＣＭを乗り越えるヒントが隠されているように思える。

## 4　都市の移動と定着

都市もまた生と死を孕んだ生き物である。古代の遷宮・遷都についてはすでに触れたが、中世から近世にかけても都市の廃棄・移転がしばしば行われた。

発掘された港町として有名な草戸千軒町の場合、芦田川の中州に鎌倉期に集落が形成され、中世を通じて瀬戸内海交通の要衝として栄えた。「千軒」はその繁栄を示す修辞である。近世に入って、芦田川上流に福山城下町が建設されると芦田川の流路が変わり、中州は洪水のため川底に沈み、草戸千軒町は消滅し町の住民は移住する。近世の城下町建設は、日本史上未曾有の土木工事を伴っていたから、国土の地形は大きく改変され、草戸千軒町にかぎらず被害をこうむった中世都市は少なくなかったと推定される。

中世から近世にかけての時期は、戦国城下町が近世城下町へと成熟する段階に対応する。この場合、都市そのものを移転することによって近世化した城下町が多く、松ケ島から移転した松坂城下町、名島から移転した福岡城下町など、中世的桎梏から脱皮するためには都市の移動が必要であった（図71）。この時、建築・人・ものなどの大量移動があちこちで発生していたことになる。建築の移築とはやや異なるが、都市の生命を永続するために「移動」という行為が有効に機能していたことは、歴史のなかに建築・都市のＬＣＭを探るうえで注目しておきたい事実である。

近世に入ると、幕藩体制下、城下町（都市）と在方（村落）からなる定住システムが成立し、今後は居住域をいかにしてソフト・ハード両面から維持管理していくか、ということが問題になる。日本の都市の場合、中世末から近世にかけて「町」という地縁共同体を創出し、この社会集団がみずからの生活空間である「町」を維持管理していった。

町共同体がもっとも高度に成熟した京都の場合、町が自主的に「町規」「町式目」と呼ばれる法規を制定し、建築の建て方や売買を規制したり、敷地の著しい合併を禁止するなど、今日の建築協定に近いものを生み出している。また町共同体施設である木戸・会所・上下水・芥箱などの維持管理も町の成員が全員であたった。

新興都市として出発しやがて首都となった江戸では、京都のような厳しい維持管理システムは成立せず、大火の多い都市ということもあって、個別の防火建築の発展をみた。江戸の土蔵造ないし塗屋造の町屋は、富

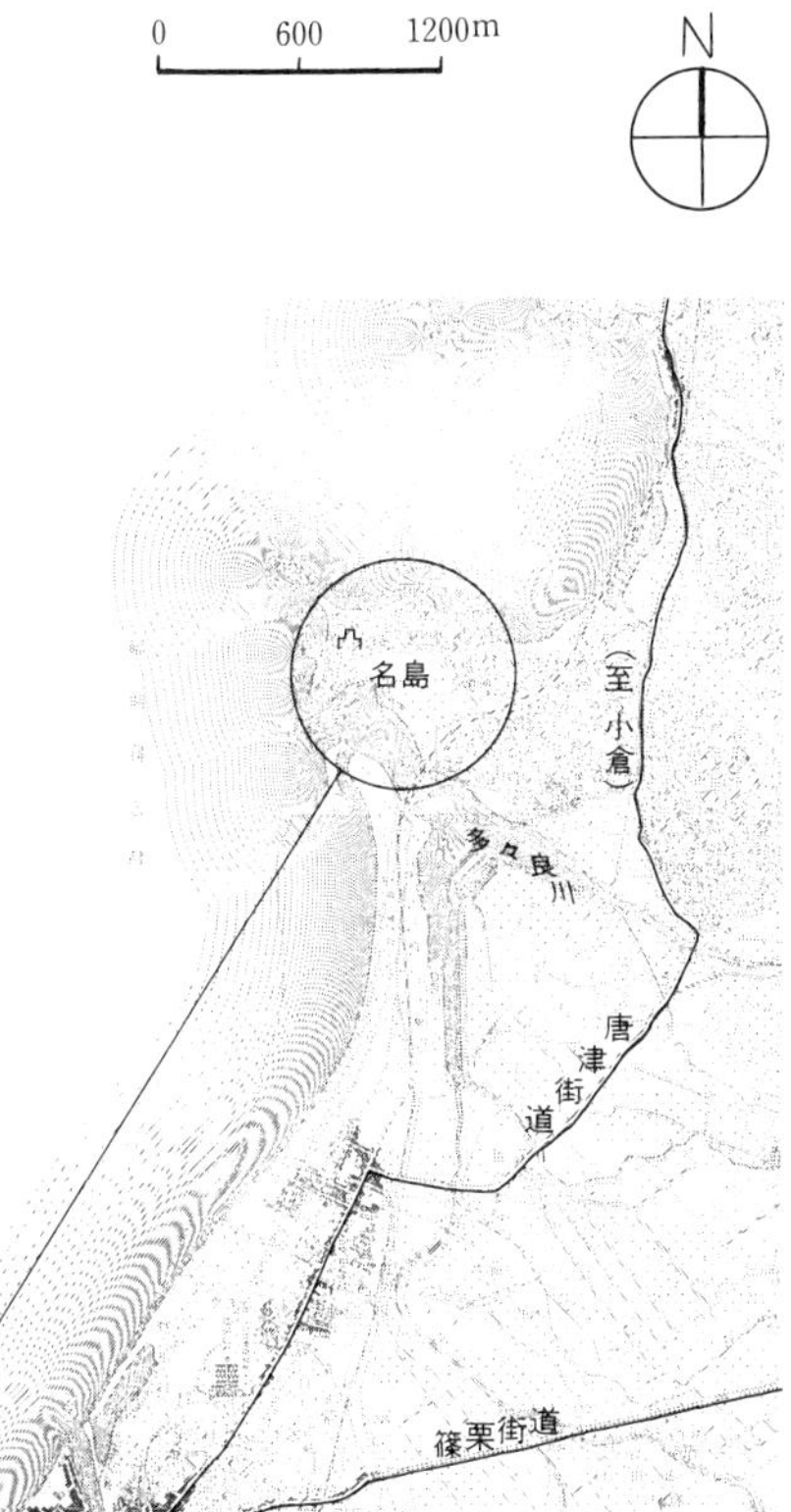
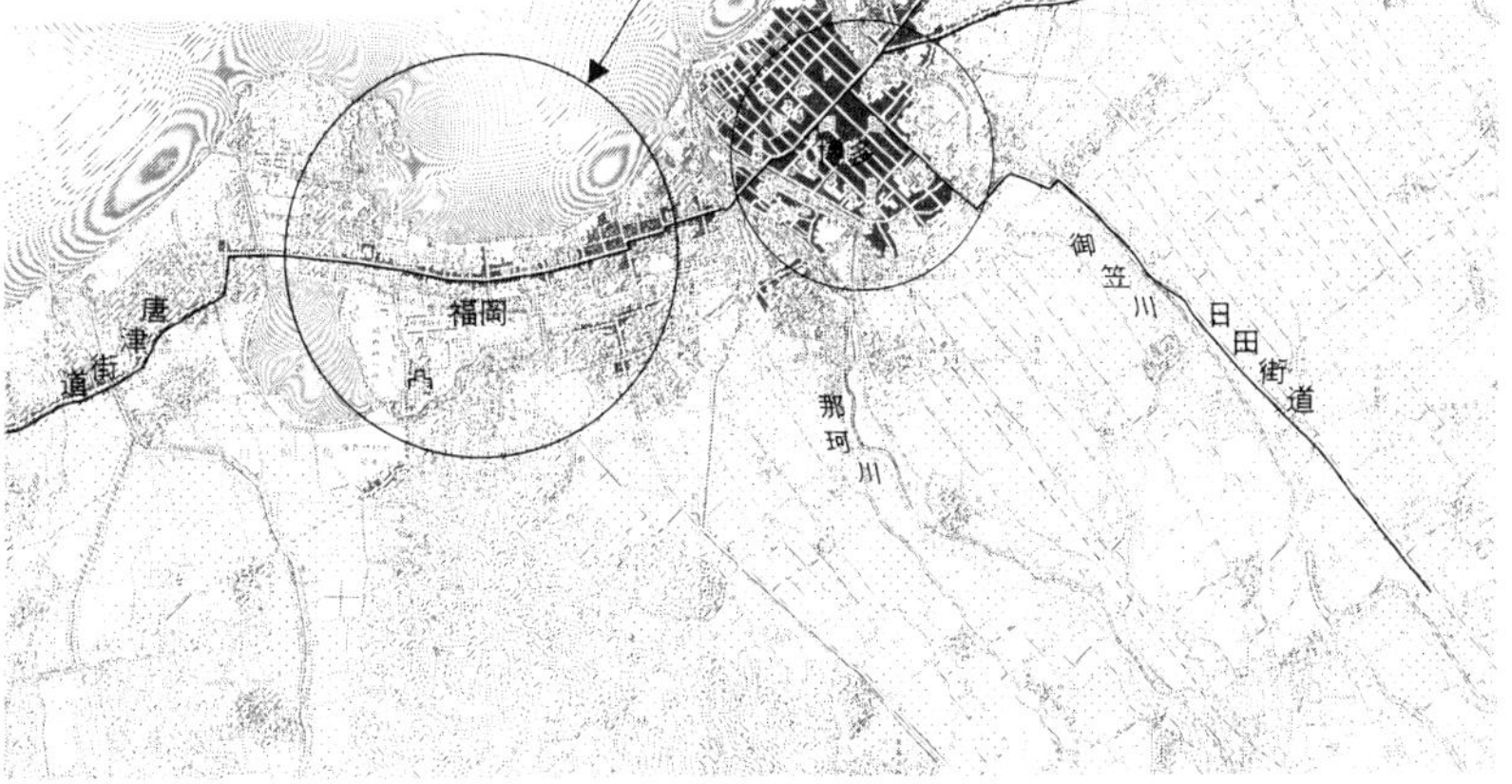


**図71**　名島から福岡へ（『図集日本都市史』より）

の象徴であると同時に防火建築を目指したもので、一方長屋など長い耐用年限を想定していない建築は、「焼屋」と呼ばれた。こうしたドライな建築の区別は江戸という巨大都市ならではのものであった。

## おわりに

以上、駆け足で古代から近世に至る建築と都市のあり方を、ライフサイクルという観点から概観した。最後にこうした歴史から示唆されるいくつかの問題点を指摘して結びにかえたい。

**①建築・都市の永続と更新**　日本の前近代の建築と都市には、永続と更新の両面の価値観が矛盾することなく同時併存していたと考えられる。これは西欧における建築・都市観と大きく異なる点であって、そのことは西欧に見られる「廃墟」という美意識が日本ではついに成立しなかったことに象徴的にあらわれている。

**②「移し」と「写し」**　建築や都市の移動は、単に場所を「移す」だけでなく、もとの姿を「写す」ことと不可分であった。たとえば、京都を模した小京都は室町期に各地につくられた。これは京都という都市のイメージを新たな場所に「見立てる」行為が前提となっている。土佐の中村という小京都は、京都の公卿であった一条氏が、室町時代に地方に下向して建設した都市であったが、山、川、碁盤目状の道路など平安京を写したものであった。

一方、江戸時代に建てられた建築で、京都の本願寺飛雲閣や高台寺など、豊臣秀吉の聚楽第遺構や伏見城遺構を伝承としてもつものがある。この真偽は疑わしいものの、建築の由緒が別の建築の遺構を媒介に「物語」として埋め込まれている様は、日本の建築のライフサイクル観の興味深い例といえるだろう。こうした多様な生命の継承のあり方にもっと着目する必要があろう。

## ③「群像」としての建築

建築のＬＣＭを考える場合、ともすれば単体の、しかもリニアな建築の誕生から死までのプロセスを頭に描きがちである。しかし、歴史のなかにこうした問題を探っていくと、単体の建築よりはむしろ建築と建築、建築と都市の多様な関係の切り結び方に、生死の本質的な問題が伏在しているように思える。すなわち建築を「群像」として捉える観点が要請されている。ＬＣＭ論を今後、より柔軟で豊かなものとして鍛え上げてゆくためにも、歴史から学ぶ点は少なくない。

注

（１）岡田英男「古代における建造物移築再用の様相」（『文化財論叢』同朋舎出版、一九八三年）。
（２）伊原恵司「古建築の修理周期」（『普請研究』三二、一九九〇年）。
（３）稲垣栄三編『神社と霊廟』（小学館、一九六八年）。
（４）太田博太郎「式年造替制私考」（『建築史学』一九、一九九二年）。

# あとがき

工学部のなかで建築を選び、建築のなかで建築史という地味な分野に興味をもち、さらに建築史のなかで当時分野として確立していなかった都市史を専攻したことを振り返ってみると、本流からどんどん逸脱し、わざわざマイナーな世界にみずからを押しやってきたように思える。しかし私にとって、都市史は最初から魅力的な分野であったし、その輝きは今も色あせていない。

京都という都市に生まれ、大学に入るまでの十八年間、そこで生活したことは、私の都市に対する感覚のベースになっている。街区の四周に建ち並ぶ町屋、路地の奥の長屋、繁華街の喧噪、祇園祭や大文字焼などの祭礼、多くの観光客で賑わう寺社や名所、さまざまな表情をもつ都市に育まれた経験は、いまとなってみれば実に貴重なものであった。

こどものころ遊びに行った友人の家には、伝統的な町屋形式をもつものが少なくなかったし、小学生のころまでは近所にも町屋や長屋がたくさん残っていた。野球をしてボールが近所の家のなかに入ると、通りにわ（土間）を抜けて奥までボールを取りに行ったことなども懐かしく思い出される。

大学生になって以降、住むことになった東京は、なんともとらえどころのない都市であった。都市のスケール感覚がまったく違うし、都市をコントロールしている規範というべきものがわからない。しかし、東京に長く住むにつれて、少しずつ東京の魅力がわかってくるようになり、暇をみつけては町歩きに繰り出した。いまは京都より東京での生活がはるかに長くなってしまった。そして東京という巨大都市を一つの手掛かりとして、ニューヨークをはじめとする諸外国の都市にもいま興味が広がりつつある。こうした都市体験に加えて、私を都市へと導いていただいた多くの人々の学恩を忘れることはできない。

学部四年の時、稲垣栄三先生率いる東京大学稲垣研究室は、研究室をあげての都市調査で盛り上がっていた。広島県竹原市の調査が開始されたばかりで、都市の分析方法をめぐって熱い議論が戦わされていた。大学院進学後も、奈良県大和郡山市、新潟県佐渡郡宿根木、広島県福山市鞆などと毎年のようにフィールド調査があり、ここで先輩や仲間から学んだことは計り知れないものがある。

こうした調査研究を通して、指導教官だった稲垣先生、鈴木博之先生をはじめ、野口徹氏、玉井哲雄氏、陣内秀信氏らの諸先輩からさまざまな都市へのアプローチの基本を教わった。稲垣先生には建築史の限界と可能性を、鈴木先生には都市はもとより世界の広がりを、野口氏には方法の切れ味を、玉井氏には文献史とのコラボレーションの意義を、そして陣内氏にはフィールドから発見できる都市の魅力を直接・間接にご教示いただいた。残念なことに、野口氏はわずか四十代半ばで急逝され、稲垣先生は二〇〇一年他界されてしまった。

同じ建築史の高橋康夫氏、近世史の吉田伸之氏、中世史の五味文彦氏は、いまもいろいろなかたちで教えを受けている第一線で活躍する研究者で、多くの出版企画へお誘いいただいた。本書に収めた論文や報告の初出を一覧いただければ明らかなように、この先輩方の存在がなければ、本書は成り立っていない。

その他、お名前を挙げないが、多くの諸先輩や職場の同僚、研究仲間に支えられて、なんとか曲がりなりにも研究を継続してこられたと思う。とりわけ、都市史の魅力を分かち合ってきた都市史研究会の仲間にはこの場を借りてお礼申し上げたい。

本書の刊行を薦めていただいた吉川弘文館、本書の図版を作成してくれた私の研究室のエハブ・エルワギー氏、金銀真氏、校正や索引などの面倒な仕事を引き受けていただいた秘書の柴織江氏にもお礼申し上げる。この拙い書がかくも多くの人々の支えによって成り立っているかと思うと、ただただ恥じ入るのみである。今後の精進に期することにしたい。

最後に私事にわたるが、二〇〇一年十二月十八日長男大悟が突然この世を去って、一年が経った。歴史が大好きだった大悟の辛口の批評を受けることはもはや叶わないが、この仕事を仏前に捧げることで冥福を祈りたい。

二〇〇二年十二月十八日

伊藤　毅

# 初出一覧

第一章　宗教都市と空間

一　中世都市と寺院（『日本都市史入門』Ⅰ、東京大学出版会、一九八九年）

二　境内と町（『年報都市史研究』1、山川出版社、一九九三年）

三　長福寺境内の構成（『長福寺文書の研究』山川出版社、一九九二年）

四　宗教都市領域の形成（原題「宗教都市の空間――中世京都東山を中心に――」『年報都市史研究』6、山川出版社、一九九八年）

五　宗教都市の展開と空間（エルフルト・シンポジウム『伝統都市の宗教的要素』、二〇〇一年）

第二章　中世の町空間

一　「宿」の二類型（『都市と商人・芸能民――中世から近世へ――』山川出版社、一九九三年）

二　惣村の空間（原題「戦乱から身を守る人々――惣村と町の空間――」『中世の風景を読む』5、新人物往来社、一九九五年）

三　「小京都」の形成（原題「『小京都』の意外な素顔」『歴史群像』37、学習研究社、一九九四年）

第三章　中世都市と建築

一　町屋の表層と中世京都（『中世を考える　都市の中世』吉川弘文館、一九九二年）

二　会所と草庵（『朝日百科日本の歴史』別冊　歴史を読みなおす7、朝日新聞社、一九九四年）

第四章　近世の都市空間

一　近世都市と寺院（『日本の近世』9、中央公論社、一九九二年）

二　京都本国寺門前相論一件（『日本建築学会学術講演梗概集』、一九八九年）

三　江戸と寺院（原題「江戸寺院への視角――近世の巨大都市と寺院――」『年報都市史研究』3、山川出版社、一九九五年）

四　近世都市の国際性（『国際交流』22、二〇〇〇年）

第五章　都市の景観とライフサイクル

一　都市景観の復元（『朝日百科日本の歴史』別冊　歴史の読み方2、朝日新聞社、一九八八年）

二　都市史のなかの災害（『図集日本都市史』東京大学出版会、一九九三年）

三　都市と建築のライフサイクル（原題「歴史のなかのＬＣＭ」『時間・環境・建築』、一九九八年）

郵便はがき

料金受取人払郵便

本郷局承認

1348

差出有効期間
平成31年1月
31日まで

113-8790

251

(受取人)

東京都文京区
本郷7-2-8

吉川弘文館 営業部内

<書物復権>の会 事務局 行

| | | |
|---|---|---|
| ご住所 〒<br><br>TEL | | |
| お名前（ふりがな） | | 年齢<br>代 |
| Eメールアドレス | | |
| ご職業 | お買上書店名 | |

※このハガキは、アンケートの収集、関連書籍のご案内のご本人確認・配送先確認を目的としたものです。ご記入いただいた個人情報は上記目的以外での使用はいたしません。以上、ご了解の上、ご記入願います。

# 10出版社　共同復刊
# 〈書物復権〉

岩波書店／紀伊國屋書店／勁草書房／青土社／東京大学出版会
白水社／法政大学出版局／みすず書房／未來社／吉川弘文館

この度は〈書物復権〉復刊書目をご愛読いただき、まことにありがとうございます。

本書は読者のみなさまからご要望の多かった復刊書です。ぜひアンケートにご協力ください。

アンケートに応えていただいた中から抽選で10名様に2000円分の図書カードを贈呈いたします。

（2019年1月31日到着分まで有効）当選の発表は発送をもってかえさせていただきます。

●お買い上げいただいた書籍タイトル

●この本をお買い上げいただいたきっかけは何ですか？
□ 書店でみかけて　□ 以前から探していた　□ 書物復権はいつもチェックしている
□ ウェブサイトをみて（サイト名：　　　　　　　　　　　　　　　　）
□ その他（　　　　　　　　　　　　　　　　　　　　　　　　　　　）

●よろしければご関心のジャンルをお知らせください。
□ 哲学・思想　□ 宗教　□ 心理　□ 社会科学　□ 教育　□ 歴史　□ 文学
□ 芸術　□ ノンフィクション　□ 自然科学　□ 医学　□その他（　　　　）

●おもにどこで書籍の情報を収集されていますか？
□ 書店店頭　□ ネット書店　□ 新聞広告・書評　□ 出版社のウェブサイト
□ 出版社や個人のSNS（具体的には：　　　　　　　　　　　　　　　）
□ その他（　　　　　　　　　　　　　　　）

●今後、〈書物復権の会〉から新刊・復刊のご案内、イベント情報などのお知らせをお送りしてもよろしいでしょうか？
□はい　　　　　　　□いいえ

●はい、とお答えいただいた方にお聞きいたします。どんな情報がお役に立ちますか？
□ 復刊書の情報　□ 参加型イベント案内　□ 著者サイン会　□ 各社図書目録
□ その他（　　　　　　　　　　　　　　　　　　　　　　　　　　　）

●〈書物復権の会〉に対して、ご意見、ご要望がございましたらご自由にお書き下さい。

# 索　　引

## あ　行



## か　行

## さ　行

## た　行

## な　行



## は　行



## ま　行

## や　行



## ら　行



## わ　行

著者略歴
一九五二年　京都市に生まれる
一九八四年　東京大学大学院工学系研究科建築学専攻博士過程単位取得退学
現在　青山学院大学総合文化政策学部教授、東京大学名誉教授

〔主要編著書〕
『近世大坂成立史論』（生活史研究所、一九八七年）
『図集日本都市史』（共編、東京大学出版会、一九九三年）
『都市史図集』（共編、彰国社、一九九九年）
『伝統都市』全四巻（共編、東京大学出版会、二〇一〇年）
『危機と都市　Along the Water』（共編、左右社、二〇一七年）

都市の空間史

二〇〇三年（平成十五）二月十日　第一刷発行
二〇一八年（平成三十）五月十日　第二刷発行

著者　伊《い》藤《とう》毅《たけし》

発行者　吉川道郎

発行所　株式会社　吉川弘文館
郵便番号一一三―〇〇三三
東京都文京区本郷七丁目二番八号
電話〇三―三八一三―九一五一〈代〉
振替口座〇〇一〇〇―五―二四四番
http://www.yoshikawa-k.co.jp/

印刷＝株式会社　平文社
製本＝誠製本株式会社
装幀＝右澤康之


ISBN978-4-642-03382-4